U0535022

**国家自然科学基金创新研究群体项目**
"金融创新、资源配置与风险管理"（编号 71771220）

**国家社会科学基金重大项目**
"数字普惠金融的创新、风险与监管研究"（编号 18ZDA092）

广东省高等学校珠江学者岗位计划资助项目（2018）

# 数字平台企业发展案例研究

曾燕 刘玲 等著

CASE STUDY ON THE
DEVELOPMENT OF
DIGITAL PLATFORM
ENTERPRISES

中国社会科学出版社

# 图书在版编目（CIP）数据

数字平台企业发展案例研究/曾燕等著. —北京：中国社会科学出版社，2021.6
ISBN 978-7-5203-8643-2

Ⅰ.①数⋯　Ⅱ.①曾⋯　Ⅲ.①数字技术—应用—企业管理—案例　Ⅳ.①F272.7

中国版本图书馆 CIP 数据核字（2021）第 123358 号

| | |
|---|---|
| 出 版 人 | 赵剑英 |
| 责任编辑 | 刘晓红 |
| 责任校对 | 周晓东 |
| 责任印制 | 戴　宽 |
| 出　　版 | 中国社会科学出版社 |
| 社　　址 | 北京鼓楼西大街甲 158 号 |
| 邮　　编 | 100720 |
| 网　　址 | http://www.csspw.cn |
| 发 行 部 | 010-84083685 |
| 门 市 部 | 010-84029450 |
| 经　　销 | 新华书店及其他书店 |
| 印　　刷 | 北京君升印刷有限公司 |
| 装　　订 | 廊坊市广阳区广增装订厂 |
| 版　　次 | 2021 年 6 月第 1 版 |
| 印　　次 | 2021 年 6 月第 1 次印刷 |
| 开　　本 | 710×1000　1/16 |
| 印　　张 | 27.25 |
| 插　　页 | 2 |
| 字　　数 | 433 千字 |
| 定　　价 | 158.00 元 |

凡购买中国社会科学出版社图书，如有质量问题请与本社营销中心联系调换
电话：010-84083683
版权所有　侵权必究

# 课题组组成

**课题组成员**（按照姓氏拼音顺序）

组　　　长　曾　燕

成　　　员　陈明蔚　陈小芳　贺　薇　刘　玲
　　　　　　刘映彤　彭莘昱　周　涵

# 前　言

当今世界，工业经济正向数字经济大踏步迈进。如今，全球范围内各行各业都开始拥抱数字经济，数字平台企业的崛起是数字经济时代的一种世界性现象。无论是国外的微软、苹果、亚马逊，还是中国的腾讯、阿里巴巴、美团、拼多多等，均在21世纪发展迅速。我国政府也高度重视数字平台企业的发展。2021年2月7日国务院反垄断委员会印发了《国务院反垄断委员会关于平台经济领域的反垄断指南》（国反垄发〔2021〕1号），以引导我国平台经济的良性发展。

本书旨在通过对七个行业的案例研究，阐明数字平台企业与传统企业的差异，指出其对商业和社会生活的深层影响，并为数字平台企业发展提供政策建议。本书主要研究了七个行业的数字平台企业，为读者提供来自七个行业的多个典型案例。本书涉及的行业主要包括了以第三方平台为主的在线旅游行业、网络招聘行业和互联网医疗行业，以自营平台为主的制造业（案例企业建立了产业中台平台），以及第三方平台与自营平台并重的网络直播行业、跨境电商行业和互联网保险行业。在每一个行业的章节中，笔者将在概述该行业及该行业数字平台企业发展的基础上，以1—3个数字平台企业为例，分析该行业数字平台企业的商业模式和竞合模式。此后，各章节还将指出该行业数字平台企业的社会效应，阐明其发展面临的主要问题和影响因素，并提出相应的发展对策。

我们之所以写作这本书，是因为我们相信数字平台企业正在改变这个世界，而身处变化中的人们尚未看清楚这些改变是如何发生的。我们期待本书能够为政府决策提供些许支撑，为数字平台企业和市场的新进入者提供一定参考，为传统企业带来一点启示，为平台经济发展做出微薄贡献。在全球竞争日趋激烈的背景下，我们相信在党和政府的引领下，中国必能牢牢把握平台经济发展的机遇，从而驾驭这个充满挑战的新世界。

曾　燕

2021 年 4 月 3 日

# 目 录

第一章　中国数字平台企业的发展及影响概述 …………………… 1
  第一节　我国数字平台企业崛起的原因 …………………… 3
  第二节　数字平台企业对商业的影响 ……………………… 9
  第三节　数字平台企业对社会生活的影响 ………………… 16
  第四节　数字平台企业发展存在的问题 …………………… 19
  第五节　数字平台企业发展的对策建议 …………………… 24
  第六节　结语 ………………………………………………… 28

第二章　旅游数字平台企业："跨界打劫"新现象 ……………… 30
  第一节　在线旅游行业及旅游数字平台企业概述 ………… 30
  第二节　在线旅游行业代表性数字平台企业案例分析 …… 44
  第三节　旅游数字平台企业的社会效应 …………………… 64
  第四节　旅游数字平台企业发展面临的主要问题 ………… 70
  第五节　旅游数字平台企业发展的主要影响因素 ………… 76
  第六节　旅游数字平台企业发展对策 ……………………… 82

第三章　网络招聘数字平台企业：人岗匹配新趋势 …………… 87
  第一节　网络招聘行业与其数字平台企业发展概述 ……… 87
  第二节　网络招聘行业代表性数字平台企业案例分析 …… 101
  第三节　网络招聘数字平台的社会效应 …………………… 115
  第四节　网络招聘数字平台企业发展面临的主要问题 …… 120

第五节　网络招聘数字平台企业发展的主要影响因素………… 125

　　第六节　网络招聘数字平台企业发展对策…………………………… 130

第四章　互联网医疗数字平台企业：破解盈利与社会责任双重
　　　　　难题……………………………………………………………… 138

　　第一节　互联网医疗行业及其数字平台企业概述…………………… 138

　　第二节　互联网医疗行业代表性数字平台企业案例分析…………… 152

　　第三节　互联网医疗数字平台企业的社会效应……………………… 163

　　第四节　互联网医疗数字平台企业发展面临的主要问题…………… 166

　　第五节　互联网医疗数字平台企业发展主要影响因素……………… 174

　　第六节　促进互联网医疗数字平台企业发展的对策建议…………… 180

第五章　制造业数字平台企业：产业中台平台助企转型………… 190

　　第一节　制造业数字化与产业中台平台概述………………………… 190

　　第二节　平台型制造企业案例分析…………………………………… 199

　　第三节　平台型制造企业的社会效应………………………………… 216

　　第四节　平台型制造企业发展面临的主要问题……………………… 220

　　第五节　平台型制造企业发展的主要影响因素……………………… 228

　　第六节　平台型制造企业发展对策…………………………………… 233

第六章　网络直播数字平台企业：开展场景营销的新渠道……… 238

　　第一节　网络直播行业与该行业数字平台企业概述………………… 238

　　第二节　网络直播行业代表性平台企业案例分析…………………… 253

　　第三节　网络直播数字平台企业的社会效应………………………… 268

　　第四节　网络直播数字平台企业发展面临的主要困境……………… 273

　　第五节　网络直播数字平台企业发展的主要影响因素……………… 280

　　第六节　促进网络直播数字平台企业发展的对策建议……………… 284

第七章　跨境电商数字平台企业：加快国内国际"双循环"…… 291

　　第一节　跨境电商行业及其数字平台企业概述……………………… 291

　　第二节　跨境电商行业代表性数字平台企业案例分析……………… 313

第三节　跨境电商数字平台企业的社会效应……………………332
　　第四节　跨境电商数字平台企业发展面临的主要问题……………336
　　第五节　跨境电商数字平台企业发展的主要影响因素……………341
　　第六节　促进跨境电商数字平台企业发展的对策建议……………349

第八章　互联网保险数字平台企业：拓展保险需求的新场景………354
　　第一节　互联网保险行业与该行业数字平台企业发展概述………354
　　第二节　互联网保险行业代表性数字平台企业案例分析…………370
　　第三节　互联网保险数字平台企业的社会效应……………………389
　　第四节　互联网保险数字平台企业发展面临的主要问题…………394
　　第五节　互联网保险数字平台企业发展的主要影响因素…………400
　　第六节　互联网保险数字平台企业发展对策…………………………405

参考文献………………………………………………………………………410

后记……………………………………………………………………………423

# 第一章 中国数字平台企业的发展及影响概述

平台经济是数字经济概念的重要构成，隶属其概念的第二层次。《中国数字经济发展白皮书（2020年）》（以下简称《白皮书（2020）》）指出，数字经济是加速经济发展与治理模式的新型经济形态。[①] 同时《白皮书（2020）》明确了数字经济的"四化"（数字产业化、产业数字化、数字化治理和数据价值化）框架，并指出数据集成和平台赋能是推动"产业数字化"发展的关键。根据 Bukht 和 Heeks（2017）对数字经济概念的梳理，平台经济应隶属数字经济概念的第二个层次，属于狭义的数字经济（见图1-1）。

在数字经济时代，数字平台企业的崛起是一种世界性的现象。[②] 根据普华永道发布的《2020全球市值100强上市公司排行榜》，全球市值排名前十的企业中，有7家典型的数字平台企业（如微软、苹果、亚马逊等）（见表1-1）。截至2020年12月31日，我国数字平台企业腾讯、阿里巴巴的市值分别为4.55万亿元人民币、4.20万亿元人民币。

---

[①] 资料来源：中国信息通信研究院，http://m.caict.ac.cn/yjcg/202007/P020200703318256637020.pdf。

[②] 本书所说的"平台"指以现代信息技术为基础形成的、能够同时满足多方需求、由多方主体协作从而实现增值的网络空间，而"数字平台企业"是指建设和运营互联网平台的企业（叶秀敏，2018）。

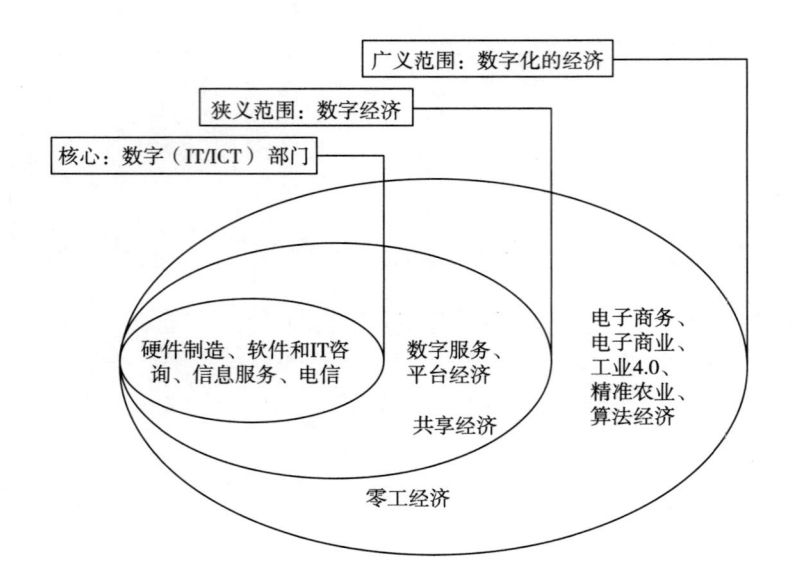

**图 1-1　平台经济隶属数字经济概念的第二层次**

注：共享经济、零工经济同时属于第二、第三层次。

资料来源：Bukht 和 Heeks（2017）。

表 1-1　　2020 年全球市值 100 强上市公司排行榜

| 排名 | 企业简称 | 市值（亿美元） |
| --- | --- | --- |
| 1 | 沙特阿美（SAUDI ARAMCO） | 16020.00 |
| 2 | 微软（MICROSOFT CORP） | 12000.00 |
| 3 | 苹果（APPLE INC） | 11130.00 |
| 4 | 亚马逊（AMAZON.COM INC） | 9710.00 |
| 5 | ALPHABET INC-A（谷歌母公司） | 7990.00 |
| 6 | 阿里巴巴（ALIBABA GRP-ADR） | 5220.00 |
| 7 | 脸书（FACEBOOK INC-A） | 4750.00 |
| 8 | 腾讯（TENCENT） | 4690.00 |
| 9 | 伯克希尔（BERKSHIRE HATH-A） | 4430.00 |
| 10 | 强生（JOHNSON&JOHNSON） | 3460.00 |

注：数据来自普华永道发布的《2020 年全球市值 100 强上市公司排行榜》，该榜单根据全球上市公司 2020 年 3 月 31 日的股票市值进行计算。

资料来源：普华永道。

美团、拼多多等数字平台企业的市值亦迅速增长,跻身国内前十(见表1-2)。与此同时,我国政府高度重视数字平台企业的崛起。2021年2月7日国务院反垄断委员会印发了《国务院反垄断委员会关于平台经济领域的反垄断指南》(国反垄发〔2021〕1号),引导平台经济领域经营者依法合规经营,促进平台经济规范有序创新健康发展。如今数字平台企业已然开始主导商业的发展,并影响着社会生活的方方面面。

表1-2　　　　　　2020年中国市值前十的企业排名

| 排名 | 企业简称 | 市值(亿元人民币) |
| --- | --- | --- |
| 1 | 腾讯控股 | 45541.00 |
| 2 | 阿里巴巴 | 42015.00 |
| 3 | 贵州茅台 | 25099.00 |
| 4 | 工商银行 | 17128.00 |
| 5 | 中国平安 | 15377.00 |
| 6 | 美团 | 14593.00 |
| 7 | 拼多多 | 14217.00 |
| 8 | 建设银行 | 12521.00 |
| 9 | 五粮液 | 11328.00 |
| 10 | 招商银行 | 10960.00 |

注:截至2020年12月31日,统计范围为沪深A股、港股、中概股。
资料来源:Wind。

下文将首先分析中国数字平台企业崛起的原因,然后论述数字平台企业对商业与社会生活产生的巨大影响,最后根据数字平台企业发展存在的问题提出相应的对策建议。

## 第一节　我国数字平台企业崛起的原因

中国数字平台企业的发展可以追溯到20世纪末,彼时中国受到美国互联网热潮的巨大影响。当时成立的互联网企业众多:电商行业的阿里巴巴、社交行业的腾讯、网络招聘行业的前程无忧、在线旅游行业的携程、互联网医疗行业的寻医问药网、互联网保险行业的中国保险信息网……它们当中的一些企业在后来的20年内逐步发展为数字平台企业,并成为各细分行业的龙头企业。下文将基于对这些企业的案例研究,分析中国数字平台企业崛起的主要原因。

第一，融资便利性是中国互联网行业兴起的前提，亦是中国数字平台企业崛起的前提。一方面，数字平台企业是21世纪投资热点之一，这使许多数字平台企业筹集到大量资金。1999年，无论是中国还是海外，互联网经济都在高速发展，大量资本急速涌入，几乎沾着"互联网"三个字的企业都能迅速拉到风投（李良忠，2012）。根据清科研究中心发布的《中国股权投资市场二十年回顾》，21世纪的投资热点包含了诸如电子商务、社交、直播、云服务等大量数字平台企业聚集的行业（见图1-2）。另一方面，在VIE（Variable Interest Entities）①架构的设计下，大量中国互联网企业（尤其是数字平台企业）赴美上市。它们中的许多企业在上市时尚未实现盈利，却能通过上市筹集的资金得以开展大量补贴活动，以实现企业规模增长。例如，数字平台企业拼多多利用在纳斯达克交易所和伦敦证券交易所上市所筹集的资金，在2019年净利润损失69.68亿元人民币的情况下，仍可挥金如土，以"百亿补贴"吸引用户。根据其2019年年度报告，2019年拼多多的销售和营销费用同比增长102%，其中有130亿元人民币用于广告费用、促销和优惠券费用，以建立品牌知名度、拉动平台用户增长，并提升平台用户参与度。因此，本书认为融资便利性是数字平台企业崛起的前提。

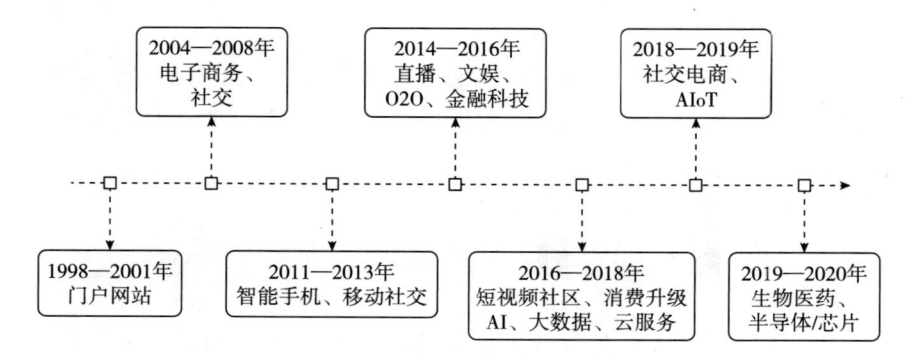

**图1-2　20世纪90年代至今年各个时期的投资热点**

资料来源：清科研究中心，https://www.fxbaogao.com/pdf? id=2183824。

---

① VIE（Variable Interest Entity），即为可变利益实体，又称"协议控制"。VIE架构是境内运营实体为了实现境外上市常采用的一种投资架构。采用这种架构上市的多为中国企业，起初以互联网企业为主，例如，新浪、搜狐、百度等企业均以VIE模式成功登陆境外的资本市场。资料来源：离岸快车，https://www.liankuaiche.com/question/75753。

第一章 中国数字平台企业的发展及影响概述

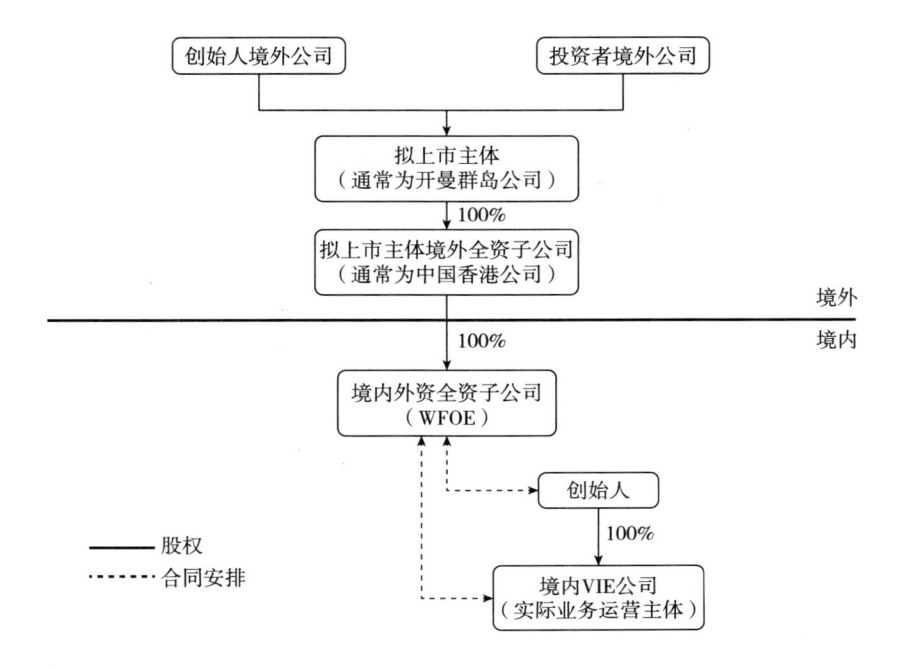

图 1-3 VIE 架构一般模式

资料来源：笔者根据公开信息整理。

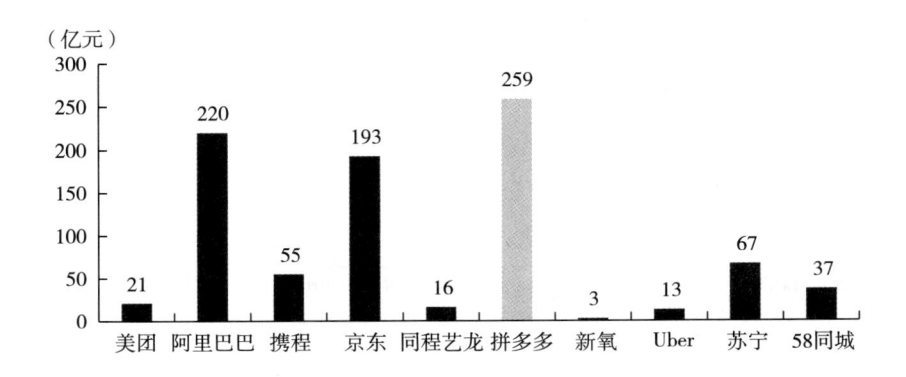

图 1-4 2019 年部分知名互联网企业广告费用

| 企业 | 广告费用（亿元）|
|---|---|
| 美团 | 21 |
| 阿里巴巴 | 220 |
| 携程 | 55 |
| 京东 | 193 |
| 同程艺龙 | 16 |
| 拼多多 | 259 |
| 新氧 | 3 |
| Uber | 13 |
| 苏宁 | 67 |
| 58同城 | 37 |

资料来源：各企业年报。

第二，庞大的网民规模和迅速提升的互联网普及率是我国数字平台企业崛起的基础。中国互联网络信息中心（CNNIC）数据显示，截至

5

2020年12月，我国网民规模达9.89亿人，互联网普及率达70.4%，[①]与2010年12月4.57亿人的网民规模和34.3%的互联网普及率相比几乎翻了一倍。[②]互联网世界统计（IWS）等机构数据显示，我国2020年第一季度的互联网用户数量为9.04亿人，为美国等发达国家互联网用户数量的数倍（见图1-5）。但互联网普及率相较发达国家仍有较大的提升空间，网民数量仍有增长潜力。这为我国数字平台企业崛起提供了市场基础。

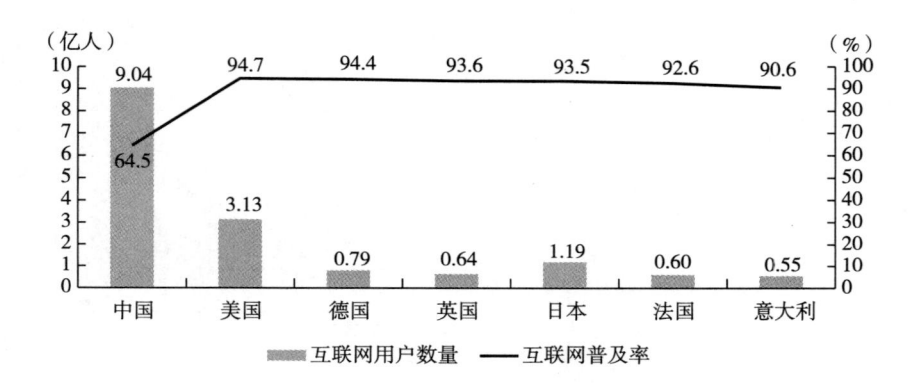

**图1-5 2020年第一季度各国互联网用户数量及互联网普及率**

资料来源：根据互联网世界统计（IWS）、前瞻产业研究院数据自制，https://bg.qianzhan.com/trends/detail/506/200803-2e914d2d.html。

第三，替代性行业的阶段性落后与上下游行业的支持为我国数字平台企业"弯道超车"提供了条件。中国被认为是平台经济蓬勃发展的范例。首先，这主要是因为美国等发达国家的某些行业已经非常成熟，转换成本[③]高、企业经营灵活性低，在某些领域给了"后来者"弯道追赶的机会。例如，在移动支付发展初期，美国信用卡和借记卡系统已非

---

[①] 资料来源：中国互联网络信息中心（CNNIC）发布的《中国互联网络发展状况统计报告》（第47次），http://www.cac.gov.cn/2021-02/03/c_1613923422728645.htm。

[②] 资料来源：《第27次中国互联网络发展状况统计报告》，http://www.cac.gov.cn/files/pdf/hlwtjbg/hlwlfzzkdctjbg027.pdf。

[③] 《巴菲特的护城河》中指出"客户从A公司产品转向B公司产品省下的钱，低于进行转换发生的花费，它们的差额就是转换成本"（多尔西，2009）。

常成熟，而我国尚未建立成熟的数字化支付方式。这使移动支付无法在美国快速发展，却能够在我国迅速普及。根据 eMarketer 和中信建投，我国移动支付使用率远超美国等发达国家（见表 1-3）。其次，上下游行业的支持对我国数字平台企业发展也起到重要的作用。例如，在电商行业发展初期，美国、日本等发达国家的快递市场便具有寡头垄断的特征，而中国快递市场集中度相对较低。这使中国快递业能够更加灵活地适应电商行业的发展需求。快递业低廉的服务价格、"点对点"的网络化服务、灵活的加盟模式等均为电商数字平台企业的爆发增长提供了条件。此外，物流配送行业对外卖数字平台企业发展支持也是如此。

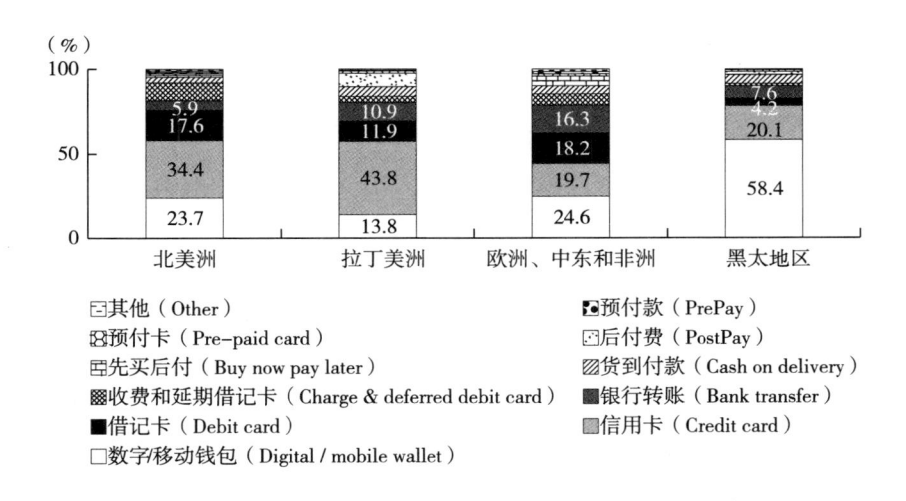

**图 1-6 2019 年全球各地区各付款方式交易量占比**

资料来源：Statista。

**表 1-3　　　　　2019 年全球移动支付使用率**

| 国家 | 移动支付使用率（%） | 普及情况 |
| --- | --- | --- |
| 中国 | 81.10 | 广泛普及 |
| 丹麦 | 40.90 | 极高普及 |
| 印度 | 37.60 | |
| 韩国 | 36.70 | |
| 瑞典 | 36.20 | |

续表

| 国家 | 移动支付使用率（％） | 普及情况 |
|---|---|---|
| 美国 | 29.00 | 高度普及 |
| 加拿大 | 26.00 | |
| 挪威 | 25.80 | |
| 日本 | 25.30 | |
| 瑞士 | 22.30 | |
| 意大利 | 21.10 | 适度普及 |
| 印度尼西亚 | 19.80 | |
| 荷兰 | 19.70 | |
| 英国 | 19.10 | |
| 澳大利亚 | 18.80 | |

资料来源：eMarketer、中信建投，https：//www.zhitongcaijing.com/content/detail/327763.html。

第四，数字平台企业借助网络效应实现需求端的规模化，是我国数字平台企业崛起的关键。数字平台企业往往具有显著的网络效应优势。以交叉（或间接）网络效应（Cross–side Network Effects）为例，平台在一侧对参与者的价值随着更多参与者在另一侧的参与而增加（McIntyre and Srinivasan，2017），即其B端用户的效用受到C端用户数量的影响，而C端用户的效用也受到B端用户数量的影响（见图1–7）。长期以来，我国房地产市场负债率持续处于高位，高科技行业创新程度尚未达到全球顶尖水平，经济发展尚需要其他行业的支撑。在此背景下，数字平台企业借助搭建一个"网络"实现了需求端的规模化，渗透到各行各业中，承担了经济发展的重任，这是我国平台经济蓬勃发展与数字平台企业崛起的关键所在。

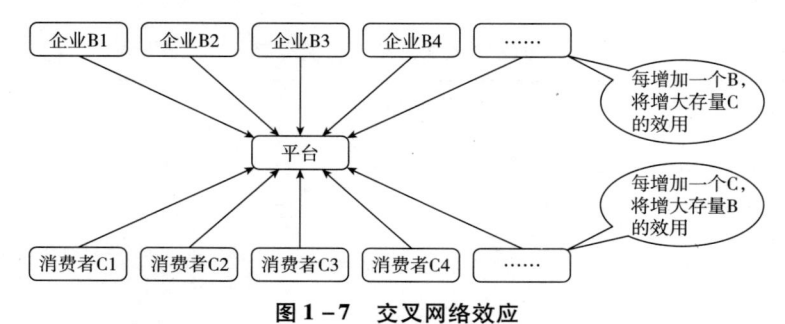

图1–7 交叉网络效应

资料来源：笔者自制。

## 第二节 数字平台企业对商业的影响

数字平台可以分为第三方平台和自营平台，数字平台企业可以相应地分为第三方数字平台企业、以自营平台为主的数字平台企业（以下简称"自营型数字平台企业"）和第三方平台与自营平台并重的数字平台企业三类。其中第三方数字平台企业为本书讨论的重点。本书涉及的行业主要包括以第三方平台为主的在线旅游行业、网络招聘行业和互联网医疗行业，以自营平台为主的制造业（案例企业建立了产业中台平台），以及第三方平台与自营平台并重的网络直播行业、跨境电商行业和互联网保险行业（见图1-8）。

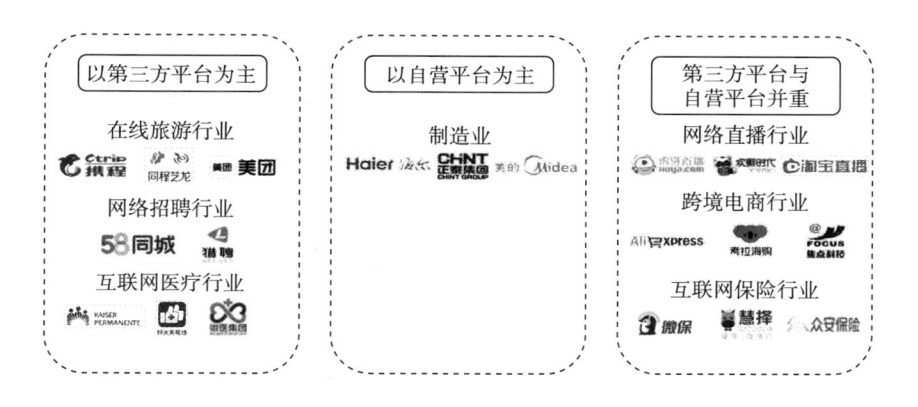

**图1-8 部分行业代表性数字平台企业或平台**

注：图中部分企业为各章节的案例企业；淘宝直播由数字平台企业阿里巴巴运营；在跨境电商行业中，全球速卖通和考拉海购分别为阿里巴巴旗下出口平台和进口平台。

资料来源：笔者自制。

第三方数字平台企业和自营型数字平台企业具有不同的商业逻辑。首先，对于第三方数字平台企业来说，需求端的规模化是其赖以生存的基础，"流量"是企业最重要的财富。因此，其商业逻辑为先获取流量、再将流量变现（见图1-9）。其中流量获取环节大多采用补贴、平台间引流、社群推介等方式，而流量变现环节大多采用收取交易费（佣金）、收取准入费、收取增强型服务费用等方式。一些业内人士将其归纳为"补贴→垄断→收租"的游戏。例如，在线旅游行业的在线旅游代理商（Online Travel Agency，OTA）通过大量营销活动获得 C 端流量，并通过后期的增值服务在 B 端进行前期投入成本的回收（张新民、陈德球，2020），将流量转变为现金。其次，对于自营型数字平台企业而言，其平台的建设、管理与运营均服务于企业主业，以提升产品或服务的效率和质量为目的，对企业整体发展起到辅助作用。此外，在网络直播、跨境电商、互联网保险等行业中，第三方数字平台企业和自营型数字平台企业并存，两类商业逻辑亦并存。

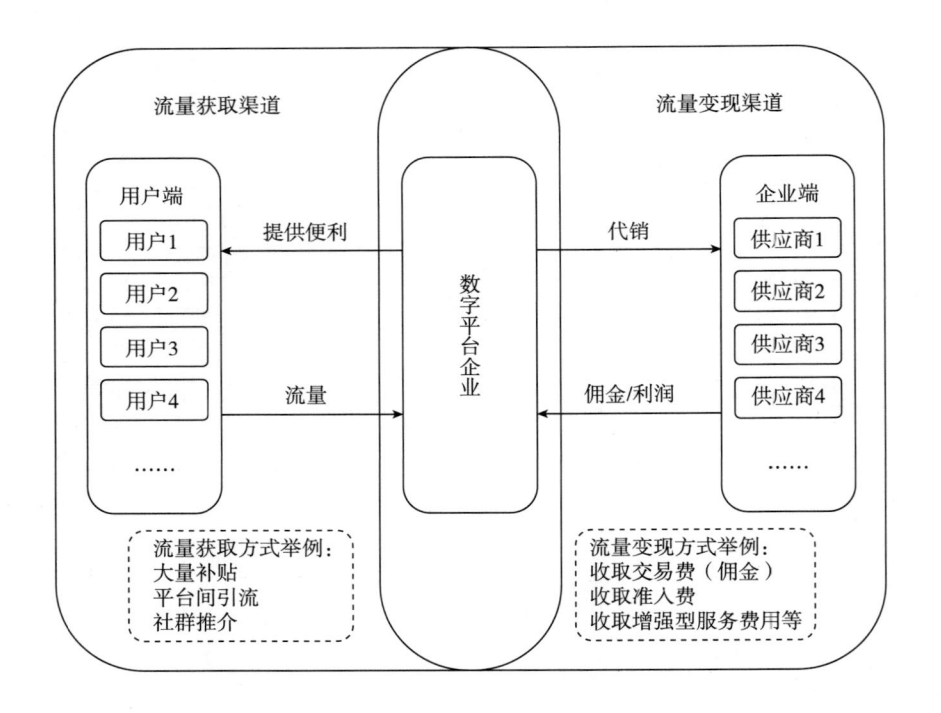

图 1-9　第三方数字平台企业典型商业逻辑

资料来源：笔者自制。

鉴于数字平台企业与传统企业完全不同的商业逻辑，数字平台企业的发展给商业带来巨大变化。第一，数字平台企业缩短了产业链，使价值链从"管道"结构变成"平台"结构，行业信息更加透明。第二，数字平台企业打破了经济活动的地域边界和行业边界，更易实现范围经济，市场趋于融合。第三，数字平台企业使商业的供应规模经济（Supply Economics of Scale）向需求规模经济（Demand Economics of Scale）转变，企业从向内聚焦到向外聚焦转变。下文将详细阐述以上三点内容。

## 一 产业链缩短，"管道"变为"平台"

数字平台企业大多连接了企业端（B端）与消费端（C端）。在本书研究的行业中，制造业产业中台平台、互联网保险平台上参与主体相对复杂，跨境电商数字平台企业以"企业对企业"（Business - to - Business，B2B）类为主，而其他行业（如在线旅游、网络招聘、互联网医疗和网络直播等行业）中的数字平台企业多为"企业对消费者"（Business - to - Customer，B2C）类企业。

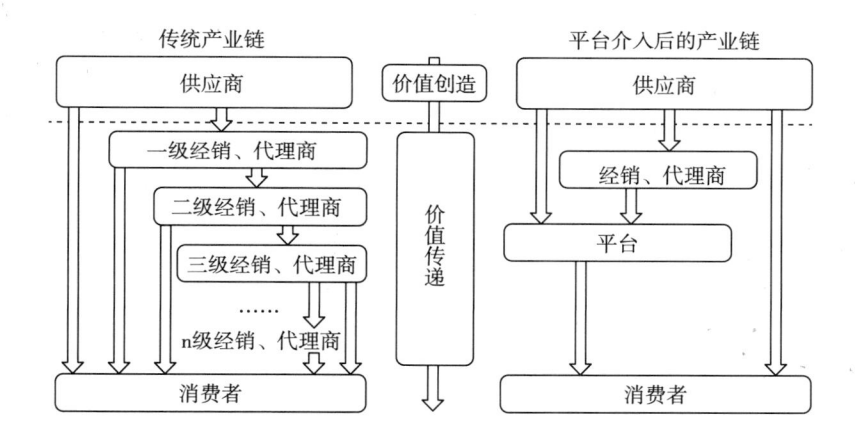

**图 1-10 B2C 类平台介入前后的产业链变化**

资料来源：笔者自制。

数字平台企业的出现大幅缩短了产业链。这主要是因为数字平台企业替代了多个层级的中间商，成为价值传递的主要承担者。以制造业产业中台平台为例，产业中台平台连接起产业上下游企业，各企业能够与制造业数字平台企业实时交互。一方面，在需求端，制造业数字平台企业能够集成下游的经销商和终端用户，从而精准预测市场终端消费者需求，及时对市场风向做出反应。另一方面，在供给端，制造业数字平台企业能够直接邀请多方供应商入驻平台，在各供应商间进行采购分配与价格控制。总之，制造企业搭建的产业中台平台精简了上下游冗余的中间环节，大幅度缩短了产业链。

特别值得指出的是，数字平台企业使价值链从管道结构转向平台结构。Choudary等（2016）指出，管道结构也称为线性价值链（Liner Value Chain），其中供应商在一端，顾客在另一端，供应商创造的价值被中间商层层传递。而平台结构中的价值在不同的地点以不同形式被创造、改变、交换和使用。两者最重要的区别在于是否存在传统的守门人（Gate Keeper）。在管道结构中，低效率的传统守门人管理着从供应商到顾客的价值传递。而在平台结构中，数字平台企业借助需求端的规模化消除了传统守门人，顾客可以对不满意的产品或服务选择"用脚投票"①，这提升了价值传递的效率（Choudary et al.，2016）。其实数字平台企业并非在绝对意义上消除了"守门人"，在追求效率的过程中也可能损失公平性。甚至欧盟公布的《数字市场法》称"守门人"为营业额、用户数或市值达到一定规模，且至少在3个欧洲国家提供平台服务的企业。但从整体上看，目前阶段数字平台企业的确消除了传统的守门人，并在一定程度上使用户得以"用脚投票"，将价值链从管道结构转向平台结构。

此外，数字平台企业的发展使各行各业信息更加透明。在传统的产业链条中，行业集中度较低，各个环节都有众多的参与者。B端与C端之间存在明显的信息不对称问题，消费者无从得知中间商提供的价格与其他企业相差多少。而数字平台企业的进入重新整合了各方资源与信息，颠覆了原本高度离散、信息不透明的市场规则，使行业的信息更加透明。

## 二 地域和行业边界被打破，市场趋于融合

一方面，数字平台企业打破了地域上的边界。数字平台企业的出现使消费者的选择不再局限于自家门口的商户。与供应商竞争的商户也不再仅包括消费者生活区域范围内的几家。数字平台企业通过打破地域边界，将局部的、部分的竞争范围扩大到全国乃至全世界。

---

① "用脚投票"一词来源于股市，指投资者拥有卖掉其持有的公司股票，选择放弃或离开的权利。现在通常用来比喻因对某事存在失望或抵触情绪而选择离开或者放弃的行为。

另一方面，行业上的边界也更容易被打破，数字平台企业和供应商更易实现范围经济。① 数据穿透增强了不同行业之间的互联互通，降低了企业跨界成本；并且伴随着企业经营范围和资源范围的扩大，企业在新业务领域的扩张使其有机会捕捉新的增长点，从而摆脱对传统核心业务的过度依赖（戚聿东、肖旭，2020）。在数字经济背景下，企业之间的竞合模式发生改变，其竞争过程从"市场内的竞争"转向"市场间的竞争"（戚聿东、肖旭，2020）。例如，美团与饿了么对速食品行业、智能手机对相机产品的冲击是这样，美团作为一个外卖企业进军在线旅游行业也是如此。不仅是数字平台企业对传统企业、数字平台企业之间存在"跨界打劫"，供应商之间也存在这种现象。冯华、陈亚琦（2016）指出，供应商根据不同需求提供多样化产品，亦带来了供应商的范围经济。

关于跨界有一个有趣问题：数字平台企业的业务边界由什么因素决定？传统的交易成本理论不能很好地解释该问题。1937年，科斯提出"交易成本"的概念。一些学者曾指出，同一交易行为在市场上与在企业内分别发生交易的费用有所不同，这便形成了企业的边界。如今，交易成本理论已无法很好地解释企业边界问题。事实上，本书认为这种交易成本理论更适用于追求供应规模经济的企业，而非追求需求规模经济的企业。具体而言，其更适用于提供产品的传统制造型企业，不能很好地适用于提供服务的企业；更适用于以生存为目标的企业，不能很好地适用于具有战略眼光、以长远发展为目标的企业；更适用于作为价值创造者的一般企业，不能很好地适用于作为价值传递者的数字平台企业。

在平台经济下，数字平台企业自身的综合能力成为影响企业边界的重要因素。Teece等（1997）表明企业的边界反映了自身综合能力的范围。侯赟慧等（2019）指出了平台型商业系统演化的三个阶段——破界、跨界和无边界。如图1-11所示，阿里巴巴和腾讯等数字平台企业不断拓展企业边界，在电商、外卖、文体、金融、社交、旅游、交通、教育、健康等多个领域广泛布局。

---

① 范围经济指企业通过扩大经营范围、增加产品种类，生产两种或两种以上的产品而引起的单位成本降低的现象（卡尔顿，2009）。

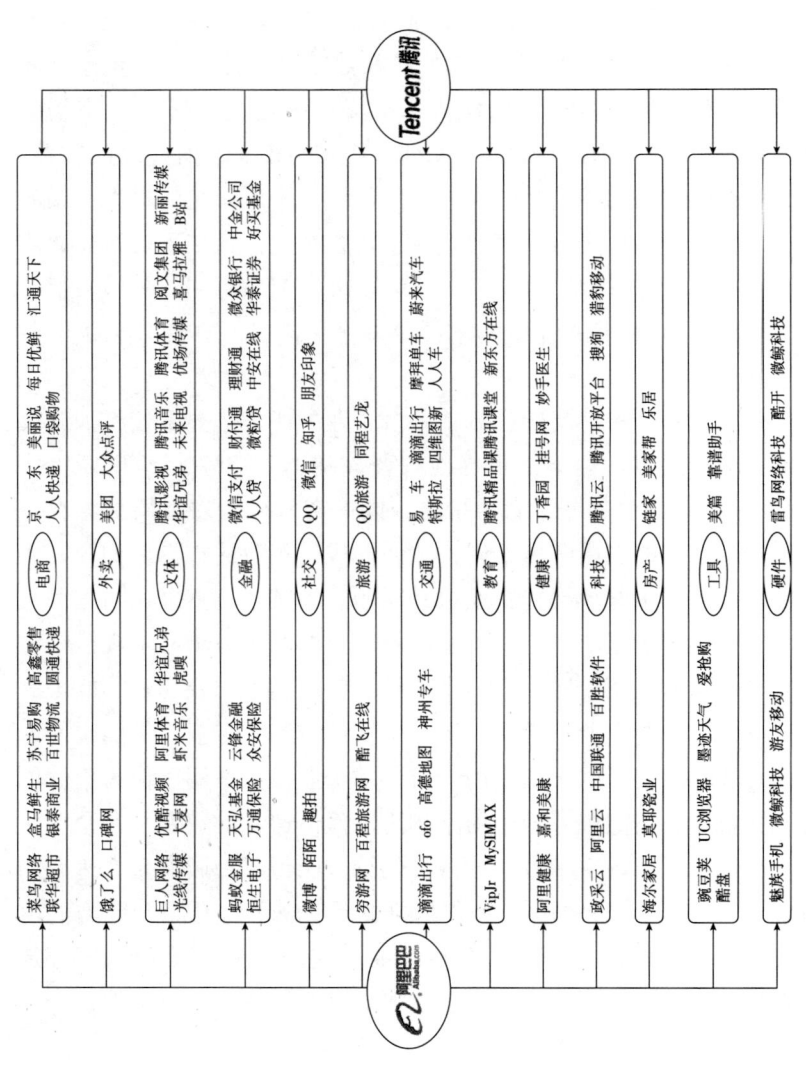

图 1-11 阿里巴巴和腾讯集团在各行业的布局

资料来源：笔者根据公开信息整理。

### 三 供应规模经济向需求规模经济转变，企业向外聚焦

平台经济的兴起使传统的供应规模经济向需求规模经济转变。"需求规模经济"这一术语由谷歌首席经济学家哈尔·瓦里安（Hal Varian）和商学院教授卡尔·夏皮罗（Carl Shapiro）提出。传统意义上的规模经济被称为"供应规模经济"，指随着生产数量的增加，生产效率提高使生产产品或服务的单位成本降低，从而给企业带来成本优势，使竞争者难以与之抗衡的现象（Choudary 等，2016）。与"供应规模经济"相反，"需求规模经济"利用技术进步在需求侧取得优势。应用程序的开发、需求的聚集等因素使规模越大的网络越有价值，从而给企业带来网络效应优势，使竞争对手难以与之抗衡。数字平台企业天然具有网络效应，企业发展往往遵循需求规模经济。冯华、陈亚琦（2016）指出在互联网环境下，数字平台企业商业模式从重视"供应规模经济"与"范围经济"转向了重视"需求规模经济"与"范围经济"。[①]

一方面，在需求规模经济下，数字平台企业塑造了一种"连接的追赶"。平台最核心的价值便在于其建立了一个网络，一个可以连接各个主体的网络。这种连接力量的价值就像自行车链上的润滑油，其加速了世界的运转。在亚当·斯密深入剖析了分工和专业化的作用之后，生产效率越来越高，世界发展的速度也越来越快。但同时，分工与专业化割裂了这个世界。技术快速发展，生产力不断提高，人们的欲望也越来越高，而人与人、企业与企业、想法与想法以及它们三者之间的"连接"无法追赶上技术、生产力以及人们欲望增长的速度。平台型企业的出现使这种"连接的追赶"成为可能。

另一方面，在需求规模经济下，数字平台企业从传统的向内聚焦到向外聚焦转变，其商业行为更加以消费为导向。第一，在互联网行业中，市场具有明显的长尾效应，数字平台企业可以有效满足长尾中越来越个性化的小众需求。第二，平台型企业在很大程度上平衡了用户和企业之间的权力，从需求端倒逼生产活动改变，"以用户为中心"的理念也真正转变为企业经营的价值判断（戚聿东、肖旭，2020）。即便是以

---

[①] 传统企业和数字平台企业的商业模式均重视范围经济，但正如前文所说，平台经济下数字平台企业和供应商更易实现范围经济。

生产制造为主业的制造业数字平台企业，也开设了交互定制平台，为终端用户提供定制化产品。正如忻榕等（2019）所言，在数字经济时代，只有用户才能定义企业，也只有用户才能成就企业。

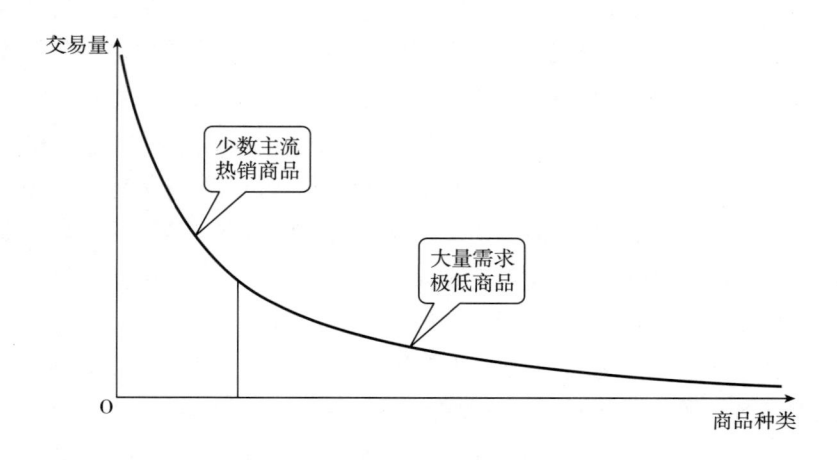

图 1-12 长尾效应

资料来源：笔者自制。

## 第三节 数字平台企业对社会生活的影响

数字平台企业对世界的影响不仅局限于商业中，也在社会生活上有所体现，本节将考察数字平台企业的社会效应。① 事实上，数字平台企业对社会生活的影响不亚于对商业的影响。首先，从供需角度看，消费与供给的关系被数字平台企业重构。其次，从就业角度看，就业结构、雇佣关系和工作方式亦随平台经济的兴起而变化。

### 一 数字平台企业重构消费与供给关系

消费者潜在的需求不断引领数字平台企业的发展方向，消费与供给的关系被重构。前文已经提及，平台经济更加以消费为导向。由于低附

---

① 社会效应是某些因素的产生和变化引发的所有结果，包括对社会、经济、生态环境、文化等各方面的影响（魏文刚，2014）。

加值规模化是当今平台经济赖以生存的基础,对数字平台企业而言,"流量"即财富。这使"以人为本"成为企业寻求发展的经营理念。在数字经济时代,交易数量与用户黏性成为企业发展的关键标准,企业的市场反应和持续影响力成为重要指标(张新民、陈德球,2020)。数字平台企业只有不断适应、迎合和发掘消费者的需求,维持高质量的"流量",才能够在竞争激烈和变化迅速的市场环境中屹立不倒。每当某个消费痛点被投资者发现,各个数字平台企业总是会蜂拥而至、大力投资。2020年各大数字平台企业激烈争抢的社区团购战场便是如此。

> "社区团购烈火烹油:京东创始人刘强东称会亲自带领京东打好社区团购一仗,京东以7亿美元战略投资社区团购头部玩家兴盛优选;滴滴的橙心优选来势汹汹;美团优选事业部由核心创始团队成员之一陈亮带队;阿里巴巴怎能袖手旁观,先是在2019年1月投资了十荟团A轮融资,今年(指2020年)9月又组建盒马优选事业部,大润发、零售通也一起上阵;拼多多创始人黄峥的内部信里,一半篇幅在讲多多买菜,黄峥还亲自飞往南昌等多地一线调查。创业公司如兴盛优选、十荟团等融资不断;聪明的投资机构也早早握住了筹码。"

资料来源:pingwest品玩、cnBeta,https://www.cnbeta.com/articles/tech/1065277.htm。

在此背景下,人们的消费模式发生了一系列变化。第一,消费的便利性大幅提升,"没有最便利,只有更便利"。例如,如今消费者可以通过平台实现跑腿代购、万物到家。第二,消费商品或服务的种类更加丰富。数字平台企业不仅满足"二八定律"中那20%关键消费者的需求,更关注"长尾需求",这也使整个社会的消费种类越来越丰富。第三,消费者几乎没有隐私,"数据比消费者更了解自己"。为了不断迎合消费者的需求,各大数字平台企业利用大数据分析得到用户画像。一些数字平台企业甚至将消费者信息售卖给其他数字平台企业。

同时,供应商与数字平台企业将"顾客就是上帝"的原则贯彻到底,供给端的企业行为亦发生变化。第一,大量供应商为了获得平台上更高的"曝光度"、进入消费者的视线,而采取大量刷单行为。例如,一些酒店为了在平台获得更高的排名，请求消费者在携程、美团等平台上虚假预订房间。第二，大量供应商由于缺乏话语权，成为平台规则的追随者，例如，许多供应商迫于竞争压力参与某些电商平台设计的"双11""618"等电商促销节。第三，为了更好地触达消费者，供应商采用更加丰富的营销与销售渠道，并不断尝试将流量从公域引向私域。① 第四，平台上的消费者反馈机制倒逼供应商更加注重产品与服务质量。

## 二 数字平台企业对就业的影响

首先，从就业结构来看，传统制造业从业人员逐渐流向低附加值服务业的同时，中介渠道就业亦向终端服务就业转变。一是制造业就业向服务业就业的转变，源于2008年经济危机后数字平台企业承接了大量冗余的制造业劳动力，外卖配送员、直播主播等新兴职业不断涌现。二是中介渠道就业向终端服务就业转变，源于原本的中间商未能提供差异化服务，其逐渐被数字平台企业取代。由于数字平台企业缩短了产业链，供应商不再通过多层级的中间商触达消费者，因此各行各业的中间商无法提供更多的就业岗位。例如，旅游行业的传统旅行社或其他代理商逐渐被旅游数字平台企业替代，经营状况受到巨大冲击，提供的旅游就业岗位也不断减少。

其次，数字平台企业摆脱了传统雇佣关系的束缚，创造了大量就业岗位。传统就业的本质是雇佣关系的确认，指企业和劳动者签署劳动合同、形成劳动关系。而在平台型就业中，从业者与平台建立业务联系，突破了时空限制，增加了就业的灵活性和自主性。例如，阿里巴巴自有员工11.76万人，② 而实际上其创造的就业岗位超过千万个。③ 再如网

---

① 公域流量指的是需要付出一定成本的、人人可以用的流量，公域流量不一定可持续。私域流量就是基于公域流量平台的可控流量池。以微信为例，对于微信整个生态来说，10亿活跃账号就是公域流量。对于每个单独的微信公众号、微信群以及微信个人号，它们的粉丝、群友、好友就是私域流量，因为这些可以由拥有公众号、微信群、个人号的人自主运营和维护。资料来源：2020（第十三届）中国化妆品大会的主办方品观网分享的会议资料《零售私域流量实操宝典》。

② 资料来源：阿里巴巴2019年报。

③ 中国人民大学劳动人事学院发布的报告显示，2017年大淘宝总体为我国创造3681万个就业机会（包括交易型就业机会和带动型就业机会，其中带动型就业机会又包括支撑型就业机会和衍生型就业机会）。资料来源：199IT互联网数据中心，http://www.199it.com/archives/707137.html。

络直播行业的出现创造了很多新的就业形式，如主播经纪人、主播助理和直播灯光师等。

最后，从人们工作方式的变化来看，数字平台企业从业者听从于系统，而系统是以消费者为导向的。以提供现场服务的从业者为例，他们根据系统的指令开展工作，既需要容忍消费者直接的苛责，又需要承受垄断平台或供应商的盘剥。据沸点视频报道，2020年10月30日，泉州一名外卖员因等餐太久导致情绪崩溃，大闹柜台，被商家拖进后台暴打，双方和解后店家赔偿外卖小哥4000元医疗费。[①] 在平台趋于垄断后，不只是供应商失去了选择权，数字平台企业的从业者也将失去选择权。

## 第四节 数字平台企业发展存在的问题

尽管平台增加了消费者福利，但在实际运营层面却引发种种社会问题（戚聿东、李颖，2018），互联网时代的新兴商业模式给传统经济体系带来了种种潜在挑战（肖红军、李平，2019）。这些挑战具有深远的经济和社会影响（Cramer and Krueger, 2016; Choudary et al., 2016; De Reuver et al., 2018）。例如，Google 的信息搜索数字平台或 Facebook 的社交网络数字平台，它们在为用户提供免费服务的同时也使用用户数据获得利润，用户和整个社会使用这些数字平台很久后才感受到与数据隐私相关的负面外部影响（Zuboff, 2019）。对于数字平台企业带来的潜在问题，社会各界应当早发现、早预防。

目前数字平台企业的发展还存在诸多问题。第一，数字平台企业发展具有"马太效应"，"强者愈强、弱者愈弱"，容易形成垄断。第二，数字平台企业角色定位的不准确使其逃避了应当承担的社会责任。第三，数字平台企业的数据使用有待规范。第四，供应商和平台从业者过于依赖平台。本节将阐述数字平台企业发展存在的以上问题。

### 一 平台经济下的竞合关系不同以往，垄断更易形成

"竞合"概念由 Ray Noorda 于 1989 年首次提出。1996 年布兰登伯

---

[①] 资料来源：腾讯网，https://new.qq.com/omn/20201031/20201031A049D600.html。

格和拜瑞内勒巴夫撰写的［美］《合作竞争》（Co-Opetition）将竞合思想引入管理领域，自此竞合理论产生（马蔷，2017）。而竞合关系即企业与竞争对手建立起的竞争与合作同时并存的关系，是企业合作关系中不可或缺的组成部分（李东红等，2020）。Luo（2005）将跨国企业间的竞合关系划分为对抗型、伙伴型、孤立型和适应型，其中竞争明显而合作不明显的竞合关系被称为对抗型竞合关系，合作明显而竞争不明显的竞合关系被称为伙伴型竞合关系，竞争与合作均不明显的竞合关系被称为孤立型竞合关系，竞争与合作均明显的竞合关系被称为适应型竞合关系（见图1-13）。

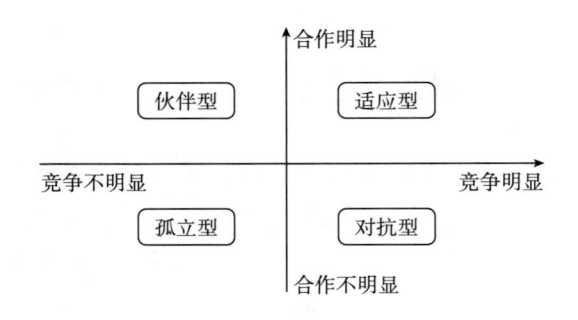

**图1-13 竞合关系类型**

资料来源：笔者自制。

数字平台企业与大多数企业呈现适应型竞合关系，与大量中间商呈现一定程度的对抗型竞合关系。第一，数字平台企业多与其他企业建立适应型竞合关系，这主要是因为数字平台企业难以孤立发展，即便是与同行业的竞争对手亦不可避免地要建立合作关系。例如，根据Wind数据，截至2020年6月由百度控股的携程旅行持有同程艺龙6.95%的股权，而腾讯集团亦持有同程艺龙14.51%的股权。同程艺龙一方面接受腾讯集团的流量导入，另一方面与同行业的携程、去哪儿网成立"赫程平台"以共享酒店库存。因此，数字平台企业通常既没有"绝对的朋友"，亦无"绝对的敌人"。第二，通常数字平台企业对中间商的替代性较高，对大量中间商的经营造成较大冲击，二者竞争性较强。正如谢富胜等（2019）所指出的，平台组织控制了生产与交换所必需的数字化基础设施和数据的潜在生产力，同行业内数字平台企业对非数字平台企业的支配性表现为平台组织在许多领域挤出了非平台组织。

但是相较传统商业模式，数字平台企业呈现更明显的"马太效应"，垄断更易形成。由于存在网络效应，平台用户往往倾向于选择用户多、知名度高的平台。加之数字平台企业通常缺乏边界，因此其往往呈现一种"强者愈强、弱者愈弱"的"马太效应"。而实际上，"赢家通吃"是互联网行业较为普遍的现象，在行业的市场结构上表现为较高的行业集中度。例如，2020年美团、饿了么分别占据约60%、40%的外卖市场份额，滴滴打车垄断打车市场，淘宝占据大部分电商市场份额，58同城、前程无忧在网络招聘行业占据较大市场份额。

**二　数字平台企业角色定位不准导致各行业乱象百出**

不同于传统企业，数字平台企业兼具企业个体的"经济人"属性与平台场域内"社会人"角色（李广乾、陶涛，2018）。其与社会之间的关系呈现两条路径，即"企业个体→社会"和"企业个体→平台商业生态圈→社会"（肖红军、李平，2019）。因此，数字平台企业的社会责任必须被重新明确。肖红军、李平（2019）指出了数字平台企业社会责任的3个层次，即作为企业个体对社会承担的责任、作为平台运营商对平台商业生态圈承担的责任、作为平台运营商对社会承担的责任。

而现实情况中，许多数字平台企业未能承担起应负的社会责任。当今中国的许多数字平台企业，大多认为自己并非最终的产品和服务提供者，只是一个"数字平台企业"，因此不应当承担经济责任以外更多的责任。或者说，鲜少数字平台企业主动承担社会责任。

同时，社会各方主体对数字平台企业的特殊性缺乏充分认识，未能对其行为进行合理的约束和指引，导致相关行业乱象百出。例如，在线旅游行业价格歧视、价格战、虚假预订、大数据杀熟等问题层出不穷；网络直播行业内容低俗、侵权现象比比皆是等。

**三　数字平台企业数据使用有待规范**

传统企业缺乏系统性应用大数据的条件与思维，平台上沉淀的海量数据成为数字平台企业的重要竞争力。一方面，在传统企业的商业模式中，企业积累的数据资源有限。另一方面，即便传统企业积累了大量数据，它们也难以对数据进行有效挖掘和应用。例如，制造企业从上游的采购信息、下游的订单和业务中积累了大量的数据，但却不能有效利用其掌握的数据。而数字平台企业可以更加轻松地沉淀海量数据。在大数据时代，这些数据便像是新的"石油资源"。数字平台企业可通过深度分析将其有效利用，最终转化为企业利润。例如，网络招聘数字平台企业将求职者信息进行清洗、可视化后，可以分析出用户缺失的技能，向其精准推送求职培训课程，直击求职者痛点。

此外，数字平台企业还可为外部资源方提供大数据服务。以制造业产业中台平台为例，一方面，平台能够为上游生产资料供应商提供市场反馈信息和数据、业务相关中台服务，即大数据分析服务和统一的业务操作系统。另一方面，下游的终端企业或个人用户在平台采购商品，采购数据将直接储存在平台的数据库中，继而沉淀为企业的数据资产。相应地，数字平台企业也会为下游终端客户提供大数据增值服务。总之，数字平台企业有望为各企业提供系统性应用大数据的途径。

表1-4 我国APP个人信息收集相关文件及适用范围

| 序号 | 时间 | 文件名称 | 适用范围 |
| --- | --- | --- | --- |
| 1 | 2019年3月1日 | 《App违法违规收集使用个人信息自评估指南》 | 指导APP运营者自查自纠 |
| 2 | 2019年12月30日 | 《APP违法违规收集使用个人信息行为认定方法》 | 为监督管理部门认定APP违法违规收集使用个人信息行为提供参考，为APP运营者自查自纠和网民社会监督提供指引 |
| 3 | 2020年3月19日 | 《网络安全标准实践指南—移动互联网应用程序（APP）收集使用个人信息自评估指南（征求意见稿）》 | 供APP运营者自评估参考，帮助其持续提升个人信息保护水平 |

资料来源：中伦资讯，http://www.zhonglun.com/Content/2020/03-21/1302426750.html。

然而，当前数字平台企业的数据使用有待进一步规范。首先，数据资源确权法规不完善、数据资源权利主体及权利内容尚未明确，使数据资源不能被充分有效利用。如2020年7月，圆通速递有限公司内部员工勾结外部不法分子，窃取运单信息，导致 40 万条个人信息泄露。①其次，个人信息收集保护制度仍需进一步完善。虽然我国先后发布了一系列个人信息收集相关的政策文件（见表 1-4），但 APP 违法违规收集个人信息的现象仍然普遍存在。例如，北京市通信管理局于 2020 年 11 月 16 日在抽测中发现闪送、瓜子二手车以及聚美优品等公司存在违规收集使用用户信息、强制授权等问题，并约谈了相关负责人。② 最后，数据资产定价困难，其交易方式、交易对象、交易主体等不明确，阻碍了数据资产在市场上流通。

**四 供应商和平台从业者过于依赖平台**

第一，在平台经济下，供需关系被重构，供应商对数字平台企业依赖度高、话语权弱。供应商受到垄断平台的盘剥，在接受数字平台企业筛选和排名的同时，动辄受到消费者的苛责。然而随着消费者互联网普及率的日益提高、竞争对手对平台活动的积极参与，供应商对数字平台企业的依赖度越来越高、话语权愈来愈弱。供应商之间过度竞争，可能使行业陷入"内卷化"的状态。③

第二，与供应商相同，数字平台企业从业者亦较为依赖数字平台企业。2020 年 9 月，一篇题为《外卖骑手，困在系统里》的公众号文章发布，阅读量超过 10 万人次。该文指出 AI 智能算法深度学习能力的提升对于实践"技术进步"的外卖员而言可能是"要命"的。无独有偶，2021 年元旦假期，一名供职于拼多多的多多买菜业务部的 23 岁年轻女员工凌晨 1 点下班猝死路边。④

事实上，数字平台企业从业者对数字平台企业的依赖源于其以消费者为导向，其生存的根基便是不断满足消费者的需求。而消费者的需求是没有止境的，数字平台企业从业者便如此随系统一同踏上"拼命工

---

① 资料来源：央视新闻客户端、厦门网，http://news.xmnn.cn/xmnn/2020/11/26/100815690.shtml。
② 资料来源：北京市通信管理局、安全内参，https://www.secrss.com/articles/27187。
③ "内卷化"一词被用来表达几乎是任何没有质变而仅是越来越紧密的劳动投入（以及边际回报递减）的现象，包括非农业领域的这种经济现象，以及经济领域以外的各领域中的类似现象，包括行政体系的"内卷化"、政策措施的"内卷化"、社会动态的"内卷化"等（黄宗智，2020）。
④ 资料来源：搜狐网，https://www.sohu.com/a/442749968_120138614。

作"的道路。

## 第五节　数字平台企业发展的对策建议

从前文的论述中我们可以看到，数字平台企业发展尚不成熟，存在诸多问题。本节将针对前文提及的问题，提出相应的对策建议。

### 一　政府在反垄断的同时应当注意引导

数字平台企业存在的最主要的问题便是极易形成垄断，从而带来诸多风险，政府已开始着手制定相应政策。数字平台企业的垄断倾向会带来以下风险。首先，数字平台企业垄断打击中小数字平台企业创新的积极性。由于数字平台企业通常存在交叉网络外部性，企业和用户都愿意选择大规模的平台。而中小数字平台企业和潜在进入者缺乏流量基础，难以从规模经济中获利。加之高昂的技术研发固定成本，企业（尤其是中小企业）缺乏进行创新研发的动力。其次，数字平台企业垄断损害消费者的合法权益。先入企业的掠夺性定价行为将其他企业挤出竞争市场，从而削弱消费者的选择权利。并且企业逐步提高产品和服务定价，迫使消费者接受垄断数字平台企业设置的价格。最后，数字平台企业垄断易产生网络安全的风险。平台上海量的用户数据加大了安全管理的难度。为了加强平台经济领域反垄断行为，2021年2月7日，国务院反垄断委员会印发了《国务院反垄断委员会关于平台经济领域的反垄断指南》（国反垄断发〔2021〕1号，以下简称《反垄断指南》），完善监管规则，引导平台经济领域经营者依法合规经营。

数字平台企业的反垄断不仅需要"反"，更需要"引"。《反垄断指南》的第二章至第五章分别指出垄断协议、滥用市场支配地位、经营者集中和滥用行政权力排除、限制竞争等内容的相关规定，这些规定大多是划清数字平台企业不可为的界限。然而政府应当同时积极引导数字平台企业采用合理的方式实现盈利，而非滥用市场地位获取超额收益。

第一，数字平台企业可以选择主动走向海外，将所得部分利润用于提升我国福利。欧洲有些私人垄断的巨型企业占据绝对的市场支配地位，却能够长期存在并合理运行，原因便在于它们采取"全球拓展、回馈母国"的路线。数字平台企业在一定程度上会分得其他行业的利润和消费者的收入，我国也应当鼓励数字平台企业走出国门，将在国外获得的利润用于提高我国供应商和消费者的福利。

第二，为解决垄断问题，政府还可以选择将数字平台企业适度公有化。数字平台企业适度公有化有一些好处。首先，政府可以适当控制公有化后的数字平台企业，更多地考虑社会效益而非企业利润。一方面，政府应适当限制数字平台企业对其他行业的"跨界打劫"行为和对供应商的压榨行为。另一方面，政府应当引导数字平台企业关注从业者的生活状态，杜绝诸如拼多多员工猝死、外卖小哥被困系统等问题的出现。其次，数字平台企业获得的垄断利润不应再由少数股东持有，而应更多分给民众。当前大多数数字平台企业"社会人"角色缺失、无须像国企一般面临主业限制、同时可以作为"企业群落"[1]的核心享受垄断利润，可以说是"集万千好事于一身"。政府应当审慎考虑数字平台企业适合采用的企业性质，将其适度公有化。2020年12月到2021年1月，赵燕菁教授与朱海就教授关于数字平台企业是否应该公有化问题的激烈争论给我们带来一些启示：在制度设计过程中，政府应当分情况对待不同类型的数字平台企业以及数字平台企业拥有的不同资产。例如，数字平台企业建立的数据中心、放贷业务和收租业务具有不同程度的公共属性，对社会生活的影响程度亦不相同，政府在制度设计时应全面考虑。

## 二 政府应明确数字平台企业定位，鼓励其承担责任

数字平台企业在追求利润的同时应当主动承担平台场域内"社会人"的责任。如今我们所说的数字平台企业多指互联网数字平台企业，而金融业内人士常将俗称"城投公司"的企业称为"平台公司"。[2]尽

---

[1] 在2020年12月19日于西北大学经济管理学院召开的"中国政治经济学40人论坛·2020"上，厦门大学赵燕菁教授发表了题为《平台经济与社会主义：兼论蚂蚁集团事件的本质》的演讲，演讲中指出企业群落是一组由数字平台企业和依附其上的普通企业共同构成的，传统企业从事私人产品生产，数字平台企业为这些传统企业提供服务。资料来源：CPEER，https：//mp.weixin.qq.com/s/FgA9gKb5QQ5HU6DVjK2bBA。

[2] 这源于《国务院关于加强地方政府融资平台公司管理有关问题的通知》（国发〔2010〕19号文）。其将平台公司定义为"指由地方政府及其部门和机构等通过财政拨款或注入土地、股权等资产设立，承担政府投资项目融资功能，并拥有独立法人资格的经济实体"。资料来源：中国政府网，http：//www.gov.cn/zwgk/2010-08/19/content_1683624.htm。

管二者区别显著，但却拥有一个明显的共同点——兼具企业个体的"经济人"与"社会人"属性，都应在追求企业利润的同时，主动承担"社会人"的责任。在某种程度上，城投公司是传统基建背景下的"社会人"，而互联网数字平台企业是在新基建背景下的"社会人"。

前文指出数字平台企业应当主动承担三个层次的责任（肖红军、李平，2019）。具体而言，第一，作为企业立足社会的基础，数字平台企业应当承担作为独立运营主体的社会责任。当下数字平台企业的商业行为经常违背社会责任，例如，用户信息非法泄露与倒卖、平台刷单等行为。数字平台企业应当杜绝此类行为的发生。第二，数字平台企业应当承担作为商业运作平台的社会责任，对双边用户的不负责任行为加强管理，以免双边用户依托平台进行的供给或消费行为对经济社会产生不利影响。例如，网络直播平台对青少年打赏主播行为应当加以管制，网络招聘平台对雇主的资质及招聘动机应加以调查，货运平台应当对运送过程进行合理的监督。第三，数字平台企业应当合理配置其掌握的社会资源。例如，数字平台企业应谨慎对待并充分、有效利用平台收集的数据资源。

同时，政府应当注重树立标杆，鼓励各大数字平台企业践行公益、承担"社会人"的责任。腾讯公司提供了一个很好的案例。2021年4月，腾讯公司宣布在企业发展事业群下设立可持续社会价值事业部。同时，腾讯公司还宣布将投入500亿元用于可持续社会价值创新，积极承担社会责任。

### 三 政府应进一步明确数字平台企业的数据使用规范

针对数据保护、流通、利用难的问题，政府部门需要规范完善数据资产产权制度、个人信息收集保护制度和交易制度。

第一，政府部门应当建立数据资产产权制度，明确数据资产权责归属。在权利方面，政府部门应厘定数字平台企业对于数据资产的权利边界，为企业收集、挖掘和交易数据提供法律依据。尤其是对于经过清洗、建模后的群体性数据，政府部门应当从法律上赋予数字平台企业使用与交易的权利。在义务方面，政府部门应明确数字平台企业对于用户数据的保护义务，制定数字平台企业数据保护责任相关的具体规范。同时，政府部门应当制定数据清洗、处理规范，确保数据无法复原并追溯到个人，从而保护消费者隐私（汤琪，2016）。

第二，政府部门应当进一步规范个人信息收集保护制度。即便是制定了初步的管理规定，个人信息收集保护制度仍有较大的完善空间。2020年7月22日，"APP违法违规收集使用个人信息治理工作启动会"指出，违法违规收集使用个人信息问题尚未得到根本解决，2020年将进一步加大整治工作力度。首先，针对《数据隐私协议》中出现的二元条款、条款表达专业晦涩和隐藏条款等现象，政府部门可以要求数字平台企业明示授权、单独授权，准确、全面地向数据提供者传达条款内容（彭云，2016）。其次，政府部门可以引入第三方审计机构对数字平台企业数据收集、使用、交易的具体情况进行审核，并建立相应的惩治制度（李勇坚、夏杰长，2020）。

第三，政府部门应全面培育数据要素市场，进一步完善数据资产交易制度。我国在培育数据要素市场方面已经开展了一些探索，但相关制度仍需进一步完善。首先，政府部门需要明确数字平台企业可以交易的数据种类和范围。其次，政府部门应当要求数字平台企业通过签订合同确定数据资产的权利归属。最后，政府部门可以建立数据安全的保护标准，确认数据在交易过程中、交易后的保护责任归属和具体保护方式，确保数据收集者、使用者承担不低于前手的数据资产保护责任（彭云，2016）。

### 四 政府应积极寻找经济增长新引擎

在平台经济下，供应商与数字平台企业从业者过度依赖平台。前文提及，消费者导向的平台经济下，一方面供应商与数字平台企业将"顾客就是上帝"的原则贯彻到底，这使供应商的生存比以往更加艰难；另一方面，数字平台企业从业者更加"拼命工作"，同时还需承受消费者的苛责、垄断平台或供应商的盘剥。尤其是在平台企业趋于垄断后，供应商和从业者失去了选择权。

针对这种情况，政府应当积极寻找经济增长新引擎。就供应商的角度而言，数字平台企业的出现加快了价值传递的效率，但随着平台经济的日益发展，供应商之间过度竞争，互相倾轧、内耗，极有可能陷入"内卷化"的状态。只有寻找经济增长新引擎，我国才可能转移部分产能、丰富供应商产品及服务类型，使供应商回归合理的竞争状态。就从业者的角度而言，数字平台企业的崛起承接了大量冗余的制造业劳动力，使大量从业者从事低附加值的服务业，不利于我国人力资本的充分利用及经济的长足发展。

根据世界经济论坛发布的《2018年"制造业的未来"准备状况报告》，中国制造业虽然基础规模庞大，但在复杂性方面仍有改善空间，且制造业不同部门的现代化水平差别显著。[①] 目前中国制造业仍处于追赶发达国家的阶段，尚未迈入全球创新引领的高附加值区域。因此政府应当鼓励企业积极发展技术创新，创造更多相关的就业岗位，努力实现高附加值行业的全球领先。

## 第六节 结语

数字经济是经济运行模式的一次形态重构，是经济发展的必然趋势。当今时代，全球范围内各行各业都开始拥抱"数字经济"。而我国人口数量多、数据云集、基础设施发展快、"大智移云"迅速发展，拥有天然的数字经济优势，并且价值共创型的数字平台企业催化了数字经济转型（张新民、陈德球，2020；李晓华，2019）。在数字经济转型过程中，各行各业都会在发展过程中遇到各式各样的问题和挑战，最终通过不断地"进化"，进入到新的形态中。

在接下来的章节中，本书将为读者提供来自七个行业的案例。在每一个行业中，笔者将在概述该行业及行业内数字平台企业发展状况的基础上，以1—3个数字平台企业为例，分析其商业模式和竞合模式，指出其社会效应，阐明其发展面临的主要问题和影响因素，并提出相应的发展对策。本书谨希望能够给读者带来一些启示，为其未来更好适应数字经济时代做出些许贡献。

---

[①] 资料来源：世界经济论坛，东西智库，https://www.dx2025.com/archives/7204.html。

第一章　中国数字平台企业的发展及影响概述

中国数字平台企业的发展及影响综述
├─ 第一节　我国数字平台企业崛起的原因
│   ├─ 融资便利性是中国数字平台企业崛起的前提
│   ├─ 庞大的网民规模和迅速提升的互联网普及率是我国数字平台企业崛起的基础
│   ├─ 替代性行业的阶段性落后、上下游行业的支持为我国数字平台企业"弯道超车"提供了条件
│   └─ 数字平台企业借助网络效应实现需求端的规模化，是我国数字平台企业崛起的关键
├─ 第二节　数字平台企业对商业的影响
│   ├─ 一、产业链缩短，"管道"变为"平台"
│   ├─ 二、地域和行业边界被打破，市场趋于融合
│   └─ 三、供应规模经济向需求规模经济转变，企业向外聚焦
├─ 第三节　数字平台企业对社会生活的影响
│   ├─ 一、数字平台企业重构消费与供给关系
│   └─ 二、数字平台企业对就业的影响
├─ 第四节　数字平台企业发展存在的问题
│   ├─ 一、平台经济下的竞合关系不同以往，垄断更易形成
│   ├─ 二、数字平台企业角色定位不准导致各行业乱象百出
│   ├─ 三、数字平台企业数据使用有待规范
│   └─ 四、供应商和平台从业者过于依赖平台
└─ 第五节　数字平台企业发展的对策建议
    ├─ 一、政府在反垄断的同时应当注意引导
    ├─ 二、政府应明确数字平台企业定位，鼓励其承担责任
    ├─ 三、政府应进一步明确数字平台企业的数据使用规范
    └─ 四、政府应积极寻找经济增长新引擎

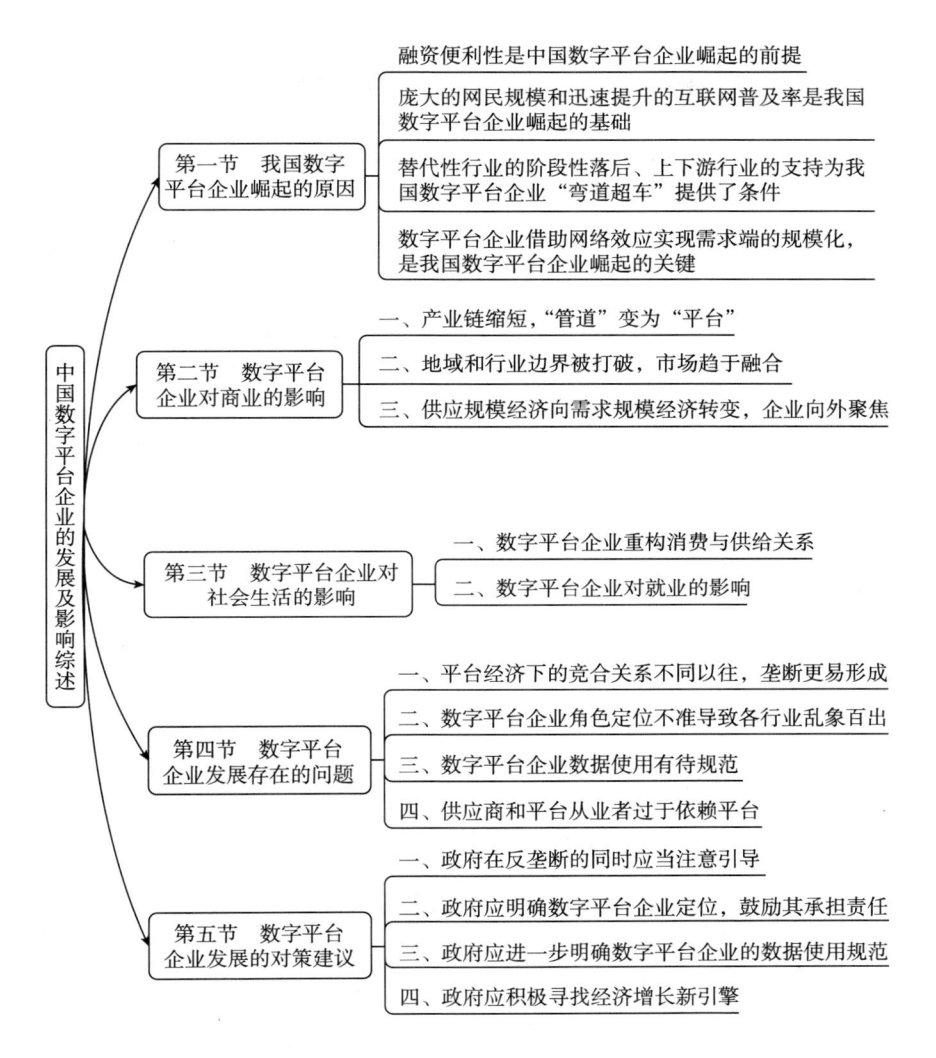

图 1-14　本章写作框架

29

# 第二章 旅游数字平台企业："跨界打劫"新现象

## 第一节 在线旅游行业及旅游数字平台企业概述

本节首先大致介绍在线旅游行业的基本情况，然后梳理行业发展历程、市场现状与未来趋势。最后本节将梳理并阐述该行业数字平台企业的商业模式。

### 一 在线旅游行业概述

在线旅游有广义和狭义之分，在线旅游行业亦是如此。广义的在线旅游不仅包括产品预订行为，同时还包括信息查询、服务评价等行为（杨宇峰，2017；朱梦楠，2020）。狭义的在线旅游指的是旅游消费者通过电话或网络向旅行服务提供商预订机票、住宿、度假产品等旅行产品或服务，并通过网上支付或者线下付费的行为（王子夜，2013）。[①]所以狭义的在线旅游行业主要为用户提供旅游产品预订服务。本章主要分析狭义的在线旅游行业。

不同的在线旅游行为催生了不同的在线旅游业态，在线旅游代理商（Online Travel Agency，OTA）为主要的旅游数字平台企业。消费者的

---

① 资料来源：艾瑞咨询，http://pg.jrj.com.cn/acc/Res/CN_RES/INDUS/2019/12/9/ec430223-fea4-4dd5-bfa8-83ff5c5638e2.pdf。

在线旅游行为及旅游数字平台企业提供的在线旅游服务主要包括信息查询、产品预订和服务评价，对应的在线旅游平台分别为垂直搜索平台、OTA 和旅游点评平台。如图 2-1 所示，去哪儿网最初作为垂直搜索平台主要提供信息查询服务，以携程为代表的 OTA 主要提供产品预订服务，以马蜂窝为代表的旅游点评平台是旅游消费者进行服务评价的主要平台。自 2014 年垂直搜索平台去哪儿网成立目的地事业部，去哪儿网便迅速扩大直接签约酒店规模。此后，OTA 与垂直搜索平台的界限不再明显。因此本书所提及的 OTA 既包括了老牌 OTA（如携程），也包括由垂直搜索平台转型而来的 OTA（如去哪儿网）。

从使用者身份维度看，旅游数字平台企业可以划分为"企业对企业"（Business-to-Business，B2B）和"企业对消费者"（Business-to-Customer，B2C）数字平台企业。如图 2-1 所示，连接企业与企业的 B2B 数字平台企业有八爪鱼、笛风云等，连接企业与消费者的 B2C 数字平台企业有携程、途牛等。

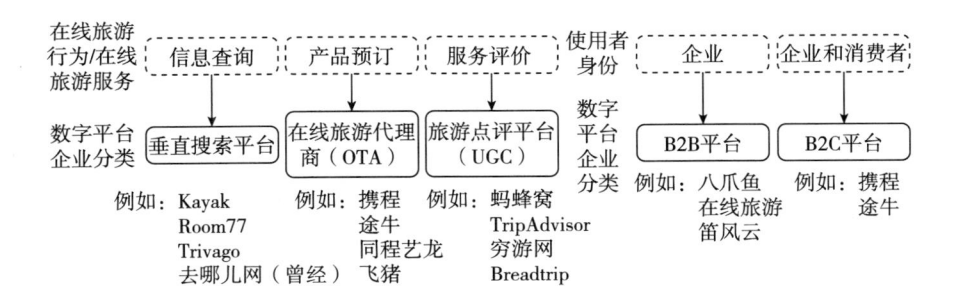

| 在线旅游行为/在线旅游服务 | 信息查询 | 产品预订 | 服务评价 | 使用者身份 | 企业 | 企业和消费者 |
|---|---|---|---|---|---|---|
| 数字平台企业分类 | 垂直搜索平台 | 在线旅游代理商（OTA） | 旅游点评平台（UGC） | 数字平台企业分类 | B2B平台 | B2C平台 |
| | 例如：Kayak Room77 Trivago 去哪儿网（曾经） | 例如：携程 途牛 同程艺龙 飞猪 | 例如：蚂蜂窝 TripAdvisor 穷游网 Breadtrip | | 例如：八爪鱼 在线旅游 笛风云 | 例如：携程 途牛 |

**图 2-1 按提供服务类型、使用者身份划分的旅游数字平台企业**

注：去哪儿网由垂直搜索平台转型为 OTA。
资料来源：笔者根据公司公告及其他公开资料自制。

综上，从提供服务类型的维度看，当前在线旅游行业中的数字平台企业大多为 OTA；从使用者身份的维度看，当前在线旅游行业中的数字平台企业大多数为 B2C 数字平台企业。B2C 类的 OTA 是在线旅游行业最具有代表性、最主流的数字平台企业，也是本章的主要研究对象。

（一）OTA 介入后的旅游产业链变化巨大

以 OTA 为代表的旅游数字平台企业在旅游产业链中起到重要的作

用，其介入后的旅游产业链发生了巨大变化。

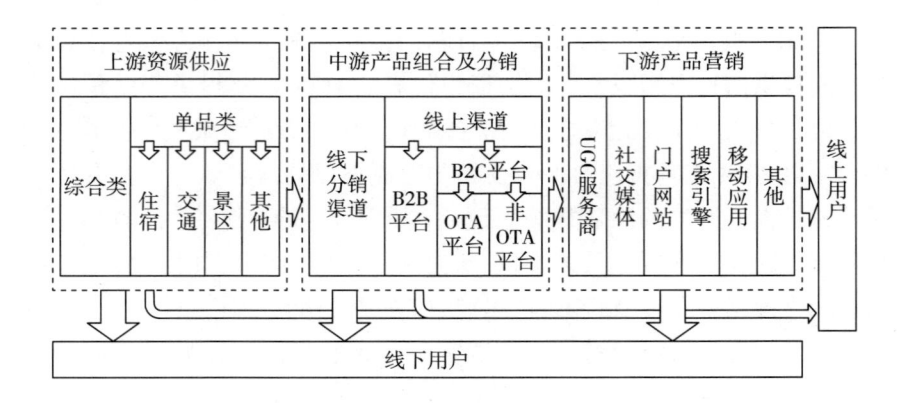

图 2-2  旅游产业链

注：UGC 指的是用户生成内容，UGC 服务商在本章中主要指旅游点评平台。
资料来源：笔者根据公开信息整理。

旅游产业链主要由上游的旅游资源供应商、中游的产品组合及分销商、下游的产品营销商组成，以 OTA 为代表的数字平台企业主要在产业中游提供产品组合及分销服务。第一，上游资源供应商分为综合类和单品类。单品类又可分为住宿、交通、景区和其他，主要解决游客的吃、住、行、游、购、娱（旅游六要素）等需求。第二，中游产品组合及分销商分为线下和线上。前者主要包括旅行社等代理商，如中国国旅、中青旅、广之旅等；后者则可分为 B2B 数字平台企业和 B2C 数字平台企业。第三，下游产品营销商种类繁多，包括 UGC 服务商、社交媒体、门户网站、搜索引擎和其他。①

相较传统的旅游产业链，OTA 介入后的旅游产业链条相对更短。OTA 介入前后，旅游产业链的共同之处在于价值创造过程均由旅游资源供应商完成，并主要通过中间商完成从供给商到消费者的价值传递。但是 OTA 的介入缩短了旅游资源供应商到消费者的价值传递过程，去掉了大量的中介过程，完成了信息与资源的整合，甚至兼具社交媒体的

---

① 其中用户生成内容（User Generated Content，UGC）服务商主要为前文提及的旅游点评数字平台企业。

产品营销功能，大幅度地缩短了原本的产业链条（见图 2-3）。

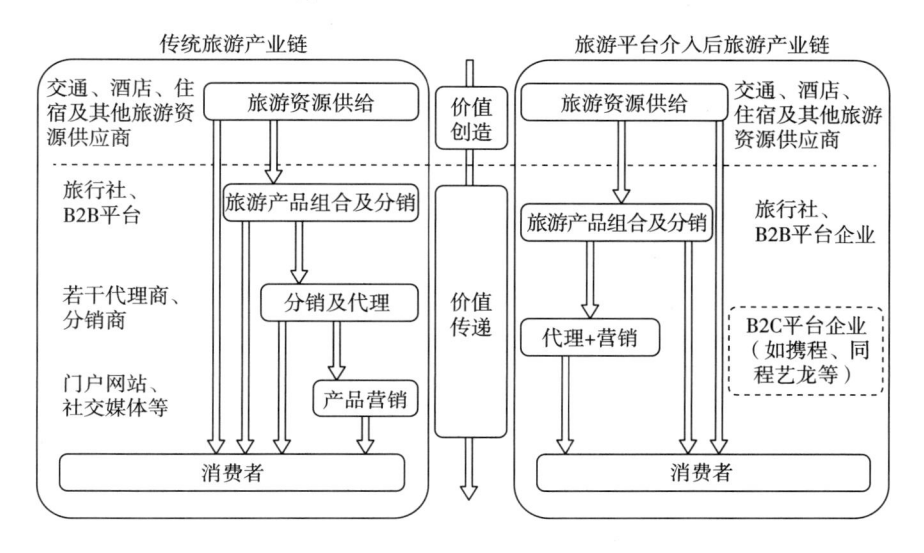

图 2-3 以 OTA 为代表的旅游数字平台企业介入前后的旅游产业链

资料来源：笔者自制。

相较传统的旅游产业链，OTA 介入后的旅游行业信息更加透明。传统的旅游产业链中，行业集中度较低，各个环节中都有众多的参与者，企业端（以下简称"B 端"）与消费端（以下简称"C 端"）之间存在明显的信息不对称问题。旅游消费者无从得知旅游产品组合及分销商提供的价格与其他企业相差多少。而 OTA 的进入重新整合了各方资源与信息，颠覆了原本高度离散、信息不对称的市场现状，使旅游行业的信息更加透明。

（二）行业特点

与第一章归纳的其他行业类似，在线旅游行业亦呈现一定程度的马太效应和网络效应。与此同时，相比其他行业，在线旅游行业具有脆弱性、需求低频性和高客单价等特点。

第一，在线旅游行业具有脆弱性。一方面，在线旅游行业的供给端具有一定脆弱性。由于旅游产品是体验产品，所以其具有不可储存性。如果旅游供应商或 OTA 没有在限定时间内完成旅游产品的销售，便会造成资源或产品的浪费。因此，旅游行业（含在线旅游行业）B 端在

33

面临经济波动时表现出一定的脆弱性。另一方面，在线旅游行业的需求端亦表现出脆弱性。旅游行为源于人类对于幸福生活本能的向往，这便是旅游业被称为"幸福产业之首"的原因。开展旅游行为意味着旅游者离开惯常环境，流动到非惯常的环境进行全新的体验。由马斯洛需求层次理论可知，只有低层次的需求基本被满足后，旅游等高层次的需求才会被人们纳入考虑；而当人们低层次需求不能得到满足时，会暂时放弃旅游等高层次的需求，这导致了C端需求的脆弱性。

第二，在线旅游行业的消费者需求具有低频性。根据文旅部发布的《2019年旅游市场基本情况》，2019年我国国内游人数突破60亿人次，人均旅游频次为4—5次/年。① 而外卖、市内交通等需求相较在线旅游需求的频次更高。比达咨询报告显示，2019年第二季度46.4%的在线外卖用户订餐频率为1—2次/周，22.6%的用户订餐频率为3—5次/周。②

第三，在线旅游行业具有高客单价的特点。相较日常消费，旅游消费的奢侈性更强，在线交通或住宿预订的客单价相对较高。例如，外卖行业的客单价通常为10—30元，而在线旅游消费动辄几百元。

（三）市场供需状况

平台型企业兼具企业个体的"经济人"属性与平台场域内"社会人"角色（李广乾、陶涛，2018），因此不同视角下的供需双方有所不同。若将OTA视为具有"经济人"属性的企业个体，则OTA为产品在线预订服务的供给者，B端与C端为服务的需求者。若将OTA视为连接B端和C端的中介，则B端为旅游服务的供给者，C端为旅游服务的需求者。因此，市场的供需状况亦需分情况讨论。

就在线旅游市场的产品预订服务而言，该市场为典型的需求约束均衡市场③。作为一个信息和资源整合平台，OTA能够提供的服务远远超过当前旅游市场所需要的服务。且每增加一个单位的需求，OTA所付出的边际成本几乎可以忽略不计。在该需求约束均衡市场中，供给大于

---

① 资料来源：中华人民共和国文化和旅游部，https：//www.mct.gov.cn/whzx/whyw/202003/t20200310_851786.htm。

② 资料来源：锐观网，https：//www.reportrc.com/article/20200217/4113.html。

③ 总供给大于总需求，而实际产出将等于该价格对应的需求量，这种情形称为需求约束均衡。

需求，市场的增长也主要依靠需求拉动。

单就旅游服务的供需双方（旅游资源提供商和消费者）而言，市场供需状况需根据宏观经济状况分情况讨论。一方面，在经济较为平稳的宏观环境下，旅游市场供给结构升级缓慢、创新能力不足、有效供给不足等问题大大地抑制了居民实际旅游消费。源于收入水平的不断提高和人们对幸福生活日益强烈的向往，当前中国消费者的旅游需求旺盛。例如，每逢黄金周，旅游景区人满为患。旅游行业有效供给能力不足，难以满足庞大的国内游客需求，在某种程度上造成了"储币待购"或"需求外溢"[①]的现象。另一方面，在经济不景气时，旅游等高层次的需求会被消费者首先放弃，旅游资源供应商也大多会因此受到较大影响。此时的旅游市场，大多是一个需求约束均衡市场。2020年新冠肺炎疫情期间的旅游市场便是典型例子。

**二 在线旅游行业发展概况**

本部分介绍在线旅游行业发展历程、发展现状和未来发展趋势。总体而言，虽经历了20余年的发展，在线旅游行业当前仍为朝阳行业。

**（一）行业发展历程**

本章根据在线旅游行业的历史大事划分行业发展阶段。总体上行业发展阶段可以被划分为探索期、市场启动期、高速发展期和应用成熟期（见图2-5）。

一是探索期（1999—2003年）。在线旅游行业起步于20世纪90年代互联网热潮，这一阶段携程、艺龙相继成立。此后，2001年互联网泡沫破灭及2003年非典型肺炎（简称"非典"）暴发，对OTA的业绩造成巨大影响。

二是市场启动期（2004—2012年）。随着携程与艺龙相继于2003年、2004年在美国纳斯达克交易所上市，旅游行业呈现复苏迹象，在线旅游行业亦步入市场启动期。此后，机票、住宿板块快速发展，成为在线旅游市场核心板块。随着去哪儿网（2005年）、途牛（2006年）、马蜂窝（2006年）等公司的成立，在线度假市场崛起，垂直搜索、UGC服务等细分领域丰富了在线预订平台的服务环节。

---

① "储币待购"指的是延迟旅游消费，"需求外溢"指的是出境旅游。

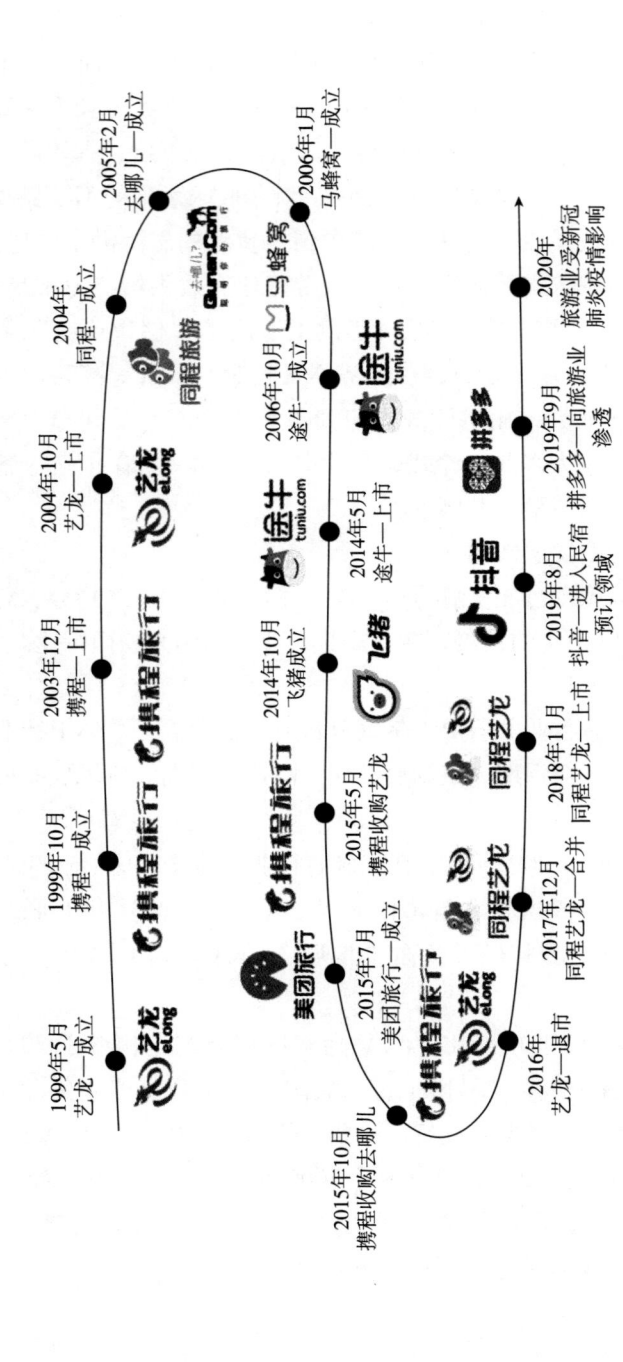

图 2-4 在线旅游行业大事记

资料来源：笔者根据公开信息整理。

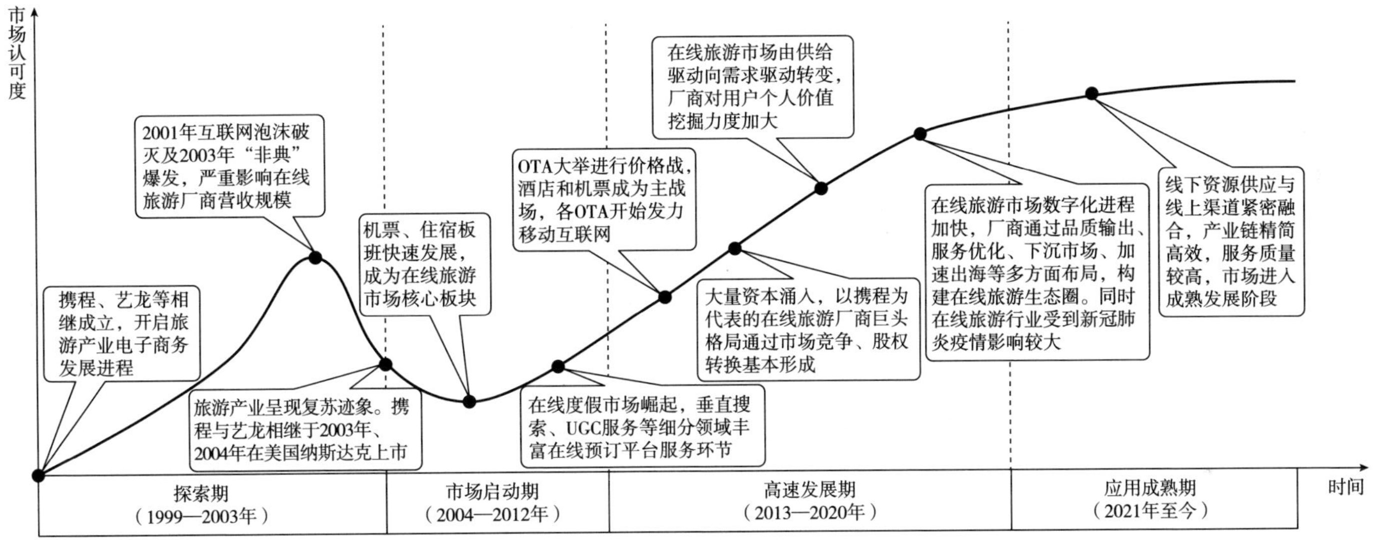

第二章　旅游数字平台企业："跨界打劫"新现象

**图 2-5　在线旅游行业发展的应用成熟度曲线（AMC）模型**

资料来源：笔者根据易观资料自制。

37

三是高速发展期（2013—2020年）。在2013—2020年高速发展期的最初三年，OTA进行激烈的价格战，酒店和机票板块成为主战场。此后，各企业开始在移动端寻求机会，产品和服务形式逐渐趋同。同时大量资本涌入在线旅游市场。2014年，途牛在纳斯达克交易所上市。同年，阿里集团自主孵化了飞猪平台。2015年，美团旅行成立，携程先后收购了艺龙、去哪儿网，结束了持续三年的价格战。2016年，在腾讯和携程的主导下，艺龙从纳斯达克交易所退市，并在2017年完成和同程旅游的合并。合并后的同程艺龙于2018年在香港交易所上市。通过一系列市场竞争和股权转换，以携程为代表的OTA巨头格局基本形成。2020年，包括在线旅游行业在内的整个旅游行业受到新冠肺炎疫情的较大冲击。

四是应用成熟期（2021至今）。当前在线旅游行业介于高速发展期与应用成熟期之间。未来随着数字化进程不断加快，OTA将继续通过提高品质、服务优化、下沉市场①扩张、加速出海等多方面布局，构建在线旅游生态圈。

（二）行业发展现状

在梳理在线旅游行业发展历程的基础上，本部分将首先介绍市场规模并大致阐述该行业受新冠肺炎疫情影响的情况，然后介绍该行业的市场结构。

1. 市场规模

在线旅游行业的生存与发展依托于旅游业。旅游业作为朝阳产业，整体增长速度较快，带动了在线旅游行业市场规模的不断增长。

旅游行业及在线旅游行业市场空间较大，规模增速亦较高。根据国家统计局的数据测算，2009—2019年国内旅游收入与旅游人次的年增速均保持在10%以上。目前，中国在线旅游市场总交易规模（Gross Merchandise Volume，GMV）在整个旅游市场中占比较小，仍有较大上升空间。根据易观数据，2019年中国在线旅游市场GMV已达1万亿元以上，同比增长11%，增速较大。②

---

① 下沉市场指的是三线及以下城市、县镇和农村市场。
② 资料来源：易观，http://www.woshipm.com/it/3540844.html。

## 第二章 旅游数字平台企业："跨界打劫"新现象

2020年新冠肺炎疫情以来，旅游业被认为是受到负面影响最大的行业之一。就C端而言，全国范围的居家隔离使旅游行业处于停摆状态。从艾瑞咨询披露的新冠肺炎疫情期间中国可选消费用户指数来看，出境旅游、国内旅游、商务出差、外出就餐为下跌最严重的消费细分行业。就B端而言，新冠肺炎疫情也造成了企业停薪、停摆，甚至破产清算，尤其是重资产运营的旅游企业。例如，疫情期间世界第一大主题公园企业迪士尼关闭了6家乐园，日本最大的餐厅邮轮之一神户夜光邮轮公司破产，中国国内签证行业龙头企业百程旅行网也宣布启动清算。

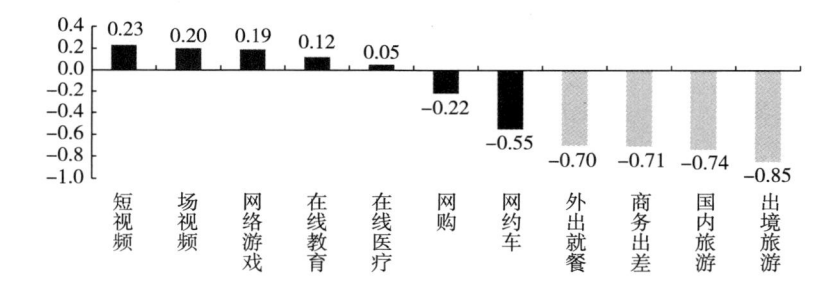

**图 2-6　新冠肺炎疫情期间中国可选消费用户指数**

注：数据由艾瑞咨询于2020年2月17日通过iClick网上调研获得，样本量为1889人。数值介于-1—1，越接近-1表示下降越多，越接近1表示增长越多。

资料来源：艾瑞咨询。

在线旅游行业将随着旅游行为的恢复逐渐步入正轨，但新冠肺炎疫情的反复致使旅游业尚未恢复正常。根据住哲酒店管理公司的数据，2020年4月底后全国酒店营业率有较大幅度的提升，旅游消费者的周边游行为已经呈现一定的恢复迹象。[①] 环球旅讯在2020年8月中旬的资料显示，开元酒店在湖州的两家酒店入住率已恢复到了65%，达到了2019年同期的85%—88%。[②] 据第一财经报道，经中国旅游研究院（文化和旅游部数据中心）测算，2020年"十一"长假期间，全国共接待国内游客6.37亿人次，同比恢复了79%。[③] 但2020年12月底，

---

[①] 资料来源：知乎，https://zhuanlan.zhihu.com/p/139300644。
[②] 资料来源：环球旅讯，https://mp.weixin.qq.com/s/9R1zRhNMy2WCVaIjGREg0Q。
[③] 资料来源：第一财经，https://www.yicai.com/news/100793018.html。

文旅部明确指出暂不恢复旅行社及在线旅游企业出入境团队旅游及"机票+酒店"业务。新冠肺炎疫情仍存区域性反复，截至2020年年底旅游业仍未恢复正常。

从细分板块来看，在线交通、住宿、度假等板块均在2015—2016年达到增速顶峰，此后增速有所放缓。根据易观数据，2015—2016年全国在线交通、住宿、度假板块的交易规模增速均在50%左右。[①] 2019年全国在线交通、住宿、度假板块交易规模分别为7629亿元、2109亿元、1131亿元，占比大致为7∶2∶1，增速均为10%左右。[②]

2. 市场结构

市场规模与市场结构是了解一个行业发展的基本要点，前者解决"蛋糕有多大"的问题，后者则解决"蛋糕怎么分"的问题。

OTA之间的关系错综复杂。作为旅游业市场上最大的OTA，携程与其旗下的去哪儿网依靠百度的资本与流量支持。腾讯同时持有同程艺龙、美团旅行、途牛等企业的股份。而飞猪平台由阿里巴巴集团自主孵化。同程艺龙则较为特殊，由于腾讯与携程为其两大股东，它既被称为"携程系"企业，又被称为"腾讯系"企业。

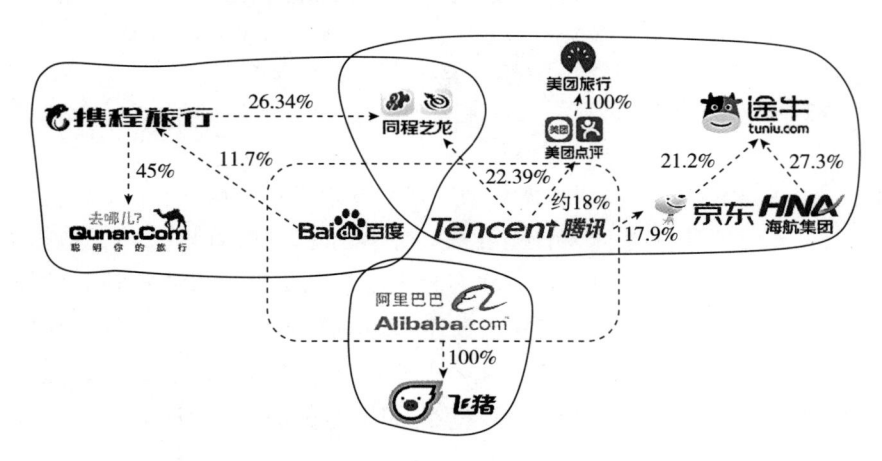

图2-7 旅游数字平台企业及其背后资本的关系

资料来源：笔者根据各公司公告自制。

---

① 资料来源：易观，https：//www.analysys.cn/article/detail/20019710。
② 资料来源：易观，https：//www.analysys.cn/article/detail/20019710。

从整体上看，携程与去哪儿网规模大，同程艺龙用户数量多。根据各公司公告，2019年携程与去哪儿网GMV达到8650亿元，而同程艺龙、美团（到店、酒旅板块）的GMV分别为1661亿元、2221亿元。[1] 从月度活跃用户（Monthly Active Users，以下简称MAU）数量看，根据易观和Fastdata数据，携程与去哪儿网在移动端占有绝对优势，而同程艺龙的全渠道用户数（包括APP、PC及微信小程序等渠道）最大。这主要是因为同程艺龙80%以上流量来自微信小程序及微信提供的三级入口。[2] 虽然同程艺龙MAU数量规模巨大，但是其用户订单转化率（付费用户除以注册用户）显著低于行业平均水平。

从细分板块来看，各家OTA优势不同。根据Fastdata，携程与去哪儿网在酒店和交通两个板块的市场占有率（以下简称"市占率"）最高。2019年上半年，携程与去哪儿网酒店板块以间夜量[3]口径统计的市场份额为44.4%，交通板块以GMV口径统计的市场份额为62.6%，均占有绝对的优势。[4] 而途牛在度假板块的市占率最高，2018年其GMV在行业中占比达31.9%，位居行业第一。[5]

（三）行业发展趋势

旅游行业市场规模增长的动力源于两个方面。一方面旅游业作为"幸福产业之首"，其市场规模必然随着人们收入提高和人们对幸福生活的追求而不断扩大。另一方面，我国旅游消费的互联网渗透率仍有较大提升空间。第一章提到，根据中国互联网络信息中心（CNNIC）数据，截至2020年12月，我国网民规模达9.89亿人，互联网普及率达70.4%，[6] 较2010年12月4.57亿人的网民规模和34.3%的互联网普

---

[1] 资料来源于各公司季报、年报和电话会议纪要。

[2] 资料来源：Fastdata极数，https://wenku.baidu.com/view/ffa28052d5d8d15abe23482fb4daa58da1111c23.html。

[3] 间夜量也叫间夜数，是酒店在某个时间段内，房间出租率的计算单位，间夜量=入住房间数×入住天数。

[4] 资料来源：Fastdata, https://cloud.tencent.com/developer/article/1609534。

[5] 资料来源：艾瑞咨询，http://pg.jrj.com.cn/acc/Res/CN_RES/INDUS/2019/12/9/ec430223-fea4-4dd5-bfa8-83ff5c5638e2.pdf。

[6] 资料来源：中国互联网络信息中心（CNNIC），http://www.cac.gov.cn/202102/03/c_1613923422728645.htm。

及率几乎翻了一倍,[①] 但相较发达国家仍有较大提升空间。[②]

长期来看,旅游行业的市场规模继续增长的可能性较高。从前文的旅游市场规模数据来看,近年来旅游市场的增速保持10%左右。随着数字经济进一步发展、互联网普及率进一步提高,在线旅游市场份额将会继续增加。以住宿板块为例,根据艾瑞咨询,2018年中国在线住宿预订行业在线渗透率(交易额口径)为36.5%,远超2013年的10.9%。总体而言,在线旅游行业仍为朝阳行业,一时的危机阻挡不了行业未来蓬勃发展。

就发展方向而言,在线旅游行业面临三大趋势。第一,与电商等行业类似,在线旅游行业正面临市场下沉趋势。当前一、二线城市市场已达到饱和,为存量市场[③],而三、四、五线城市为未来的增量市场[④]。以美团、同程艺龙、携程为代表的OTA纷纷布局低线城市(指三、四、五线城市,下同)。第二,未来的在线旅游行业将不断向海外扩张。随着人均收入水平提升,我国出境游市场越来越大,这使OTA在海外市场面临新的机会。以飞猪、携程为代表的OTA近年来加速了海外市场的布局。第三,在线旅游行业将不断促进线下与线上紧密融合。OTA通过在低线城市扩张实体门店,进一步抢占低线城市的市场份额的同时加深了线下资源与线上渠道融合。

### 三 旅游数字平台企业的主要商业模式

旅游数字平台企业的商业逻辑为先获取流量、再将流量变现。OTA通过大量营销活动获得C端流量,并通过后期的增值服务在B端的交通、住宿和度假等板块实现前期成本投入的回收(张新民、陈德球,2020),将流量转变为现金。

OTA的商业模式可以分为代理、批发、广告和用户自主出价模式等。代理模式即OTA按比例向供应商抽取佣金。批发模式即OTA从B

---

① 资料来源:《第27次中国互联网络发展状况统计报告》,http://www.cac.gov.cn/files/pdf/hlwtjbg/hlwlfzzkdctjbg027.pdf。
② 资料来源:互联网世界统计(IWS)、前瞻产业研究院数据自制,https://bg.qianzhan.com/trends/detail/506/200803-2e914d2d.html。
③ 存量市场指市场是现存的,已被观测到或可以测算出规模的市场。
④ 增量市场指市场边界在扩散(甚至可以蚕食其他类似品类市场)、整体规模在增加的市场。

## 第二章 旅游数字平台企业："跨界打劫"新现象

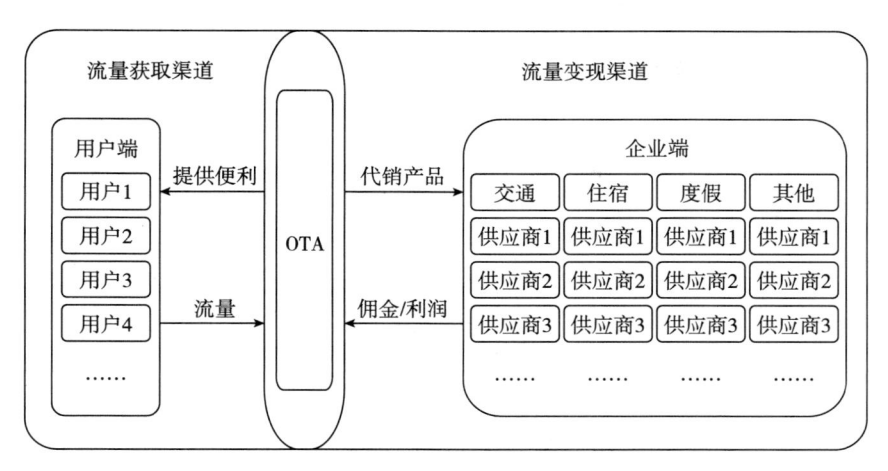

**图 2-8　OTA 商业逻辑**

资料来源：笔者自制。

端批发采购后加价销售给 C 端。广告模式即 OTA 面向 B 端客户收取广告费，分为按展示付费（CPM）、按点击付费（CPC）、按销售付费（CPS）。用户自主出价模式主要采用竞价拍卖的方式赚取商品差价。OTA 可选择多种商业模式进行组合，或以一种商业模式为主。国内 OTA 龙头的商业模式同质化程度较高，大多以代理模式为主、批发模式为辅。

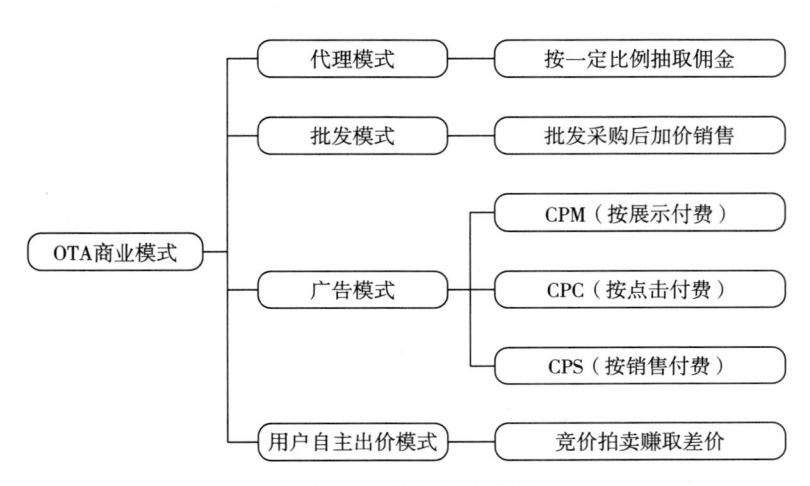

**图 2-9　OTA 商业模式**

资料来源：笔者根据国盛证券、国泰君安证券研究资料自制。

43

表 2-1　　　　OTA 主要商业模式的盈利能力和代表企业

| 商业模式 | 盈利能力 | 代表企业 |
| --- | --- | --- |
| 代理模式 | 毛利率高，收益稳定，备受酒店青睐 | Expedia、Booking、携程 |
| 批发模式 | 毛利率低，但弹性大 | Expedia、Booking、携程 |
| 广告模式 | 毛利率高，主要依赖于线上流量 | TripAdvisor、穷游、马蜂窝 |
| 用户自主出价模式 | 较高，有较强定价权 | Priceline |

资料来源：国泰君安证券研究。

## 第二节　在线旅游行业代表性数字平台企业案例分析

上文概述了在线旅游行业发展的基本情况，本节将在此基础上介绍携程、美团等案例企业的发展历程、发展现状和未来展望。携程为在线旅游行业老牌企业，最具代表性，且其收购了去哪儿网、同程艺龙等OTA，形成"携程系"，GMV 为行业最高，市占率约 60%。美团旅游在下沉市场最具优势，在渗透率较低的低线城市这一增量市场上具有优势，按照间夜量口径统计的市占率最大。

表 2-2　　　　　　各数字平台企业 GMV

单位：亿元

| 年份<br>平台 | 2016 | 2017 | 2018 | 2019 |
| --- | --- | --- | --- | --- |
| 携程+去哪儿网 | 4300 | 5600 | 7250 | 8650 |
| 同程艺龙 | 600 | >1000 | 1315 | 1661 |
| 飞猪 | 1000 | — | — | — |
| 途牛 | 200 | 约300 | — | — |
| 美团（到店、酒旅） | 1584 | 1582 | 1768 | 2221 |

资料来源：笔者根据公司年报、电话会议、网上公开资料整理。

在下文对携程和美团的案例介绍中，本节均以时间逻辑行文，分别介绍各案例公司的发展历程、发展现状及未来趋势。最后本节将针对两个公司的案例，阐述旅游数字平台企业的竞合模式。

第二章　旅游数字平台企业："跨界打劫"新现象

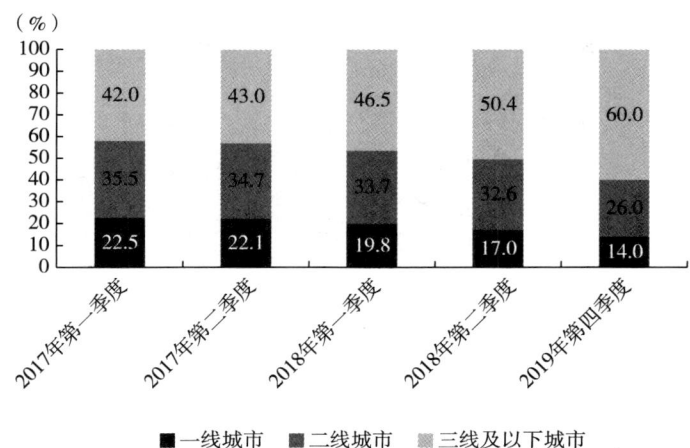

```
(%)
100
 90           42.0          43.0          46.5          50.4          60.0
 80
 70
 60
 50           35.5          34.7          33.7          32.6          26.0
 40
 30
 20           22.5          22.1          19.8          17.0          14.0
 10
  0
      2017年第一季度  2017年第二季度  2018年第一季度  2018年第二季度  2019年第四季度

■ 一线城市    ■ 二线城市    ■ 三线及以下城市
```

**图 2-10　在线酒店预订用户城市分布**

资料来源：Trustdata、国盛证券研究所。

## 一　携程：最具代表性的 OTA

携程是最早成立的 OTA 之一，在约 20 年的发展过程中始终保持行业领先地位。携程的市场行为通常对整个行业产生巨大影响，是最具有代表性的 OTA。

### （一）携程发展历程

按照主导预订方式划分，携程的发展历程可分为"呼叫中心+会员卡"预订、PC 互联网预订、移动互联网预订三个阶段。携程成立于 1999 年互联网刚进入中国的时期。2004 年携程开始提供在线预订服务，建成国内首个国际机票在线预订平台。2008 年其南通呼叫服务中心正式启动。2012 年其在线预订比例超过呼叫中心预订比例。2013 年梁建章回归，提出"指尖+水泥"战略，此后携程的发展重心从 PC 端转向移动端。2015 年其移动互联网预订比例超过其他渠道，达 60% 以上。

从市场地位与发展战略看，携程的发展阶段可分为初创、迅速发展、价格战、海外和下沉市场扩张四个阶段。携程于 2003 年在美国纳斯达克上市后进入迅速发展阶段，在 2012—2015 年与艺龙、去哪儿网、同程激战三年后收购去哪儿网和艺龙，完成"携程系"版图扩张。2016 年至今，携程进行了大量海外收并购行为，并逐渐拓展下沉市场。

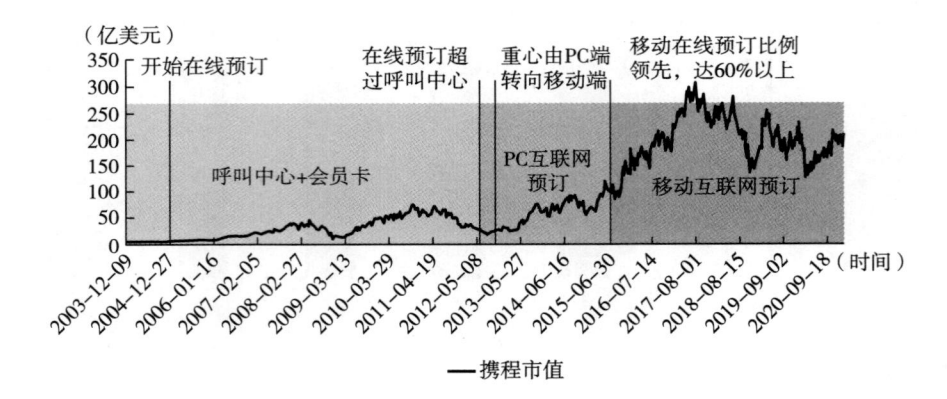

**图 2-11 携程公司发展阶段（按主导预订方式划分）**

资料来源：笔者根据公司公告、Wind 数据自制。

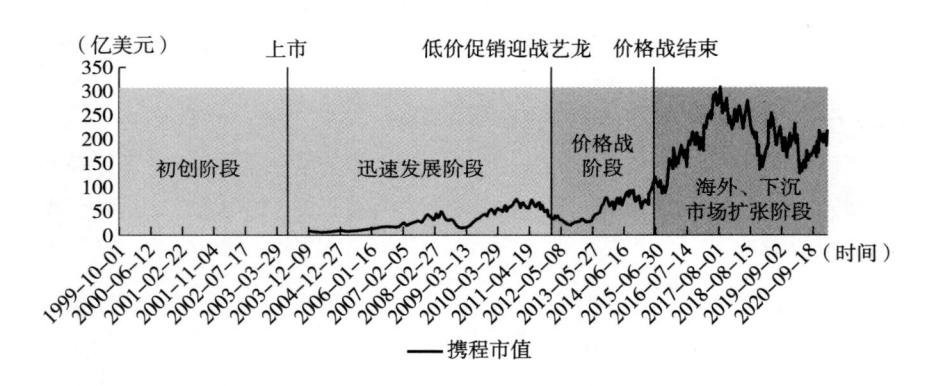

**图 2-12 携程公司发展阶段（市场地位与发展战略角度）**

资料来源：笔者根据公司公告、Wind 数据自制。

（二）携程发展现状

根据携程公司公告，携程为中国领先的综合性旅游服务公司，携程和去哪儿网面向不同客群。中年群体、中高端商旅客群和休闲旅游者是携程的主要用户。作为"携程系"成员，去哪儿网主要用户为年轻群体。

携程与去哪儿网的市场规模居行业之首，2019 年合计 GMV 达到 8650 亿元，在住宿、机票板块更具有优势。根据易观的数据，2019 年上半年携程在在线住宿和在线机票板块的交易额位居行业第一水平。[①]
长期以来,携程在在线度假板块占据的份额略低于住宿和机票板块。

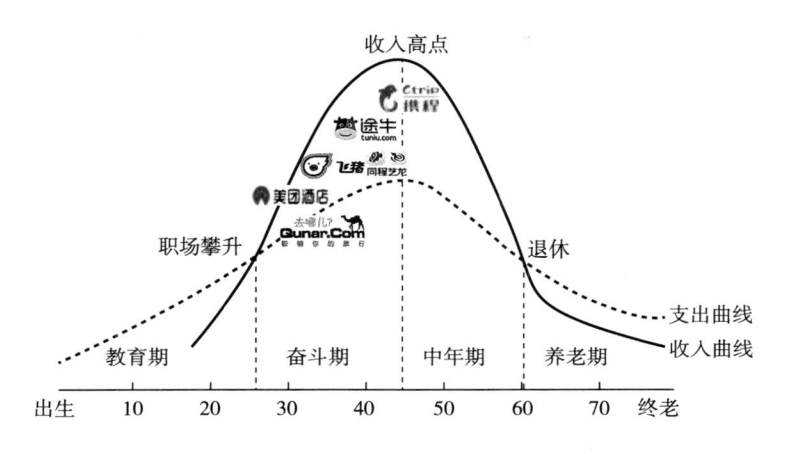

**图 2-13 OTA 主要用户群体**

资料来源：Trustdata。

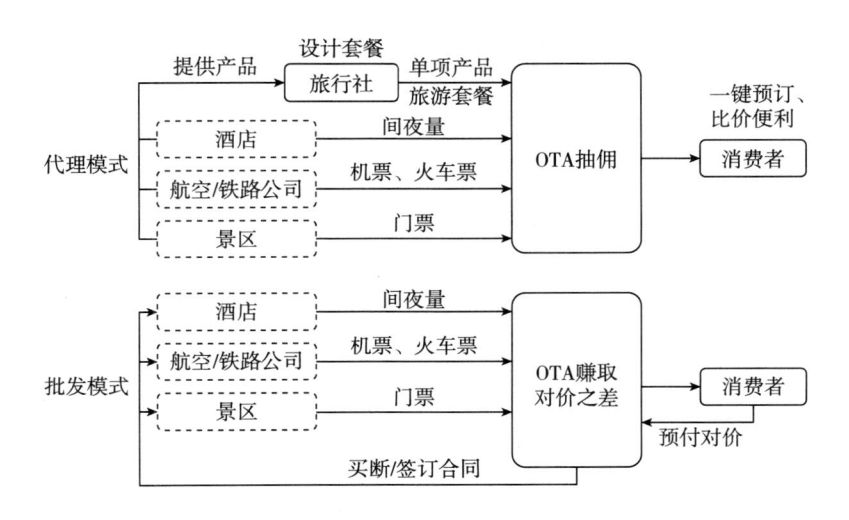

**图 2-14 携程的商业模式**

资料来源：国盛证券研究所。

---

[①] 资料来源：易观，http://pdf.dfcfw.com/pdf/H3_AP201911241371059317_1.pdf。

47

携程的商业模式主要为代理模式和批发模式。代理模式下携程主要赚取商家的佣金，批发模式下携程则主要赚取酒店等旅游产品的对价之差。携程对上游企业的采购模式以直采（直接向供应商采购客房）为主，对下游用户的付款模式以预付（C端预付房费）为主。

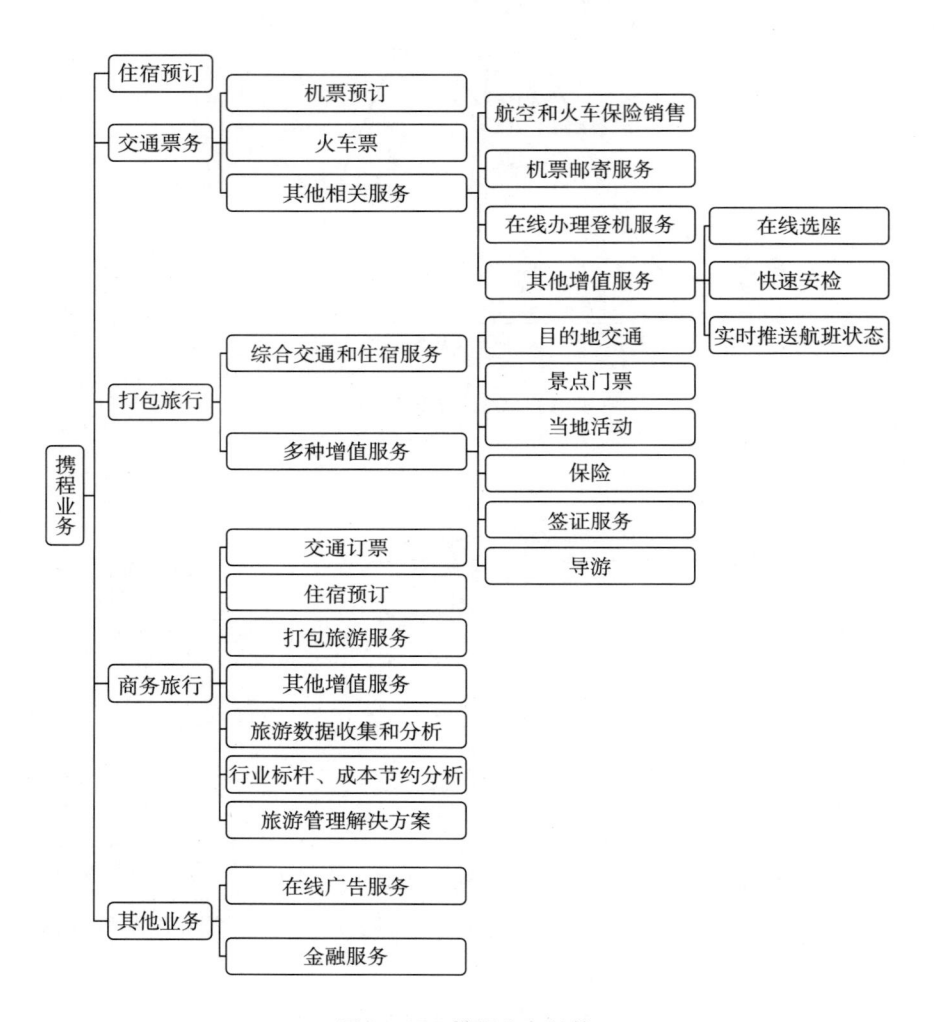

```
携程业务
├── 住宿预订
├── 交通票务
│   ├── 机票预订
│   │   ├── 航空和火车保险销售
│   │   ├── 机票邮寄服务
│   │   ├── 在线办理登机服务
│   │   │   ├── 在线选座
│   │   │   ├── 快速安检
│   │   │   └── 实时推送航班状态
│   │   └── 其他增值服务
│   ├── 火车票
│   └── 其他相关服务
├── 打包旅行
│   ├── 综合交通和住宿服务
│   │   ├── 目的地交通
│   │   ├── 景点门票
│   │   ├── 当地活动
│   │   ├── 保险
│   │   ├── 签证服务
│   │   └── 导游
│   └── 多种增值服务
├── 商务旅行
│   ├── 交通订票
│   ├── 住宿预订
│   ├── 打包旅游服务
│   ├── 其他增值服务
│   ├── 旅游数据收集和分析
│   ├── 行业标杆、成本节约分析
│   └── 旅游管理解决方案
└── 其他业务
    ├── 在线广告服务
    └── 金融服务
```

图 2-15 携程业务结构

资料来源：笔者根据携程公司公告自制。

从收入来看，交通票务、住宿预订是携程的主要业务，2019年分别占营业收入的 39.1%、37.8%，2020 年二者均占营业收入的 20%。其中交通票务包括机票预订、火车票预订、其他相关服务（含航空和火车保险销售、机票邮寄服务、在线办理登机服务、其他增值服务）。此外，携程还提供打包旅行、商务旅行等业务。

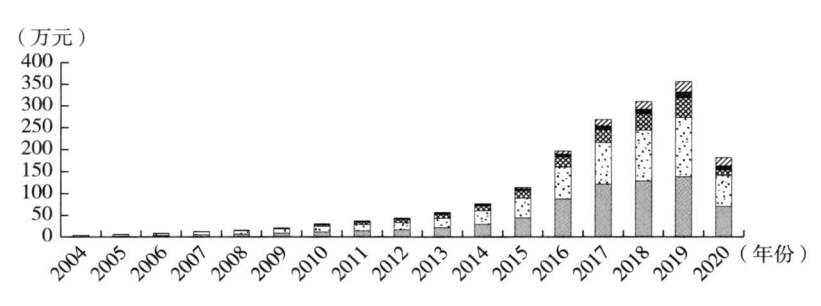

图 2-16 2019 年携程收入构成

资料来源：携程公司公告。

从成本来看，2019 年携程的营业支出、产品开发费用、销售和营销费用、一般和行政费用分别占营业收入的 21%、30%、26%、9%。其中，营业支出主要包括客服中心人员薪资补偿、信用卡服务费、旅游供应商、电信费用等。产品开发费用主要用于发展供应商网络，维护、监控和管理平台。销售和营销费用主要包括销售和营销人员的薪资补偿和福利、广告支出、其他营销相关支出等。一般和行政费用主要包括行政人员的薪酬及福利、旅行费用、专业服务费、行政管理支出等。

（三）携程未来展望

当前携程主要针对的一、二线城市高端市场已经基本饱和，携程的未来有两条扩张路径：一条是拓展国际市场，另一条是不断开发下沉市场。事实上，携程已经开始了这两个方向的探索。

2016 年起，携程先后投资或收购了纵横集团、海鸥旅游、天巡、MakeMyTrip、Travix 等海外企业。其中，纵横集团和海鸥旅游分别是美东、美西最大的华人地接社，天巡为主打垂直搜索的英国机票搜索平台，MakeMyTrip 是印度在线旅游企业，Travix 则是荷兰 OTA。此外，携

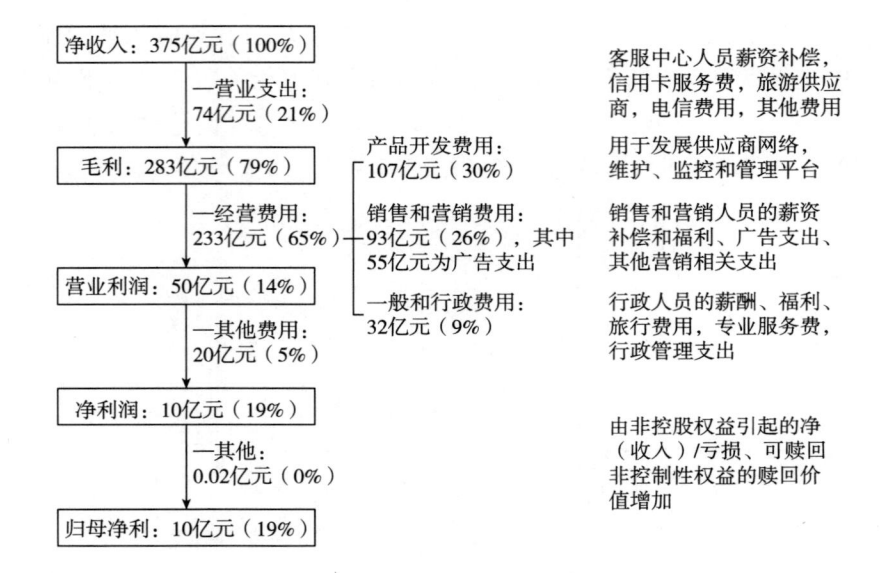

```
净收入：375亿元（100%）
    ↓ —营业支出：74亿元（21%）
毛利：283亿元（79%）                    产品开发费用：        客服中心人员薪资补偿，
                                      107亿元（30%）       信用卡服务费，旅游供应
    ↓ —经营费用：233亿元（65%）                            商，电信费用，其他费用
                                      销售和营销费用：      用于发展供应商网络，
营业利润：50亿元（14%）                 93亿元（26%），其中   维护、监控和管理平台
                                      55亿元为广告支出
    ↓ —其他费用：20亿元（5%）                             销售和营销人员的薪资
                                      一般和行政费用：      补偿和福利、广告支出、
净利润：10亿元（19%）                   32亿元（9%）         其他营销相关支出
    ↓ —其他：0.02亿元（0%）                              行政人员的薪酬、福利、
                                                         旅行费用，专业服务费，
归母净利：10亿元（19%）                                    行政管理支出

                                                         由非控股权益引起的净
                                                         （收入）/亏损、可赎回
                                                         非控制性权益的赎回价
                                                         值增加
```

**图 2-17　2019 年携程盈利与成本情况**

注：由于 2020 年携程等 OTA 受新冠肺炎疫情影响，经营情况的代表性相对较差，本章选择 2019 年数据分析其盈利与成本情况。

资料来源：笔者根据携程公司公告自制。

程还加深了和日本等旅游目的地政府及相关企业的合作。这一系列的海外扩张彰显了携程在国际市场的战略规划。截至 2019 年，携程参与了数十起投资事件，其中 10% 为境外服务（见图 2-18）。

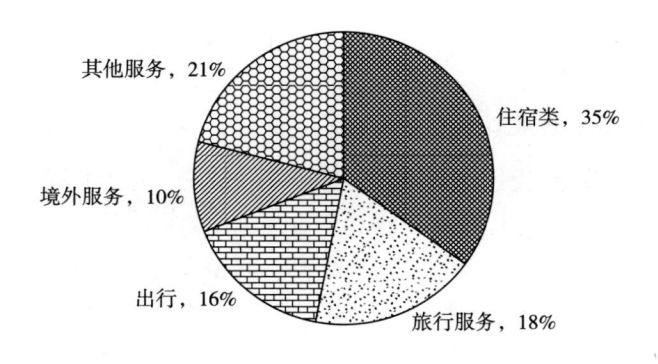

```
其他服务，21%        住宿类，35%
境外服务，10%
出行，16%           旅行服务，18%
```

**图 2-18　携程投资事件类型分布**

资料来源：澎湃网。

携程与国内最大的单品牌酒店 OYO 的合作则是携程深度开发下沉市场的信号之一。双方在流量、场景、数据和品牌等方面展开了一系列合作。此外，自 2018 年起，携程全面启动"门店到县"战略。[①] 携程通过加盟的方式拓展携程旅游门店，依托旗下旅游百事通的加盟管理经验，2019 年逐步将渠道下沉至三、四线城市及更多的县级城市。出于业绩增长需要，下沉旅游市场仍将是携程未来重要的发展方向。

## 二 美团：以高频打低频的后来者

作为一家主营外卖业务的企业，美团点评集团（以下简称美团）在携程等 OTA 进行价格混战的时候开启了酒店预订业务。此后，美团以外卖等"高频"业务为酒店预订等"低频"业务导入流量，在行业内占据一席之地。当前，美团以间夜量口径统计的市场份额位居行业之首。

### （一）美团发展历程

美团主要从事餐饮外卖业务，其在旅游领域主要涉足酒店预订业务。美团 2013 年推出酒店预订业务，2014 年推出旅游景区门票预订业务。2017 年美团平台预订的酒店间夜量超过 2 亿间夜。

美团由美团网和大众点评在 2015 年合并而来，其发展历程可以划分为三个阶段。2003—2010 年，美团网尚未成立，大众点评网经过多轮融资迅速发展。2010 年，很多企业看中 O2O 的市场风口，开启了团购市场的"千团大战"。美团凭借"农村包围城市"的发展思路、资本的力量，依靠深层次的互联网基因、可靠的商家资源和优质的用户体验在"千团大战"中胜出。2015 年至今，美团围绕生活服务开始了广泛的业务布局，试图建立生活服务生态闭环。

### （二）美团发展现状

美团定位为中国领先的生活服务电子商务平台，以年轻、低线城市用户为主。其到店[②]、酒店和旅游板块的主要客群为小镇青年、学生和年轻白领。根据美团发布的《新青年 Lifestyle 洞察报告》，美团用户中

---

[①] 资料来源：鸣金，http://www.mingin.com/column/18988-1.html。
[②] 美团的到店业务指代消费者在完成线下消费的过程中享受到的商家搜索、购买代金券、点餐与支付等服务。资料来源：智通财经·中泰零售电商研究平台，https://www.zhitongcaijing.com/content/detail/236495.html。

图 2-19 美团业务拓展、融资情况

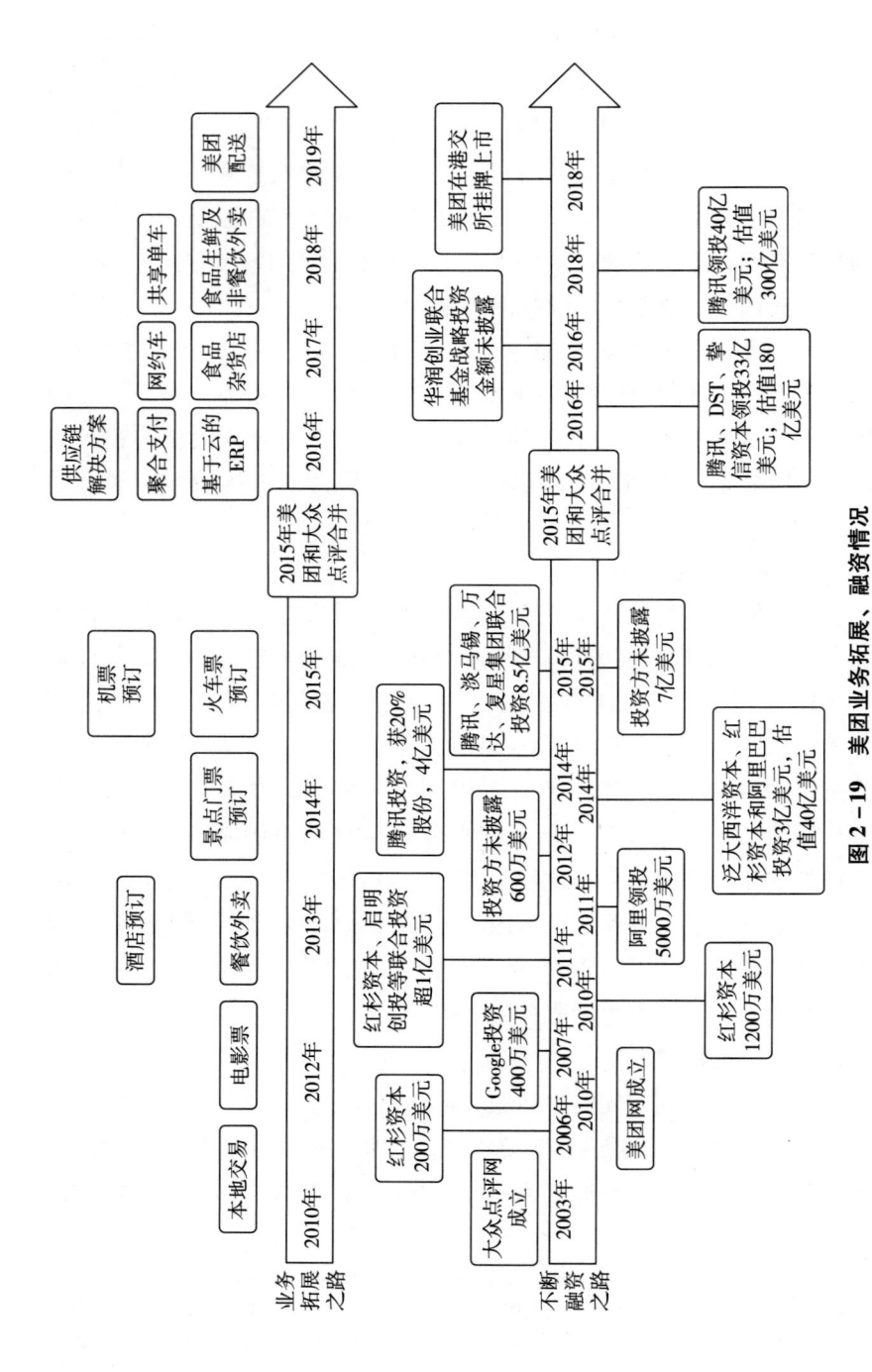

资料来源：公司招股说明书、公司官网、东方财富 choice 数据、雪球财经、方正证券研究所。

"90 后""80 后"分别贡献了 53%、34% 的整体订单量占比。① 美团在 2019 年第四季度财报中披露，低线城市的交易额增幅达 45%，大多数新用户来自三线及以下城市。②

美团成立的酒旅事业群主要开展在线酒店预订业务。按照 GMV 口径统计，2016 年美团在在线住宿行业的市场份额位居第二，而在交通、度假板块中，美团的市场份额占比较低。2019 年艾瑞咨询、Trustdata 数据显示，美团以间夜量口径计算的市场份额位居在线住宿行业第一，而以 GMV 为口径计算的市场份额不及携程，这主要是由于美团对商家收取的佣金率相对更低。

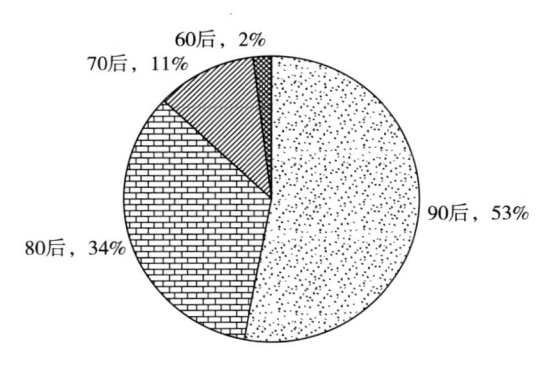

**图 2-20 美团用户年龄结构**

资料来源：美团点评大数据。

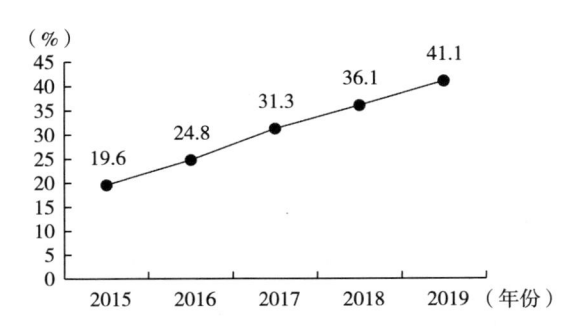

**图 2-21 美团在线酒店预订市场份额不断提升**

资料来源：《新青年 Lifestyle 洞察报告》。

---

① 资料来源：美团，http://www.mouse0232.cn/xinqingnianlifestyledongchabaogao.html。
② 资料来源：36 氪，https://www.36kr.com/p/1725351182337。

在低线市场，美团与同程艺龙将形成错位竞争。由于均是面向中低端的长尾用户，同程艺龙和美团的竞争更为直接，但用户的旅游空间尺度有所差异。同程艺龙仍是以跨区域预订为主，住宿流量也多是基于交通票务业务的引导。而美团酒店主要针对本地人在当地的即时住宿需求，且以低线城市的单体酒店为主，面向长尾市场。

表 2-3　　　　　　　　　主要酒店预订平台用户对比

| 企业 | 主要客群 | 覆盖城市 | 酒店业务增速 | 流量来源 | 酒店收入占比（%） | 优势 | 需求 | 客单价（元） | 间夜量（亿间夜） |
|---|---|---|---|---|---|---|---|---|---|
| 美团 | 小镇青年、学生、年轻白领 | 低线为主 | 高 | 美团大众点评 | 7 | 美团系平台导流，低线城市资源 | 本地住宿、休闲游 | 200 | 3.92 |
| 携程系 | 中年商务人士 | 一、二线为主 | 低 | 携程百度 | 38 | 酒店资源、用户黏性 | 差旅出行、出境游 | 392 | 2.92 |
| 同程艺龙 | 长尾用户 | 低线为主 | 高 | 微信 | 32 | 微信流量导流 | 休闲游 | 333 | 0.60 |

注：间夜量为 2019 年数据；该表格中的携程系企业为狭义，指的是携程和去哪儿网。
资料来源：各公司年报、Trustdata、国盛证券研究所、浦银国际。

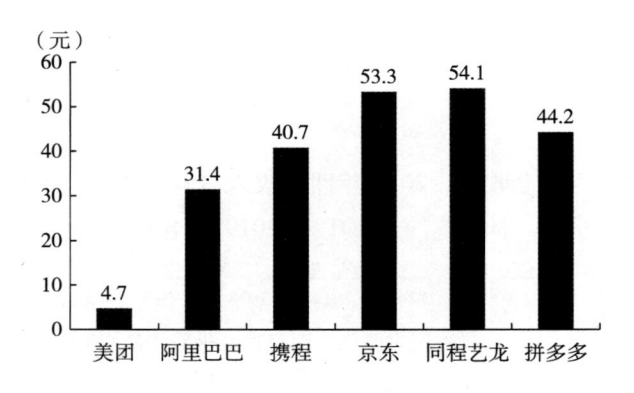

图 2-22　2019 年美团的获客成本远低于其他互联网企业

注：获客成本 = 广告开支/年度交易用户数。
资料来源：各公司年报、国盛证券研究所。

## 第二章 旅游数字平台企业："跨界打劫"新现象

美团的主要商业逻辑与其他 OTA 相同，获取流量后将流量转化为收入，即流量变现（张新民、陈德球，2020）。其在流量获取环节具有显著优势，通过外卖等业务的"高频打低频"（高频业务向低频业务导入流量），美团酒店业务的获客成本远低于其他公司。

美团酒店业务的商业模式以代理模式和广告模式为主。美团凭借从事到店业务积累的地推经验，快速获得大量低线城市酒店资源，供应商规模不断扩大。在代理模式下，美团以向供应商抽取佣金的模式盈利。消费者预订时先与美团结算，退房后美团与酒店再行结算。2019 年美团到店及酒旅业务已摆脱"前团购时代"以交易佣金为主的商业模式，更加强调交易与广告并重。

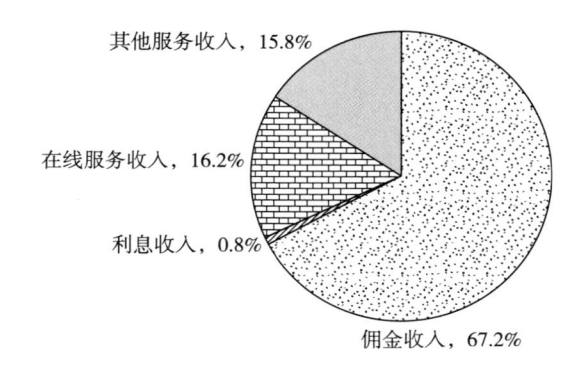

**图 2-23　2019 年美团收入构成**

资料来源：美团公司公告。

美团近年的运营和盈利能力有所改善，2019 年首次实现盈利。美团的主要收入为佣金收入，2019 年佣金收入占营业收入比例超过 60%。其毛利率低于携程、同程艺龙等 OTA，2019 年毛利率大约为 30%。美团的费用率逐年降低，2019 年销售费用率、研发费用率、管理费用率分别为 19.3%、8.7%、4.4%，合计 32.4%。2019 年美团含少数股东权益的净利润达 22.4 亿元，其净利润率为 2.29%。

（三）美团未来展望

不同于携程和同程艺龙，美团并非垂直于旅游业的平台。美团之所以可以顺利完成从外卖到在线旅游的跨界，是源于数字平台企业的数据

(%)
200
150
100
50

2015　2016　2017　2018　2019　　　（时间）
　　　　　　　　　　　　　　2020年第一季度

······ 销售费用率　——— 研发费用率　-·-·- 管理费用率

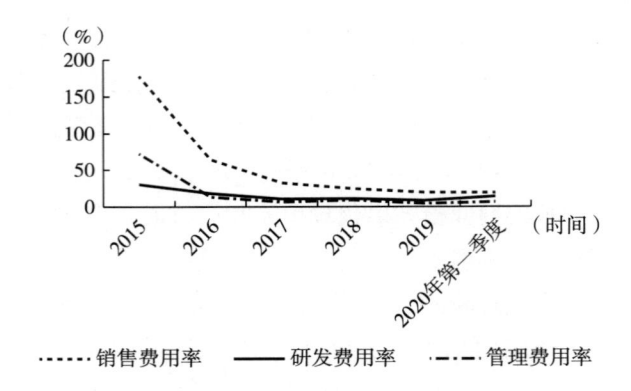

图 2-24　2015—2020 年第一季度美团费用率

资料来源：美团公司公告。

穿透增强了不同行业之间的互联互通，降低了企业跨界成本（戚聿东、肖旭，2020）。在旅游领域，美团将在占据低线城市用户市场的基础上，进一步提升佣金率，实现流量的变现及盈利。同时，美团将通过其他高频业务，向上探索中高端市场。

美团未来的目标也并非仅仅是占据在线旅游市场，而是建立一个以本地生活服务为闭环的"超级平台"。随着其边界不断扩展，美团将会不断涉足 OTA、新零售、打车、金融和物流等多个领域。例如，美团买菜以"生鲜电商""社区化服务"为切入口涉足新零售领域；2020年 7 月，美团曾间歇性关闭支付宝支付，彰显了美团支付在金融领域的野心；物流方面，美团闪购等平台提供了高效的配送服务，其超脑系统和调度系统中，线路规划的速度为 29 亿次/小时，平均配送时长稳定在 28 分钟。

同时，与以往发展相同，美团仍将面临来自各个领域的竞争对手。由于美团的定位是本地生活服务平台，业务范围广，其将长期面临许多竞争对手。无论是来自外卖领域的饿了么，还是来自出行领域的滴滴打车，抑或是在线旅游行业的携程、同程艺龙、途牛等，都将长期与美团瓜分市场份额。

三　竞合分析

本小节重点分析旅游数字平台企业与传统企业、其他平台及旅游数字平台企业之间的竞合关系，并重点阐述了案例企业之间的竞合关系。

（一）旅游数字平台企业与传统企业的竞合关系

下文将分别介绍以 OTA 为代表的旅游数字平台企业与旅游资源供应商、旅游产品组合及分销商、金融公司的竞合关系，指出其与旅游资源供应商和银行及保险公司之间的伙伴型竞合关系、与旅游产品组合及分销商之间的对抗型竞合关系。

1. OTA 与旅游资源供应商：伙伴型竞合关系

总体上，无论是交通板块还是住宿和度假板块，OTA 与旅游资源供应商之间为伙伴型竞合关系。只是对于不同的供应商而言，双方地位有所差异。

就交通板块而言，旅游资源供应商与数字平台企业之间大多呈供应商主导的伙伴型竞合关系。由于在线机票和在线火车票交易量大，约占据在线交通行业 95% 以上，OTA 与航空公司和铁路公司的关系为交通板块竞合关系分析的重点。所以下文将主要从航空公司和铁路公司的角度论证供应商与数字平台企业的伙伴型竞合关系。

OTA 与航空公司的关系为由航空公司主导的伙伴型竞合关系。机票销售分为直销和分销，而 OTA 是最主要的分销渠道之一，因此航空公司基本都会与 OTA 建立一定程度的合作关系。但是，航空行业是一个资产门槛较高的行业，一般是寡头垄断型市场结构，这直接导致了航空公司拥有对 OTA 的强话语权。自 2014 年国资委要求三大航空公司提高机票直销比例、降低代销比例后，"提直降代"就踏上了一条不可逆的道路。此后，航空公司在与 OTA 关系中的主导权越来越强。

表 2-4　　　　　　　　票代主体及其特点

| 票代主体 | 特点 | 举例 |
| --- | --- | --- |
| 大型 OTA 及垂直搜索平台 | 最大的特点是掌握了大量的终端用户 | 携程、去哪儿网 |
| 旅行社及小型机票代理商 | 掌握的终端客户较少，比较区域化 | — |
| 专业化企业产品管理公司（TMC，差旅管理公司） | 公司较少，潜力较大 | — |
| 大中型机票批发商 | 不掌握终端客户，由于技术上的落后、渠道越来越聚拢，盈利能力越来越差 | 上海军利、纵横天地 |

续表

| 票代主体 | 特点 | 举例 |
| --- | --- | --- |
| B2B平台 | 竞争的日益激烈、信息的日益通畅、航空公司对直销的加强，对其有相当影响 | — |

资料来源：笔者根据公开信息整理。

OTA在与铁路公司的关系中处于十分被动的地位，二者的关系为由铁路公司主导的伙伴型竞合关系。火车票业务是OTA的流量支柱业务，这是OTA与铁路公司建立合作伙伴关系的主要原因之一。但火车票的价格都是由铁路局制定的，OTA无法在火车票代理中抽取佣金或赚取差价。在此背景下，OTA尝试了一些其他的盈利点。例如，OTA曾在售票的同时搭售诸如VIP休息室、保险、极速出票、专车券、酒店代金券等产品或服务。但这些模式给用户传递的价值十分有限，OTA难以通过这些方式取得满意的盈利效果。一些OTA甚至铤而走险地通过默认勾选进行商品搭售。根据《关于依法查处代售代办铁路客票非法加价和倒卖铁路客票违法犯罪活动的通知》，这种商品搭售属于价格违法行为。可见，OTA在与铁路公司的关系中总体处于十分被动的地位。

就住宿板块而言，OTA与中低端酒店之间的关系为由OTA主导的伙伴型竞合关系。这主要是由于酒店行业分散程度高（CR3[①]仅13%，而航空及铁路行业CR3为62%）、议价能力弱。中小酒店严重依赖于OTA平台引流，倘若不与OTA合作，其私域流量[②]远不能支撑酒店正常运转。

"以前我（指酒店）自己做庄，感觉没什么的，现在感觉不对了，客房靠我（指酒店）自己吆喝没有用，还是得依赖美团、携程，结果我们（指酒店）没赚钱。定价权给他们（指OTA）拿掉，我们（指酒店）还要不定期地付钱。不然你（指酒店）的排名在很后面，

---

① 行业集中度指数（Concentration Ratio，CRn）又称"行业集中率"，是指该行业的相关市场内最大的N家企业所占市场份额的总和（马建堂，1993）。例如，CR3是指最大的三家企业占有该市场的份额。

② 指的是企业在任意时间以任意频次，在直接触达到用户的渠道（如自媒体、用户群、微信号等）免费获得的流量。

> 根本订不到你（指酒店）。而且美团、携程还不定期地来抽查，有没有飞单（指酒店与通过 OTA 订房间的客户脱离 OTA 平台进行线下交易）。做这种民宿，（酒店）可能（和顾客）加个微信，以后过来直接微信上说一下。但是，美团和携程就不允许我们（指酒店）这样做。"
>
> ——某上市酒店 IR

OTA 与高端酒店的伙伴关系则较为平等。这主要是由于高端酒店的品牌忠诚度较高，可以通过酒店官网等渠道进行直销，也可以与其他酒店结成联盟，议价能力较中低端酒店更强。

就景区板块而言，OTA 也会与景区合作，为旅游消费者提供门票预订等服务，二者的伙伴型竞合关系也较为平等。虽然度假旅游行业的分散度比酒店行业的分散度更高，但景区可通过与旅行社等旅游产品组合及分销商、OTA 的合作实现"双腿走路"，从而避免严重依赖于某一种渠道。

2. OTA 与其他传统企业的竞合关系

第一，OTA 与传统旅游产品及分销商间呈现对抗型竞合关系。数字平台企业商业模式的创新往往在实际运营层面给传统经济体系带来种种挑战（张新民、陈德球，2020）。由于 OTA 可以对传统产品组合及分销商起到部分替代作用，OTA 与产品组合及分销商的竞争非常明显。二者之间的对抗型竞合关系不言而喻。

OTA 与不同的产品组合及分销商之间的对抗型竞合关系也存在广泛的差异，这种差异符合供应链视角的竞合理论。该竞合理论强调企业在靠近消费者的一端更倾向于竞争，而在远离消费者的一端更倾向于合作（Rauno et al.，2013）。OTA 与产品组合及分销商的关系正符合该理论，相较于位于产业链中下游的产品组合及分销商（尤其是一些 B2C 企业），OTA 与位于产业链中上游的产品组合及分销商（尤其是一些 B2B 企业）的合作更明显一些。

第二，OTA 与银行之间为伙伴型竞合关系。OTA 与银行的合作不仅局限在利用银行成熟的结算网络实现快速边界的支付、提供分期旅游服务，还创造性地发行纯旅游类银行联名卡。此外，OTA针对持卡用户定期推出营销活动，提供会员折扣优惠（如酒店与机舱免费升级、航班延误补偿等）、"一对一"专属旅游顾问服务等。2018年，携程为了保证"驿启装"项目①的资金成本与项目持续性，和华夏银行、中关村银行等多家银行达成合作。

第三，OTA与保险公司合作较多，实现双赢。就保险公司的角度而言，由于需要冲高保费金额，保险公司可以将OTA的流量作为其很好的销售出口。所以即便是给OTA极高的佣金（甚至在某些险种上亏本），保险公司也要促成与OTA的合作。航意险、航延险等险种是最常见的旅行类场景保险。从OTA的角度来看，由于保险公司利润很高，OTA依托自身高流量的优势形成较高的议价能力，可以获得丰厚的佣金。此外，如果OTA持有保险经纪、保险代理等金融服务牌照，则可以保管保费、形成账期，不仅增加了佣金收益，还获得了一笔无息资金。

（二）旅游数字平台企业与其他平台的竞合关系

前文梳理了OTA与传统企业的竞合关系，本小节进一步关注其他行业的数字平台企业，分别讨论以OTA为代表的旅游数字平台企业与第三方支付平台、搜索平台和社交平台及其他平台之间的竞合关系。

1. 第三方支付平台

不同的OTA与第三方支付平台的关系不尽相同。由于OTA合作的银行数量有限，一些OTA无法在自身平台上形成消费闭环，第三方支付成为其短板。美团拥有第三方支付牌照，在与其他支付平台合作的同时也在培养用户使用美团支付的习惯。飞猪是由阿里集团孵化而来，背靠阿里集团的支付平台。而其他OTA则大多没有支付牌照，需与支付宝、微信等建立长期的合作关系。

事实上，第三方支付行业具有很高的政策壁垒。自2011年央行签发首批第三方支付牌照以来，央行陆续签发的第三方支付牌照共计将近300张。2016年8月，央行宣布坚持"总量控制"原则的同时，注销

---

① "驿启装"指的是携程推出的用于解决中小酒店装修融资难题的项目。资料来源：南方日报，https://finance.qq.com/a/20180727/008207.htm。

了长期未实质开展支付业务的支付机构牌照。虽然以携程为代表的OTA近年来努力争取支付牌照，但是央行坚持的"总量控制"致使第三方支付牌照骤然收紧。因此，OTA与第三方支付平台的关系短期内不会大范围改变。

表2-5　　　　央行前九批颁发的第三方支付牌照情况

| 批次 | 时间 | 牌照数量 | 获牌企业业务类型 |
| --- | --- | --- | --- |
| 第一批 | 2011年5月18日 | 27 | 主要从事全国支付业务；以互联网支付为主 |
| 第二批 | 2011年8月31日 | 13 | 主要从事地方业务；以预付卡发行受理为主 |
| 第三批 | 2011年12月22日 | 61 | 主要从事地方业务；以预付卡发行受理为主 |
| 第四批 | 2012年6月底 | 96 | 主要集中在地方的预付卡发行和办理、互联网支付等业务 |
| 第五批 | 2012年7月底 | 19 | 主要从事地方业务；以预付卡发行受理为主 |
| 第六批 | 2013年1月 | 26 | 以预付卡发行与受理和互联网支付为主 |
| 第七批 | 2013年7月6日 | 27 | 预付卡发行和办理、互联网支付等业务 |
| 第八批 | 2015年3月26日 | 1 | 预付卡发行与受理 |
| 第九批 | 2015年12月8日 | 1 | 互联网支付、移动电话支付和预付卡发行与受理（仅限于线上实名支付账户充值） |

资料来源：中国人民银行，前瞻产业研究院。

2. 搜索平台和社交平台

各大搜索平台或社交平台之间的竞争使OTA和它们的关系呈现阶段性阵营划分的现象。搜索平台和社交平台通常可以为OTA引入流量，而OTA可以成为搜索平台和社交平台生态布局中的重要部分。不同搜索平台或社交平台在一定时间内支持不同的OTA。因此，不同的OTA与搜索平台及社交平台的竞合关系不同。

携程等OTA巨头与中国最大的搜索平台百度的关系经历了几个阶段：2011年前为纯粹的合作关系，2011—2016年为适应型竞合关系，2016年后重新变为伙伴型竞合关系。2011年前，OTA依靠百度等搜索平台的广告获得巨大流量。2011年百度尝试自营OTA，但是由于在线旅游行业依赖于B端的资源及C端沉淀下的用户黏性，其自营的OTA未能成功。2011—2016年，百度对去哪儿网进行投资后不久，又通过换股成为携程的第一大股东，与携程等 OTA 呈现既合作又竞争的适应型竞合关系。2016 年后，百度放弃自营 OTA，全力以自身流量支持控股的 OTA。自此，以百度为代表的搜索平台与 OTA 又回归伙伴型竞合关系。

与搜索平台类似，以微信为代表的社交平台与 OTA 的关系亦存在明显的阵营划分现象。以腾讯和同程艺龙的竞合关系为例，腾讯多个入口（如小程序和 APP 三级入口等）对同程艺龙的导流有极大的帮助。在腾讯巨大流量支撑下，同程艺龙的全渠道 MAU 数量稳居行业第一。同时，同程艺龙的销售费用率随腾讯用户占比的提升不断下降。在微信平台的单付费用户的获客成本约为 10 元，而独立 APP 的获客成本约为 80 元，成本优势明显。与此同时，腾讯与其他 OTA 形成间接的对抗型竞合关系。

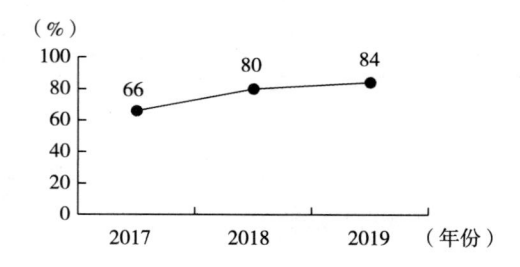

图 2-25 同程艺龙用户中腾讯用户占比
资料来源：同程艺龙公司财报。

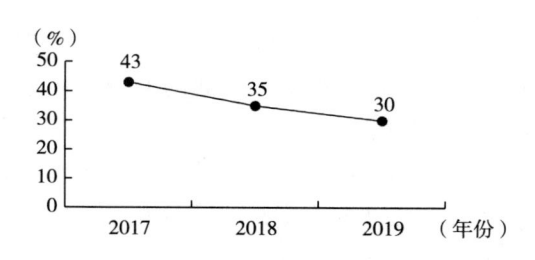

图 2-26 同程艺龙销售费用率
资料来源：同程艺龙公司财报。

### 3. 其他平台

由于案例企业美团主打本地生活服务市场，其业务范围广泛，实际上和其他企业的竞合关系非常复杂，竞争对手涵盖领域非常广泛。除了在在线旅游行业和携程、同程艺龙、途牛的竞争外，美团在外卖、打车、电影等领域与其他企业之间的竞争也非常激烈。目前美团与饿了么在外卖市场的市占率大约为 2∶1，是典型的双寡头。在打车市场，美团与滴滴等企业形成竞争。在电影票市场，美团与糯米电影等企业形成竞争。

### （三）旅游数字平台企业之间的竞合关系

下文将梳理部分旅游数字平台企业之间的竞合关系。大体而言，携程和同程艺龙合作大于竞争，未来在下沉市场的竞争可能加剧；美团与携程是典型的对抗型竞合关系；携程与海外集团 Priceline 的竞争相对比较激烈，与 Expedia 的合作大于竞争。

第一，携程既是同程艺龙的第二大股东，又是其主要竞争对手，故携程和同程艺龙关系微妙，是典型的适应型竞合关系。目前，二者整体上合作大于竞争，携程系（携程 + 去哪儿网 + 同程艺龙）成立"赫程平台"共享酒店库存。未来随着携程在下沉市场的探索，双方的竞争可能会越来越激烈。

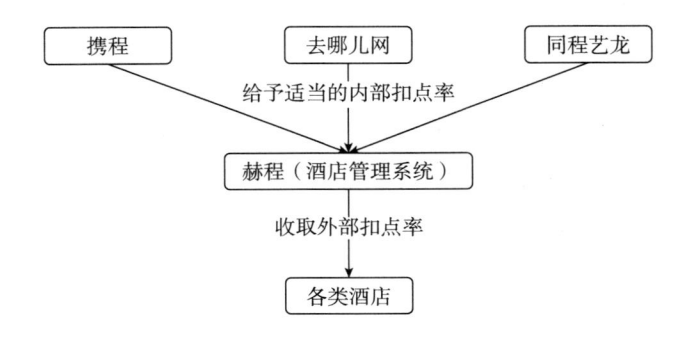

**图 2 - 27　携程系成立"赫程平台"**

资料来源：公司官网、公司调研、国盛证券研究所。

第二，美团和携程是典型的对抗型竞合关系。以往我国对数字平台企业垄断行为管制不足时，携程的一个主要策略为把握供应商核心资源,以排他的方式对待竞争。例如,携程系的赫程酒店管理系统形成了携程、去哪儿网和同程艺龙之间的资源共享,与美团对抗。2016年6月开始,携程主导了针对美团的资源断供项目,阻止与携程合作的供应商在美团APP上线,即"二选一"。此外,携程在中低端酒店市场利用艺龙和去哪儿网的优势与美团进行价格战。美团则主要采用以下策略。一是美团向供应商收取的佣金率较低。二是以农村包围城市的战略开展错位竞争,把握低线城市这一增量市场。三是开展多种方式应对携程的断供项目。

第三,不同于美团、同程艺龙,携程走的高端路线和国际化路线使得其面临来自Expedia、Priceline等国际OTA巨头的竞争。中国的OTA龙头是携程,美国的OTA龙头是Expedia(其旗下的酒店预订网站是Hotels.com),欧洲的OTA龙头是Priceline(Booking.com为其旗下的酒店预订网站)。其中,由于携程近年来开始在欧洲布局,所以Priceline和携程之间的竞争更强。Expedia大部分收入来自美国本土,与携程竞争性不强。

## 第三节 旅游数字平台企业的社会效应

作为数字经济时代的产物,旅游数字平台企业的出现对社会各参与主体、相关行业、整体经济均产生了一定的影响。本节将自下而上、自小到大论述旅游数字平台企业的社会效应,分别阐述旅游数字平台企业对参与主体、相关行业及整个经济的影响。

### 一 旅游数字平台企业对各参与主体的社会效应

在线旅游行业参与主体可以分为起监管作用的政府部门、C端消费者、作为中介的代理商、B端旅游供应商。其中,B端的旅游供应商又可以分为酒店、航空公司、景区。本节将简要介绍以OTA为代表的旅游数字平台企业对其他参与主体的社会效应。

第一,OTA弥补政府规制能力的同时,为政府提供了旅游业的监管"抓手"。对政府而言,OTA具有一定的公共属性,其私权力的行使有助于减少平台内经营行为的负外部性,弥补政府规制能力的不足(杨东,2020);另外,OTA使政府有了对旅游业进行监管的"抓手"。

由于旅游活动和当地人生活难以区分,旅游业与其他产业融合度较高,各地方旅游局与其他部门的权责界限不够清晰。这使政府相关部门对旅游行业的监管成为难题。而 OTA 集合了旅游景区、酒店、民宿、航空公司、铁路公司等多个主体,成为旅游行业的一个窗口,使政府更容易通过这个窗口实现对旅游行业的监管。

第二,OTA 为消费者节约成本、提供便利,但消费者信息泄露的风险提升。以 OTA 为代表的旅游数字平台企业降低了消费者信息搜索成本、提升了旅游行程规划的便捷性。由于旅游行为涉及"吃、住、行、游、购、娱"各个要素,旅游者旅行前需从不同主体预约或购买服务,故其旅游信息搜索成本较大。许多旅游者为了节省时间和精力,选择让旅行社完成这一复杂的信息搜索和行程规划的过程。而 OTA 的出现,使用户更容易搜寻和比较潜在的交易信息,大大降低了消费者信息搜索的成本、提升了消费者进行旅游行程规划的便捷性。此外,线上搜寻成本较线下搜索成本更低,进一步降低了线上产品的价格(Brynjolfsson et al.,2003)。例如,航空市场的线上产品价格相对更低(Orlov,2011)。

但是,OTA 提高了消费者信息泄露的风险。在线旅游行业多次出现消费者信息泄露的案例。一些 OTA 甚至曾暗自将消费者信息销售给互联网公司,对消费者隐私保护造成威胁。

第三,以 OTA 为代表的旅游数字平台企业对传统旅行社或其他代理商造成较大冲击。由于 OTA 与传统旅行社或其他代理商相同,都是作为旅游供应商和旅游消费者之间的价值传递者,因此竞争性相对更强。OTA 的出现解决了消费者信息搜索成本高、旅游行程规划不便利等痛点,使消费者对传统旅行社或其他代理商提供服务的需求减少,对传统旅行社或其他代理商的经营状况冲击较大。

第四,OTA 抢夺了酒店业线下和直销流量,分割了酒店业的利润。对酒店而言,OTA 的存在使酒店业整体受损。从流量的角度来说,虽然 OTA 可以给酒店带来更多的线上流量,却使酒店业在损失了线下和直销流量的同时必须通过竞价方式购买 OTA 的流量。OTA 在酒店排名上也拥有较大主动权,可相对自由地调整酒店的排名。一些排名靠后的酒店无法获得更多流量,其本身的线下流量也被线上排名靠前的酒店瓜分。就利润角度而言，OTA 使酒店业内部的利润重新分配，酒店业整体利润被压缩。由于获得线上流量的机会有所不同，酒店业亦呈现"强者愈强、弱者愈弱"的马太效应。

第五，OTA 为航空公司和景区引流，搭建了其关键的销售渠道。航空公司与酒店类似，一方面从 OTA 获得了在线流量、损失了线下和直销的流量，另一方面也让利给 OTA。与酒店业不同的是，航空行业集中度较高，属于垄断型行业，议价能力较高。因此在与 OTA 的竞争和合作中，航空公司获得线上流量带来的益处较大，对于线下和直销流量的损失有限。近年来，航空公司分给 OTA 的利润也较为有限。就景区而言，由于其行业集中度非常低，OTA 的引流功能更强。景区原本依赖于旅行社和其他代理商接触消费者，OTA 的出现使景区多了一种接触消费者的渠道。

## 二 旅游数字平台企业对各行业的社会效应

旅游数字平台企业对各行业的社会效应主要体现在三个方面。对于旅游行业整体而言，旅游数字平台企业塑造了旅游业的"中心"，成为旅游预订的一站式平台。对于酒店业和旅游景区而言，旅游数字平台企业成为供应商和消费者之间的第三方信用机构和支付机构，倒逼酒店业和旅游景区提升服务质量，完善销售渠道。对传统旅行社行业而言，旅游数字平台企业造成了较大程度的冲击。

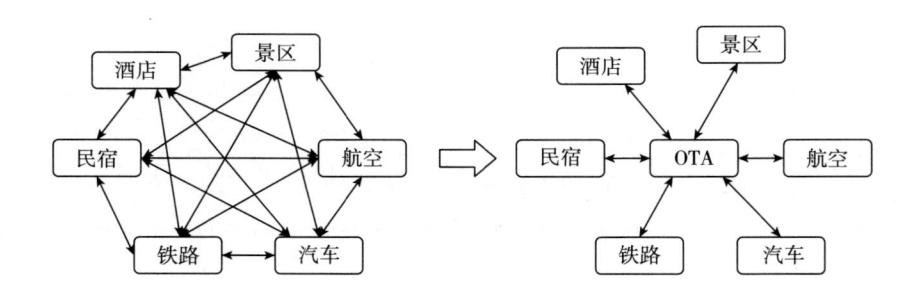

图 2-28 OTA 塑造了旅游业的中心

资料来源：笔者自制。

第一，OTA 塑造了旅游业的"中心"，其成为旅游一站式平台。在

## 第二章　旅游数字平台企业："跨界打劫"新现象

数字平台企业出现之前，旅游业各部门相对分散。酒店、民宿、景区、航空公司、汽车公司、铁路地位相对平等，关系相对独立。旅游者或传统旅行社通常需要在各个部门分别预订服务，而 OTA 的出现改变了这一点。OTA 与各个板块的旅游供应商均建立合作关系，成为旅游产业上游企业的"集合地"、旅游业的中心，可为消费者提供一站式预订服务。以 OTA 这个平台为中心，多方市场实现了市场资源和信息的高度协同。

第二，OTA 倒逼酒店业和旅游度假业提升服务质量，完善销售渠道。旅游市场整体服务质量较差，宰客现象严重。在传统旅游服务过程中，由于存在信息不对称，消费者通过代理商预订旅游服务时存在逆向选择，这进一步造成了旅游供应商中的"劣币驱逐良币"，使旅游市场的整体服务质量较差。此外，相较其他消费的复购倾向，旅游者重游倾向更低，因此"旅游宰客"现象层出不穷。2015 年"青岛大虾"售价1520 元/盘的宰客事件在旅游行业属于家常便饭，黑龙江省雪乡景区更是明码标价进行宰客。[①]

以 OTA 为代表的数字平台企业改善了旅游服务质量。一方面，OTA 使旅游供应商和消费者之间出现了一个第三方信用机构和支付机构。这一定程度上保障了消费者的权益、对旅游供应商的宰客行为有所约束。无论是预付模式还是到付模式，OTA 均保障了消费者明确消费价格、评价服务质量的权益。另一方面，OTA 对旅游供应商的推荐排名使强者更强，从流量上倒逼旅游供应商提升服务质量。不同于以往旅游者缺乏交流的传统预订方式，OTA 预订使消费者可以通过旅游者的评价，借鉴以往消费者的经验，从而筛选出更优质的旅游供应商。在其他因素相同时，综合评价更高的供应商可以在 OTA 上获得更靠前的展示排名。这在一定程度上使旅游供应商更加注重消费者的评价等级，从而提升自身的服务质量。

第三，OTA 因其具有便利性、顺应散客化市场趋势的优势，对传统旅行社行业造成较大冲击。从某种程度上来说，OTA 是在线旅行社，

---

① 资料来源：佛山游侠，http://www.fxhzm.com/detail_38821434.htm；搜狐，https://www.sohu.com/a/215177602_772154。

与传统旅行社之间存在直接竞争。正如 P2P 数字平台企业挑战了传统的渠道商（Berg et al.，2020），OTA 也挑战了传统旅行社。第一，OTA 的线上服务模式降低了消费者的搜索、沟通、交易成本，使旅游消费过程更加便利。第二，游客通常选择传统旅行社进行跟团游，这种消费习惯根深蒂固；而 OTA 则更能够适应近年来旅游散客化的市场发展趋势。

表 2-6　　　　　　　　　传统旅行社的组团方式

| 组团形式 | 组织形式 | 特点 | 备注 |
|---|---|---|---|
| 独立成团 | 1. 指为某单位或企业统一组织的旅游；2. 部分个人旅游者，自行组织拼凑，人数达到 6—10 人也会独立成团 | 1. 独立成团有人数限制，一般来说成团人数越多价格越优惠；2. 旅游团的自主选择性较高；3. 根据游客的一些特殊需求，旅行社也会做出定制性的服务 | 独立成团是中国传统旅行社的主要组团方式 |
| 散客拼团 | 当单个组团社负责招徕的游客人数过少，不足以独立成团时，旅行社便会将这些游客委托至批发商处，让他们与其他游客进行统一拼凑，形成一个团队游 | 1. 个人可享受团队游的实惠价格；2. 最终能否成团受人数的限制，如果成团人数不够，此次旅游则会被取消或调整 | 针对散客，旅行社一般都采用散客拼团的组团方式 |
| 自由行 | 目前"机票+酒店"是最为典型的自由行方式，但是一个完整的自由行还应包括旅游目的地交通服务，如机票和酒店的接送、帮助联系当地用车等 | 1. 自由行的自由性很大，旅游者可自由选择出行的日期、游览的景点及入住酒店；2. 价格一般高于旅行社的团队游产品 | 自由行是旅行社顺应散客化趋势发展起来的一种组团方式 |

注：中国传统旅行社组团方式普遍性：独立成团 > 散客拼团 > 自由行。
资料来源：艾瑞咨询。

### 三　旅游数字平台企业对经济发展的社会效应

以 OTA 为代表的旅游数字平台企业顺应了消费升级趋势，拉升了第三产业对经济贡献的比重，同时对就业有双重效应。此外，OTA 通过促进旅游业的发展间接了缩小城乡收入差距。

第一，OTA 使旅游行业面临去中介化的趋势，这顺应了消费升级下我国旅游业蓬勃的发展态势，并对第三产业的增长做出了贡献。传统的旅行社或其他代理商通常将旅游者"打包"，将这种中介服务层层"贩卖"，造成了旅游业价值链条长、价值传递缓慢的问题。而 OTA 的出现使消费者与旅游供应商之间的链条大大缩短，旅游业在价值传递环节的资源浪费有所减少。2019 年，中国在线旅游市场交易规模已经超过 1 万亿元，① 受益于旅游行业蓬勃发展的同时，也对第三产业发展做出贡献。

第二，OTA 对就业有双重效应。一方面，OTA 通过促进旅游业发展间接促进了旅游业的"非正规就业"。以 OTA 为代表的旅游数字平台企业的出现让旅游在消费升级的背景下更容易走近消费者，对旅游业贡献巨大。而旅游业的蓬勃发展间接促进了就业。与其他行业相比，旅游行业对就业的促进存在一定的特殊性，其带动更多的是"非正规就业"，例如，旅游景区门口的小摊小贩等。虽然政府对旅游非正规就业收入的税务征收存在困难，但旅游业在一定程度上给一部分低收入人群生存与发展的机会，对贫富差距的改善有所贡献。

相反地，OTA 减少了旅游产业链中游的就业量。OTA 的出现取代了大量的旅游产品组合及分销商（如旅行社），这在一定程度上造成了旅游从业人员的失业。同时，在线旅游行业所需的劳动力数量有限，尤其是在移动端、PC 端预订取代呼叫中心预订后。所以，以 OTA 为代表的旅游数字平台企业减少了旅游产业链中游的就业量。

第三，OTA 通过促进旅游业发展间接缩小城乡收入差距。在线旅游行业与旅游行业的发展之所以有利于缩小城乡收入差距，是源于旅游者的空间流动。由于郊区或农村地区旅游资源禀赋较佳，目前旅游业的发展大多依赖于城镇居民向郊区或农村地区的流动。这种空间流动使城市居民的收入向农村"溢出"，对我国城乡二元结构的矛盾有所缓解，能够在一定程度上缩小城乡收入差距。

---

① 资料来源：易观，http://www.woshipm.com/it/3540844.html。

## 第四节 旅游数字平台企业发展面临的主要问题

本节从宏观、中观、微观三个层面梳理以 OTA 为代表的旅游数字平台企业发展面临的主要问题。从宏观层面看，旅游数字平台企业的主要问题在于：第一，宏观经济波动会对 OTA 造成巨大冲击；第二，法律法规不健全，市场秩序混乱。从中观层面看，旅游数字平台企业的主要问题在于：第一，盈利点受限，有待进一步拓展；第二，价格歧视（大数据杀熟）；第三，以价格战为主的战争此起彼伏；第四，形成了积分换票的灰色产业链。从微观层面看，每个企业面临着不同的发展问题，如消费者信任危机等。

### 一 宏观层面

本节主要从宏观层面分析行业特征、政策等因素对旅游数字平台企业发展带来的主要问题。

1. 宏观经济波动会对 OTA 造成巨大冲击

"旅游成为刚需"的主张在新冠肺炎疫情期间不攻自破。新冠肺炎疫情暴发前，随着中国旅游收入不断提升、旅游人次日益增长，学术界和业界普遍认为旅游消费大众化已成为必然趋势。甚至，"旅游成为刚需"的声音不绝于耳。[①] 但是自 2020 年 1 月钟南山院士指出新冠肺炎病毒会人传人之后，旅游便被消费者毫不犹豫地排在了可选消费的末位。根据艾瑞咨询的数据，出境旅游、国内旅游、商务出差为受新冠肺炎疫情影响最大的 3 个行业。[②]

疫情期间 OTA 业绩、MAU 数量均下滑。如图 2-29 和图 2-30 所示，2020 年第一季度携程、同程艺龙、途牛等旅游数字平台企业的营收和归属于母公司股东的净利润（以下简称"归母净利"）同比大幅下降。2020 年 1 月，携程、去哪儿网、飞猪、途牛、同程等在线旅游 APP 的 MAU 数量纷纷下跌，同比下降 4%—9%（见图 2-31）。

---

[①] 资料来源：环球旅讯，https：//www. traveldaily. cn/article/127206；新华网，http：//www. xinhuanet. com/travel/2018-01/08/c_1122227014. htm；凤凰网，https：//zj. ifeng. com/a/20190603/7481702_0. shtml。

[②] 资料来源：艾瑞咨询，http：//www. wenkunet. com/p-1610078. html。

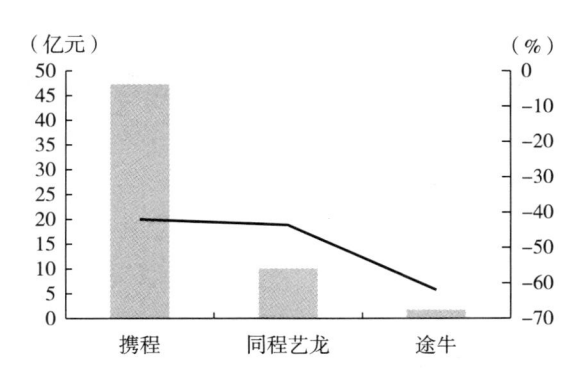

第二章 旅游数字平台企业："跨界打劫"新现象

**图 2-29 2020 年第一季度 OTA 营收及其增速**

资料来源：各公司公告。

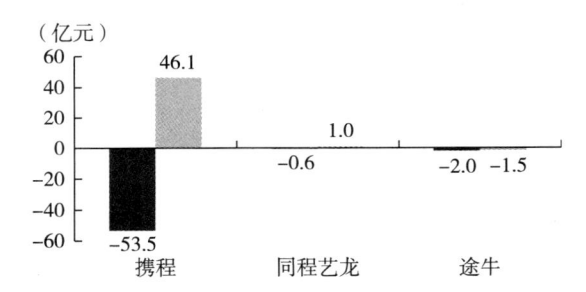

**图 2-30 2020 年第一季度 OTA 归母净利下降**

资料来源：各公司公告。

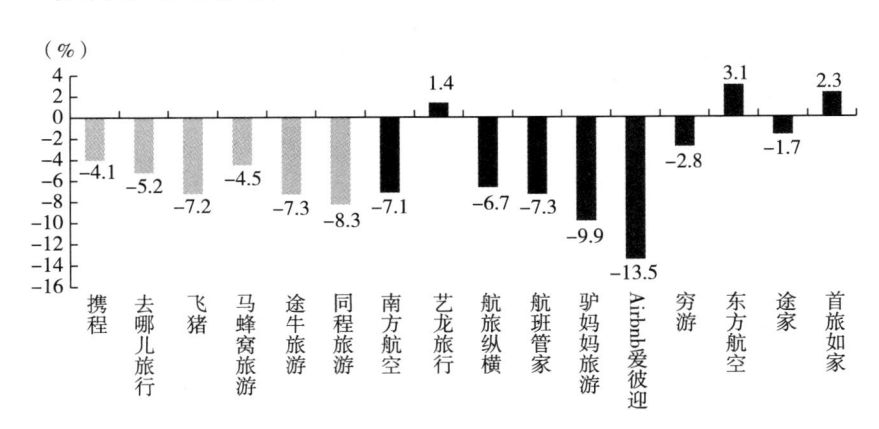

**图 2-31 2020 年 1 月在线旅游主要 APP 的 MAU 变动情况**

资料来源：易观。

71

旅游相关行业面对宏观经济波动的冲击体现出较强的脆弱性，这使以 OTA 为代表的旅游数字平台企业的发展面临较大挑战。第一节已经提到，一方面旅游是关乎幸福感的行业，这种需求在其他基本需求无法得到满足时可以非常轻松地被消费者延迟；另一方面，旅游产品具有不可储存性，当下的消费没有发生则意味着该"旅游产品"已经消失，未来的"旅游产品"是新的产品。基于这两个层面的原因，旅游相关行业在面临经济波动时会体现出较强的脆弱性。这对旅游数字平台企业的资金量等方面提出较高要求。

2. 法律法规不健全，市场秩序混乱

长期以来，我国在线旅游行业法律法规不健全，管理机制不完善。国内在线旅游的发展与行业管理脱节，相关主体备受困扰。在线旅游行业新型的商业模式不符合为传统商业模式设计的法律法规，使企业可能缺乏社会政治合法性（Aldrich and Fiol，1994）。

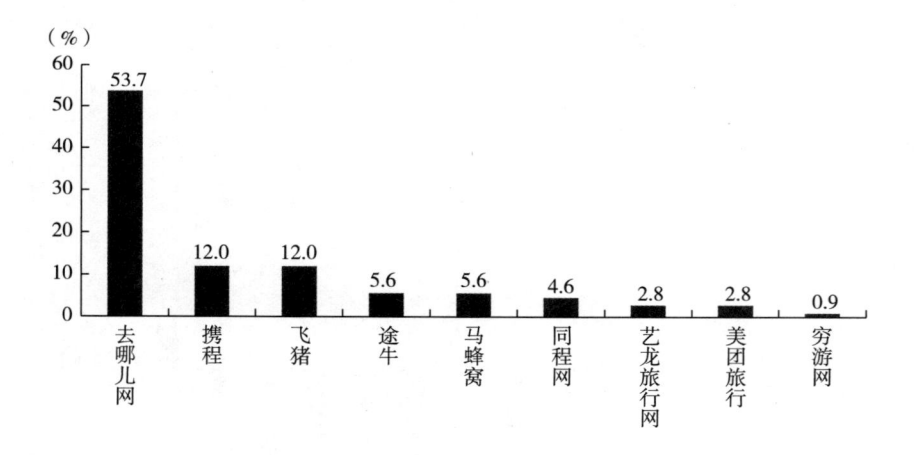

| 平台 | 占比（%） |
| --- | --- |
| 去哪儿网 | 53.7 |
| 携程 | 12.0 |
| 飞猪 | 12.0 |
| 途牛 | 5.6 |
| 马蜂窝 | 5.6 |
| 同程网 | 4.6 |
| 艺龙旅行网 | 2.8 |
| 美团旅行 | 2.8 |
| 穷游网 | 0.9 |

图 2-32　旅游投诉"3·15"平台 2019 年 10 月投诉占比

资料来源：36氪。

同时，由于旅游数字平台企业服务内容与对象较为多元，在线旅游行业存在"多头管理"问题（范梦余、陈怡宁，2016）。因此，我国在线旅游行业多年来乱象百出，消费者权益缺乏有效保障。旅游投诉"3·15"平台投诉数据显示，2019 年 10 月共收到有效投诉 129 条，其中涉及在线旅游企业的投诉有 108 条（占比 83.7%）。市场秩序常常依靠政府与企业"约谈"来规范，一些问题屡教屡犯。

表 2-7　　　　　　　　在线旅游行业约谈事件整理

| 年份 | 约谈主体 | 被约谈主体 | 约谈原因 |
| --- | --- | --- | --- |
| 2015 | 江苏省旅游局会同南京市旅游委员会、苏州市旅游局 | 同程、途牛 | 存在以低价招徕游客的经营行为 |
| 2015 | 中消协 | 携程、途牛、去哪儿网、艺龙、阿里旅行、同程旅游 | 出现"积分机票"等问题，数字平台企业没有尽到相应的监管义务 |
| 2016 | 国家旅游局 | 阿里旅行、去哪儿网、欣欣旅游网 | 对其经营"不合理低价游"的行为发出警告，并责令立即整改 |
| 2017 | 北京市消协 | 携程、途牛、去哪儿网、艺龙、同程旅游和飞猪 | 捆绑销售、退改票费用太高、霸王条款、网上宣传与实际不符、订单被随意更改或取消五个方面问题 |
| 2018 | 江苏省消保委 | 携程、去哪儿网、飞猪、驴妈妈、同程旅游、艺龙和途牛 | 存在飞机票退改签费用过高、特价机票不得退改签、没有充分告知消费者退改签标准等行为 |
| 2018 | 北京市文化和旅游局 | 去哪儿网、中青旅遨游网、携程、马蜂窝、途牛、同程艺龙、美团旅行、穷游网、驴妈妈、飞猪 | OTA 投诉问题：在线预订承诺不兑现、退款不及时、电子合同签订不规范等方面 |
| 2019 | 市旅游委行管处、执法大队 | 去哪儿网 | 投诉问题，要求去哪儿网下架不合格旅游产品，加强对代理商审核 |
| 2019 | 昆明市市场监督管理局 | 美团外卖、饿了么、携程 | 利用技术手段迫使商户在平台之间做排他性选择等 5 类问题 |
| 2019 | 北京通信管理局、北京文化和旅游局、北京网信办 | — | 马蜂窝水军事件，要求马蜂窝整改 |

资料来源：笔者根据公开信息整理。

## 二　中观层面

从行业层面来说，以OTA为代表的旅游数字平台企业问题重重，本小节将梳理OTA存在的主要问题。

一方面，OTA盈利点受限，有待进一步拓展。OTA大力开展捆绑销售实际上是迫于盈利压力。OTA在各业务板块捆绑销售了许多商品，如机票和火车票会搭售VIP休息室、各类保险、极速出票、专车券、酒店代金券等商品。甚至，一些OTA曾经铤而走险地将捆绑商品设置为默认勾选，引起大量消费者的愤怒。但以携程为代表的OTA仍然决定这样做，实际上很大程度上是迫于盈利压力。与供应商的竞合关系使旅游数字平台企业的盈利空间不断被压缩。第一节已经提到，在线旅游市场中，在线交通、在线住宿、在线度假等板块的交易规模占比大约为7∶2∶1。在政策的引导下，交通和住宿板块的上游供应商不断改革、调整，对旅游数字平台企业的盈利能力造成一定程度的冲击。

另一方面，由于在线旅游行业缺乏完善的法律法规，行业内问题百出。第一，价格歧视（大数据杀熟）问题备受关注。Jullien（2008）分析了双边市场平台的价格扭曲问题，指出大型数字平台企业比小型数字平台企业更倾向于采用价格歧视策略。旅游数字平台企业亦是如此。各大OTA常常被质疑大数据杀熟，普通消费者遇到这种情况很难通过诉讼、投诉或者媒体曝光等方式维护权益，通常会忍气吞声。当一些名人遭遇价格歧视时，大数据杀熟问题才会引起社会的关注。第二，OTA的战争持续多年。从2009—2011年的战火初燃、相互试探到2012—2014年的高潮迭起、剑拔弩张，OTA的战争愈演愈烈。甚至1元门票、1元玩景区、一块去旅游、0元玩全国等各类超低价旅游产品一时间充斥全网。这场激烈的价格战最终以2015年携程收购去哪儿网和艺龙形成"携程系"收尾。2016年至今，美团和携程暗自开展各式竞争行为，战争相对温和。第三，虚假预订背后产生了"积分换免票"的灰色产业链。2016年，在线旅游行业出现"假机票"事件，揭示出虚假预订背后存在的"积分换免票"灰色产业链。供应商通过刷分、盗分、从会员受众购买积分的方式得到用以兑换航司里程的积分，在兑换里程并获得免票后，将免费的机票转卖给乘客。供应商有时也会提前将"虚假的机票"提前售卖给乘客，给OTA回填一个"虚假票号"，谎称已出票成功，然后才去兑换免票。因消费者兑换免票失败，"虚假机票"背后的灰色产业链才被公之于众。

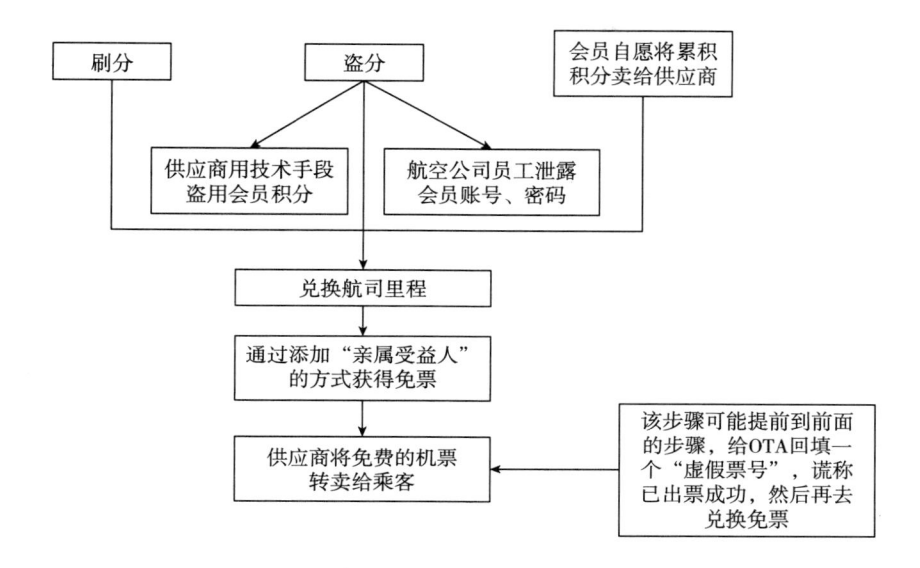

**图 2-33　虚假预订背后的灰色产业链**

资料来源：笔者根据新浪财经信息自制。

### 三　微观层面

从微观层面看，不同旅游平台面临的问题有所不同，包括市场扩张困难、消费者信任危机频发和过度依赖其他互联网公司等。

（1）携程与美团均存在一定程度上的市场扩张困难。首先，对于携程来说，其在市场下沉的道路上面临的难点主要有两个。一是携程的用户定位不利于其向低线城市下沉。携程的用户定位是中高端消费群体，多集中在高线城市（指一线和二线城市）；美团点评依托早期用户积累、本地生活服务的流量优势，在低线城市的酒店预订市场占据较大份额。二是开店成本和品质控制难以掌握。携程在布局下沉市场的过程中，开店成本和人口成本较高。即便是走加盟路线，如何保证加盟店与直营店的服务品质一致仍是个难题。其次，对于美团来说，其在中高端市场扩张上存在一定困难。由于美团在团战时期的客户积累，其低线城市用户规模较大。如前文所言，2019 年美团的间夜量达 3.92 亿间夜，超过携程的 2.92 亿间夜，而其酒店收入占比仅 7%。这说明其消费者消费水平相对较低，一些业内人士甚至质疑美团的间夜量包括了"钟点房"在内，如何打通中高端市场也成为美团未来需要面临的问题。

（2）旅游平台消费者权益受损消息频频爆出，平台存在消费者信任危机。2014 年 3 月，携程被指责存在泄露银行卡信息的风险，随后携程回应"已修复"。2019 年，中国互联网协会表示，通过技术检测以及用户举报发现，携程等 14 款 APP 疑似存在未经用户同意收集使用用户个人信息等问题。对于政府提出的各类问题，携程多次致歉却屡屡再犯，当前已面临消费者信任危机。

（3）同程艺龙面临的主要问题是严重依赖微信生态。腾讯的流量导入，对同程艺龙来说是巨大优势，但同时也可能成为未来的隐患。倘若与腾讯的合作关系出现变故，同程艺龙将面临巨大的经营风险。同程艺龙似乎也意识到了这一点，曾在公司公告中提及这种风险。能否寻找新的流量来源成为同程艺龙未来发展过程中最关心的问题之一。

## 第五节　旅游数字平台企业发展的主要影响因素

旅游业的部门主要分为政府监管部门、B 端的旅游供应商和 C 端的消费者、作为价值传递者的数字平台企业或代理商。本节将从不同主体的角度分别阐述旅游数字平台企业发展的主要影响因素。

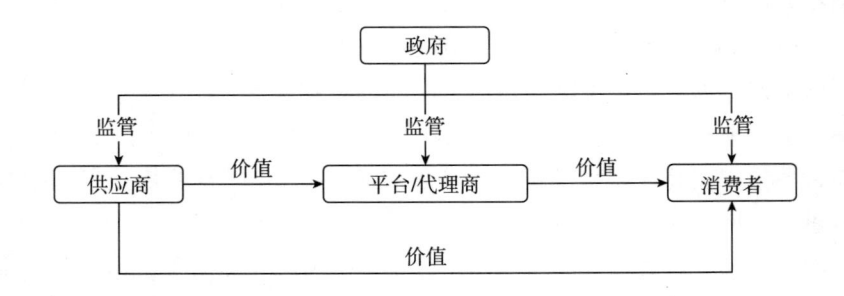

图 2-34　在线旅游行业参与主体

资料来源：笔者根据公开信息自制。

## 一 政策和法律法规

在线旅游行业乱象百出，根本原因在于缺乏完善的法律法规。在线旅游行业虚假预订、不合理低价游、价格歧视等问题频频出现，消费者权益屡屡受损。但消费者投诉却缺乏相关依据，行政执法机构对OTA的管理也没有对应的法律依据。当在线旅游行业出现问题，各级政府相关部门大多依靠"约谈"等方式与相关企业进行沟通，无法真正起到规范和监督作用。由于缺乏成体系的法律法规，在线旅游企业在损害消费者权益时通常不会受到应有的惩罚，故其对于保障消费者权益缺乏足够的动力，各类问题屡教屡犯。

2019年10月，国家文旅部起草了《在线旅游经营服务管理暂行办法》征求意见稿（以下简称"征求意见稿"），其于2020年10月1日开始施行。征求意见稿中明确规定了在线旅游经营者的经营许可相关规定，明确了平台对供应商资质审核、动态监管的责任。征求意见稿还针对虚假预订、不合理低价游、价格歧视（大数据杀熟）、信用监管等行业乱象做出了明确的规定。2020年7月20日，文化和旅游部部务会议审议通过该暂行办法，并于2020年10月1日施行。①

2020年11月30日，文旅部、发改委等十部门联合发布《关于深化"互联网+旅游"推动旅游业高质量发展的意见》。该意见明确要持续深化"互联网+旅游"，并指出到2022年"互联网+旅游"发展机制将更加健全，旅游景区的互联网应用水平亦将大幅提高，这都有利于旅游数字平台企业的未来发展。

## 二 旅游供应商市场行为、抗风险能力及旅游资源的充足性

就旅游供给端而言，在线旅游企业和产业链上游企业的竞合关系及双方的市场行为、供应商的抗风险能力直接影响了OTA的发展；就需求端而言，人们生活水平提升带来的消费升级、旅游观念的变化成为OTA发展的重要影响因素。

首先，从供应商的市场行为来说有以下两点。第一，航空企业"提直降代"等市场行为影响了以OTA为代表的旅游数字平台企业的发

---

① 资料来源：中国服务贸易指南，http://tradeinservices.mofcom.gov.cn/article/zhengce/hyfg/202009/108928.html。

展。航空行业集中度较高，CR3 为 62%，属于垄断型行业，溢价能力较强，其市场行为对 OTA 影响较大。自从国资委给三大航空公司下达了提直降代的指标要求后，航空公司采取的一系列措施使 OTA 无不受到影响。一方面，整个在线旅游行业的机票代理费不断降低，从最初一张票可以赚取 70 元左右代理费到目前的"零佣金"，OTA 的盈利能力大大削弱。另一方面，提直降代促使 OTA 改变与航空公司的合作模式，开发航司 OTA 旗舰店等新型销售渠道。

二是酒店企业自建直销渠道等供应商市场行为影响了以 OTA 为代表的旅游数字平台企业的发展。酒店行业分散度较高，CR3 为 13%，一般酒店的市场行为很难对 OTA 产生较大影响，但高端酒店的市场行为易对部分 OTA 的经营产生一定程度的影响。高端酒店的顾客通常忠诚度相对较高、客户黏性相对较大，可以通过自建直销渠道、与其他酒店结成联盟等方式分得 OTA 部分市场份额。

其次，旅游企业的抗风险能力影响了旅游数字平台企业的发展。由于旅游业具有很强的脆弱性，学术界对其危机管理问题较为关注，旅游企业的"恢复力"成为关注的重点。相比直接关注旅游企业的"刚性""稳定性"（Stability），旅游学界越来越关注旅游企业的"弹性""韧性"或"恢复力"（Resilience）。Ruiz – Ballesteros（2011）认为，可持续发展只有在具有持续恢复力的社会生态系统中才可能实现。

此次新冠肺炎疫情对旅游业各个板块的供应商均有重大影响。国内游方面，众多景点停止运营、全国暂停经营团队旅游、酒店营收受阻；入境游方面，多家航空公司暂停来往航班、多国发布旅游警告；出境游方面，多国限制入境，住宿预订量受较大影响。商旅方面，许多企业在线办公，商旅出行亦受到冲击。

从以往的经验来看，相对刚需的交通板块恢复力更强，重资产的酒店、景区恢复速度较慢。虽然危机的爆发通常对旅游业细分行业均会产生较大冲击，但由于交通需求相对游玩需求更加基础，企业恢复速度相对更快。根据埃森哲数据，2003 年"非典"暴发，中国国内市场航线客运量在疫情开始后的第三个月达到最低点，3 个月后便恢复到了"非典"暴发前的水平。① 而以酒店业为主的住宿板块和以景区为主的度假板块抗风险能力较差,主要原因为酒店、景区大多为重资产运营。

因此旅游企业的市场需求特点和运营模式影响了旅游企业的抗风险能力,进而影响了旅游数字平台企业的发展。OTA 与上游各板块的供应商之间虽呈现较为复杂的竞合关系,但其实唇齿相依,传统旅游业的恢复力也大大影响 OTA 的恢复速度。酒店、民宿、景区细分行业的运营管理模式成为影响 OTA 行业发展的重要因素之一。企业市场需求越具有刚性、轻资产运营程度越高,其抗风险能力越高,OTA 发展越不易受到负面冲击。

表 2–8　　　　　　　　　疫情对旅游业影响范围

| 细分行业 | 国内出游 | 入境游 | 出境游 | 商旅出行 |
| --- | --- | --- | --- | --- |
| 景点 | 国内众多景点停止运营 | 基于安全考虑,多家外国航空暂停往来中国航班,团队形式入境旅游停摆,散客入境游客同时减少 | 多国限制疫情暴发国家公民入境,客流减少 | — |
| 出行 | 全国暂停经营团队旅游,散客出行意愿降低 | 多国发布旅游警告,入境人数降低 | 多国限制疫情暴发国家公民入境,客流减少 | 商旅出行具备一定刚性,但仍受冲击 |
| 住宿 | 多个省市发文明确要求或建议酒店暂停营业,酒店营收来源受阻 | | 目的地住宿预订量受影响 | 受在线办公影响需求减少 |
| 免税购物 | 离岛免税可能受目的地客流减少影响 | 口岸免税受入境游客减少影响 | 口岸免税受出境游客减少影响 | — |

资料来源:国泰君安,普华永道思略特分析。

最后,旅游资源的充足性是 OTA 发展的重要影响因素。从第一节可知,我国旅游行业有效供给能力不足,难以满足庞大的国内游客需求,在某种程度上造成了"储币待购"或"需求外溢"的现象。无论

---

① 资料来源:埃森哲,https://www.accenture.com/_acnmedia/PDF-122/Accenture-Travel-Covid19.pdf。

是旅游市场还是在线旅游市场，在经济波动较大的宏观环境下，C端的需求约束市场规模的增长；在经济较为平稳的宏观环境下，B端的供给能力约束了市场规模的增长。因此从B端来看，旅游资源供给的充足性是行业发展的关键影响因素。2017年李克强总理提出要完善旅游设施和服务，大力发展乡村、休闲、全域旅游。这一号召使全国各地积极开展全域旅游规划，推进了诸如"厕所革命"等旅游目的地改革行动，大力改善旅游资源供给情况，从而推动行业的进一步发展。

### 三 人们生活水平和旅游观念的变化

从需求端来说，人们生活水平不断提升带来的消费升级和旅游观念的变化成为促进行业规模增长的驱动力。

*1. 人们生活水平提升及其带来的消费升级*

改革开放以来，我国居民生活水平不断提升。2019年，我国人均GDP已达70892元。2015年，我国城镇居民人均可支配收入超过3万元，同比增长8.2%。不断提升的生活水平使消费者日益追求生活幸福感和满足感。

当前，我国正处于第三轮消费升级进程中，旅游数字平台企业将受益于这一轮消费升级。在该轮消费升级中，服务业消费的增长速度最为迅猛。旅游业作为主要服务业细分行业之一，增速较高。2009年以来，旅游业需求不断提升，对我国经济的贡献越来越大。2019年，我国旅游总收入占GDP比重增长为6.7%，呈持续上升趋势。作为旅游行业重要组成部分的在线旅游行业，无疑也在这一消费升级的过程中获得相应好处。

人们的财富和时间的充足性是旅游数字平台企业发展的关键因素。如前文所述，在经济波动较大的宏观环境下，C端的需求约束市场规模的增长。具体而言，时间和财富的充足性（"有闲""有钱"）是行业发展的关键因素。"有钱"主要受国民收入水平或储蓄水平影响，"有闲"主要受节假日情况影响，而这些实际上又都受到国家政策的调整。例如，我国旅游消费者的旅游行为大多安排在国家法定节假日，"黄金周"期间在线旅游消费规模迅速增长。随着我国数字化水平的不断提升，工作与生活的界限将日渐模糊。灵活用工等就业形式的蓬勃发展可能使消费者的节假日更加灵活，亦会在很大程度上影响在线旅游行业发展。

2. 旅游观念的变化

近年来，我国消费者的旅游观念发生了巨大变化，从观光游逐步向休闲度假游转变。从周边游到出境游；从为"旅游"而旅游到为"享受"而旅游；从跟团游到自助游……伴随着旅游观念的变化，旅游者偏好的旅游方式、旅游目的地亦发生了翻天覆地的变化。

旅游空间尺度的由小变大对OTA发展起到带动作用。保继刚和楚义芳（2002）将旅游消费行为分为大、中、小尺度。张朐杰和吴军（2013）将旅游空间尺度划分为国内和国际（大尺度）、省内（中尺度）和市内（小尺度）。一方面，一些消费者从"不旅游"向"小空间尺度旅游"转变；另一方面，旅游消费者从周边游等小空间尺度旅游向跨省游等较大空间尺度的旅游进行转变。这使旅游消费者在客源地与目的地的交通上花费更多、选择OTA进行订票的可能性更大，从而使OTA有更大的盈利空间。

旅游停留时间由短变长在一定程度上对OTA的发展起到促进作用。不同于传统观光旅游者走马观花式的匆忙旅游，休闲度假旅游者通常在目的地停留时间较长，更加追求享受，甚至有些度假旅游者将大部分旅游时光花费在酒店及其设施上。旅游停留时间的变长使旅游消费者在住宿上的花费更多，从而可能使OTA从住宿板块获得更多的代理佣金。

从跟团游向自助游的变化使消费者降低了对传统旅行社的依赖程度，使其更倾向于选择OTA等销售渠道。当前旅游消费者大多倾向于规划相对自由的旅游路线，甚至部分旅游者追求"说走就走"的旅行，OTA对于交通、住宿、景区相关票务业务可为消费者提供一站式服务，顺应了这种消费方式的变化。

### 四 数字平台企业自身的竞争行为、创新能力和技术水平

在线旅游市场竞争较为激烈，以价格战为代表的各种竞争行为此起彼伏，影响旅游数字平台企业发展。2015年前，OTA间的价格战破坏了行业秩序、影响了行业整体盈利能力，一些企业无法在价格战中生存下去，且企业并没有在价格战中寻求产品及服务的升级，不利于行业内的良性竞争。2015年后，"携程系"成员与美团的竞争相对温和，其竞争态势使各企业更加专注于用户需求、把握市场动向，整体对OTA的

发展有益。

　　OTA 的创新能力也将成为影响其发展的重要因素。多年来，在线旅游行业市占率最高的携程变化不大，其盈利模式、服务模式、与上游企业的竞合模式固化，缺乏创新。在线旅游行业的其他企业也大多"依葫芦画瓢"，比价平台起家的去哪儿网也渐渐被同化。这使各大 OTA 企业整体同质化程度较高，影响行业发展。面对其他行业内企业的跨界，"做正确的事"显然要比"正确地做事"更加重要（戚聿东、肖旭，2020）。各大 OTA 能否在这竞争的关键节点维持企业的市场地位，创新能力成为重要影响因素之一。

　　此外，OTA 的技术水平也成为影响行业发展的因素之一。相比较互联网大企业，由于 OTA 大多规模较小、工资不高，其对高端技术人才的吸引力相对较低。免签精选游创始人何婷然指出，因为广州游戏行业给技术类人才的工资高得离谱，OTA 的技术人才薪资水平对他们不具备足够的吸引力。[①] 但技术人才对 OTA 的发展十分重要，以携程为代表的企业曾因技术水平有限，出现过较大的系统问题。因此，OTA 的技术水平可能会在一定程度上限制其发展速度。

## 第六节　旅游数字平台企业发展对策

　　第四节梳理了旅游数字平台企业面临的问题，通过第五节对以 OTA 为代表的在线旅游数字平台企业发展影响因素的分析，本节针对企业发展存在的困境，提出了相应的发展对策：第一，政府和相关行业企业应注重提升企业抗风险能力和恢复力；第二，政府应当注重完善法律法规；第三，旅游数字平台企业应当注重提高创新能力和技术水平。

### 一　政府和相关企业应注重提升企业抗风险能力和恢复力

　　第一，政府应给予在线旅游行业相关企业足够的金融支持。在宏观经济下行幅度较大时，政府应当引导金融机构对相关企业予以适当帮助。例如，金融机构应当通过适当下调贷款利率、增加信用贷款和中长期贷款等方式帮助旅游业等受宏观经济影响较大的行业顺利渡过危机，

---

[①] 资料来源：环球旅讯，https://www.traveldaily.cn/article/92331。

加大对其信贷支持力度，控制金融机构的抽贷、断贷、压贷行为；对还款困难的旅游企业，适度予以展期或续贷。在特殊时期，政府可以延缓旅游业等脆弱性较强的行业税收及社保缴纳的期限。通过这种方式，旅游企业在经济下行、存活困难的时期有所缓冲，从而提升企业的抗风险能力。

第二，无论是对于旅游供应商还是旅游数字平台企业，轻资产化是提升企业抗风险能力和恢复力的一条路径。尤其是对于旅游供应商，轻资产化更为重要。景区等旅游供应商可与其他企业合作，将景区交通、住宿、餐饮、演艺等业务外包给有资金实力的主体来运营，还可采用增加品牌等无形资产占比、通过创意弥补景区硬件吸引力、灵活用工等方式应对旅游业的季节性或突发性的波动；酒店、民宿等旅游供应商可以考虑委托管理型运作模式，从而降低固定资产投资比例。

第三，旅游数字平台企业在旅游需求疲软的阶段可通过"内容和交互"的方式主动"抓住客户注意力"，建立与顾客之间的联系。例如，马蜂窝在新冠肺炎疫情期间利用内容与社区优势，建立平台与用户、用户与用户之间的互动，开展了"#疫情过后最想去的地方"动态许愿活动，组织了"#假装去旅行""#宅在家的100种玩法"等多种"云旅游"话题活动。携程董事长梁建章亲自走进直播间，变身"可爱"主播，在与消费者建立联系的同时带动消费。

第四，旅游数字平台企业可以大力开发"旅游+"产品与业务。旅游数字平台企业的业务内容相对单一，这也使企业的抗风险能力较低。一旦消费者减少旅游行为，企业便会受到巨大冲击。为了应对这一风险，企业可以开展一系列对旅游行为的依赖性相对较低的业务，"把鸡蛋放在不同的篮子里"。例如，旅游数字平台企业可发展"旅游+零售"业务，在平台上销售旅游特产或纪念品（如云南的云腿月饼、杭州的知味观等）。

## 二 政府应当注重完善法律法规，以整治行业乱象

政府应当明确各方责任。政府一方面要明确各相关部门对旅游数字平台企业、旅游供应商、旅游消费者的监管责任，另一方面要明确旅游数字平台企业的社会责任。网络交易平台不是单纯的企业，而应该被视为特殊的市场（汪旭晖、张其林，2016）。在线旅游行业相关法律法规

应该明确数字平台企业作为独立运营主体（第一层次）、作为商业运作平台（第二层次）和作为社会资源配置平台（第三层次）等角色的社会责任。

政府应当对旅游行业乱象做出具有针对性的规定，持续规范旅游数字平台企业的行为。具体而言，政府应对前文提及的虚假预订、不合理低价游、价格歧视（大数据杀熟）、信用监管等各类行业问题做明确规定，并指出监管标准和惩罚措施。

2020年10月1日起，《在线旅游经营服务管理暂行办法》正式施行。该暂行办法将对旅游数字平台企业的运营产生巨大影响。未来，政府应当继续关注该办法的政策效果，并进一步根据实际情况进行调整，杜绝在线旅游行业乱象。

### 三 政府和企业应注重创新，并不断提高技术水平

第一，旅游数字平台企业应当在营销方式、盈利模式、服务模式上进行全方位的创新。在线旅游行业创新性较低，企业成熟期与初创期的盈利模式差别不大。面对瞬息万变的未来世界，旅游数字平台企业应当进行全方位的创新，以更好地适应日益激烈的市场竞争。例如，旅游数字平台企业应当积极迎合多频道网络（MCN）营销等新型营销方式、注重发掘平台的内容分享和社交功能等。此外，旅游数字平台企业可以效仿电商平台开展的"双11""618"电商狂欢节等营销方式刺激消费者需求，从而通过不断的创新挖掘新的盈利点。

第二，旅游数字平台企业应当注重与上游企业合作模式的创新。无论是交通板块，还是住宿和度假区板块，旅游数字平台企业大多从中赚取代理佣金。在"提直降代"政策的影响下，旅游数字平台企业才被迫开发出"航司OTA旗舰店"的新型合作形式，并从中赚取服务费。未来，旅游数字平台企业应当主动创新与旅游供应商或代理商的合作模式。

第三，旅游数字平台企业应当注重技术水平的提升。旅游数字平台企业对技术人才吸引性较低，未来在创新营销方式、盈利模式、服务模式、与上游企业的竞合模式的同时，在线旅游企业的技术水平也应当为这些创新行为提供相应的技术保障，适应甚至引领企业的创新行为。

第四，政府应当支持"VR旅游"相关创新业态的发展，并促进其

与在线旅游行业的融合。随着 2016 年 VR（虚拟现实，Virtual Reality）技术的爆发，VR 旅游行业迅猛发展，并在短短几年内发展出了 VR 虚拟旅游、VR 旅前体验、"VR + 旅游"三大模式。未来随着 VR 技术的提升，"VR + 旅游"服务有望在整个行业得到普及。旅游数字平台企业与 VR 旅游体验服务运营商的合作具有一定可行性。例如，2018 年 8 月携程宣布在全国携程旅游门店提供全景 VR 沉浸式旅游体验，并且为游客免费开放。政府应当鼓励旅游数字平台企业与 VR 旅游体验服务运营商加强合作，一方面提升其抗风险能力，另一方面丰富旅游服务的形式和在线旅游行业的盈利模式。

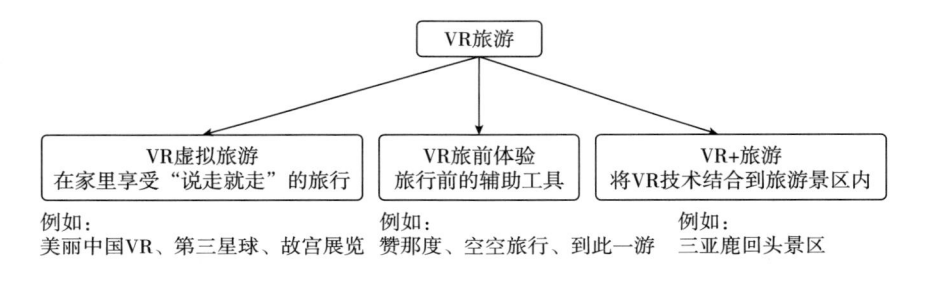

```
                        VR旅游
           ┌──────────────┼──────────────┐
    VR虚拟旅游         VR旅前体验        VR+旅游
在家里享受"说走就走"的旅行   旅行前的辅助工具   将VR技术结合到旅游景区内
例如：              例如：             例如：
美丽中国VR、第三星球、故宫展览  赞那度、空空旅行、到此一游  三亚鹿回头景区
```

**图 2 - 35　VR 旅游分类**

资料来源：笔者根据知乎平台内信息自制。

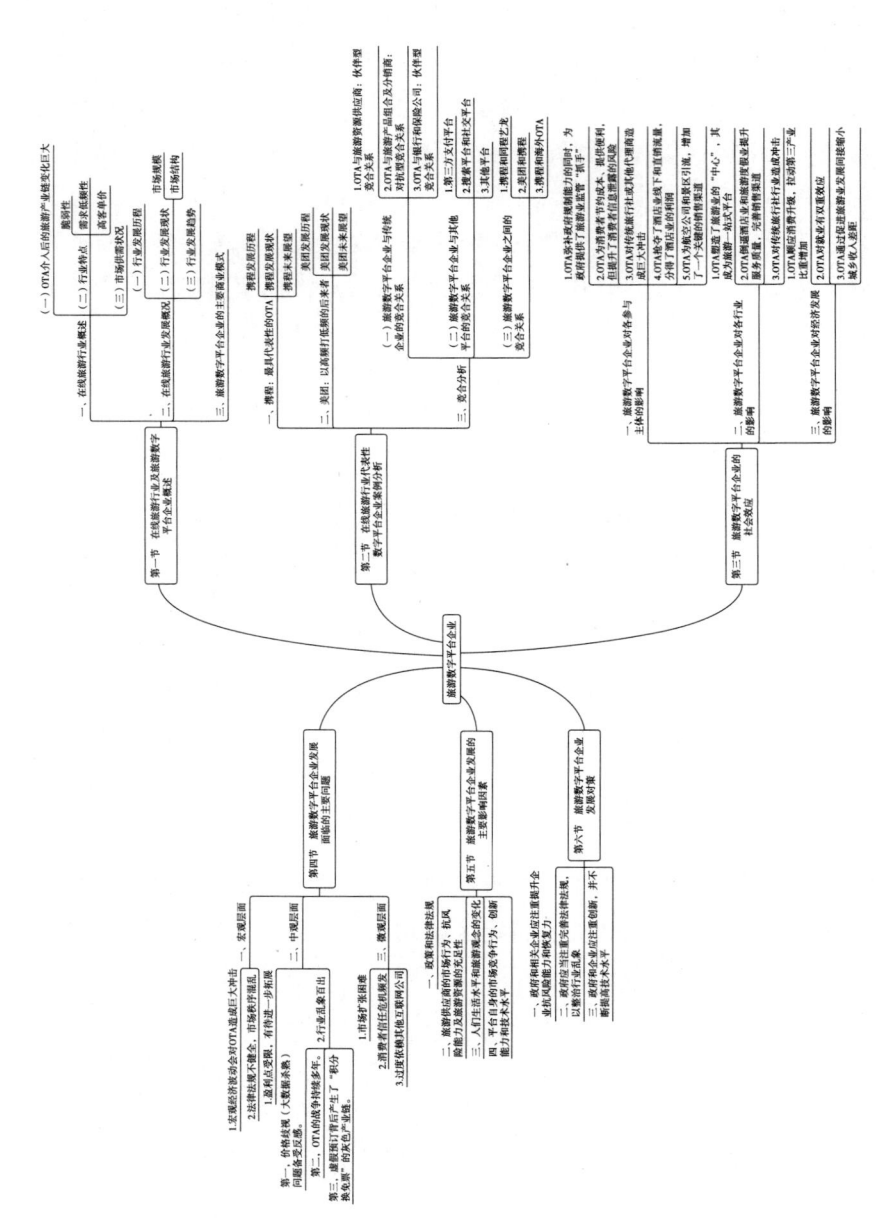

图 2-36 本章写作框架

# 第三章　网络招聘数字平台企业：人岗匹配新趋势

## 第一节　网络招聘行业与其数字平台企业发展概述

网络招聘，又称电子招聘或在线招聘，是基于互联网等技术手段，依托第三方招聘平台或公司网站等进行的人事招聘活动。目前，网络招聘数字平台①根据商业模式可以分成以下五种类型，分别是：综合招聘平台②、垂直招聘平台、社交招聘平台、分类信息招聘平台和新兴招聘平台。综合招聘平台覆盖了各个行业和企业招聘过程的各个环节。垂直招聘平台则聚焦于特定行业、特定区域或特定人群。社交招聘平台是基于社交网络和人脉关系的招聘平台。分类信息招聘平台中的招聘服务仅

---

① 本章中的"网络招聘数字平台"指为企业和求职者提供网络招聘产品和服务的场所。该词通常在介绍网络招聘数字平台企业旗下平台的具体产品和服务、运作机制、环境时使用。本章中的"网络招聘数字平台企业"则指以网络招聘为主营业务的具有盈利目的的法人。该词通常在介绍网络招聘数字平台企业的市占率、竞合关系、商业模式时使用。

② 本章中的综合招聘平台所属的企业称作"综合招聘企业"，综合招聘平台的商业模式称作"综合招聘模式"，其他类型以此类推。若网络招聘数字平台企业旗下有多种模式的网络招聘数字平台，则以企业旗下核心平台为依据对企业进行归类。如综合招聘企业"前程无忧"收购垂直招聘企业"拉勾网"，由于其核心平台前程无忧平台为综合招聘平台，仍称前程无忧为综合招聘企业。

是平台的部分业务。新兴招聘平台是由非专业招聘企业构建的平台，其不依靠招聘服务盈利，且平台提供的招聘服务专业度较低、业务链条较短。例如，微信平台能够开展小程序与公众号招聘、H5 招聘，企业雇主可以自建招聘平台。图 3-1 展示了五种类型商业模式下的代表性网络招聘数字平台企业。

图 3-1　网络招聘数字平台企业商业模式分类

资料来源：笔者根据艾瑞咨询资料自制，http：//report.iresearch.cn/report/201907/3409.shtml。

## 一　网络招聘行业概述

本部分主要介绍网络招聘行业在招聘和人力资源服务产业链中的作用，以及网络招聘行业的特点和市场供需状况。

（一）网络招聘行业在产业链中的作用

从招聘产业链看，网络招聘行业兴起为企业招聘和求职者求职开辟了线上渠道。网络招聘行业出现以前，人才招聘主要依靠政府建立的人才服务公司和人才交流服务机构。1979 年我国招聘行业才出现线下市场化人力资源服务公司，当时主要依靠纸质媒介、线下招聘会等手段进行招聘（田永坡，2019）。当时的信息交流渠道相对闭塞，信息传播范围小，企业无法精确、快速网罗人才。直到1997年，第一批网络招聘网站正式上线，网络招聘行业逐渐兴起，拓宽了企业和求职者的招聘和求职渠道。网络招聘行业将线下招聘业务转移至线上，产业链上游对接企业雇主，下游面向求职者。企业雇主完成人力资源规划后，将招聘信息发布在网络招聘数字平台，扩大了信息传播广度。求职者在平台上根据企业雇主提供的工作要求和工作说明书寻找符合自己要求的岗位。网络招聘依托网络信息传播的便捷性和实时性，帮助企业和求职者双方获取更全面和更及时的招聘信息，双方的需求得到进一步满足。

从人力资源服务产业链看，网络招聘行业在整个人力资源服务行业中占据越来越重要的地位，业务领域拓展至除招聘业务外的其他人力资源服务。见图3-2，人力资源管理的流程包括人力资源规划、招聘与解聘、甄选、员工培训、绩效管理、薪酬和福利管理等。人力资源服务行业提供的人力资源服务包括人力资源软件系统开发、员工招聘、人才寻访、培训测评和人力资源外包等。[①] 早期网络招聘行业提供的业务仅局限于员工招聘，而如今各大网络招聘数字平台企业在长期发展中累积了稳定的客户群，逐渐依靠客户资源优势将业务拓展至其他人力资源领域。对整个人力资源服务行业来说，网络招聘行业业务拓展将进一步提升人力资源服务的专业性。

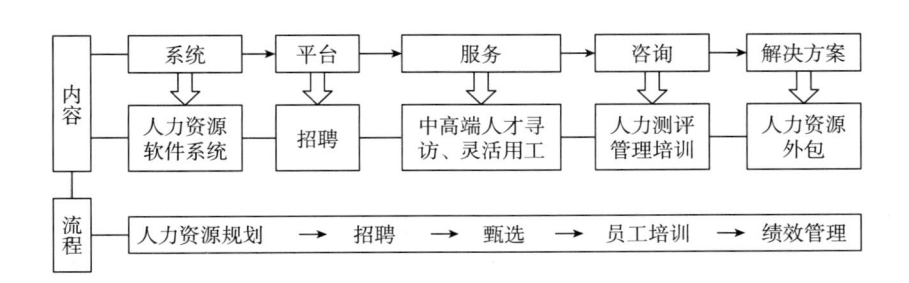

**图3-2 人力资源管理流程与人力资源服务内容**

资料来源：笔者根据公开信息自制。

---

[①] 资料来源：天风证券研究所，https://www.hroot.com/d-9349566.hr。

## （二）行业特点

传统招聘行业具有现场交流、有利于企业宣传和成本高的特点。传统招聘行业的招聘渠道主要有人才交流会、短期人才市场、报纸广播等，主要在线下进行。线下交流活动中，企业可以通过摆台和广播报纸信息投放等方式进行企业宣传，这些宣传方式不仅能够加深求职者对企业的了解，还能扩大企业知名度。但是，企业开展线下人才招聘活动需要耗费较高的场地租赁、人力雇用等费用。

相比之下，网络招聘行业具有效率高、传播范围广、成本低和简历有效性相对较低的特点。网络招聘信息能够立刻被求职者接收，求职者能够迅速投递简历，企业也可以从网上的人才库中筛选求职者，进而主动出击。双方直接通过平台交流沟通，节省求职者线下出行时间，提高企业招聘效率。网络招聘行业还突破了信息传播的空间限制，延长了招聘信息的留存时间，扩大了招聘信息的传播范围。此外，互联网容纳信息量更大，发布信息所占用的资源空间较小，企业通过网络招聘数字平台发布招聘信息耗费的资金相对更低。但是，企业通过网络招聘吸引到更多人才的同时，降低了更多求职者投递简历的成本，求职者端的"海投"行为导致企业需要审核的简历数量增加、简历有效性相对降低。

## （三）市场供需状况

从劳动力供给端看，网络招聘求职者规模不断扩大。2017年1月至2019年12月，网络招聘移动端月度活跃用户数从0.7亿人攀升至2.2亿人，[1] 网络招聘PC端月度用户覆盖数[2]有所下滑，从1.5亿人降至0.7亿人。[3] 总体而言，网络招聘求职者数量不断上升。网络招聘求职者规模持续增长，与互联网设备的普及有直接关系，同时与劳动力市场供给的增长密不可分。一方面，城镇化进程加快和产业转型导致吸纳就业能力更强的第三产业快速发展，推动劳动力求职需求增长。另一方面，高校扩招增加了毕业生数量，2021年中国高校毕业生达909万人，[4] 对工作岗位的需求尤为巨大。

---

[1] 资料来源：TalkingData，http://mi.talkingdata.com/report-detail.html？id=972。

[2] 月度用户覆盖数：当月在PC端使用网络招聘网站的用户数量。

[3] 资料来源：艾瑞咨询，http://report.iresearch.cn/report_pdf.aspx？id=3572。

[4] 资料来源：新京报，https://www.sohu.com/a/435616790_114988。

从劳动力需求端看,我国网络招聘行业雇主数量从 2011 年至 2018 年持续增长,2019 年开始呈现负增长趋势,雇主数量较 2018 年下降了 7.6%(见图 3-3)。这主要有两个原因。第一,部分企业出现裁员潮。以金融业、房地产业为代表的行业受国家政策影响,企业发展趋缓,劳动力需求减少。以互联网为代表的行业受到宏观经济的影响,2018 年下半年各互联网企业着手进行组织结构调整,精简了不必要的非核心部门,导致招聘人数减少。其次,头部招聘企业调整了企业服务战略,追求对单个雇主的深度挖掘,提高企业雇主准入门槛,导致企业雇主数量下降。

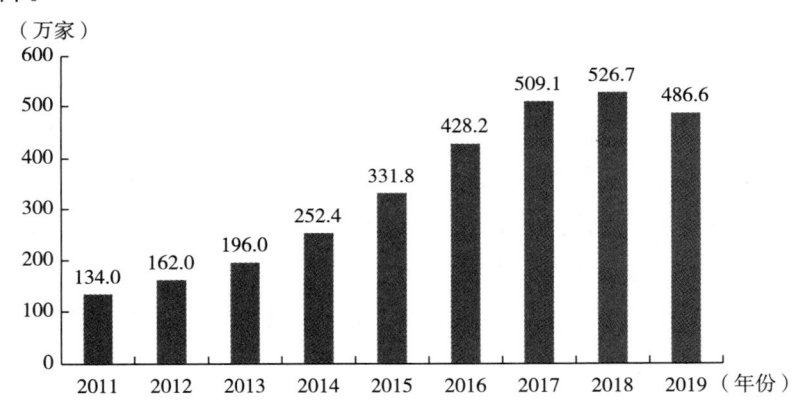

**图 3-3 2011—2019 年中国网络招聘行业企业雇主数量**

资料来源:艾瑞咨询,http://report.iresearch.cn/report_pdf.aspx?id=3572。

## 二 网络招聘行业发展历程、现状与趋势

本部分介绍网络招聘行业的发展历程、发展现状和发展趋势。总体而言,随着网络招聘行业持续的技术演进与服务改善,网络招聘行业发展持续向好。

(一)行业发展历程

本部分根据网络招聘行业发展过程中的特征变化,将网络招聘行业的发展历程分为萌芽探索期、快速成长期、稳定发展期和多元扩展期四个阶段。

1. 1997—2010 年:萌芽探索期

20 世纪 90 年代末,网络招聘逐渐进入大众视野,由前程无忧等企

业主导网络招聘行业发展。

第一，招聘行业由传统媒介向 PC 端过渡。随着一大批网络招聘网站兴起，更多的企业雇主入驻网络，在网上寻求工作的求职者数量增加。2010 年我国网络招聘市场雇主渗透率为 10.7%，网络招聘求职者达到 7800 万人。[①] 最初的网络招聘数字平台企业往往兼营线下和线上招聘业务，而 2010 年以后网络招聘业务逐渐成为网络招聘数字平台企业的营收重点。2010 年，前程无忧、智联招聘和中华英才网的网络招聘服务营收均实现较高程度的增长。

第二，综合招聘平台逐渐发展。20 世纪 90 年代末，智联招聘、前程无忧、中华英才网等综合招聘平台建立，中国网络招聘行业兴起。20 世纪初，综合招聘企业资金渠道拓宽取得进一步发展。2004 年，前程无忧在美国纳斯达克交易所上市。2005 年，中华英才网获得美国网络招聘巨头 Monster 的 5000 万美元融资。2010 年网络招聘行业形成了三足鼎立局面，前程无忧、智联招聘、中华英才网分别占据网络招聘市场份额的 32.0%、23.6% 和 15.3%。[②]

第三，垂直招聘平台、分类信息招聘平台和社交招聘平台诞生。在综合招聘平台成熟壮大的同时，其他类型的招聘平台也初步建立。2005 年，分类信息招聘平台赶集网和 58 同城成立，针对应届生的人群垂直招聘平台"应届生求职"成立。2008 年，基于人际关系网络的社交招聘平台"大街网"成立。

2. 2010—2015 年：快速成长期

2010—2015 年，网络招聘需求进一步增加，网络招聘逐渐成为主要的招聘形式。该阶段网络招聘行业发展主要有以下特点。

一方面，PC 端网络招聘逐渐成熟，移动端招聘 APP 兴起。截至 2015 年 12 月，我国移动网民规模达 6.2 亿人，占我国网民规模的 90.1%。[③] 网络招聘数字平台企业发展移动端招聘 APP 势在必行。各大网络招聘数字平台企业纷纷上线移动端应用。但此时最主要的招聘方式

---

① 资料来源：艾瑞咨询，http：//report.iresearch.cn/report_pdf.aspx?id=1583。
② 资料来源：艾瑞咨询，http：//www.199it.com/archives/13344.html。
③ 资料来源：CNNIC，http：//www.cac.gov.cn/2016-01/22/c_1117860830.htm。

依旧是 PC 端网站招聘，2015 年 PC 端网络招聘月活跃用户稳定在 1.4 亿人以上，APP 端网络招聘月度覆盖人数约为 400 万人。[①]

另一方面，平台招聘模式更加多元化。分类信息招聘企业 58 同城于 2013 年在美国纽交所上市，于 2015 年 4 月并购另一家分类信息招聘企业赶集网。2013 年 7 月，垂直招聘平台"拉勾网"上线。2014 年 2 月，社交招聘平台"LinkedIn"简体中文版正式上线。同时，各类新兴招聘模式也开始兴起，微博等社交网络服务平台成为重要的网络招聘信息分享平台。

3. 2016—2018 年：稳定发展期

2016—2018 年，网络招聘行业市场规模从 47.9 亿元增长至 91.2 亿元，[②] 该阶段网络招聘行业的发展具有以下特点。

一方面，移动招聘 APP 在网络招聘中的重要性上升。随着移动智能设备广泛使用，更多的企业和求职者开始使用移动端 APP 进行招聘和求职。2016—2018 年，中国网络招聘服务网站月度覆盖人数从 1.47 亿降至 0.89 亿，APP 端月度覆盖人数从不足千万攀升至 8835 万。[③]

另一方面，网络招聘数字平台进一步细分，头部平台稳定发展。用户的精细化需求促使新一批细分领域招聘平台涌入招聘行业。人群垂直、地域垂直、行业垂直招聘平台纷纷建立。此外，21 世纪初的三足鼎立局面被打破，智联招聘和前程无忧两个综合招聘平台稳定发展；58 同城后来居上，其市场份额超越了中华英才网，形成新的三足鼎立格局。

4. 2018 年至今：多元扩展期

2018 年以后，网络招聘行业竞争格局逐渐稳定，形成了一批在各细分领域占据优势的招聘平台。以下为该时期网络招聘行业的特点。

一方面，移动端招聘继续发展，小程序招聘、H5 招聘、企业雇主自建平台等新兴招聘手段涌现。2018 年以来，移动端招聘平台用户规模持续上升，头部招聘 APP 月活跃用户逾千万人。[④] 此外，网络招聘数

---

[①] 资料来源：艾瑞咨询，http://report.iresearch.cn/report_pdf.aspx?id=2624。
[②] 资料来源：艾瑞咨询，http://report.iresearch.cn/report/202011/3686.shtml。
[③] 资料来源：艾瑞咨询，http://report.iresearch.cn/wx/report.aspx?id=3409。
[④] 资料来源：艾瑞咨询，http://report.iresearch.cn/report_pdf.aspx?id=3572。

字平台企业和企业雇主都会通过开发小程序、创立公众号和制作 H5 等方式进行招聘。部分大型互联网企业如京东、百度还开始自建招聘平台。

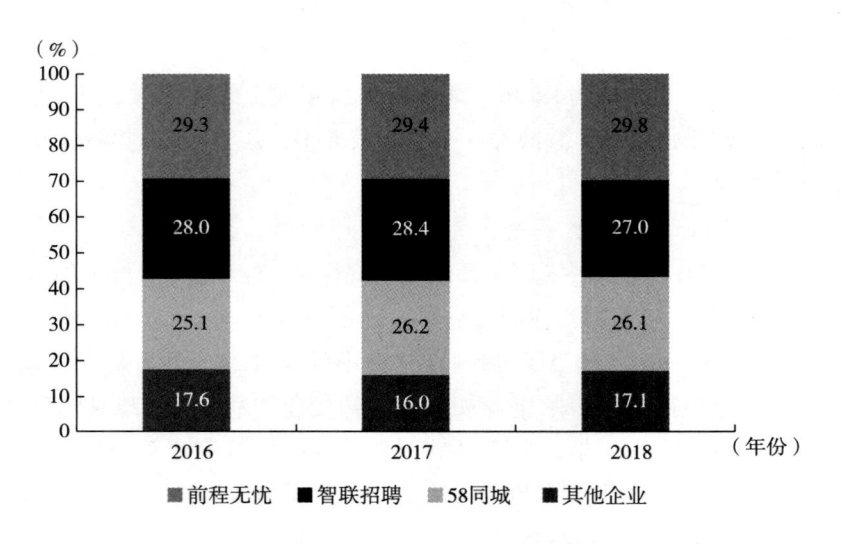

```
(%)
100
 90        29.3              29.4              29.8
 80
 70
 60        28.0              28.4              27.0
 50
 40
 30        25.1              26.2              26.1
 20
 10        17.6              16.0              17.1
  0
          2016              2017              2018    (年份)
       ■前程无忧  ■智联招聘  ■58同城  ■其他企业
```

**图 3－4　2016—2018 年网络招聘市场份额**

资料来源：笔者根据公开信息整理。

另一方面，主流网络招聘数字平台拓展多元业务。包含智联招聘和前程无忧在内的主流网络招聘数字平台主动拓展多元化业务，覆盖人力资源服务全流程。例如，前程无忧的网络招聘业务占前程无忧全年总营收比重从 2008 年的 71.4% 降至 2019 年的 54.0%,[①] 其他人力资源服务（如人才测评、人才培训）占前程无忧全年总营收比重提升。

（二）网络招聘行业的发展现状

本部分在梳理网络招聘行业发展历程的基础上，进一步从市场规模、市场结构和新冠肺炎疫情对网络招聘行业的影响分析网络招聘行业的发展现状。

---

① 资料来源：中华网，https://tech.china.com/article/20200427/042020_ 507231.html。

## 第三章 网络招聘数字平台企业：人岗匹配新趋势

|  |  |
|---|---|
| 1997 | 智联招聘网站建立 |
| 1997年 | 中华英才网建立 |
| 1999年 | 前程无忧网站建立 |
| 2002年 | 我国专业人才招聘网站发展到数百家 |
| 2004年9月 | 前程无忧在美纳斯达克上市 |
| 2005年3月 | 赶集网成立 |
| 2005年4月 | 中华英才网被Monster以5000万美元收购40%的股份 |
| 2005年9月 | 应届生求职成立 |
| 2005年12月 | 58同城成立 |
| 2007 | 中国招聘网站的数量达到2000家 |
| 2008年 | 大街网成立 |
| 2008年 | 受金融危机影响行业营收大幅下滑 |
| 2011年 | 猎聘成立 |
| 2013年7月 | 拉勾网成立 |
| 2013年10月 | 58同城于美国纽交所上市 |
| 2013年10月 | 脉脉成立 |
| 2014年2月 | LinkedIn入驻中国 |
| 2014年6月 | 智联招聘于美国纽交所上市 |
| 2014年7月 | BOSS直聘成立 |
| 2015年 | 领英旗下中国本土社交品牌赤兔上线 |
| 2015年3月 | 58同城战略入股赶集网，并购中华英才网 |
| 2015年8月 | 前程无忧收购应届生求职 |
| 2017 | 李文星事件引发社会对网络招聘诈骗信息的关注 |
| 2017年5月 | 智联招聘投资51社保 |
| 2017年9月 | 前程无忧战略投资拉勾网 |
| 2017年9月 | 智联招聘从美股退市 |
| 2017年11月 | 智联招聘与脉脉达成战略合作伙伴关系 |
| 2018年 | 前程无忧采取大客户策略以提高每单用户收入 |
| 2018年8月 | 拉勾网现员工离职潮 |
| 2019年7月 | 某综合网络招聘平台被曝内部员工泄露16万份简历 |
| 2019年7月 | 领英旗下赤兔下线 |
| 2020年4月 | 前程无忧被指强制裁员 |
| 2020年6月 | 58同城宣布签署私有化协议 |
| 2020年11月 | 某知名网络招聘平台被曝情色招聘陷阱 |
| 2020年12月 | 人力资源与社会保障部发布《网络招聘服务管理规定》 |

**图 3-5 网络招聘行业发展大事记**[①]

注：智联招聘公司于1994年成立，智联招聘网站于1997年建立。

资料来源：笔者根据公开信息整理。

---

① 李文星事件：东北大学毕业生李文星在某知名网络招聘平台找工作，误入传销组织。传销团伙为躲避警方打击，遣散部分人员，李文星被送往火车站回家途中落水溺亡。资料来源：腾讯网，https://news.qq.com/a/20170826/087715.htm。

就市场规模而言，我国网络招聘行业自发展以来，市场规模总体上不断扩大，近年来增速放缓。2011—2020年，我国网络招聘行业市场营收规模从2011年的21.8亿元增长至2020年的108.0亿元，增长近5倍（见图3-6）。但是近几年网络招聘行业市场规模增速放缓，除了受新冠肺炎疫情影响的2020年外，其他年份行业市场规模增速放缓主要有以下两点原因。一方面，网络招聘行业企业雇主和求职者数量增速趋缓，付费用户数增长缓慢。另一方面，受宏观经济影响，部分企业雇主调整了用人需求规模，导致网络招聘行业市场规模增速放缓。

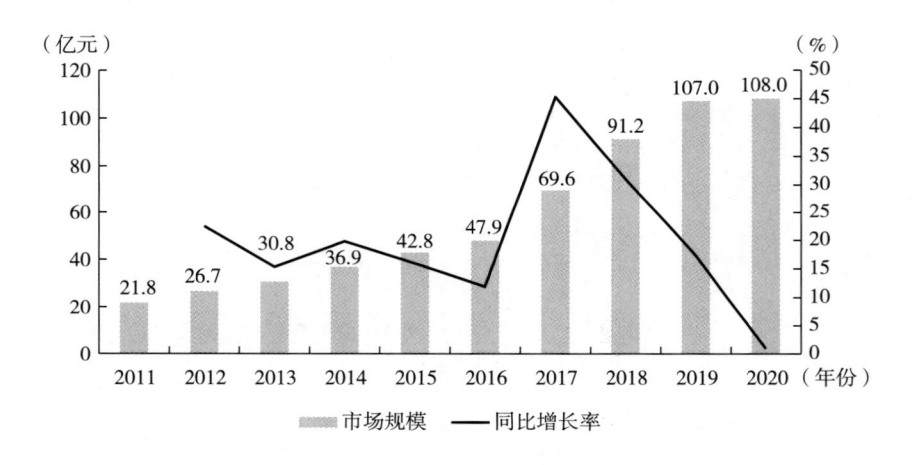

**图3-6　2011—2020年中国网络招聘行业市场营收规模**

资料来源：艾瑞咨询，http：//report.iresearch.cn/report_pdf.aspx?id=3753。

就市场结构而言，综合招聘平台用户最多、58同城市占率最高。从网络招聘数字平台类型看，使用综合招聘平台和分类信息招聘平台的用户最多。用户选用互联网招聘平台模式占比中，综合信息招聘平台占50.4%，分类信息招聘平台占34.9%，其他类型招聘平台所占比例较小（见图3-7）。① 由于综合招聘和分类信息招聘模式下的招聘平台发展时间长、头部平台数目多，并且涉及信息更全面，因此选用这两种模式平台的用户最多。其他类型招聘平台发展历史较短，且聚焦某一类特

---

① 资料来源：艾媒咨询，https：//m.sohu.com/a/333649573_533924。

殊人群，因此使用人数较少。从具体的网络招聘数字平台看，分类信息招聘平台 58 同城和综合招聘平台前程无忧、智联招聘的市占率最高。2019 年第三季度，58 同城占网络招聘行业市场份额的 37.7%，前程无忧占 21.7%，智联招聘占 19.2%。① 这三家企业发展历史悠久，并且吸纳了一批忠实的企业雇主和求职者，结合其覆盖地域广、涉及行业多的全面优势，未来也将继续占据大部分市场份额。

| 平台类型 | 占比(%) |
| --- | --- |
| 综合信息招聘平台 | 50.4 |
| 分类信息招聘平台 | 34.9 |
| 垂直招聘平台 | 25.2 |
| 社交招聘平台 | 20.7 |
| 新兴招聘平台 | 19.5 |
| 其他平台 | 9.6 |

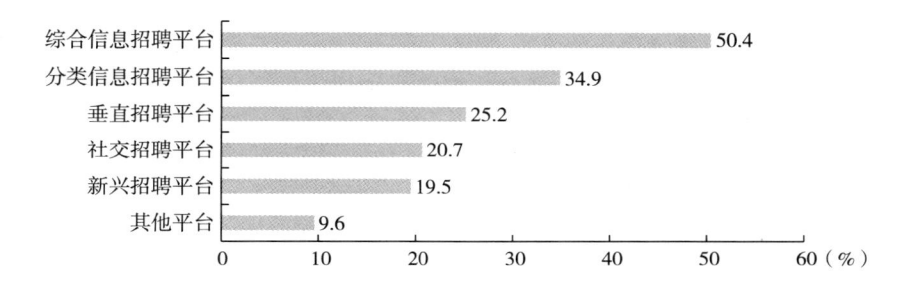

**图 3-7　2019 年中国用户选用网络招聘数字平台模式分布占比②**

资料来源：艾媒咨询，https://m.sohu.com/a/333649573_533924。

2020 年第一季度，网络招聘行业营收规模受新冠肺炎疫情影响大幅下降。以三大头部网络招聘数字平台企业为例，2020 年第一季度，前程无忧的网络招聘服务收入同比下降 10.8%，③ 58 同城营收同比下降 15%，④ 智联招聘整体招聘需求较 2019 年减少两成。⑤ 此阶段网络招聘行业受到冲击主要源于企业招聘需求的大幅减少。根据智联招聘统计，虽然 2020 年以来求职人数持续上升，但是 2020 年第一季度企业招聘的人数相较于 2019 年年底锐减。衡量中国就业市场景气程度的 CIER

---

① 资料来源：前瞻产业研究院，https://www.qianzhan.com/analyst/detail/220/200225-87dda705.html。
② 此处"新兴招聘平台"指的是不同于以往各类招聘模式的平台，包括 BOSS 直聘、斗米兼职等，与作者定义不同。
③ 资料来源：艾媒咨询，https://www.iimedia.cn/c460/71328.html。
④ 资料来源：新浪财经，http://finance.sina.com.cn/stock/relnews/us/2020-06-26/doc-iirczymk9087084.shtml。
⑤ 资料来源：网易科技，https://tech.163.com/20/0522/16/FD8E2HCC00098IEO.html。

指数[1]也从 2019 年第四季度的 2.18 急剧下降至 2020 年第一季度的 1.43。[2] 随着疫情形势向好和国家政策扶持力度加大，自 2020 年第二季度以来，网络招聘行业加速回暖，但仍无法迅速恢复至正常水平。环比来看，相较于 2020 年第一季度，2020 年第二季度的企业招聘需求人数和求职人数分别增长 34.74% 和 42.55%。同比来看，由于疫情形势仍未放松，相较于 2019 年第四季度，2020 年同期企业招聘需求人数相对下降。[3]

（三）网络招聘行业的发展趋势

网络招聘行业长期依靠用户规模增长拉动市场规模增长，但随着用户规模增速放缓，整个行业将向科技化、多元化、整合化经营方向发展。

第一，网络招聘行业继续深耕大数据、云计算和 AI 技术等现代科技领域。早期网络招聘数字平台企业的成长依靠规模效应和网络效应[4]，用户增加不仅降低企业的单位成本，还有利于扩大信息覆盖的人群范围。但是随着各网络招聘数字平台规模不断扩大，企业和求职者数量增加导致双方的匹配精准度下降。此外，由于网络招聘用户数量增长趋缓，今后网络招聘行业也难以再依靠用户规模的急剧扩张来拉动营收，应实现从数量增长到质量提高的转型。智联招聘、前程无忧等平台就通过使用 AI 技术分析用户画像和行为记录，以实现企业和求职者的精准匹配。

第二，网络招聘数字平台企业除了主营的招聘业务外，也在拓展其他人力资源服务。智联招聘、前程无忧等头部企业已经提供人力资源系统开发、在线面试、线上测评、人力培训等全流程人力资源服务。各网

---

[1] CIER（中国就业市场景气）指数：市场招聘需求人数与市场求职申请人数之比，由中国人民大学中国就业研究所与智联招聘联合发布，反映就业市场的整体走势。该指数采用智联招聘全站数据分析而得。

[2] 资料来源：新浪科技，https://tech.sina.com.cn/roll/2020-07-26/doc-iivhuipn5104241.shtml。

[3] 资料来源：腾讯网，https://new.qq.com/omn/20210119/20210119A0DQ6G00.html。

[4] 规模效应：在数字平台中，同一套硬件、软件和管理组织取代了原来分散的经济组织，用户的增加直接摊薄初始投入成本。网络效应：某种产品对一名用户的价值取决于使用该产品的其他用户的数量（谢富胜等，2019）。

络招聘数字平台企业在用户端的业务也有所拓展,提供简历修改、面试指导等一系列服务。

第三,头部网络招聘数字平台企业为了加强自身竞争优势,会通过兼并、收购等方式提高业务精细化程度。目前网络招聘行业的发展趋势是细分化、专业化,但这与行业内部的整合化趋势并不矛盾。尽管部分小企业一开始依靠差异化战略赢得部分市场,但受用户规模和技术水平限制,未来发展难以为继。同时,头部企业致力于构建专业化的服务体系。除了依靠内部孵化外,头部企业可以通过收购兼并某一细分领域的专业企业来提高自身的专业服务水平。例如,前程无忧于 2015 年收购应届生求职网,得以拥有最集中的应届毕业生求职入口。

### 三 网络招聘数字平台的主要商业模式[①]

网络招聘数字平台普遍的商业逻辑是:通过免费模式和广泛营销获取 C 端(求职者)流量,最后在 B 端(企业雇主)进行商业变现,向企业雇主收取招聘服务费用和其他人力资源服务费用。

根据网络招聘数字平台的特点和主要市场的不同,网络招聘行业产生了五种商业模式,分别为综合招聘模式、分类信息招聘模式、垂直招聘模式、社交招聘模式和新兴招聘模式。表 3-1 展示了网络招聘数字平台的主要商业模式、代表平台、特点及面向的主要市场。

表 3-1　　　　　网络招聘数字平台的主要商业模式

| 商业模式 | 代表平台 | 特点 | 主要市场 |
| --- | --- | --- | --- |
| 综合招聘模式 | 前程无忧 | 覆盖全行业和人力资源服务全流程 | 全行业企业雇主与求职者 |
| 分类信息招聘模式 | 58 同城 | 除了招聘服务,还提供二手房车交易等服务 | 本地中小企业和蓝领群体 |
| 垂直招聘模式 | 猎聘 | 专注于某个行业、地域或人群的招聘 | 特定行业、地域、层次的企业与人才 |
| 社交招聘模式 | 领英 | 依托人脉关系进行招聘 | 具有人脉积累需求的人群 |

---

[①] 由于不少网络招聘数字平台企业旗下拥有多个网络招聘数字平台(例如,前程无忧旗下既有前程无忧平台,又有拉勾网平台),并且不同的网络招聘数字平台的商业模式存在较大差异,因此本部分主要研究不同网络招聘数字平台的商业模式。

续表

| 商业模式 | 代表平台 | 特点 | 主要市场 |
|---|---|---|---|
| 新兴招聘模式 | 微信（"腾讯招聘"公众号） | 专业程度较低、服务链条较短 | 追求便利、不具有专业服务需求的人群 |

资料来源：笔者根据公开信息整理。

尽管网络招聘数字平台的特点和面向市场有所不同，不同网络招聘数字平台提供的价值类型相同。网络招聘数字平台的价值链定位都是企业雇主与求职者的中介服务平台。网络招聘数字平台通过为企业雇主与求职者提供沟通交流的场所，促使双方迅速匹配到合适的人才或雇主。网络招聘数字平台通过招聘服务为平台引流获客后，还可以为企业雇主提供招聘服务之外的其他人力资源服务，如提供薪酬管理、员工培训服务等（见图3-8）。由于其他人力资源服务的客单价相对更高，目前网络招聘数字平台企业在不断提升自身在该类服务中的价值。例如，前程无忧构建了人才测评中心，为企业提供权威的人才测评工具及服务并推出测评品牌"智鼎在线"。

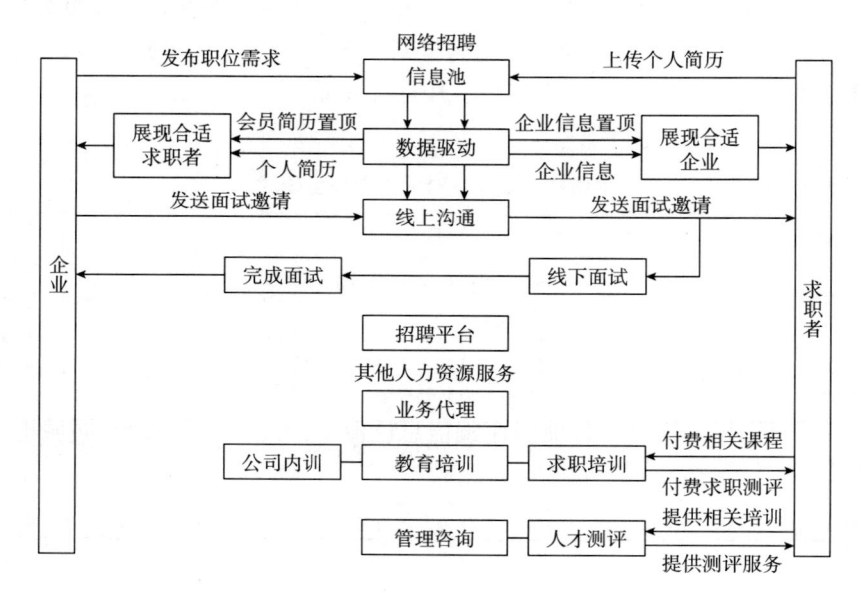

图3-8 网络招聘运作流程

资料来源：笔者根据艾瑞咨询资料自制，http://report.iresearch.cn/report/201907/3409.shtml。

此外，网络招聘数字平台的营收结构也存在相似之处。从盈利对象看，网络招聘数字平台的盈利对象包括企业雇主和求职者，但其主要收入来自企业雇主，求职者端几乎不收取基础服务费用。① 从盈利业务看，网络招聘数字平台的主要盈利业务为网络招聘业务，但是其他人力资源业务的重要性也在不断凸显。在网络招聘业务中，网络招聘数字平台企业通过会员收费和使用收费②两种方式向企业雇主收费（Rochet and Tirole，2003）。在其他人力资源业务中，网络招聘数字平台企业提供的服务包含猎头寻访、人才培训等，并且其他人力资源服务在各网络招聘数字平台企业中的营收比重也在不断提升。例如，前程无忧的其他人力资源业务营收占前程无忧总营收的比重从2017年的33.5%提升到了2019年的38.2%。③

## 第二节　网络招聘行业代表性数字平台企业案例分析

本部分选取58同城和猎聘两家网络招聘数字平台企业进行案例研究。首先，两家企业在网络招聘行业的市占率高。截至2019年第四季度，两家企业都拥有行业10%以上的市场份额。其次，两家企业的商业模式类型和市场定位不同。从商业模式类型上看，58同城属于分类信息招聘企业，猎聘属于垂直招聘企业。从市场定位看，58同城主要服务于蓝领工人，猎聘则聚焦于中高端精英人才寻访。

### 一　58同城公司：成于流量，困于流量

目前58同城在网络招聘行业的市占率最高，这主要源于平台的巨大流量优势。然而，58同城陷入依靠流量营收的陷阱，忽略了在细分领域精耕细作，导致平台虚假诈骗信息泛滥。因此，近年来58同城也

---

① 网络招聘数字平台具有交叉网络外部性，平台一方用户（求职者）增加会提高另一方用户（企业雇主）的效用，则平台有对该边用户（求职者）降低费用的动机（谢运博、陈宏民，2016）。
② 会员收费指网络招聘数字平台企业以"套餐包年""套餐包月"的形式向企业雇主收取费用。使用收费指网络招聘数字平台企业按企业雇主使用时间长短或者使用次数收费。
③ 资料来源：前程无忧，https：//ir.51job.com/ir/AnnualReport.php。

在积极探索,致力于"从一个纯流量平台变成一个真正落地的、离客户很近的服务企业"。①

（一）58同城发展历程

根据58同城公司的历史事件,58同城的发展历程可以分为四个阶段：初创期、成长期、成熟期、持续发展期。图3-9为58同城的发展大事记。

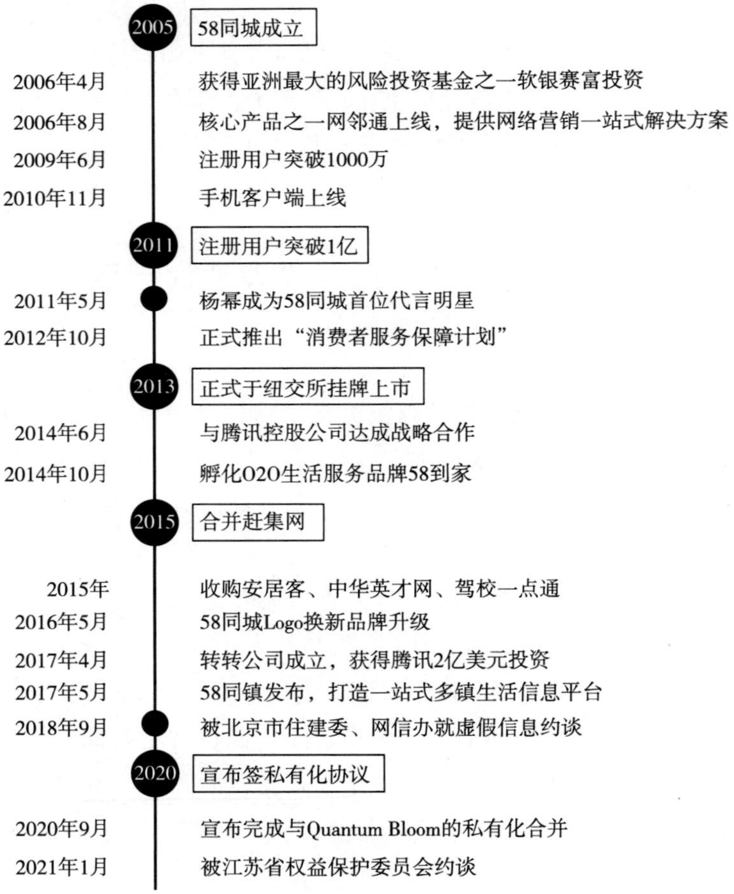

|  |  |
| --- | --- |
| 2005 | 58同城成立 |
| 2006年4月 | 获得亚洲最大的风险投资基金之一软银赛富投资 |
| 2006年8月 | 核心产品之一网邻通上线,提供网络营销一站式解决方案 |
| 2009年6月 | 注册用户突破1000万 |
| 2010年11月 | 手机客户端上线 |
| 2011 | 注册用户突破1亿 |
| 2011年5月 | 杨幂成为58同城首位代言明星 |
| 2012年10月 | 正式推出"消费者服务保障计划" |
| 2013 | 正式于纽交所挂牌上市 |
| 2014年6月 | 与腾讯控股公司达成战略合作 |
| 2014年10月 | 孵化O2O生活服务品牌58到家 |
| 2015 | 合并赶集网 |
| 2015年 | 收购安居客、中华英才网、驾校一点通 |
| 2016年5月 | 58同城Logo换新品牌升级 |
| 2017年4月 | 转转公司成立,获得腾讯2亿美元投资 |
| 2017年5月 | 58同镇发布,打造一站式多镇生活信息平台 |
| 2018年9月 | 被北京市住建委、网信办就虚假信息约谈 |
| 2020 | 宣布签私有化协议 |
| 2020年9月 | 宣布完成与Quantum Bloom的私有化合并 |
| 2021年1月 | 被江苏省权益保护委员会约谈 |

图3-9　58同城公司发展大事记

资料来源：笔者根据公开信息整理。

---

① 资料来源：36氪,https://36kr.com/p/1723637284865。

（1）初创期（2005—2011年）。2005年12月，姚劲波于北京创立58同城。2005—2011年，58同城共获得6轮融资。2011年，主要竞争对手赶集网大规模投放广告，对58同城构成极大威胁。58同城于同年5月签约杨幂为代言人，在主流媒体与赶集网打起广告战。2011年12月，58同城注册用户突破1亿。

（2）成长期（2011—2013年）。58同城与赶集网之间的广告战愈演愈烈，58同城从2010年到2012年耗光前三轮融资。2013年第二季度，58同城首次盈利。2013年10月，58同城在纽约交易所上市。

（3）成熟期（2013—2015年）。58同城经历广告混战后，开始布局二手车、二手房等细分领域。2015年，58同城并购安居客和中华英才网。同年，58同城收购最大的竞争对手赶集网，在分类信息行业中一家独大。

（4）持续发展期（2015年至今）。2015年58同城并购赶集网后，营收规模增速不升反降（见图3-10）。58同城一味地收购其他领域的平台企业，而缺少对自身业务的深度拓展，竞争力不断丧失。然而，由于58同城在招聘领域的主要服务对象是基数最为庞大的蓝领工人，因此58同城仍旧是网络招聘行业中市占率最高的企业。2020年6月，58同城从美股退市，迎来了新一轮挑战。

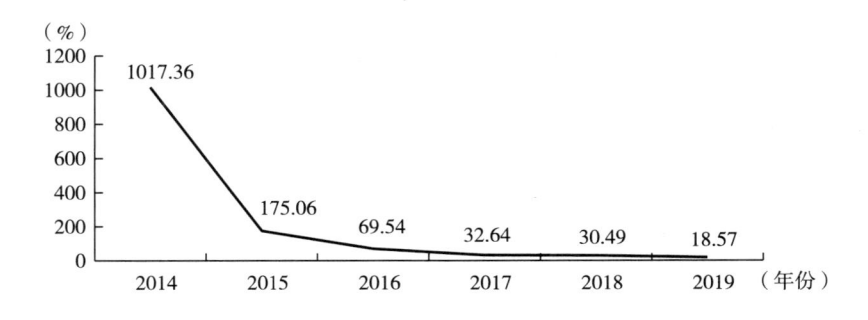

**图3-10 2014—2019年58同城营收规模增速**

资料来源：58同城，http：//58.investorroom.com/index.php？s=118。

（二）58同城发展现状

本部分将从58同城的市场定位、市场地位、商业模式和未来发展趋势介绍58同城的发展现状。

1. 市场定位和市场地位

58同城公司的市场定位是人人信赖的生活服务平台。58同城公司的业务范围涵盖招聘、本地生活服务、房产、汽车、二手房车和金融等各个领域。如图3-11所示，在招聘业务中，58同城平台覆盖全体求职人群，但主要服务于蓝领工人；赶集网和"招才猫直聘"同样聚焦蓝领群体；中华英才网致力于打造中高端人才的职业成长平台。

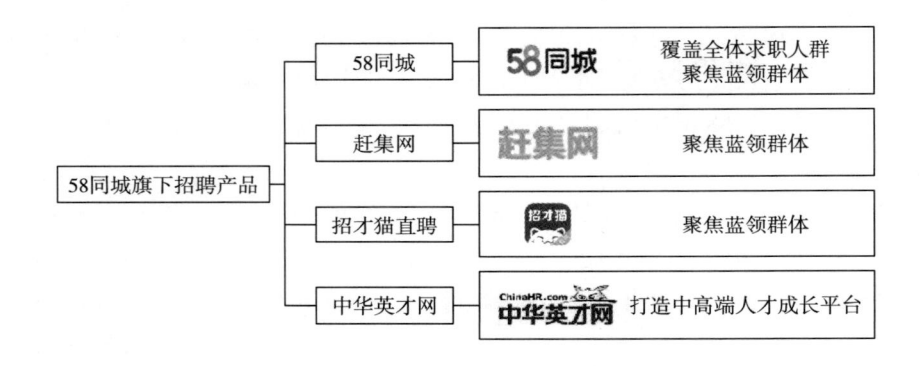

**图3-11　58同城公司旗下招聘产品及其特点**

资料来源：笔者根据公开信息整理。

58同城公司在网络招聘行业中市占率最高。截至2018年第一季度，58同城在全国范围内共设立30余家分公司。截至2019年，58同城的网络服务覆盖338个市，大约13000个乡镇。① 2019年第三季度，58同城招聘业务市场占有率达37.7%，拔得行业头筹。② 2019年，58同城APP用户数超5.8亿人，付费商户数约330万户。③

2. 商业模式

58同城公司旗下不同平台的商业模式存在差异。其中，58同城平

---

① 资料来源：58同城，https：//about.58.com/home2/home_pc/gywm/748.html。
② 资料来源：易观分析，https：//www.analysys.cn/article/detail/20019506。注：笔者经搜索后发现仅易观分析披露了最新的58同城市占率数据，该数据也仅更新至2019年第三季度。
③ 资料来源：58同城，http：//58.investorroom.com/index.php？s=120。

台和赶集网的商业模式是分类信息招聘模式，招才猫直聘和中华英才网的商业模式是垂直招聘模式。

其中，58同城平台的商业逻辑是：将不同类型生活服务信息整合，从而构建巨大的流量平台，通过向企业用户收取会员订阅费和在线推广费等获取利润。58同城平台主要通过三种方式获取流量。一是并购扩张版图。58同城收购了二手车辆交易网站转转和二手房交易网站安居客等，用户可以通过58同城这个大平台跳转至其他细分服务平台，细分服务平台也为58同城吸引了巨大流量。2019年，种类丰富的信息使58同城APP的使用人数高达5亿。[①] 二是通过广告营销和免费模式积累用户流量。2011年，58同城通过广告播放、影视剧植入各种形式宣传58同城。并且早期58同城通过减免商家的部分费用来换取更多的商家入驻。三是与其他平台合作，通过链接跳转等形式引入流量。

58同城公司的收入和成本结构如下。58同城的收入由会员订阅服务、在线推广营销、电商服务与其他四部分构成，这四项收入分别占58同城2019年总营收的28.8%、65.2%、1.7%和4.3%。会员订阅服务内容包括58同城平台上的企业展示、搜索列表上企业的优先权、客户支持团队服务等。在线推广营销属于更高水平的会员套餐，服务内容包括信息投放、列表优先权、广告展示等。电商服务主要指提供给房地产开发商的优惠券服务。其他收入来源于其收购的二手交易平台转转上的产品销售和服务收入。58同城的成本由营业成本和运营成本构成，两项成本分别占58同城2019年总成本的14.13%和85.87%。营业成本包括服务提供成本、广告成本和运营成本三个部分。运营成本包括销售与营销费用、研发费用、一般及行政费用，三种费用分别占总成本的63.25%、16.18%和6.43%。

3. 企业特点

58同城业务范围广，且具有浓郁的本地化特色，为58同城保持市占率打下了坚实的基础。

一方面，58同城提供的信息涵盖全方位生活服务。58同城涉足招

---

① 资料来源：证券时报网，http://finance.sina.com.cn/roll/2019-03-02/doc-ihsxncvf9101101.shtml。

聘、本地生活服务、房产、汽车、二手房车和金融等各个领域，除了满足企业招聘和求职者求职需要之外，还能满足居民的日常交易、家庭服务等需求。全面丰富的信息为58同城赢得了广阔的流量池。

另一方面，58同城主打本地化特色。58同城致力于深入本地生活服务市场，所服务的商家大多是当地中小企业，这些中小企业主要招聘当地蓝领工人，提供快递员、保姆等基础服务岗位。此外，58同城还为本地生活服务设计产品。例如，58同城"到家精选"为消费者提供搬家、保洁清洗和家电维修等15大品类服务。

（三）58同城未来展望

58同城未来将从以流量收入为主转向以服务收入为主，并将业务布局至乡镇市场。

一方面，58同城的流量营收模式难以为继，未来将迈入以服务收入为主的时代。一方面，58同城用户规模增长乏力决定其流量营收模式难以为继。从2018年第三季度至2019年第三季度，由于平台付费用户增速放缓，58同城的核心营收来源，即会员订阅服务和在线推广营销服务营收，增速连续下降。[①] 另一方面，58同城的引流模式还为平台的用户体验埋下了隐忧，平台充斥着虚假诈骗信息。58同城平台上大多数业务链条较短，一旦信息完成交易，商家和用户的连接就宣告结束。因此，平台上的商家制造虚假信息的成本较低且动机较高。但是，一旦平台对商家的信息把关趋严，势必会清理一大批不合格的商家，严重影响会员订阅服务等营业收入来源。早期58同城为了获取流量，对于这些商家的态度模棱两可，导致一大部分求职者流失，企业名誉严重受损。目前，58同城已经意识到从流量平台转型为智能服务平台势在必行。近年来，58同城致力于运用大数据、AI等技术改善用户体验，推出"微聊"和"58直面"等智能化产品，并持续在信息质量治理方面加大投入。

另一方面，58同城遭遇流量天花板的瓶颈后，还找到了另一条解决方案——渠道下沉。58同城利用"58同镇"产品，将业务从大城市

---

① 资料来源：和讯网，http://finance.sina.com.cn/stock/relnews/us/2019-11-22/doc-iihnzahi2700092.shtml。

渗透至中小城市、县城、乡镇。城镇化发展、互联网普及激活了乡镇市场的需求，然而乡镇地区尚缺乏专业化的生活服务平台。因此，58同城窥见乡镇市场的发展机遇，于2017年成立58同镇事业部，由当地乡村站长收集并发布当地政策公告、二手房车交易、本地生活服务等便民信息。58同镇在县城、乡镇地区构建的以轻熟人圈子为主体的社交网络模式，属于纵向服务集成模式，即网络社区与其他商业实体相集成，从而增强服务的盈利性（韩松、蔡剑，2013）。该模式下信息提供方（乡村站长）和获得方（乡镇用户）之间的信息不对称性被削弱，平台用户对于网络社区的信任度增强，更愿意在平台上达成交易，推动平台企业营收增长。

**二 猎聘公司："一纵一横"逆势增长**

猎聘开创了企业、猎头、求职者三方互动的招聘模式，成为在线中高端招聘领域的领军者。猎聘的发展战略"一纵一横"（纵向扩大覆盖人群范围、横向延长业务产业链）促使猎聘在新冠肺炎疫情期间营收规模实现逆势增长。

**（一）猎聘发展历程**

根据猎聘公司的历史事件，猎聘的发展阶段可以分为三个部分：初创期、成长期和成熟期。图3-12为猎聘的发展大事记。

（1）初创期（2011—2013年）。猎聘前身"猎头网"由58同城创始人姚劲波于2006年出资成立。2008年，猎聘创始人戴科彬加入猎头网。2011年，经过管理层结构和业务模式调整后，猎聘正式上线。2012—2013年，猎聘通过电视节目进行娱乐化营销，扩大了企业的知名度。2013年，猎聘核心团队前往杭州学习阿里巴巴集团的管理经验，最终确立了企业的价值观红线和使命。[①]

（2）成长期（2013—2017年）。该阶段猎聘在产品上推陈出新，并进一步加大营销力度。2014年12月，猎聘正式上线"面试快"，求职者到场面试才进行收费；2016年年初猎聘推出了"入职快"，以入职为节点收费。2017年，猎聘发布了两款人工智能产品"简历透镜"和"职位智能评估"，将AI技术应用于招聘场景。此外，猎聘通过电视媒

---

① 资料来源：猎聘，https://www.sohu.com/a/215343971_189918。

体等渠道进行宣传。2016年年初，猎聘签约胡歌为代言人，大规模线上线下广告投放驱动猎聘的业务规模增长。2017年猎聘结束6年亏损历史，实现首次盈利。

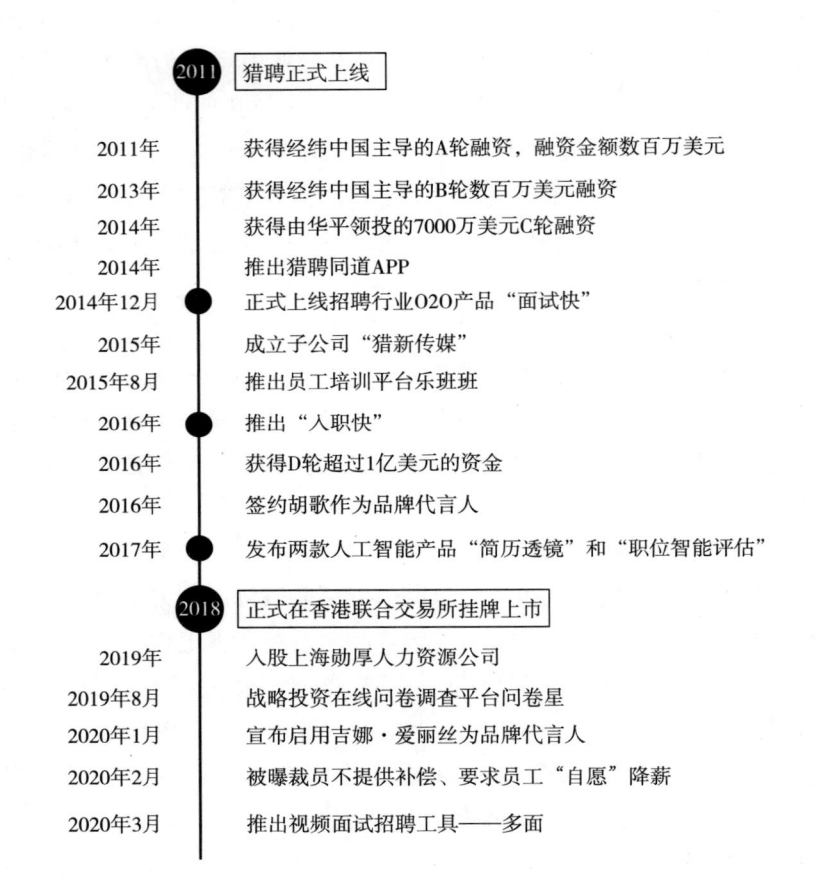

|  |  |
|---|---|
| 2011 | 猎聘正式上线 |
| 2011年 | 获得经纬中国主导的A轮融资，融资金额数百万美元 |
| 2013年 | 获得经纬中国主导的B轮数百万美元融资 |
| 2014年 | 获得由华平领投的7000万美元C轮融资 |
| 2014年 | 推出猎聘同道APP |
| 2014年12月 | 正式上线招聘行业O2O产品"面试快" |
| 2015年 | 成立子公司"猎新传媒" |
| 2015年8月 | 推出员工培训平台乐班班 |
| 2016年 | 推出"入职快" |
| 2016年 | 获得D轮超过1亿美元的资金 |
| 2016年 | 签约胡歌作为品牌代言人 |
| 2017年 | 发布两款人工智能产品"简历透镜"和"职位智能评估" |
| 2018 | 正式在香港联合交易所挂牌上市 |
| 2019年 | 入股上海勋厚人力资源公司 |
| 2019年8月 | 战略投资在线问卷调查平台问卷星 |
| 2020年1月 | 宣布启用吉娜·爱丽丝为品牌代言人 |
| 2020年2月 | 被曝裁员不提供补偿、要求员工"自愿"降薪 |
| 2020年3月 | 推出视频面试招聘工具——多面 |

图3-12　猎聘公司发展大事记

资料来源：笔者根据公开信息整理。

（3）成熟期（2017年至今）。2017年以来，猎聘持续探索和改进平台业务。2018年，猎聘在港交所上市，但自上市以来，市值跌落近一半。如图3-13所示，猎聘的销售和营销费用较高，年净利率较低。目前，猎聘积极打造"一纵一横"的战略布局，通过扩大业务范围刺激营收增长。

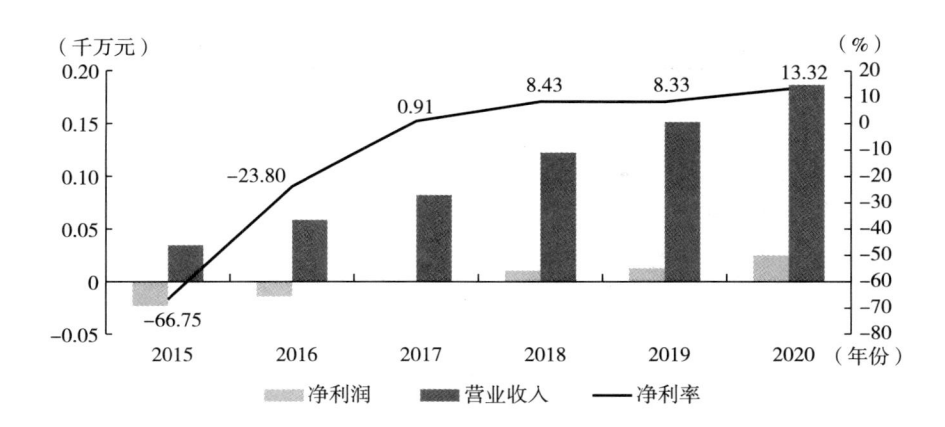

图 3－13 2015—2020 年猎聘净利润与营业收入

资料来源：笔者根据公开信息整理。

(二) 猎聘发展现状

本部分将从猎聘的市场定位、市场地位、商业模式和未来发展趋势介绍猎聘的发展现状。

1. 市场定位和市场地位

猎聘的市场定位是企业、猎头和职业经理人三方互动的中高端人才职业发展平台。如图 3－14 所示，目前，猎聘积极布局"一纵一横"战略，服务人群范围有所扩大，业务种类也有所丰富。从纵向看，猎聘积极拓展中高端人才招聘外的其他市场，旗下产品覆盖高端行政人员招聘（Consultants for Global Leadership）和校园招聘（"猎聘校园"）。从横向看，猎聘在业务领域也有所拓展。在企业端，"勋厚人力"为企业客户提供灵活用工服务，"乐班班"则是员工培训与考核平台。在求职者端，"猎聘职伴"中的专业猎头、资深 HR 和生涯导师为求职者提供求职生涯咨询和求职技巧传授。此外，猎聘旗下的线上调查平台"问卷星"和视频招聘平台"多面"也为招聘业务提供支持。

猎聘处于在线中高端人才招聘市场的领先位置。目前，猎聘旗下有 18 个分公司和 2 个办事处。2019 年，猎聘在中国网络招聘行业中的市占率达到 14.1%。[①] 截至 2020 年第一季度，猎聘平台有个人用户数

---

[①] 资料来源：艾瑞咨询，http://report.iresearch.cn/report_pdf.aspx?id=3572。

5630万名，验证企业用户数58.16万家，验证猎头用户数15.91万名。①

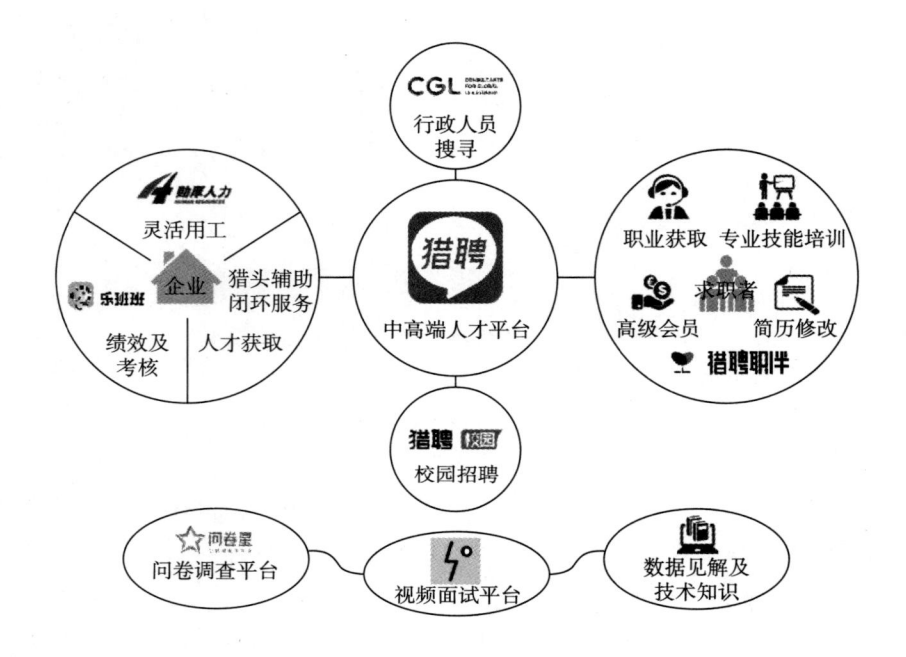

图3-14 猎聘"一纵一横"战略

资料来源：猎聘，https://ir.liepin.com/disclosure.html。

2. 商业模式

猎聘的商业模式为垂直招聘模式，同时猎聘开创了"企业（B）+猎头（H）+求职者（C）"三方互动的BHC模式（见图3-15）。猎聘帮助企业寻找到优质的人才（①），为猎头提供人才信息库和信息调查工具（②），并为求职者提供职涯规划指导和职业诉求表达渠道（③）。猎头连接了企业和求职者，节省双方的匹配时间。猎头不仅能够根据企业的岗位要求和文化氛围，定位合适的人才（④），还直接与求职者进行深度交流，从而筛选出符合企业要求的求职者（⑤）。优质

---

① 资料来源：子弹财经，https://www.sohu.com/a/399190925_120022955?_trans_=000014_bdss_dklzxbpcgP3p；CP=。

的猎头、企业、求职者进驻不断促进平台流量规模增长。

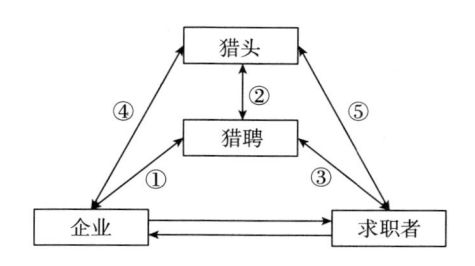

**图 3-15 猎聘的商业模式**

资料来源：笔者根据公开信息自制。

猎聘的收入和成本结构如下。猎聘的收入主要由企业收入、个人收入和投资物业租金收入构成，2019 年三项收入分别占总营收的 94.6%、5.3% 和 1.1%。企业收入是猎聘向企业用户提供招聘服务的收入。个人收入是猎聘向个人付费用户提供专业就业服务的收入。值得注意的是，猎聘目前暂时还没有向猎头收费。猎聘的成本由收益成本、销售与营销开支和一般及行政开支三部分构成。2019 年，三项开支分别占总成本的 26.2%、55.0% 和 18.8%。[①] 收益成本主要包括服务与项目开支、人才获取服务人员的薪金和福利以及信息技术基建与维护成本。

3. 企业特点

猎聘注重构建企业端和求职者端的闭环服务，并不断加强信用体系建设保障平台的招聘和求职生态。

一方面，猎聘致力于构建网络招聘闭环服务。在企业雇主端，猎聘推出"面试快"（求职者面试后收费）和"入职快"（求职者入职后收费）两款产品，以结果为导向进行费用收取，为企业雇主构建从招聘需求发布到用户入职的生态闭环。在求职者端，猎聘为求职者构建从职业教育到求职、就业、职业规划，贯穿职场人求职生命周期的生态闭环。

另一方面，猎聘注重建设信用体系。2018 年猎聘联手京东"小白

---

[①] 资料来源：猎聘，https://ir.liepin.com/disclosure.html。

信用"①，企业雇主可以获得授权查看求职者的小白信用以判断其信用状况。猎聘还与企业信用信息工商征信查询公司"天眼查"合作，在企业雇主信息界面为求职者提供跳转链接。求职者可以通过点击链接进入天眼查网站，查看企业的注册资本、经营状况等信息。

（三）猎聘未来展望

新冠肺炎疫情期间，网络招聘数字平台企业普遍营收下降，然而猎聘的营收规模却实现逆势增长。2020年第一季度，猎聘的营收规模同比增长10.4%。猎聘的表现离不开"一纵一横"的战略布局。一方面，疫情期间中高端人才市场活力不减。中高端求职者冷静思考未来职业规划。陷入经济困境的企业对于高端人才的渴求也更加迫切。另一方面，多元化的人力资源服务在抗疫期间显示独特价值。猎聘旗下的问卷星成为疫情期间收集信息的重要渠道。视频招聘平台"多面"则帮助企业展开线上无接触面试招聘。猎聘未来也将继续布局"一纵一横"战略，通过扩大用户群和拓宽业务范围推动营收增长。

一方面，猎聘将改造和实施销售与营销计划，扩大用户和客户群。一是猎聘将持续占领中高端人才招聘市场。2019年中高端人才市场规模达到1390亿元，预计2022年将达到2430亿元。② 而目前猎聘在中高端人才招聘市场中的市占率仅占1%左右，③ 且缺少线上竞争对手，因此猎聘应当继续深耕中高端人才招聘市场。猎聘将继续优化VIP会员服务、面试辅导等个性化求职需求，扩大中高端人才库的同时吸引更多企业用户。二是猎聘继续向其他层次人才领域拓展，业务覆盖至高端行政人员招聘、大众招聘和校园招聘。

另一方面，猎聘将收购、投资或优化支持企业营收增长的资产与业务。一是猎聘将继续通过收购、投资等形式扩展人力资源服务业务范围。新冠肺炎疫情期间，在线面试与灵活用工需求井喷。猎聘收购的问卷星和勋厚人力，满足了企业雇主在特殊时期的需求。猎聘的收购与投

---

① 小白信用：京东平台上对个人用户信用水平的综合评估，由个人用户的身份属性、资产能力、信用产品的使用及履约情况、购物及投资理财的行为和偏好、社交关系等多个维度的数据得出。资料来源：京东金融，https：//credit.jd.com/。

② 资料来源：猎聘，https：//ir.liepin.com/disclosure.html。

③ 资料来源：中国产业信息网，http：//www.chyxx.com/industry/201912/823964.html。

资策略拓宽了猎聘的营收渠道。二是猎聘将持续优化旗下产品。例如，猎聘加强职业专家资源库建设，优化求职者的简历修改、生涯咨询等个性化辅导服务。

### 三 竞合分析

本部分主要分析网络招聘数字平台企业与传统企业的竞合关系，以及网络招聘数字平台企业和其他平台企业之间的竞合关系。

#### （一）网络招聘数字平台企业与传统企业的竞合关系

本部分分析网络招聘数字平台企业与传统企业的竞合关系，其中传统企业主要指传统人力资源企业和网络招聘数字平台企业的客户企业。

从竞争角度看，网络招聘数字平台企业不仅需要挑战传统人力资源企业[①]，还日益受到客户企业自建平台的冲击。一方面，传统人力资源企业发展成熟，已经具备一定的业务优势。招聘业务方面，传统招聘企业通常依托于各地人力资源和社会保障局，与当地企业保持密切联系，具有稳定的招聘信息来源，且近年来线上化的趋势越发明显。其他人力资源业务方面，网络招聘数字平台企业的在线测评业务的竞争对手包括"北森人力测评系统"等，人才培训业务的竞争对手包括"高顿教育""北大青鸟"等。另一方面，不少具备网络平台搭建技术的企业雇主开始自建在线招聘平台。例如，百度、腾讯等知名企业已经自建招聘网站，建立企业内部的人才库，在一定程度上冲击了传统的网络招聘数字平台企业。

从合作角度看，网络招聘数字平台企业与传统人力资源企业也在积极寻求业务上的合作。招聘业务中，传统招聘企业为网络招聘数字平台企业提供更丰富的信息，网络招聘数字平台企业拓宽了传统招聘企业的信息传播范围。例如，前程无忧相继与各地的人力资源和社会保障局合作，推出"南宁空中招聘会"等网络招聘活动。其他人力资源业务中，网络招聘数字平台企业借助传统人力资源企业经验优势提升自身服务水平。例如，58同城与职业教育机构"培生教育"和"北京奥特思鼎国际教育"达成战略合作，并建立技能培训平台"58大学"。

---

① 传统人力资源企业包括传统招聘企业及提供人事外包等其他人力资源服务的企业，传统招聘企业主要有地域人才市场和其他线下中介公司。

（二）网络招聘数字平台企业与其他平台企业的竞合关系

本部分将介绍网络招聘数字平台企业与直播平台企业、在线教育平台企业之间的竞合关系。

首先，就网络招聘数字平台企业与直播平台企业的竞合关系而言，从竞争角度看，网络直播平台企业开展的"云招聘"活动在一定程度上冲击了网络招聘数字平台企业的招聘业务。直播平台企业已经具备成熟稳定的直播技术，有助于企业雇主和求职者双方实时交换信息，尤其在新冠肺炎疫情期间发挥了重要作用。例如，2020年上半年，不少地方部门选择与抖音、快手等直播平台企业合作以推广当地企业、帮助求职者就业。

从合作角度看，网络招聘数字平台企业与直播平台企业的合作也越发密切。一方面，网络招聘数字平台企业可以在直播平台上注册企业号，通过短视频、直播等方式宣传网络招聘数字平台企业。另一方面，直播平台企业和网络招聘数字平台企业借助各自优势合力开展网络招聘活动。网络招聘数字平台上的企业雇主可以借助直播平台技术开展在线面试，其他网络招聘相关业务则可以在网络招聘数字平台进行。新冠肺炎疫情期间，抖音直播、智联招聘等平台就联合开设大型网上双选会，为南京大学、东南大学等高校春季招聘助力。

其次，就网络招聘数字平台企业与在线教育平台企业的竞合关系而言，从竞争角度看，在线教育企业与网络招聘数字平台企业共同争夺职业培训市场。目前，部分头部网络招聘数字平台企业已经涉足企业员工培训领域。例如，前程无忧旗下的"无忧体验培训"借鉴海外专家培训机构的经验，为企业定制培训方案。在线教育企业同样会为企业雇主提供员工培训服务。"内训宝""时代光华"等企业不仅提供线上学习课程，还通过搭建企业网校系统使员工培训更加专业化、系统化。

从合作角度看，在线教育企业与网络招聘数字平台企业在人力资源服务产业链上互为补充。双方目前主要有两种合作模式。第一，在线教育平台为网络招聘数字平台输送人才资源。例如，在线教育企业"360教育在线"掌握着足够多的学生数据，从而为网络招聘数字平台提供人才资源。网络招聘数字平台企业"校聘网"则能将二、三线城市学生输送到一线城市实习。二者合作后，360教育在线为校聘网解决人才不足难题，校聘网为360教育在线平台上的学生提供入职机会。第二，在线教育平台为网络招聘数字平台提供人才培训课程。例如，"沪江网校"与LinkedIn达成合作，为求职者提供丰富的职业培训课程。

## 第三节　网络招聘数字平台的社会效应

网络招聘数字平台发展对参与主体、行业发展和经济发展来说具有重要意义。各方只有充分理解网络招聘数字平台的社会效应，才能有效扬长避短。

**一　网络招聘数字平台对参与主体的影响**

求职者和企业雇主是网络招聘数字平台的重要参与主体。本部分将分析网络招聘数字平台对求职者和企业雇主的影响。

（一）网络招聘数字平台对求职者的影响

网络招聘数字平台发展拓宽了求职者的信息获取渠道，帮助求职者更好地辨别企业信息，并提高了求职者的职业搜寻效率，但在是否改进求职者的就业质量方面尚无定论。

第一，网络招聘数字平台拓宽了求职者的信息获取渠道。一方面，网络招聘数字平台提供的职业信息更丰富，能够充分满足求职者的多元需求。另一方面，网络招聘数字平台能帮助劳动者获取社会资本（DiMaggio and Bonikowski，2008），增加求职者信息获取公平性。本地户籍者通常依托当地朋友、同学等人脉关系来找到工作，而外地工作者可以通过网络搜索工作资源来弥补关系网络的缺陷（詹婧等，2018）。

第二，网络招聘数字平台增加招聘企业信息的透明度。一方面，网络招聘数字平台提供的职位和企业信息更加完整。相较于线下人才招聘会，网络招聘数字平台要求招聘方提供明确的薪酬待遇、工作内容等职位介绍信息。2020年12月，人力资源与社会保障部发布的《网络招聘服务管理规定》也规定了用人单位应当向网络招聘服务机构提供合法、真实、全面的单位基本情况。[1] 求职者还能通过网络招聘数字平台提供

---

[1] 资料来源：人力资源和社会保障部，http://www.mohrss.gov.cn/xxgk2020/fdzdgknr/zcfg/bmgz/202012/t20201223_406512.html。

的链接跳转进入第三方信用机构和企业官网了解企业雇主的详细信息。另一方面，社交招聘平台上的第三方信息也可以作为辅助参考。例如，大街网设置"公司点评"的讨论区，企业的在职、离职员工都可以表达自己对于企业的看法。

第三，网络招聘数字平台提升求职者的职位搜寻效率。有研究显示利用互联网搜索工作可以降低求职者25%的岗位搜寻时间（Kuhn and Mansour，2014）。一方面，招聘平台丰富的信息资源削弱了求职者的信息壁垒，求职者发现合适工作的概率增大。另一方面，线上交流、线上简历投递能够节约求职者的通勤时间。

第四，网络招聘数字平台存在影响求职者就业质量的积极和消极因素。从积极方面看，网络招聘数字平台的行业研究报告能够帮助求职者洞悉最新行业发展动向，了解时代职位缺口，从而帮助求职者做出紧跟时代的职业规划。从消极方面看，求职者和招聘企业缺乏面对面沟通，可能导致求职者入职后的就职体验与预期不符。

（二）网络招聘数字平台对企业雇主的影响

网络招聘数字平台的发展降低了企业雇主的招聘成本、提高了企业雇主的招聘效率，但是网络招聘对于企业雇主的招聘效果来说有利有弊。

第一，网络招聘数字平台降低企业雇主的招聘成本。相较于传统招聘方法，网络招聘一般可以帮助公司节省2/3的经济成本（李泽惠，2019）。一方面，网络招聘节省了线下摊位租用成本。信息发布、简历获取、人才面试等活动都可以在网络招聘数字平台展开。另一方面，网络招聘节省了人力成本。网络招聘数字平台能够利用智能工具帮助企业筛选简历，节约企业雇主人力成本。

第二，网络招聘数字平台能够提高企业雇主招聘效率，缩短招聘周期。从信息传播看，企业发布的岗位招聘信息迅速到达求职者端，求职者能够实时投递简历。从简历筛选看，网络招聘数字平台开发的简历筛选工具提高了HR搜寻人才的效率。从面试通知看，网络招聘数字平台自动向求职者通知投递、面试结果，无须企业雇主通过电话、邮件等方式向求职者传递信息。

第三，网络招聘数字平台对于企业雇主的招聘效果有利有弊。从招聘覆盖人群看，网络招聘数字平台扩大了信息传播范围，但网络招聘中不符合招聘要求的求职者人数也在增加（Chapman et al.，2003）。从招聘精准度看，智能简历筛选工具能够依据标签精准过滤不匹配的求职者，但可能将一些具有特殊才能的人才排除在候选人范围外（李泽惠，2019）。从招聘沟通效果看，网络招聘中企业与求职者的双向沟通相对较少，可能出现求职者入职后与岗位不匹配的情况（李燕萍、齐伶圆，2016）。从招聘测评看，网络招聘数字平台的在线测评存在求职者欺诈可能。企业不能确保屏幕另一端的测评者是求职者本人，并且网络招聘数字平台上的试题有可能泄露。从招聘竞争看，企业雇主面临的竞争更大。随着更多中小企业受到关注，网络招聘数字平台的出现会给企业雇主带来比传统招聘更加激烈的竞争。

**二 网络招聘数字平台对行业的影响**

本部分将分析网络招聘数字平台对招聘行业和其他行业的影响，其中其他行业指人力资源服务行业和网络招聘数字平台企业的客户企业所在的行业。

（一）网络招聘数字平台对招聘行业的影响

网络招聘数字平台对线下招聘企业造成了一定的冲击，但二者逐渐在融合中找到共同的发展道路。此外，网络招聘数字平台垂直细分业务模式成为招聘发展的新方向。

一方面，网络招聘数字平台与线下招聘企业共同发展，形成替代效应与互补效应。首先，网络招聘数字平台的发展冲击线下招聘行业的市占率，形成替代效应。目前，由于线下存在关系链求职和低成本小广告招聘等求职招聘形式，线下招聘行业依旧占据着不小的市场份额。然而，随着互联网使用人数增加和网络招聘技术发展，网络招聘行业将不断对线下招聘行业构成威胁。其次，网络招聘数字平台与线下招聘平台寻求合作共赢，形成互补效应。例如，在服务提供上，网络招聘数字平台与线下人力资源服务机构合作。网络招聘数字平台获取技术优势、拓展业务深度，线下人力资源服务机构获取资源优势、扩大企业客户群。

另一方面，网络招聘数字平台的垂直招聘模式成为招聘行业发展新方向。首先，企业雇主和求职者希望获得更加专业的服务。从简历匹配精度看，垂直招聘平台中的企业雇主和求职者都集中于某一个领域，平台的匹配精度更高。因此，企业雇主收到的不符合要求的简历将会减少，求职者也能够收集到与自身专业领域高度匹配的职位。从服务专业程度看，垂直招聘平台针对企业的宣传推广更具专业性，平台还能为求职者聘请专业领域的职业咨询专家。其次，网络环境增强垂直招聘模式的现实可行性。垂直招聘模式决定了平台能够聚拢的用户少而精。而线下招聘平台吸引到的用户规模相对小，固定成本高。网络招聘数字平台的规模效应使垂直招聘平台小而美的业务模式成为可能。

（二）网络招聘数字平台对其他行业的影响

本部分聚焦网络招聘数字平台对其他行业的影响。其他行业包括人力资源服务行业和网络招聘数字平台企业的客户企业所在的行业。

第一，网络招聘数字平台为人力资源服务行业提供宝贵的数据资源。网络招聘数字平台能够收集求职者简历、企业招聘信息，并记录人才招聘、线上测评等一系列人力资源管理环节的信息。这些信息能够为企业人力资源管理工作提供辅助决策。在招聘环节，网络招聘数字平台的智能简历筛选工具将求职者信息标签化并做出评分，从而为企业 HR 提供辅助参考意见。在薪资制定中，网络招聘数字平台可以基于收集的企业薪资、求职者意向薪资等信息，分析人才市场的薪酬行情，帮助企业实现薪资结构优化。例如，前程无忧每季度根据平台收集的简历信息发布《前程无忧薪酬调查报告》，反映当前薪酬趋势和人才流动状况等信息，辅助企业改进招聘策略。在人力培训环节，网络招聘数字平台分析企业在职员工的技能、职业经历，从而为企业提供定制化的培训课程。

第二，网络招聘数字平台解决客户企业所在行业"招工难"问题。一方面，网络招聘数字平台携手企业雇主开展线上招聘活动，为企业雇主吸引人才。58 同城表示，相较于 2020 年春节前，新冠肺炎疫情发生后使用视频面试的企业增加了 1.3 倍。[①] 网络招聘突破了传统招聘的地域局限性，为企业招聘和面试开拓新路径，缓解企业疫情期间用工难题。另一方面，网络招聘数字平台引导求职者流向存在用工缺口的行业。随着我国产业结构升级，传统过剩产能产业用工需求下降，新行业

---

① 资料来源：商业数据派，https：//www.huxiu.com/moment/84973.html。

用工需求不断扩大。求职者掌握的行业信息滞后，对新行业的认知受限，出现了新行业劳动力供不应求的现象。网络招聘数字平台通过发布求职者求职指南和组织与新行业企业相关的招聘会，帮助求职者洞悉最新的行业发展动向，解决企业用工难问题。例如，江西省南昌市市委人才办联合智联招聘举行"南昌市战略性新兴支柱产业—紧缺急需人才云聘会"，为新兴支柱产业输送人才。[1]

第三，网络招聘数字平台推动灵活用工模式向更多行业领域渗透。网络招聘数字平台使灵活用工模式不再局限于传统低端劳务派遣，直播行业、教育行业等领域的灵活用工需求也得以满足。线下招聘机构很难聚拢低端劳务派遣外的灵活用工需求与供给。从需求端看，传统制造业、服务业企业的低端灵活用工需求具备长期性、规模性，而其他行业的企业雇主所招募的灵活用工人员工时短、数量少，经由线下招聘机构寻访人才耗费高、性价比低。从供给端看，线下招聘机构受限于信息传播范围，难以及时匹配具备特殊技能的灵活用工人才。网络招聘数字平台解决了低性价比难题和信息传播难题，使其他行业企业的灵活用工招聘成为可能。例如，具有短期直播带货需求的企业雇主可以在"斗米兼职"上寻找具有直播能力的人才。在该种模式下，企业雇主既能够节省人才雇用成本，又通过将企业内部的技术性工作外包使企业更加聚焦于核心业务。

（三）网络招聘数字平台对经济发展的影响

网络招聘数字平台的发展助力我国经济增长，并通过推动劳动力市场供需匹配促进经济平稳运行。

第一，网络招聘数字平台为经济发展注入新动能。网络招聘数字平台持续利用大数据、人工智能等技术为人力资源服务进行科技赋能，探索人力资源行业新的盈利模式。网络招聘数字平台的发展将持续为经济发展注入动力。

第二，网络招聘数字平台助力跨区域人才招聘，推动地区经济均衡发展。我国部分经济发展相对落后的地区缺乏成熟的人才培育体系和人

---

[1] 资料来源：新浪新闻，http://jx.sina.com.cn/news/zhzx/2020-04-27/detail-iircuyvi0119398.shtml。

才输送渠道。而网络招聘数字平台通过开展线上招聘活动，吸引各地的优秀人才前往经济发展相对滞后的地区就业，从而通过人才资源流动助力地区经济均衡发展。例如，2020年11月，重庆、内蒙古、广西、四川、贵州、甘肃西部6省联合举办跨区域网络招聘会，推动了人才在区域间的流动。

第三，网络招聘数字平台缓解劳动力市场供需不匹配现状，促进经济平稳运行。网络招聘数字平台打破了企业与求职者之间的信息壁垒，能够克服劳动力市场上信息不完全的问题（李红刚、赖德胜，2008）。信息不完全问题的缓解促进了劳动力和工作岗位的优化配置，减少了劳动力市场上的摩擦性失业。据人力资源与社会保障部，2020年第二季度，劳动力市场总体上供小于求。① 然而，现实生活中找不到工作的求职者比比皆是，劳动力市场尚未实现供需匹配。网络招聘数字平台组织新行业企业开展招聘活动，有利于实现岗位与人才的匹配，促进劳动力市场供需平衡，减少因大规模失业带来的经济震荡。

## 第四节　网络招聘数字平台企业发展面临的主要问题

本部分将从宏观、中观、微观三个层面分析网络招聘数字平台企业面临的主要问题。宏观层面主要分析法律法规、制度体系等因素带来的主要问题，中观层面主要分析网络招聘数字平台企业的普遍特性导致网络招聘数字平台企业面临的主要问题，微观层面主要分析网络招聘数字平台企业自身因素导致的主要问题。

### 一　宏观层面

宏观层面主要从网络招聘行业信用体系建设、数据保护利用与流通两个方面阐述网络招聘数字平台企业发展面临的主要问题。

一方面，网络招聘行业信用体系建设不完善导致平台虚假信息层出不穷。由于信用体系建设不完善，网络招聘数字平台企业难以获得企业

---

① 资料来源：人力资源与社会保障部，http://www.mohrss.gov.cn/SYrlzyhshbzb/zwgk/szrs/sjfx/202007/t20200727_380800.html。

雇主的全面信息，导致网络招聘数字平台不能完全过滤不合格企业雇主。第一，网络招聘数字平台企业关联的政府部门间的用人企业信用数据并不互通，存在数据分割严重的现象。第二，私营征信公司提供的企业信用信息也并不完善。天眼查、企查查、黑产大数据库等企业提供的雇主信用信息有所缺失。第三，小微企业数据缺乏。我国小微企业的信用数据缺乏公开获取途径，小微企业雇主的资质难以审核。第四，网络招聘行业缺乏统一的信用信息体系。部分网络招聘数字平台企业已经通过第三方机构、平台、求职者、企业雇主多方联动来评价企业雇主和求职者的信用状况。但是各个网络招聘数字平台之间的信息缺乏流通。

另一方面，网络招聘数字平台企业数据保护、利用和流通难。网络招聘数字平台收集了海量的用户信息，拥有丰富的数据资源库。然而，由于数字经济平台中数据资产的收集、保护、利用和流通缺乏明确法律规范，网络招聘数字平台企业出现了包括要求用户签订二元条款、用户信息存在泄露风险、数据流通利用难等问题。

首先，网络招聘数字平台企业向用户提供的隐私保护条款大多属于二元条款。在二元条款中，用户只能接受全部条款，或因拒绝条款而无法使用网络招聘数字平台提供的服务。因此，用户的选择空间被限制，可能被迫披露一些个人信息。例如，求职者提供的简历信息包含了个人经历、手机邮箱等具体信息，会被展示给网络招聘数字平台上的一切企业用户。而用户的简历信息、社交动态往往隐私性较强，且很多时候披露的对象不明确。一旦用户的信息被恶意利用，所带来的后果难以估量。因此，用户有权利根据自己的意愿选择披露哪一部分信息。

其次，网络招聘数字平台企业缺乏保护用户信息的动力。很长一段时间内，法律法规缺乏对网络招聘数字平台企业在用户信息保护方面的规定。直到 2020 年 12 月，人力资源与社会保障部发布的《网络招聘服务管理规定》才对网络招聘数字平台企业的信息保护提出了具体规范。然而，在此之前，在缺乏法律强制性规制的情况下，网络招聘数字平台企业只能依靠"声誉机制"[①] 自我约束，加之安全系统维护成本高昂，

---

① 声誉机制：如果企业声誉受损，会严重影响客户与自身的互动，从而导致经济利益受损，因此企业会注重自我约束，从而累积良好口碑（陈永伟，2017）。

更削弱其主动保护用户信息的动力。某头部网络招聘企业就曾因与其他网络平台上的用户信息"撞库",即用户账号密码相同,泄露了195万条用户信息。此外,不良企业可能恶意泄露用户数据。另一头部网络招聘企业曾被曝光企业员工每月下载两万份简历信息进行倒卖。

最后,数据确权法规缺失阻碍网络招聘数字平台企业数据资产利用与流通。从数据资产利用看,由于数据产权得不到保障,网络招聘数字平台企业缺乏最大化利用数据的动机。从数据资产流通看,网络招聘数字平台企业开放流通数据困难。数据产权制度缺位,数据资产交易方式、交易对象、交易主体等不明确,企业为避免法律风险选择放弃交易。一旦数据产权归属、责任义务明确,企业为追求利益主动加速数据的利用流通。例如,网络招聘数字平台将求职者信息进行清洗、可视化后,可以分析出用户缺失的技能,开发直击痛点的求职培训课程。

## 二 中观层面

在中观层面,网络招聘数字平台企业面临的问题包括二元难题、虚假信息泛滥和搜索设置不合理。

第一,网络招聘数字平台企业在企业雇主准入审核方面面临着二元难题——究竟是降低服务水平还是降低用户规模?网络招聘数字平台企业作为商业性组织有着自身的盈利需求。但是提高企业雇主进入门槛在一定程度上与企业的逐利性目的相悖。如前文所述,如果网络招聘数字平台企业加大企业雇主注册审核力度,势必淘汰一大批不符合规范的企业雇主,企业会员费收入随之减少。但是如果网络招聘数字平台企业放任不合格企业雇主进入,可能会产生企业雇主侵害求职者隐私、发布虚假信息等问题。网络招聘数字平台企业不仅可能招致法律惩罚,还会侵害求职者权利、损害企业声誉。因此,网络招聘数字平台企业往往在寻找一个合适的"度",为企业雇主设置合适的准入门槛。但是盈利性需求决定网络招聘数字平台企业不可能对企业雇主提出特别烦琐的认证要求,网络招聘数字平台依旧存在企业雇主侵害求职者隐私、发布虚假信息等问题。

第二,网络招聘数字平台上存在虚假信息泛滥的问题,然而,很长一段时间内,政府部门在该方面的管理存在缺位。网络招聘数字平台上虚假信息的受害者主要是求职者。不法分子的主要获利形式是诈骗和传销拐卖。他们借用其他公司的名号或者捏造一个空壳公司进行注册，在招聘网站上发布信息，并要求求职者缴纳"保证金"后才允许入职，或者利用虚假信息将求职者拐骗入传销组织或卖淫窝点。当前的主流网络招聘数字平台上都曾有求职者掉入虚假信息陷阱。然而很长一段时间内，政府部门针对网络招聘数字平台企业虚假信息的法规制定和监督治理缺位。2020年以前仅有人力资源与社会保障部于2017年印发的《关于进一步加强招聘信息管理的通知》对网络招聘信息管理作出规定。其中一条措施规定：为发布虚假信息的用人单位提供服务的"情节严重"的网络招聘服务机构，要吊销人力资源服务许可证。① 但是法律法规上对于"情节严重"一词并没有明确的规定，缺乏对于平台企业管制的约束力。但随着2020年12月《网络招聘服务管理规定》的发布，虚假信息问题逐渐得到规范。

第三，网络招聘数字平台的搜索设置不合理，置顶服务存在问题。网络招聘数字平台将企业雇主和求职者的招聘特征标签化后，基于标签为双方匹配合适的对象，然后将购买了置顶服务的用户信息置顶。然而，网络招聘数字平台的置顶服务存在两个问题。一方面，置顶服务降低了用户寻找匹配对象的效率，求职者和企业雇主在匹配度较低的信息上浪费了大量时间。另一方面，网络招聘数字平台的信息置顶服务往往有分级，导致很多时候置顶服务失去效用。例如，A企业购买了基础的置顶服务套餐后，B企业可以通过花更多钱购买更高级的置顶套餐，使自己的信息排名超过A企业。这一举措导致许多企业并没有享受到承诺的服务。

### 三 微观层面

在微观层面，网络招聘数字平台企业出现了职位匹配效率精度低、招聘者和求职者缺乏沟通以及服务质量低的问题。

第一，部分网络招聘数字平台职位匹配效率、精度低。尽管各大网络招聘数字平台企业都引入大数据、AI等技术进行简历匹配，但实际效果并不如意。不少企业雇主反映，收到的不少求职邮件与招聘岗位毫

---

① 资料来源：人力资源与社会保障部，http://www.mohrss.gov.cn/SYrlzyhshbzb/jiuye/zcwj/201708/t20170817_275860.html。

不相关。① 可见，网络招聘数字平台的匹配精度仍有很大改进空间。

第二，部分网络招聘数字平台在企业雇主和求职者沟通方面仍有提升空间。上文提到，网络招聘数字平台通过线上交流方式提升求职者职位搜寻效率，但是线上沟通也带来了一些问题。求职者与企业雇主进行沟通的时候，部分企业雇主会出现回复不及时的现象。求职者投递的简历也时常出现石沉大海的情况。不少求职者反映，即使网络招聘数字平台上的简历投递界面显示简历"已查收"，一两个月后企业也没有任何反馈，有的企业甚至从来没有查看过简历。② 求职者在漫长的等待中徒增焦虑、陷入被动，并由于缺少反馈结果而无法知悉自身短板，降低求职者的求职体验。可见，网络招聘数字平台在求职者与企业雇主的沟通方面仍有继续提升的空间。

第三，部分网络招聘数字平台的服务有待进一步改善。一方面，部分网络招聘数字平台服务设置不合理。例如，有企业雇主在网络招聘数字平台上购买了3000份简历，但是发现和购买前看到的简历数量并无明显差异。客服人员表示这是因为被设置为"不可见"的简历无法被企业查看。③ 可见，其服务设置存在一定的信息不对称问题。另一方面，部分网络招聘数字平台服务水平低下。某网络招聘数字平台一位企业用户表示，其花费几万元购买了猎头服务，但是猎头为公司寻找到的简历质量较低。④ 此外，不少网络招聘数字平台的客户服务也存在问题，客服不在线、客服态度恶劣等状况频发。

> "刷新前我能看到2个简历，没想到我刷了5天后……简历数量却没有增加到像客服说的那样能收到7份，甚至还减少到了1份。求职者把联系方式设置成隐私我能理解，但如果把简历设置成隐私，谁还能看到他们的简历？"
> ——某广告公司老板

---

① 资料来源：IT时报，http：//k. sina. com. cn/article_ 1891330474_ 70bb69aa00100e1ii. html。

② 资料来源：职Q，https：//zq. zhaopin. com/question/6813462/。

③ 资料来源：搜狐网，https：//m. sohu. com/a/297538149_ 110683。

④ 资料来源：黑猫投诉，http：//jiangsu. sina. com. cn/news/s/2020 - 05 - 15/detail - iircuyvi3200150. shtml？from =。

第三章　网络招聘数字平台企业：人岗匹配新趋势

> "（修改的简历）整个完全就是流水账、工作经历的罗列，简历整体结构就有问题，毫无亮点。（我）跟顾问沟通结构和亮点问题，（简历修改顾问）反问我说'你觉得你有什么亮点吗？感觉你的工作不长篇大论就写不出来'，完全没意识到自己结构有问题，也根本从来没有考虑过协助挖掘亮点。"
>
> ——某网络招聘数字平台简历修改服务购买者

资料来源：IT 时报，http：//k. sina. com. cn/article_ 1891330474_ 70bb69aa00100e1ii. html；黑猫投诉，http：//jiangsu. sina. com. cn/news/s/2020 - 05 - 15/detail - iircuyvi3200150. shtml？from =。

## 第五节　网络招聘数字平台企业发展的主要影响因素

本部分将从外部因素和内部因素两个方面分析网络招聘数字平台企业发展的主要影响因素。外部因素包括政策因素和网络招聘数字平台企业产业上下游因素，内部因素指网络招聘数字平台企业自身的影响因素。

### 一　外部因素

本部分将从政策因素和产业上下游因素来分析网络招聘数字平台企业发展的外部影响因素。

1. 政策因素

在网络招聘行业发展的二十多年间，网络招聘行业相关的法律法规不完善导致行业乱象丛生，但政府部门也在不断加强对网络招聘数字平台企业的治理力度、鼓励支持网络招聘数字平台企业发展。

第一，数据产权方面的法律法规不完善阻碍网络招聘数字平台企业进行数据资产保护与流通。首先，数据资产权责归属不明不利于数据资产保护。在权利方面，网络招聘数字平台企业收集、处理后的数据资产缺少产权保障，网络招聘数字平台企业缺乏对数据资产进行分析、应用的内在动力。在责任方面，政府对于数据资产的保护边界和保护方式都没有明确规定，导致网络招聘数字平台企业对用户信息疏于保护。其次，数据资产交易制度不完善阻碍数据资产流通。目前的数据资产交易方式、交易对象和交易主体等不明确，网络招聘数字平台企业为避免法律风险选择放弃交易，导致数据流通困难。

第二，政府部门在虚假信息方面监管趋严促使网络招聘数字平台企业加大虚假信息治理力度。2017年，人力资源与社会保障部发布了《关于进一步加强招聘信息管理的通知》，明确表示对提供虚假招聘信息的中介服务机构追究责任。[①] 2019年，北京市朝阳区市场监督管理局组织58同城和智联招聘等企业制定了《互联网招聘行业自律公约》。[②] 2020年12月，人力资源与社会保障部发布《网络招聘服务管理规定》，规定了网络招聘服务的从事资质条件、活动规范和监管方式等，从而推动网络招聘数字平台企业通过提高用户准入门槛等方式治理虚假信息。

第三，政府的人力资源服务行业政策和人才政策为网络招聘数字平台企业发展带来机遇。一方面，政府积极推动线上人力资源服务行业发展，开展"互联网+人力资源服务行动"，推动"人力资源服务和互联网深度融合"，[③] 通过落实税收政策等手段助力人力资源服务企业发展。另一方面，各地出台人才政策促进求职需求增长，围绕"户籍落地、住房政策、直接补贴"三个方面的优惠政策吸引人才，为网络招聘行业发展带来新机遇。[④]

2. 产业上下游因素

产业上游的企业雇主和产业下游的求职者作为网络招聘数字平台中的重要参与者，也对网络招聘数字平台企业的营收规模和招聘生态产生了重要影响。

一方面，企业用工需求增加推动招聘需求增长，但企业雇主的一些行为可能降低网络招聘质量。我国国内生产总值每年保持6%左右的增

---

① 资料来源：人力资源与社会保障部，http://k.sina.com.cn/article_1891330474_70bb69aa00100e1ii.html。

② 资料来源：中国经济网，http://www.ce.cn/xwzx/gnsz/gdxw/201910/25/t20191025_33438103.shtml。

③ 资料来源：人力资源与社会保障部，http://www.mohrss.gov.cn/SYrlzyhshbzb/dongtaixinwen/buneiyaowen/201710/t20171011_278961.html。

④ 资料来源：界面，http://finance.sina.com.cn/roll/2019-08-09/doc-ihytcitm7914439.shtml。

速，且吸纳就业强的第三产业增加值占比不断提高，2020年达到54.5%，[1] 有效地推动企业用工规模扩大，网络招聘需求增加。但是企业雇主也可能给网络招聘质量带来不良影响。第一，企业雇主招聘信息有效性低。诈骗传销信息、陈旧信息等会极大减损求职者的求职体验。第二，企业雇主招聘周期长降低招聘效率，导致求职者等待时间长，进而影响求职者对网络招聘数字平台的服务评价。

另一方面，网络招聘求职者数量增加扩大网络招聘人才供给，但蓝领和精英市场未被充分激活影响网络招聘规模持续扩张。首先，我国互联网普及人数和高校毕业人数不断增长推动求职者规模扩大。截至2020年12月，我国网民规模为9.89亿人。[2] 我国高校毕业生数量也于2021年达到909万人，有效刺激网络招聘供给端发展。其次，由于求职者付费意愿低、蓝领精英网络求职意愿低，仍有部分求职者需求未被激活。2019年存在超过2000亿规模的蓝领市场，[3] 然而蓝领工人找工作一般都是通过熟人或者当地劳务中介介绍，鲜少使用网络招聘数字平台。精英人群的岗位流动性较弱，也往往是通过人脉网络寻找工作。因此，网络招聘数字平台企业还尚未能完全打开精英和蓝领市场。

## 二 内部因素

内部因素指网络招聘数字平台企业的内部平台治理和平台管理。平台治理主要指网络招聘数字平台运用平台规则、制度等对平台出现的虚假信息、信息泄露等问题进行监管。平台管理主要指网络招聘数字平台为了提高求职者和企业雇主的满意度不断改进自身的服务和产品质量。

网络招聘数字平台企业的内部因素对于网络招聘数字平台企业的影响机制是：平台治理和平台管理分别影响着网络招聘数字平台的招聘生态环境和服务能力，招聘生态环境和服务能力又影响着网络招聘数字平台企业的社会声誉和用户规模，进而影响网络招聘数字平台企业的营收规模（见图3-16）。厘清内部因素对于网络招聘数字平台企业发展的影响机制后，本部分将从平台治理和平台管理两个方面分析网络招聘数

---

[1] 资料来源：华经情报网，https://www.huaon.com/channel/chinadata/681699.html。
[2] 资料来源：CNNIC，http://www.cnnic.net.cn/hlwfzyj/hlwxzbg/。
[3] 资料来源：创新工场，https://xw.qq.com/cmsid/20190710A0LC0K00。

字平台企业发展的主要影响因素。

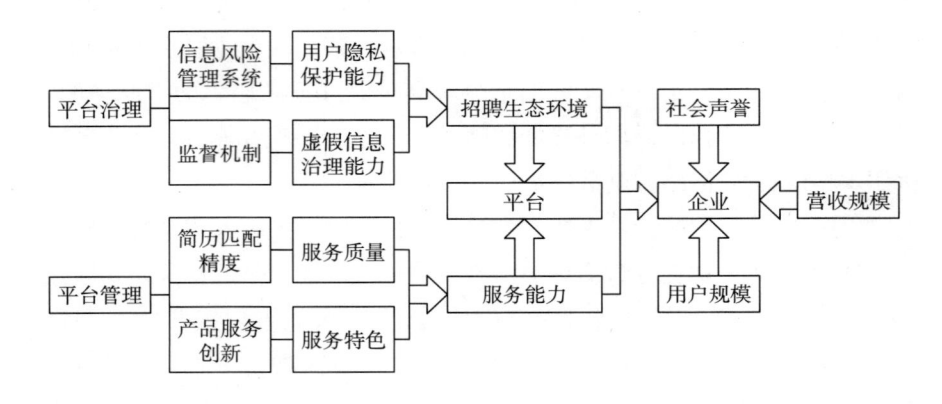

**图 3-16　网络招聘数字平台企业内部因素影响机制**

资料来源：笔者根据公开信息自制。

1. 平台治理

网络招聘数字平台企业需要把关网络招聘数字平台的信息风险管理系统和用户审核监督机制，从而营造良好的招聘生态环境。

一方面，网络招聘数字平台的信息风险管理系统决定其用户隐私保护能力。网络招聘数字平台上的信息泄露主要有以下四种方式。一是伪装成企业用户的不法分子注册后批量下载简历。二是网络招聘数字平台的用户信息与其他网络平台上的用户信息"撞库"。三是不法分子利用爬虫技术来爬取简历。四是网络招聘数字平台企业内部员工泄露信息。可见，网络招聘数字平台企业需要不断地改进信息风险管理系统，从而提升用户隐私保护能力。目前，各网络招聘数字平台也采取了一定的数据安全风险管理措施，主要有以下几种方式。一是构建信息安全系统，采取有关数据防盗、防丢的手段。二是严格限制能够访问数据服务器的人数和资格。三是部署一支训练有素的数据安全危机管理团队。然而，大平台的安全系统并非铜墙铁壁，小平台的安全系统由于缺乏资金、技术而脆弱不堪，甚至有一些网络招聘数字平台处于无人管理的状态。

另一方面，网络招聘数字平台的监督机制影响其虚假信息治理能力。网络招聘数字平台主要通过用户审核、内容审核、团队监督、评价体系和投诉处理五种形式来确保平台信息真实性,营造良好求职雇用生态。但是网络招聘数字平台的监督机制仍旧存在以下三点问题,导致平台治理下仍存在漏网之鱼。一是不法分子盗用其他正规企业信息通过核验。例如,不法分子可以利用在网络上随意下载的营业执照通过猎聘、前程无忧等平台的核验。二是不法分子利用淘宝提供的代理业务发布招聘信息和下载简历,逃避了企业资质认证这一环节,导致平台审核形同虚设。三是部分网络招聘数字平台审核不力,甚至缺乏基本审核流程。例如,某网络招聘数字平台上的企业可以选择上传营业执照或者交300元保证金通过平台核验。[①] 可见,网络招聘数字平台需要不断完善监督机制,从而提升虚假信息治理能力。

2. 平台管理

网络招聘数字平台企业需要改善网络招聘数字平台的简历匹配精度并进行持续的产品服务创新,从而提升其服务提供能力。

一方面,简历匹配精度低会降低网络招聘数字平台的服务质量。当前普遍的简历匹配模式是:网络招聘数字平台收集求职者信息建立人才数据库,根据求职者简历构建求职者标签,根据HR工作描述挖掘企业招聘需求、构建工作岗位标签,然后在标签构建的基础上双向匹配。然而,大部分招聘平台依然存在简历匹配精准度不高的状况,主要有以下两个原因。首先,人工智能构建的标签不够细致。网络招聘数字平台上的简历和招聘信息数量庞大、覆盖行业广泛,因此网络招聘数字平台构建的标签很容易缺乏专业性和针对性。其次,企业HR所提出的岗位需求与实际的工作要求可能有差距,且HR对于岗位要求的描述具有一定主观性,可能难以被人工智能识别。目前,网络招聘数字平台中的大多数用户的主要诉求都是匹配到合适的企业雇主或求职者,因此简历匹配精度的改善对于服务质量的提高尤为重要。

另一方面,持续的产品服务创新有效凸显网络招聘数字平台的服务特色。在宏观经济寒冬和用户规模增速放缓的双重困局下,网络招聘数字平台企业需要把握真正的需求热点,在产品服务上推陈出新。例如,猎聘意识到新冠肺炎疫情期间灵活用工需求井喷,因此大力打造灵活用

---

① 资料来源:时间新闻,https://www.sohu.com/a/162002299_697923。

工产品，实现疫情期间的营收规模增长。网络招聘数字平台企业依靠流量营收的道路已经走到尽头，网络招聘数字平台的创新能力将成为网络招聘数字平台企业未来发展的一大利刃。

## 第六节　网络招聘数字平台企业发展对策

　　针对上述提出的网络招聘数字平台企业发展过程中面临的主要问题，本部分将结合网络招聘数字平台企业发展的主要影响因素，从宏观、中观和微观三个层面提出发展对策。宏观层面主要对政府部门的法律法规完善和监督治理提出建议，中观层面主要对整个网络招聘行业的共同治理和发展方向提出建议，微观层面主要对网络招聘数字平台企业的服务和产品改进提出建议。

### 一　宏观层面

　　针对网络招聘数字平台企业面临的数据使用不规范、劳动力供求不匹配等问题，本部分从以下三个方面提出解决对策。

　　第一，政府部门全面落实《网络招聘服务管理规定》（以下简称《规定》），对网络招聘实施包容审慎监管。《规定》从机构准入、服务规范、监督管理和法律责任四个方面对网络招聘数字平台企业作出严格规范。政府部门应当基于《规定》建立网络招聘数字平台企业的长效监管机制，熟练运用远程监管、移动监管等非现场监管能力追踪网络招聘数字平台企业运营动态。针对网络招聘数字平台企业常见的数据使用不规范、虚假信息泛滥等问题，政府部门应当进一步作出具体规定，从而有效保护求职者隐私和个人安全。此外，政府部门应当创新网络招聘数字平台企业的包容审慎监管措施。政府部门可以根据事件危害程度、企业行为等因素对企业不良行为进行判定，及时提醒网络招聘数字平台企业改正轻微违法行为，以柔性监管助推网络招聘行业健康发展。

　　第二，政府部门围绕"稳就业"原则，积极推进劳动力资源匹配，给予网络招聘数字平台企业一定的扶持。首先，政府部门需要持续推进"稳就业"政策。政府部门一方面应扶持中小企业发展，创造更多就业岗位，另一方面应给予劳动者技能培训以促进其就业。其次，政府部门应加快推动劳动力和人才社会性流动体制机制改革。政府部门需要通过户籍制度改革、推进基本公共服务均等化等政策统筹区域协调发展，畅通人才流动渠道，进而促进劳动力资源合理配置，为网络招聘数字平台企业带来发展机遇。最后，政府部门应尽快完善人才评价制度。政府部门应从国家职业标准、行业评价规范、个体技能评估等方面构建多层次人才评价体系，从而提高劳动供需双方匹配效率，助推网络招聘数字平台企业提高人才匹配能力。

第三，政府部门鼓励新闻媒体、社会公众等参与搭建协同监管体系。在以政府为主的治理模式下，可能存在信息公开不透明、干预方式不得当等现象，因此要引入第三方治理主体（阳镇、许英杰，2018）。政府部门应当鼓励新闻媒体、社会公共组织和网络招聘数字平台企业用户等共同参与网络招聘数字平台企业的外部监督。新闻媒体及时披露和曝光网络招聘数字平台企业负面行为，从而通过舆论压力引导企业加强内部自治。社会公共组织定期评估和披露网络招聘数字平台企业的社会责任履行状况，从而推动网络招聘数字平台企业治理信息的透明化。普通用户可以积极投诉检举网络招聘数字平台企业运作过程中出现的失责状况。

## 二　中观层面

针对网络招聘数字平台企业发展过程中出现的虚假信息泛滥、用户信息泄露和用户规模增长乏力等问题，本部分从以下两个方面对整个网络招聘行业提出解决对策。

### 1. 多主体共同构建信用体系

针对网络招聘数字平台企业发展过程中出现的虚假信息泛滥问题，网络招聘行业亟须建立统一的信用体系和行业内部各主体的多元评价体系。

一方面，多主体共同构建网络招聘行业统一信用体系。网络招聘数字平台企业需要联合政府部门、私营征信企业等共同打造线上信用体系。首先，政府部门需要实现不同部门数据的互联互通，构建统一的数据资源库。其次，政府部门和私营征信企业可以通过采集网络数据丰富信用数据库。例如，新闻媒体的曝光信息、网络借贷数据、网络交易数据等都可以充分反映网络招聘数字平台企业雇主的经营状况和未来发展趋势（贾男、刘国顺，2017）。58同城就与腾讯黑产大数据库达成合作关系获取企业负面信息。① 最后，网络招聘数字平台企业之间共享企业雇主和求职者"黑名单"。网络招聘数字平台企业具有招聘相关的信息资源优势，拥有企业和求职者在招聘和求职方面的信用记录，并且能够通过用户活跃度、第三方评价等方式丰富信用信息维度。网络招聘数字平台企业之间的信用信息共享能够共同打击扰乱网络招聘数字平台运营秩序的不法分子。

另一方面，多主体共同构建网络招聘行业多元评价体系。一方面，政府部门和网络招聘数字平台企业可以针对不同主体构建评价体系。网络招聘数字平台企业自身、企业雇主、求职者和HR都是网络招聘过程中的责任主体，针对不同主体的评价体系可以保障各个主体承担责任。例如，政府定期发布诚信人力资源机构名单；网络招聘数字平台企业与企查查等征信机构合作，向求职者提供企业雇主经营状况信息。网络招聘数字平台还可以与小白信用等借贷平台合作，向企业展示求职者信用状况。另一方面，针对风险最大的企业雇主，网络招聘数字平台企业需构建涵盖多方位信息的评价体系，包括描述性信用信息、分析性信用信息和评级性信用信息（贾男、刘国顺，2017）。描述性信用信息指政府部门等记录和曝光的企业负面信息；分析性信用信息指利用大数据所预测的企业未来发展趋势和潜在风险信息；评级性信用信息来源于网络招聘数字平台企业对于用人企业的活跃度等状况的评价、企业在职员工的亲身经历分享等。全方位信用信息数据能最大限度地避免个人与企业遭受损失。

2. 网络招聘数字平台企业挖掘蓝领和精英市场

针对部分求职者需求尚未被激活的问题，网络招聘数字平台企业可以尝试进一步挖掘蓝领工人和精英群体市场，构建求职者端闭环服务，并通过线上线下结合弥补网络招聘短板。

一方面，网络招聘数字平台企业构建求职者端闭环服务。蓝领招聘市场的信息传播链条长，许多蓝领工人的岗位实际情况与最初的招聘承诺不匹配，因此他们最关心的就是工作薪资状况、福利水平和工作环境

---

① 资料来源：东北新闻网，http://www.ce.cn/yd/gd/201803/26/t20180326_28605155.shtml。

等信息的真实度。网络招聘数字平台应当关注求职者从接收信息到入职工作过程中发生的状况，维护蓝领劳动者的切实利益。精英招聘市场中，网络招聘数字平台可以着眼于精英的实际需求，邀请业内知名的职业生涯咨询专家，为精英提供职业咨询，指导其进行相关的进修与学习。

另一方面，网络招聘数字平台企业通过线上线下结合补足短板。蓝领工人普遍通过当地的人才市场寻找工作，当地中介机构可以为外地蓝领提供住宿和工厂接送等增值服务。因此，线上蓝领招聘平台可以考虑通过布局线下门店的方式来吸引蓝领工人。网络招聘数字平台企业的线下平台提供招聘信息并满足住宿交通需求，线上平台提供技能培训等其他服务。精英人群也普遍通过线下的人脉关系来寻找工作，因此网络招聘数字平台企业可以选择与线下人力资源服务机构合作，不仅扩充潜在中高端人才库，吸引更多企业和求职者入驻，还提高用户增值服务质量，增强用户黏性。

### 三　微观层面

针对网络招聘数字平台企业的信息泄露、虚假信息泛滥、简历匹配精度低和服务质量低等问题，本部分从以下四个方面对网络招聘数字平台治理与管理提出建议。

1. 网络招聘数字平台提高平台安全系数

针对网络招聘数字平台企业可能存在的网络安全风险问题，各网络招聘数字平台可以通过加强信息监督管理、加固安全系统来降低风险。

一方面，网络招聘数字平台加强信息监督与管理。网络招聘数字平台可以采取分级管理机制（张华，2018），限制访问用户信息的工作人员的资质和数量。此外，网络招聘数字平台需要加强对内部人员的管理与监督，对内部泄露数据的人员实施严格惩处。

另一方面，网络招聘数字平台加固平台安全系统。小规模网络招聘数字平台可以选择购买安全系数高的平台安全系统，并借鉴大平台的风险管理团队控制、数据加密等安全管理措施。大平台则在继续实施已有的安全措施基础上，部署一支团队及时处理修复招聘平台和移动端APP出现的新漏洞，同时注意运用IP封禁等手段增加平台外部人员对于平台进行攻击的难度。

2. 网络招聘数字平台完善平台监管机制

针对可能存在的虚假信息泛滥问题，各网络招聘数字平台可以通过落实事前审核机制、落实事中预防义务和落实事后奖惩机制净化平台环境。

第一，网络招聘数字平台落实事前审核机制。在企业认证环节，企业招聘人员需要上传身份证并进行人脸识别，企业需要上传企业经营执照和组织机构代码。针对不法分子盗用其他企业经营执照的行为，网络招聘数字平台可以采取机器审核和人工审核相结合的方式确保企业信息真实可信。一方面，人工智能技术对接国家信用平台和私营征信企业，审核企业雇主信息是否无误并判断企业经营状况。另一方面，网络招聘数字平台服务人员在企业注册期间与企业保持沟通，以避免企业雇主盗用信息行为的出现。

第二，网络招聘数字平台落实事中预防义务。一方面，网络招聘数字平台需要配备一支企业信息动态收集团队，及时责令不符合规范的企业雇主进行整改或者退出。另一方面，网络招聘数字平台应当加强对于求职者的安全宣传。求职者进行注册时，通过短片播放的形式向求职者告知常见的网络招聘诈骗方式，并且制作防骗指南以供求职者实时查阅。需要注意的是，网络招聘数字平台需要依据自身的不同发展阶段制定不同的管制策略。处于发展初期的网络招聘数字平台，应当提高监管效率，通过扩张平台规模来增强正反馈效应[1]；处于成熟发展阶段的平台则需要投入更多的监管成本和实施更严格的监管措施（易开刚、张琦，2019）。

第三，网络招聘数字平台落实事后奖惩机制。一方面，网络招聘数字平台应当加大舞弊企业惩罚力度。网络招聘数字平台应当对发布虚假信息且造成严重后果的企业实施永久封禁，对被举报发布虚假信息的企业进行复核并责令整改。另一方面，网络招聘数字平台可以奖励无违规记录的企业雇主，从而引导平台中的企业雇主加强自我约束。例如，网

---

[1] 随着平台发展阶段的变化，平台的网络效应强度不同。当网络效应达到临界值之前，平台的正反馈效应较弱；网络效应达到临界值之后，平台的正反馈效应显著（易开刚、张琦，2019）。

络招聘数字平台定期公布一批诚信企业雇主名单，并在企业招聘界面标识。

3. 网络招聘数字平台改善平台匹配精度

网络招聘数字平台可以通过改善 HR 职位描述、细化匹配标签等方式改善简历匹配精度。

第一，网络招聘数字平台推出合适的招聘模板。中小企业的 HR 在撰写招聘信息时面临着表达困难的障碍。网络招聘数字平台应当针对不同类型的岗位推出精细化的招聘模板，并且丰富招聘要求标签。

第二，网络招聘数字平台需要细化人才标签与岗位要求标签。当今职位分类越来越精细，网络招聘数字平台应提升人工智能自然语言处理等技术水平，深度挖掘求职者简历信息和企业招聘信息，细化简历匹配过程中的标签。

第三，网络招聘数字平台应当完善网站"自动投递简历"功能。自动简历投递功能除了考虑求职者的工作地域、行业和期望薪资等，还需要考虑求职者的兴趣意向、学历程度和工作经历等，减少企业雇主的简历筛选负担。

4. 网络招聘数字平台提升平台服务质量

针对网络招聘数字平台企业服务质量较低的问题，网络招聘数字平台可以协助企业雇主改进招聘流程，改进已有产品和服务存在的缺陷，并增强产品和服务的专业化和社交化属性。

第一，网络招聘数字平台协助企业端改进招聘流程。对于某个长时间没有处理信息的岗位，网络招聘数字平台应当向 HR 发送通知信息，提醒 HR 及时提供反馈或者撤销无效招聘信息。招聘信息发布可以依据时长灵活付费，减少企业雇主因不愿浪费资金而将无效信息长久挂在招聘网站上的现象，从而优化求职者的求职体验。

第二，网络招聘数字平台优化平台具体的产品和服务。一方面，网络招聘数字平台可以开通投诉与反馈渠道，每日对当日收到的用户意见进行归纳整理，并及时针对问题做出服务改善与程序修正。另一方面，网络招聘数字平台可以开设关于平台优化的讨论区，用户可以在讨论区指出程序目前存在的问题、期待能享受到的服务等，从而通过融汇多元声音完善平台的产品和服务体系。

第三，网络招聘数字平台瞄准网络招聘的专业化与社交化趋势设计产品和服务。从专业化趋势看，网络招聘数字平台需要挖掘用户深度需求，以招聘业务为基点，提升其他人力资源服务的专业性。例如，由于工作分析不准确，企业雇主往往无法精准匹配人才。网络招聘数字平台可以为企业构建专业的人力资源系统进行人力资源规划，根据工作实际内容完善工作说明书。从社交化趋势看，网络招聘数字平台可以开辟专门的论坛板块或者依据个人身份认证构建人脉圈子。求职者在交流板块进行面试资料、经验等内容的分享，通过人脉圈子寻找内推资源。

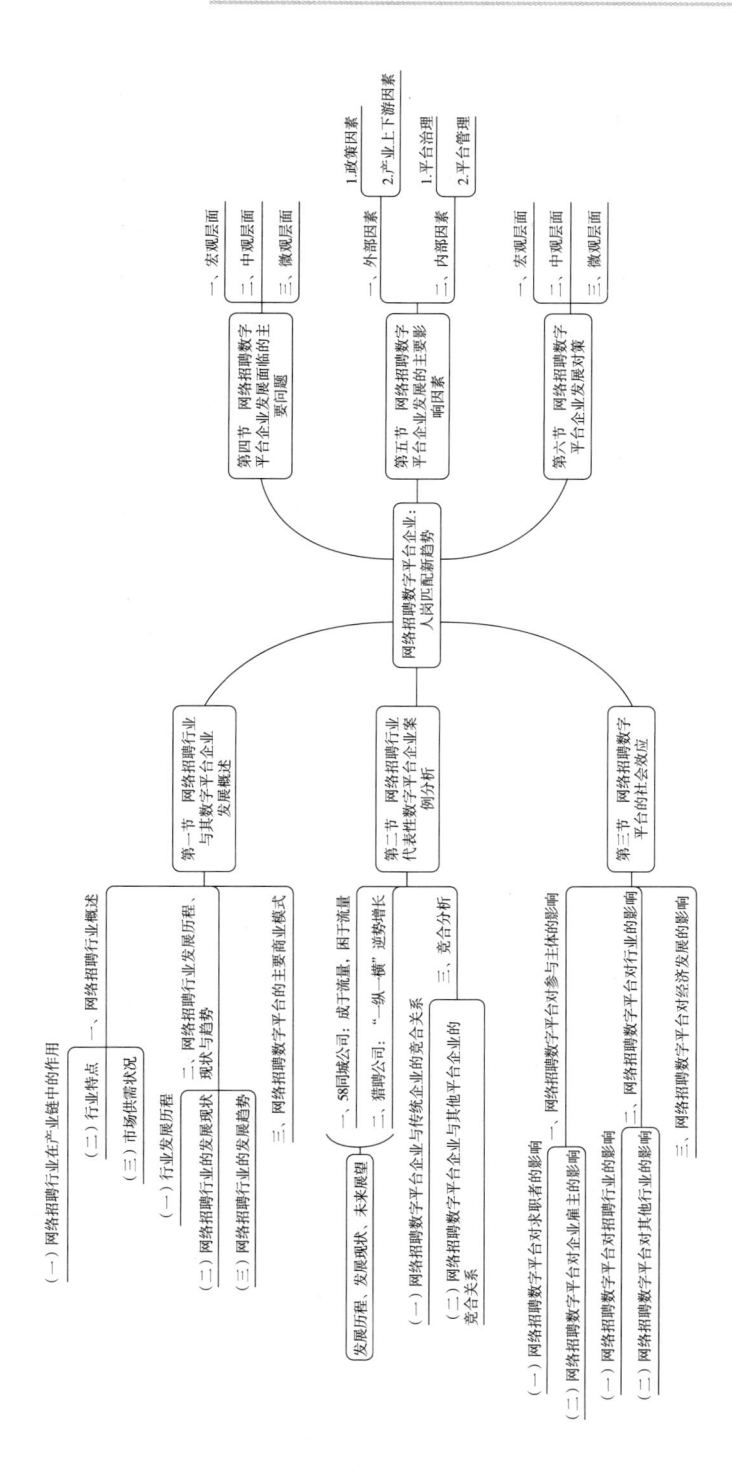

第三章　网络招聘数字平台企业：人岗匹配新趋势

图 3-17　本章写作框架

# 第四章 互联网医疗数字平台企业：破解盈利与社会责任双重难题

## 第一节 互联网医疗行业及其数字平台企业概述

本节首先介绍互联网医疗行业的基本情况，然后阐述该行业的发展历程、发展现状和发展趋势，最后分析互联网医疗行业数字平台企业的商业模式。

### 一 互联网医疗行业概述

互联网医疗是互联网信息技术与传统医疗服务结合而成的新型医疗服务业态。2015年的政府工作报告首度提及"互联网+"行动计划，这体现了国家层面的战略导向。随着云计算、大数据等技术日益成熟，"互联网"与"医疗"结合的紧密程度大幅提升。行业内的企业将电子商务、物联网等互联网业态与诊疗服务、公共卫生、药物售卖、医疗保障等传统医疗业务相结合，形成了互联网医疗市场。根据医疗服务的类型，本书将互联网医疗市场划分为健康管理、医疗保险、医药电商与互联网诊疗服务四类细分市场（见图4-1）。

在互联网医疗细分市场中，互联网诊疗服务处于核心地位，健康管理、医疗保险和医药电商与之联系密切。互联网诊疗服务作为互联网医疗市场的核心，必须依托实体医疗机构开展。根据使用人员和服务方式

## 第四章 互联网医疗数字平台企业：破解盈利与社会责任双重难题

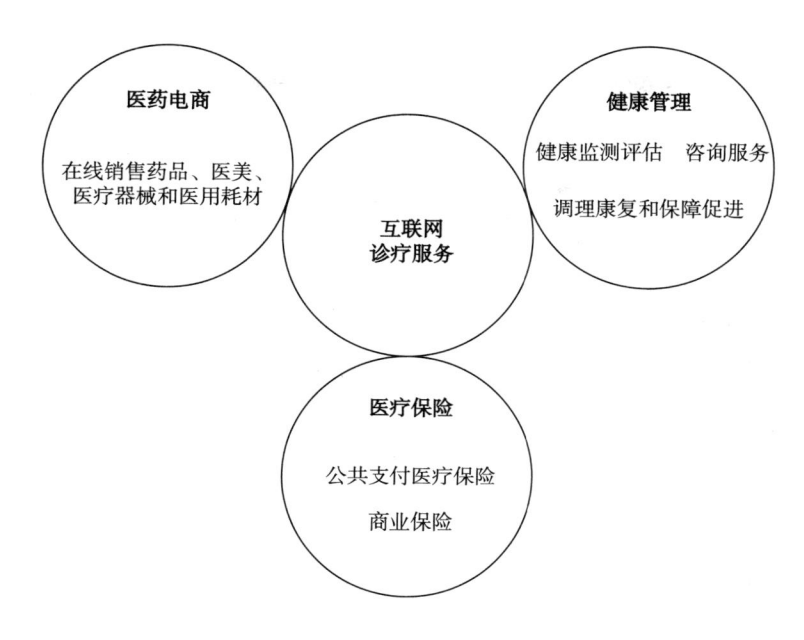

**图 4-1 互联网医疗细分市场**

资料来源：笔者根据公开信息整理。

的不同，互联网诊疗服务市场可划分出远程医疗、互联网诊疗和互联网医院三类业务（崔文彬等，2020）。从远程医疗、互联网诊疗到互联网医院，三类业务与互联网结合趋深，模式趋于完善（见表4-1）。相较于互联网诊疗服务，健康管理聚焦于用户接受医疗服务前后的疾病预防和康复过程。医疗保险则实现了传统保险业务流程的网络化，简化了保险支付与报销流程，并通过与可穿戴设备厂商合作，帮助投保企业及时监测员工健康状况，降低赔付率。医药电商是医疗产品服务销售和电子商务的结合，即在线销售药品、医美、医疗器械和医用耗材等产品和服务。

根据形成路径的差异，互联网医疗行业内的企业可分为医疗服务数字企业与互联网医疗数字平台企业。医疗服务数字企业指的是：依托第三方互联网企业或自发应用互联网技术，优化已有业务流程，将服务从线下延伸到线上的医疗、医药、医保企业，比如在信息化厂商支持下建立线上互联网医院的公立医院、自营电商业务的医药企业等。互联网医疗数字平台企业指的是：依托互联网技术，组织医疗、医药、医保行业中的企业、机构和个人，建立市场各方交易和信息共享虚拟空间的企业，比如主导建设互联网医院的第三方平台企业、建立 B2C 医药电商平台并引入外部医药售卖方的第三方平台企业等。这两类企业的区别在于，医疗服务数字企业直接向用户提供产品和服务，不作为中介撮合用户和其他供应商进行交易，而互联网医疗数字平台企业主要作为中介撮合交易，较少或不直接参与交易。

**表 4-1　　　　　　　互联网诊疗服务市场的三类业务**

| 类型 | 定义和内容 |
| --- | --- |
| 远程医疗 | 根据国家卫健委的定义，远程医疗服务是指一方医疗机构邀请其他医疗机构，运用信息化技术，以支持本医疗机构诊疗患者的医疗活动 |
| 互联网诊疗 | 据《互联网诊疗管理办法（试行）》，互联网诊疗是指医疗机构使用本机构注册的医务人员，利用互联网技术直接为患者提供部分常见病、慢性病复诊和家庭医生签约服务 |
| 互联网医院 | 互联网医院是以实体医院为依托，以复诊和常规咨询为主，集问诊、处方、支付与配药于一体的一站式互联网医疗服务体系。《互联网医院管理办法（试行）》指出，互联网医院只有依托专业医疗卫生机构才可进行互联网诊疗，否则只能开展咨询类的轻问诊服务 |

资料来源：国家卫健委。

本书将聚焦于互联网医疗数字平台企业这一重点研究对象，分析平台企业对传统医疗产业链的影响，以及平台企业参与下互联网医疗行业的特点。随后本部分将分析我国互联网医疗市场的供需情况。

（一）互联网医疗数字平台企业颠覆传统医疗产业链

互联网医疗数字平台企业改造上下游企业交易关系，颠覆了传统医疗产业链。传统医疗行业的产业链基本呈线性结构（见图 4-2）。产业链的起点为医疗器械和医药制造商，终点为医生或患者，中间需经过医疗机构、医药流通企业、保险机构和药店等企业和机构，链条冗长。互联网医疗数字平台企业颠覆了传统医疗产业链的线性交易逻辑，形成以供需双方为中心、平台为载体的交易模式（见图 4-3）。在产业链中，患者可于在线问诊平台接受一站式的挂号、支付与康复管理服务，在健康管理平台实时了解自己的健康状况，进而在互联网保险平台选择相应的产品和服务。医生则可于在线问诊平台直接联系患者,并在医生助手的协助下管理自己的工作内容,接受医生教育等。

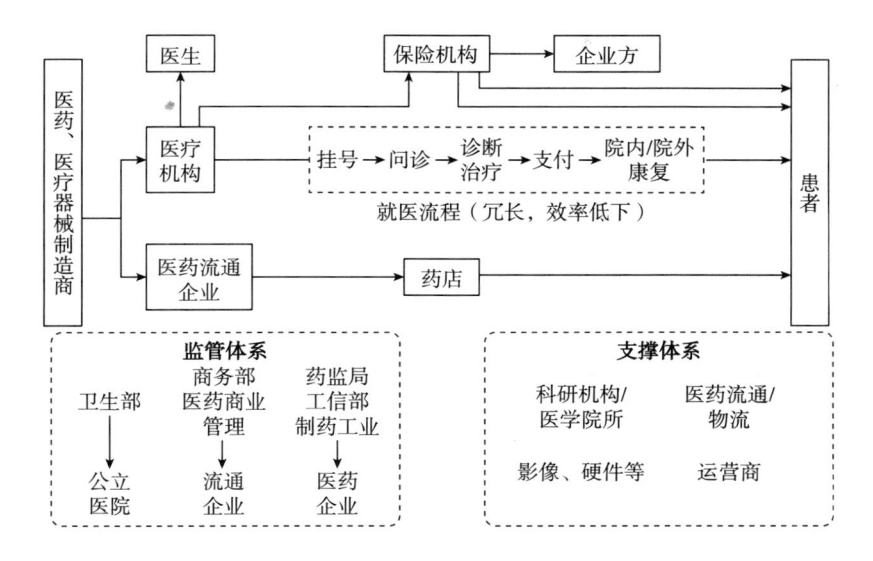

图 4-2 传统医疗行业产业链

资料来源:前瞻网。

医疗行业内的五类主体(患者/消费者、医生、医疗机构、医保机构、医药企业)可在平台上进行交易。在一个综合的互联网医疗数字平台中,平台确定接入的成员、规则和协议,以吸引多边市场的参与者达成交易。各主体在不同的交易场景中既可能是供给方,也可能是需求方。不同类型平台企业的合作拓展了医疗产业链的覆盖范围,如"医疗+电商""医疗+第三方支付"等。平台之间共享流量,形成多边市场,使一切与医疗相关的交易皆可在平台上实现。

(二) 互联网医疗行业的特点

相较于其他行业,互联网医疗行业存在市场边界不清晰、医患间信息高度不对称、传统医疗机构与平台企业优势互补的特点。

第一,互联网医疗行业的市场边界不清晰。我国的卫生医疗服务不仅包括公共品(由政府提供的基本卫生服务等)和私人产品(市场内的个性化健康服务等),还包括介于二者之间的准公共产品。服务体系

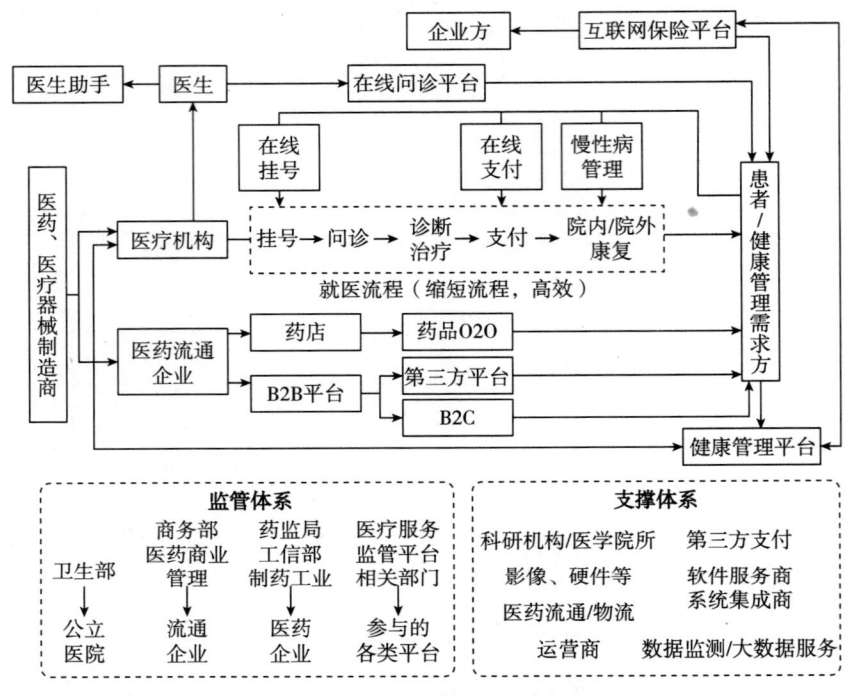

**图4-3 互联网医疗数字平台企业参与下的医疗行业产业链**

资料来源：前瞻网。

的复杂性导致互联网医疗市场的边界不清晰。互联网医疗企业①在参与资源配置时容易跨越市场边界，进入公共品领域。公共品的非竞争性和非排他性使市场的竞争机制和价格机制难以发挥作用，导致医疗资源配置出现市场失灵现象（吴凌放，2018）。

第二，互联网医疗行业中医患间信息高度不对称。例如，对于互联网医疗数字平台企业，平台只能提供常见病和慢性病问诊服务。在多数互联网医疗服务场景中，医患互动依靠虚拟网络介质实现，双方并未真实接触，这可能增强医生的诱导需求②。在平台上，医生和患者的沟通

---

① 指互联网医疗行业内的企业，下同。
② 诱导需求是指在供给方垄断的情况下，供给方可以左右需求方的选择，创造额外需求。诱导需求现象在医疗服务市场上极为常见。在医患关系中，医生比患者掌握更多的私人信息。由于医生所提供的服务关系到医生的经济利益，医生可能在患者缺乏有关知识的情况下，向患者推荐额外服务（McGuire，2000）。

仅通过文字、图片、语音等媒介,还可能受平台审查、网络延迟等外部因素干扰。一方面,医生较患者拥有更多私人信息。另一方面,患者不易清晰表述自己的病情,也难以判断医生资质的真伪。在医患间信息不对称的基础上,医生诱导需求的动机可能因此增强。

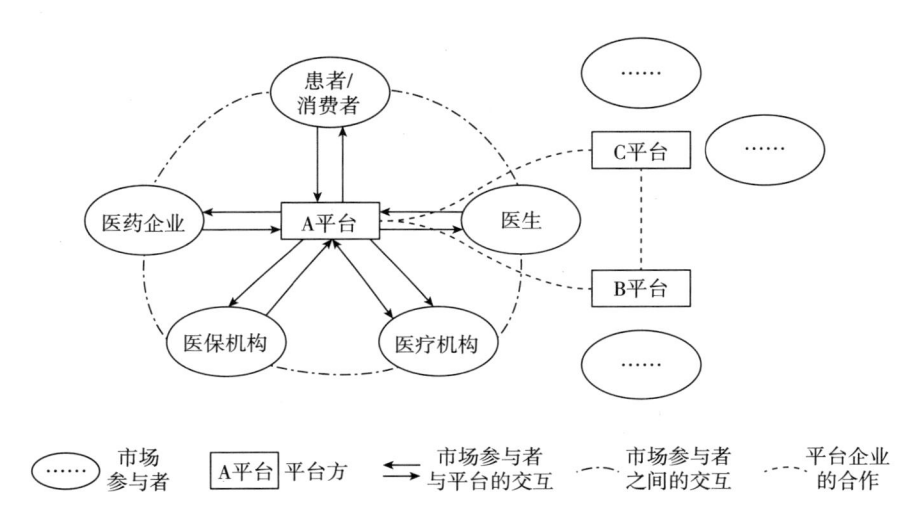

**图 4-4 平台的交易逻辑与多边市场的构建**

资料来源:笔者根据公开信息整理。

第三,互联网医疗行业中传统医疗机构与平台企业在服务供给上优势互补。一方面,传统医疗机构借助互联网强化自身服务能力,实现医疗数据与部分医疗资源的数字化,开展基于医疗大数据的诊断、远程医疗等医疗服务。另一方面,平台企业将部分线下服务转移到线上,与医药、医保等供给主体协同,提供以用户为中心的医疗、保险、售药和健康管理服务。

(三)我国医疗市场供需状况

我国医疗服务的供需匹配不合理。在需求侧,患者在基层医疗机构就医意愿偏低。在供给侧,医生数量不足、基层医疗机构医生资质较差是两大难题。这导致医疗服务的供需匹配在地理空间上与医疗机构间不均衡。

从需求侧看,居民在基层医疗机构就医意愿低。近年来,家庭医生签约服务、医联体等制度建设在一定程度上增强了基层卫生机构的服务能力。但由于我国长期对基层卫生缺乏重视和投入①，基层医疗卫生机构药品短缺、诊疗设施老旧、诊疗环境差等问题并未得到有效解决，这导致居民在基层医疗机构就诊意愿偏低。

从供给侧看，我国医生数量不足，基层医疗机构医生资质较差。一方面，相较于美日和欧洲各国的执业医师资源供给水平，我国医疗人员的供给不足。截至2019年，全国共有321.1万名执业医师，平均每万人拥有23名执业医师。②而截至2018年，美国平均每万人拥有26名执业医师，欧洲国家大多为30名以上。③另一方面，我国基层医疗机构的执业医师学历水平偏低。截至2018年，我国社区卫生服务中心执业医师仅有56.4%为本科及以上学历，而乡镇卫生院的执业医师中仅有29.4%为本科及以上学历（卢祖洵等，2020）。

因此，我国医疗服务在医疗机构和地理空间上供需匹配失衡，这导致了各级医疗机构间诊疗人次与病房使用率的差距以及严重的异地就医④现象。我国医疗卫生资源配置呈"倒三角"，即大量的优质医疗资源集中于数量较少的三级医院。这使群众在就诊时倾向于前往更高等级的医院，阻碍了在基层首诊的分级诊疗制度的推行。2019年我国总诊疗人次中，医院诊疗人次为38.4亿人次，占总人次的44%，基层医疗卫生机构诊疗人次则为45.3亿人次，占52%。医院总诊疗人次中，三级医院就诊人次占各级医院就诊人次数的56.7%，二级医院占36.9%，一级医院仅占6.4%。⑤从病床使用率（见图4-5）看，三级医院和二

---

① 2015—2019年，国家对公立医院的财政拨款从27.90亿元增加到51.23亿元，同比增长83.9%，而对公共卫生机构的拨款从18.13亿元减少到10.12亿元，同比下降44.2%（卢祖洵等，2020）。

② 资料来源：国家规划发展与信息化司官网，http://www.nhc.gov.cn/guihuaxxs/s10748/202006/ebfe31f24cc145b198dd730603ec4442.shtml。

③ 资料来源：海南外事侨务办公室，http://dfoca.hainan.gov.cn/ywdt/ttxw/202004/t20200403_2770905.html。

④ 异地就医指的是参保人在本市统筹区以外的境内其他地区（不含香港、澳门、台湾地区）的就医行为，具体包括长期异地就医、异地急诊、学生异地就医、异地转诊和政策规定的其他异地就医情形。

⑤ 资料来源：健康界，https://www.cn-healthcare.com/article/20200606/content-537700.html。

级医院病床使用率较高，而社区卫生服务中心病床使用率偏低，仅有49.7%。2018年，上海、北京、江苏、广东和浙江的三级公立医院异地就诊人数位居前五，就诊总人数占全国异地就医患者的53.6%。[1] 这表明即便是三级公立医院的诊疗水平也存在地域间差距。除长三角及周边经济发达、交通便利的省份外，其他省份的三级公立医院总体较弱，难以满足当地居民对高质量医疗服务的需求。

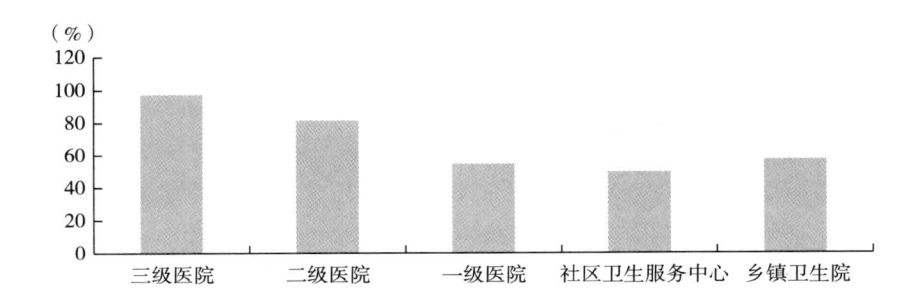

图4-5 2019年我国各类医疗机构病床使用率[2]

资料来源：国家卫健委。

## 二 互联网医疗行业发展概况

本部分介绍互联网医疗行业的发展历程、发展现状和未来发展趋势。总体而言，互联网医疗行业发端于20世纪90年代，凭借互联网的网络效应和快速的技术迭代，目前已初具规模，将迎来进一步发展。

（一）行业发展历程

互联网医疗行业的发展呈现出医疗数字化和医疗平台化双线并行的态势（见图4-6）。根据互联网医疗的主要载体和服务内容的完备程度，行业的发展阶段可划分为萌芽阶段、发展阶段、探索新业态阶段和新需求、新动力阶段。

---

[1] 资料来源：医政医管局，http://www.nhc.gov.cn/yzygj/s3593g/202006/863717ce64af4372a737048cf500eb3d.shtml。

[2] 公开数据更新至2019年。

## 医疗数字化 / 医疗平台化

**萌芽阶段 PC端（1990—2010年）**

医疗数字化：
- 从20世纪90年代中期开始，国家陆续在北京、上海等地的高等级医院建立联系全国各地区的远程医疗应用
- 2000年起，多家药企自建网站，开展医药电商

医疗平台化：
- 平台提供的服务以医疗、医药资讯和疾病知识科普为主
- 少量医药电商企业成立，B2B和B2C模式开始发展

**发展阶段 移动端（2011—2014年）**

医疗数字化：
- 医疗机构应用移动互联网技术开展无线语音服务、住院电子病历系统、门诊电子病历、床旁信息采集服务等业务活动

医疗平台化：
- 在线预约挂号、在线问诊等互联网平台出现
- 医药电商市场扩大，国家药监局开始选取部分第三平台开展网上零售试点
- 互联网企业开始在单一细分领域，如挂号、问诊、分诊等环节进行探索

**探索新业态阶段 互联网医院（2015—2018年）**

医疗数字化：
- 医保数字化发展主要集中在政府开放结算平台的建设，以及与第三方支付平台的合作

医疗平台化：
- 互联网医院大量建立
- 阿里、腾讯、京东等头部玩家持续布局平台商业生态体系
- 在线医疗平台企业开始探索商保模式和线下诊所业务

**新需求、新动力阶段 三医联动（2019年至今）**

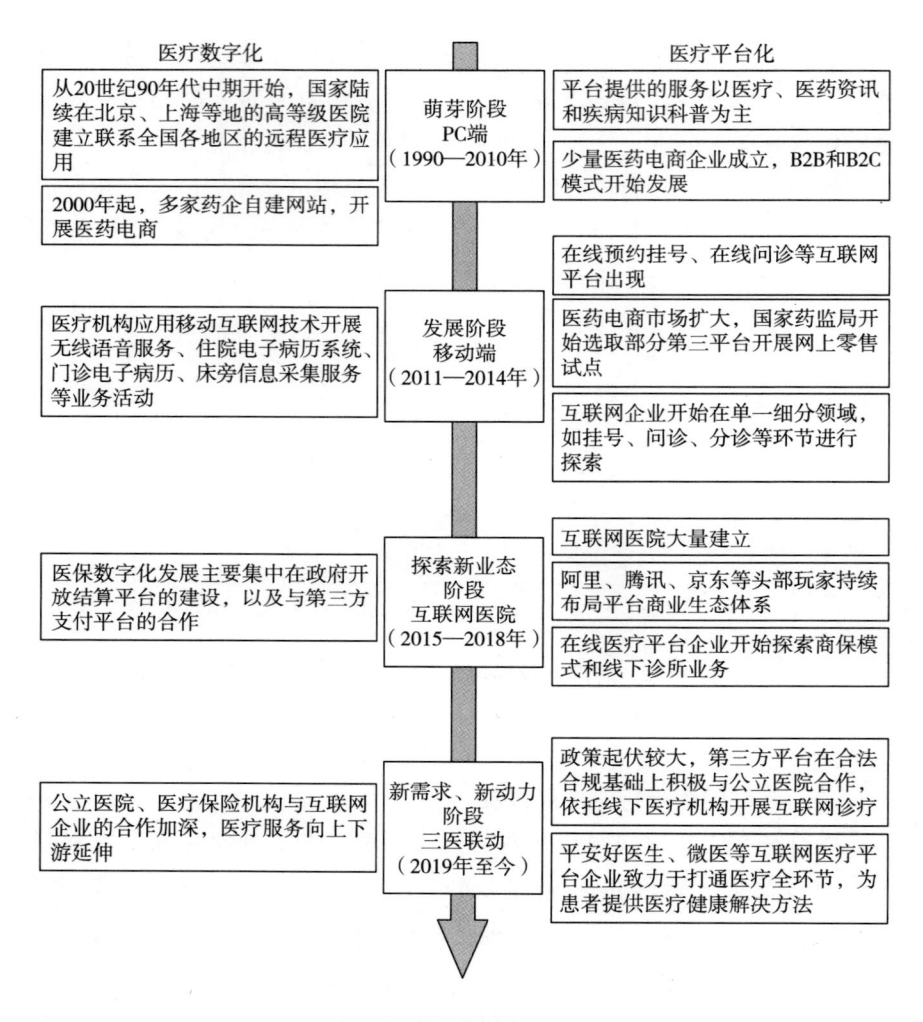

医疗数字化：
- 公立医院、医疗保险机构与互联网企业的合作加深，医疗服务向上下游延伸

医疗平台化：
- 政策起伏较大，第三方平台在合法合规基础上积极与公立医院合作，依托线下医疗机构开展互联网诊疗
- 平安好医生、微医等互联网医疗平台企业致力于打通医疗全环节，为患者提供医疗健康解决方法

图 4-6 互联网医疗发展各阶段

资料来源：笔者根据公开信息整理。

互联网医疗行业的发展过程中有许多里程碑事件（见图 4-7）。随着政策对药品售卖、远程医疗、互联网诊疗等服务的规范，互联网医疗数字平台企业积极探索行之有效的商业模式，传统医疗机构也纷纷进行医疗数字化的尝试。

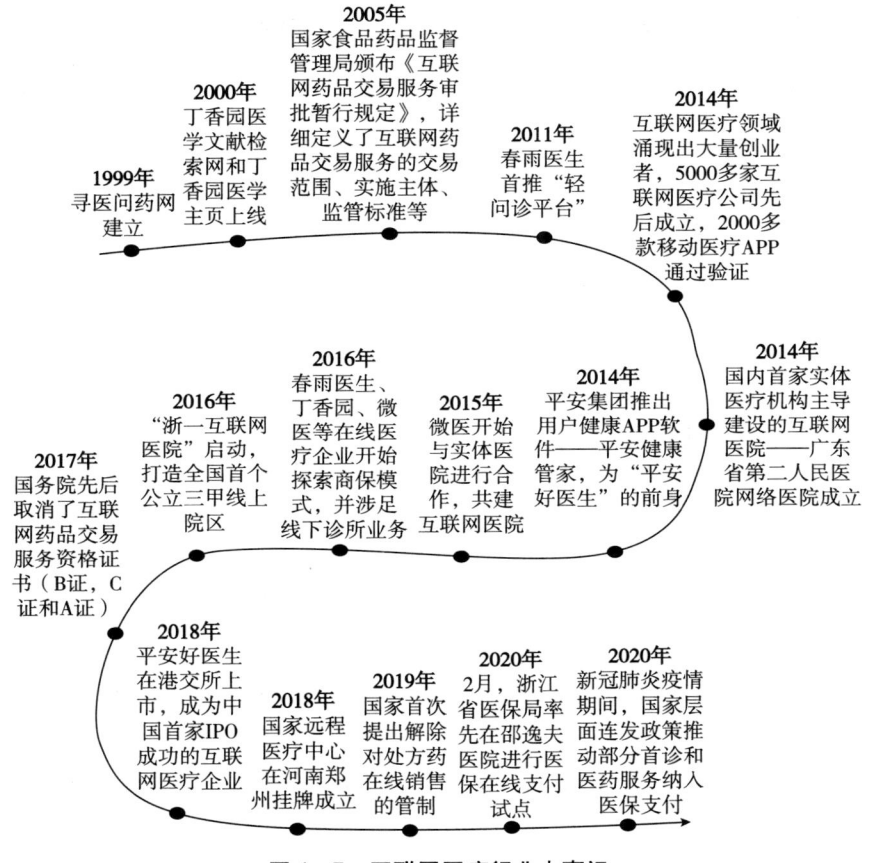

第四章　互联网医疗数字平台企业：破解盈利与社会责任双重难题

图 4-7　互联网医疗行业大事记

资料来源：笔者根据公开信息整理。

（二）行业发展现状

2015—2019 年期间互联网医疗市场规模保持高速增长（见图 4-8）。互联网医疗市场规模在 2016 年和 2019 年迎来了两次增长高峰，在 2019 年突破千亿元。2015—2019 年，互联网医疗市场规模的增长率稳定在 20% 以上。

互联网医疗数字平台市场的结构呈现分层式垄断竞争[①]的特征。一

---

① 苏治等（2018）指出在互联网平台市场中竞争与垄断同时存在，但处在领先位置的大型互联网平台企业保持稳定，而具有衍生业务的中小型平台企业不断进入与退出市场。大型互联网平台企业的稳定状态与中小型平台企业的流动状态共同构成互联网平台市场的分层式垄断竞争格局。

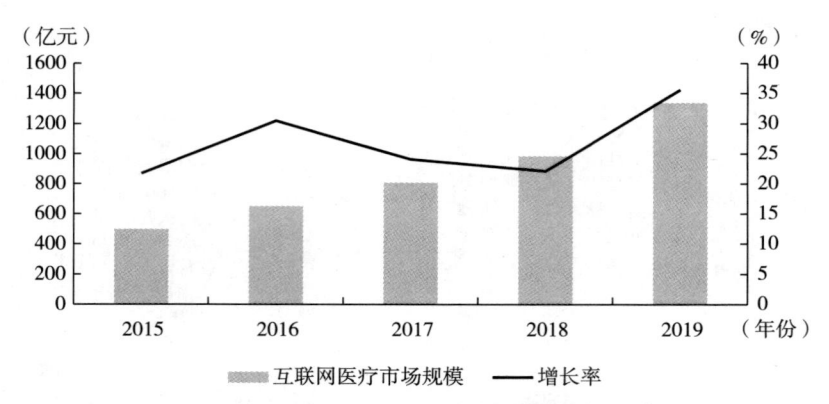

图 4-8 2015—2019 年互联网医疗市场规模①

资料来源：易观智库。

方面，互联网医疗数字平台市场具有互联网市场的一般特征，包括固定成本沉没性和一定程度的自然垄断性（姜奇平，2013；傅瑜等，2014）。另一方面，互联网医疗数字平台市场的特殊性在于其由公立机构主导，且处于政府的强监管之下。这导致其在不同的细分领域呈现出不同的市场结构特征（见表 4-2），但整体上呈现出分层式垄断竞争的特点。

表 4-2　　　　　互联网医疗数字平台市场结构特征

| 细分领域 | 与实体医疗机构联系紧密度 | 产品和服务差异化程度 | 市场壁垒 | 分层式垄断竞争格局 |
|---|---|---|---|---|
| 健康管理、医疗保险、医药电商 | 较不紧密 | 较高 | 进入壁垒较低；政策鼓励社会资本进入，但企业不易建立优势 | 大型企业对主营业务形成垄断；中小型平台企业在衍生业务领域进行竞争 |
| 互联网诊疗服务 | 较为紧密 | 较低 | 进入壁垒较高，且企业更依赖实体医疗机构；市场对入场机构和平台所拥有的医疗基础设施和专业性资源要求更高 | 大型企业具备先入优势，拥有丰富的资源，在行业内地位较为稳固；中小型企业在缺乏资源和有效的技术与模式创新的情况下，难以进入市场 |

资料来源：笔者根据公开资料整理。

---

① 公开数据更新至 2019 年。

第四章　互联网医疗数字平台企业：破解盈利与社会责任双重难题

互联网医疗数字平台多数由实体医院（尤其是公立医疗机构）主导，企业的地域分布则与地区的发展水平和规划密切相关。由于互联网医院是目前互联网医疗市场内发展最为稳定、模式最为完善的业态，本节以互联网医院为代表进行分析。动脉网数据显示，从互联网医院的背景看，497 家互联网医院中有 415 家由实体医院主导，占比超八成，其余则由第三方医疗企业主导。而在实体医院主导的互联网医院中，90%的互联网医院由公立医院主导。这一主导地位与主管部门的行政推动不无关系。从地域分布看，互联网医院的分布（见图 4-9）与地区经济发展水平、医疗服务水平和区域规划密切相关。如山东、广东、江浙沪等地区优质医疗资源集中、医疗信息化程度较高，因此互联网医院数量较多，互联网医疗业态较为发达；宁夏银川出台的智慧城市医疗产业集群建设规划带动了宁夏互联网医院基地的建设，大幅度提升当地医疗服务水平[①]。

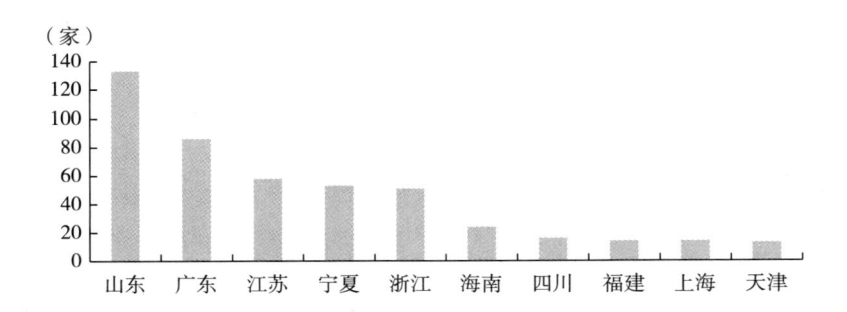

图 4-9　互联网医院数量前十的省份（直辖市）

注：数据截至 2020 年 7 月。

资料来源：动脉网。

**（三）行业发展趋势**

互联网医疗行业整体发展趋势向好，供需双方市场规模将进一步扩大。行业的发展在短期内依赖政策拉动和新冠肺炎疫情的市场教育作

---

[①] 资料来源：宁夏新闻网，http://www.nxnews.net/ds/ycdt/201808/t20180809_6010319.html。

用，在长期内则和平台业务闭环的实现、医疗与互联网信息技术的融合以及互联网医疗数字平台企业的主导密切相关。

短期来看，第一，政府牵头规范互联网医疗区域性发展。现阶段各省市顺应顶层设计，纷纷加码布局"互联网+医疗"。例如，湖南省于2020年9月出台"互联网+"医疗服务价格管理政策①，浙江省于2021年1月公布了第一批"互联网+"医疗服务价格项目②。天津市则于2020年11月出台了《"互联网+"医疗服务医保支付管理方法》③。未来将有更多的省市布局互联网医疗领域，加强互联网医疗体系建设。

第二，新冠肺炎疫情为互联网医疗数字平台企业提供市场教育的绝佳机会，互联网医疗迅速成为行业风口。疫情期间，许多民众因居家隔离选择在平台问诊和购药，使互联网医疗数字平台的流量迅速增长。丁香医生、平安好医生等在线诊疗APP的下载量和用户活跃数均创新高。④ 部分原本对互联网医疗持观望态度的投资人开始转变观念。一些本对互联网医疗较为审慎的公立医疗机构也开始入场，或进行医疗数字化改革，或入驻第三方平台，冲击已有的行业格局。

长期来看，第一，互联网医疗数字平台企业将构建线上线下相连通的闭环。互联网医疗数字平台企业目前尚难形成线上和线下的业务闭环。平台用户从线上问诊转移到线下诊疗后，容易从平台流失，需要平台采用策略召回。平台企业已有的尝试包括与线下机构共建更为完善的一站式医疗服务链，提供周期较长的会员制服务等。长期来看，随着平台进一步完善自身架构，以及市场内各主体思维模式和诊疗习惯的转变，平台实现"线上问诊→线下就诊→线上复诊"的逻辑闭环将是大势所趋。

第二，互联网信息技术将与医疗深度融合。信息技术赋能医疗领域

---

① 资料来源：中国政府网，http://www.gov.cn/xinwen/2020-09/01/content_5539022.htm。

② 资料来源：中国政府网，http://www.gov.cn/xinwen/2021-01/07/content_5577667.htm。

③ 资料来源：中国政府网，http://www.gov.cn/xinwen/2020-11/01/content_5556506.htm。

④ 资料来源：健康界，https://www.cn-healthcare.com/articlewm/20200428/content-1108584.html。

已成为业界共识。5G 通信技术、大数据和人工智能将与医疗进一步融合，在具体的应用场景上发挥作用。2020 年我国 5G 商用环境持续完善。5G 技术极大地提高信息传递容量，改善信息传递效率，促进远程医疗提质升级。大数据的深入应用则有望将庞大的医疗数据转化为有价值的信息，辅助医疗诊断和健康管理。人工智能（如自然语义处理、机器学习）技术的成熟与应用则为解析影像等非结构化数据提供可能性。例如，人工智能可辅助患者进行自诊，并生成诊前电子病历，为医生提供参考，提高问诊效率。

第三，互联网医疗数字平台企业将主导互联网医疗市场。在医疗数字化中互联网是"术"，仅仅是辅助企业管理组织和优化流程的工具。而在医疗平台化中互联网却是"道"，是互联网医疗数字平台的内生逻辑。互联网医疗数字平台的双边市场结构重塑各市场主体间的交易逻辑，促进多方主体共赢。因此，医疗平台化是互联网医疗的真正价值趋向。互联网医疗数字平台企业将激发医疗市场的潜力，有力地挑战传统医疗服务体系，并逐渐成为互联网医疗市场的主导者。

### 三 互联网医疗数字平台企业主要的商业模式

互联网医疗数字平台企业的一般商业模式为平台先从用户端获取流量，再从供应端将流量变现（见图 4-10）。一方面，企业基于平台上的供应端资源，向用户提供医疗健康服务。另一方面，企业基于平台的用户规模，协助企业机构和医生端进行推广与导流，以赚取相应的佣金和利润。而对于拥有自营医生团队的企业，平台可向用户直接收取诊疗费用，无须与其他供应商分配利润。

供应商性质的差异导致平台收益来源的不同。例如，拥有自营医生团队的平台企业可以从用户端直接收取诊疗费用，无须与其他供应商进行利益分配。下文将以互联网医疗数字平台企业搭建的互联网医院为例，分析由供应商类型差异导致的商业模式的差异。

根据互联网医疗数字平台企业与其他企业机构的合作方式，本章将互联网医院的商业模式分为三类（见图 4-11）。在第一类模式中，互联网医疗数字平台企业与其他参与互联网医院建设的企业合作。作为互联网医院的直接运营方，互联网医疗数字平台企业的收入来自用户付费。在第二类模式中，互联网医疗数字平台企业与医疗机构进行合作，由医疗机构主导搭建互联网医院，互联网医疗数字平台企业仅承担技术支持工作，向医院收取一次性平台建设费和后续的维护费用。在第三类模式中，互联网医疗数字平台企业与医疗机构共同搭建互联网医院。在收取一次性平台建设费后，平台企业参与互联网医院的后续运营，与医疗机构约定按诊疗费的一定比例分成。

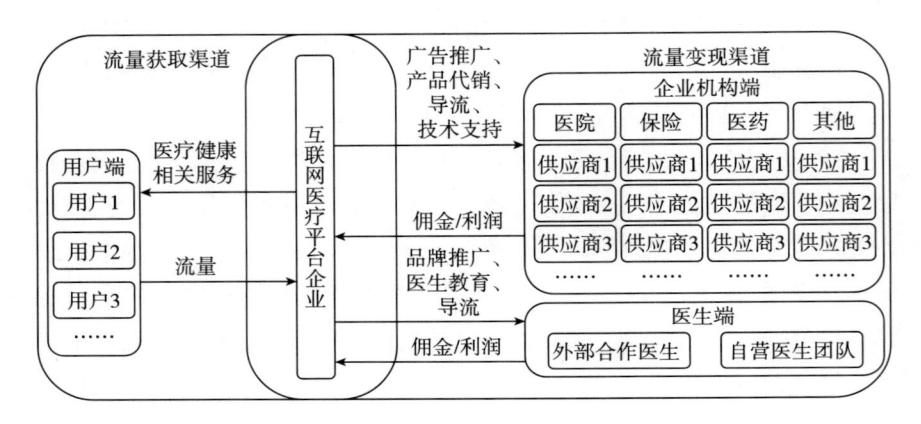

**图4-10　互联网医疗数字平台企业商业模式**

资料来源：笔者根据公开信息整理。

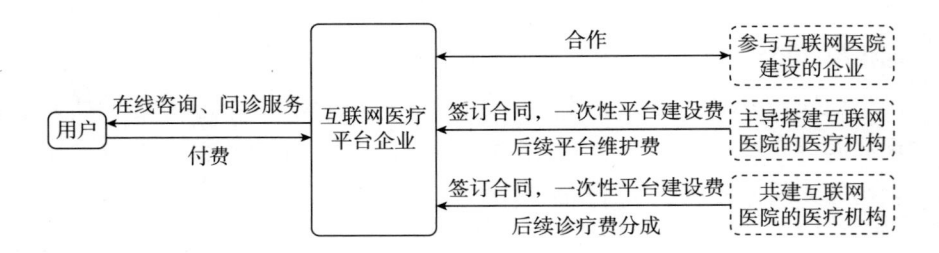

**图4-11　互联网医疗数字平台企业搭建互联网医院的商业模式**

资料来源：中信证券。

## 第二节　互联网医疗行业代表性数字平台企业案例分析

本节选取好大夫在线（以下简称好大夫）和微医两个企业进行案

例分析。本节选择案例企业的标准有两个,首先是平台的市场占有率和知名度。新冠肺炎疫情期间,许多互联网医疗数字平台把握机遇,推出免费问诊或优惠问诊等在线诊疗服务。用户在移动端的活跃情况一定程度反映了平台的市场竞争力。2020年春节期间,好大夫和微医位列互联网医疗领域厂商日均活跃人数前十[①],具有较强的竞争优势。其次是平台发展路径具有代表性,可以反映互联网医疗的发展历程。好大夫和微医均是较早进入互联网医疗市场的企业,其发展历程与互联网医疗的发展阶段可相互印证。好大夫聚焦互联网诊疗业务,专注医生团队的建设;微医则侧重于多元化发展,从医疗、医药和医保三方面向用户提供服务。

### 一 好大夫在线:从医生点评到医生品牌建设

好大夫以患者为中心,以医生为核心竞争力,建构医患精准匹配的平台。截至2020年12月,好大夫已录入国内9636家正规医院中78万名医生的信息。平台上有23万名实名注册的医生直接向患者提供线上医疗服务。其中三甲医院医生占平台活跃医生的比重为73%。[②]

#### (一) 好大夫在线发展历程

好大夫的发展路径较为审慎,基本聚焦于核心医疗服务,与互联网医疗整体发展阶段高度契合。

好大夫的发展历程可分为三个阶段。2006—2015年为第一阶段。好大夫从医生点评和投票系统开始,逐步进入核心医疗领域。最初,好大夫为每一个医生和医院制作独立网页,患者可以搜索医生信息,进行投票和点评。在互联网医疗业务仍主要在PC端开展时,好大夫凭借早期积累的医生数据,开始搭建在线医疗服务平台,从院前服务向网上分诊和下游的诊后管理发展。2013年,随着移动医疗的兴起,好大夫适时推出移动医疗APP,提升其服务能力。

2016—2017年为第二阶段。好大夫从以往的"轻问诊"(年轻医生解决健康问题)逐渐向"重问诊"(专家解决医疗级问题)过渡,并在

---

① 资料来源:易观智库,https://qianfan.analysys.cn/refine/view/analyseDetail/analyse-Detail.html?id=79。

② 资料来源:好大夫在线,https://www.haodf.com/info/aboutus.php。

核心医疗服务方面进行优化。例如，2016年，好大夫与银川市政府合作搭建PPP模式①的互联网医院，进行线上诊疗试点②，一年后又与银川市第一人民医院合作开展专家远程门诊，探索线上线下服务的连通之路。2016年9月，平台上线医师个人执业责任保险，所有在线执业的医生都自动获保。2017年9月，平台推出"好大夫优选"项目，鼓励注册医师提供高质量的医疗服务以获得平台更高的推荐量。

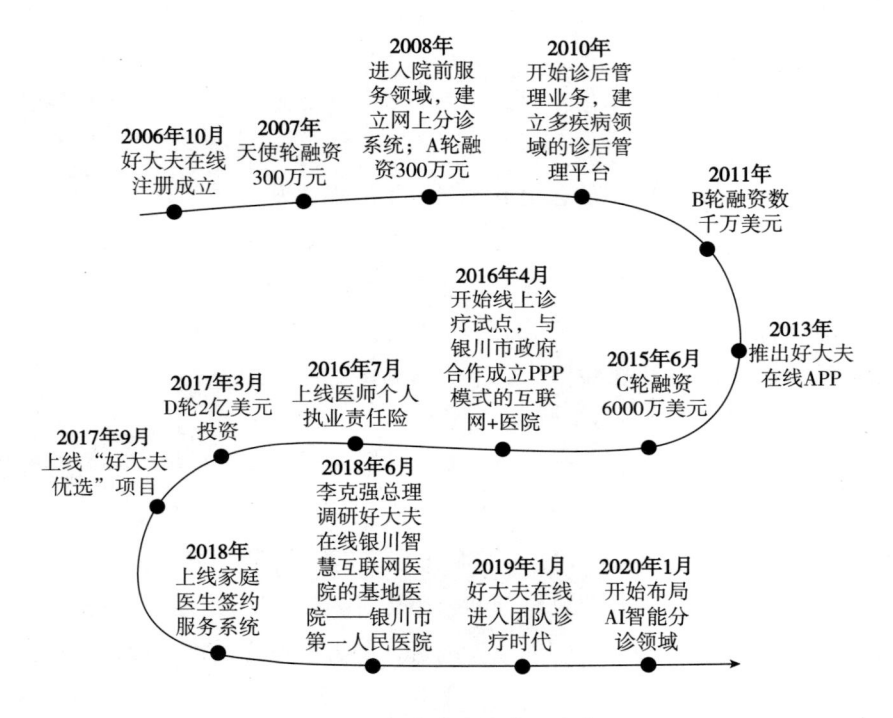

图4-12 好大夫在线发展大事记

资料来源：笔者根据公开资料整理。

---

① PPP模式指的是政府与私人组织之间为了合作进行基础设施建设，或为了提供公共物品和服务，将部分政府责任转移给社会主体（企业），由各方共同承担责任和融资风险。文中指银川市的公立医院将部分薄弱科室承包、出租给好大夫在线，在医院内部展开对外医疗合作、利益分成，形成一种科室承包（"院中院"）的PPP模式。

② 资料来源：央视网，http://jiankang.cntv.cn/2016/04/06/ARTI9WWicmRxj8YLTG4R0WPN160406.shtml。

## 第四章 互联网医疗数字平台企业：破解盈利与社会责任双重难题

2018 年至今为第三阶段。依托十几年来积累的医生资源，好大夫开始探索医生团队诊疗模式，构建更为丰富的诊疗体系，同时探索 AI 分诊，建立品牌优势。好大夫于 2018 年建立医生团队诊疗模式。团队包括医生助理、下级大夫、康复师和护士等，由一位品牌医生作为团队的领衔专家，整个团队共同为患者服务。2020 年好大夫开始布局 AI 分诊，以减轻人工分诊团队负担。

（二）好大夫在线发展现状与展望

好大夫自成立之始便以"医生"为核心，建立企业竞争力。好大夫准确把握患者在就诊环节中的首要需求：便捷、准确地找到好的医生。在确定就诊的医生后，患者自然可以确定就诊的医院，并完成挂号、检查和取药等流程。

1. 商业模式

好大夫的业务聚焦于用户端的在线问诊、家庭医生、慢性病管理和疾病科普，以及医生供给端的医生助手、医生品牌建设（见图 4-13）。在用户端，好大夫提供图文问诊、远程专家门诊和诊后疾病管理等服务。在医生端，相较于其他重视供给端培育的平台，好大夫建立了一套

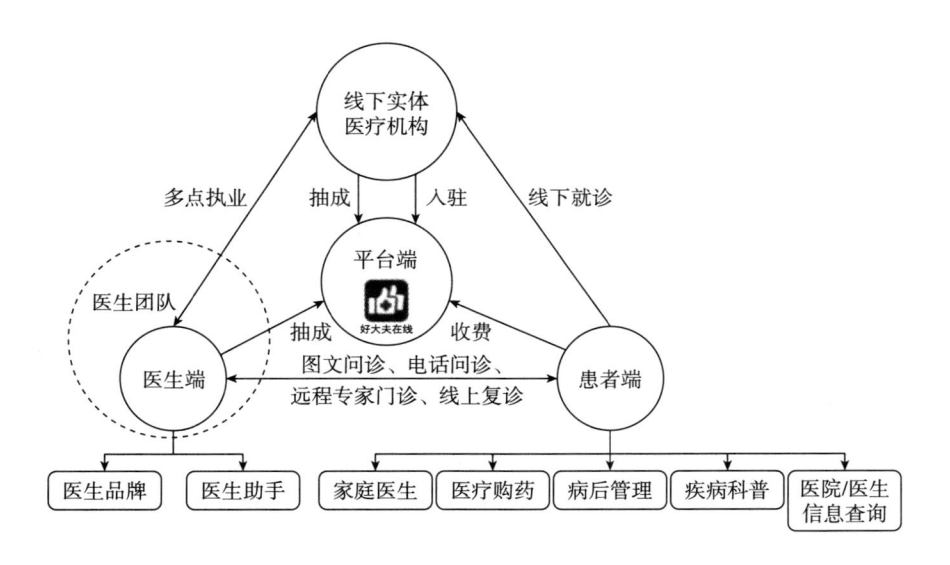

图 4-13 好大夫在线与医生和患者的关系

资料来源：笔者根据公开资料整理。

更为系统的医生资源引入、医患匹配和医生品牌打造的流程,专注于提升医疗服务核心竞争力,维护医患关系。

好大夫致力于推进线上诊疗的商业闭环,打通患者从提交需求到收取药品的全流程。分诊团队对患者需求进行审核,帮助医生做初步筛选,并派单给合适的医生,这既可减轻医生负担,也可提高匹配的准确性,从而建立平台与医院、医生的利益共同体。对于初诊患者或需要进行查体、化验和手术的患者,好大夫会将患者需求分发到有闲置医疗资源的优质线下医院。此外,好大夫与好药师、德开大药房等药企进行合作,保证药品的及时配送。

好大夫主要依靠其互联网诊疗业务盈利,分为自营业务盈利与互联网医院服务抽成。平台的盈利一方面源于在线问诊、远程问诊、诊后管理等服务,另一方面源于互联网医院的诊疗费用抽成。好大夫创始人王航认为,在可控费支付体系建设完成前,互联网医疗数字平台企业仍不能实现大规模盈利,但需要在医生资源的引入和管理上做好准备。在可控费支付体系成熟后,平台可向保险端和医院端收费,实现较大规模的盈利。[1]

2. 好大夫在线与其他企业的竞合关系分析

好大夫与多家传统医疗健康企业和其他行业的平台企业进行合作。好大夫与健康管理领域的爱康,保险领域的中国人寿、中宏保险建立牢固伙伴关系,打通诊疗前后的保险和体检环节。同时,好大夫与多个互联网平台企业进行合作,以获得服务入口。例如,在好大夫与百度医生APP的合作中,好大夫主要承担医生服务输出的工作,百度仅提供前端入口和用户数据库建立的服务,不涉及搜索服务。此外,好大夫的合作平台包括提供搜索入口的搜狗搜索和神马搜索,提供广告推广服务的今日头条,提供第三方支付服务的支付宝等。

好大夫从供给端出发,采取业务多元化战略,与其他互联网医疗数字平台企业进行竞争。一方面,优质的医生资源是好大夫的核心竞争力所在。好大夫建立了一套完善的查询、分诊、评价和分享机制,包括好大夫优选、送暖心、感谢信、治疗经验分享奖励等,以建设医生品牌。

---

[1] 资料来源:中国电子商务研究中心,http://www.100ec.cn/detail-6365610.html。

好大夫鼓励医生主动维护医患关系，通过分诊审核为医生积累特定病例提供便利，提升医生的医术水平。在病例积累的利益诉求和个人价值实现的驱动下，医生与平台的关联更为紧密。另一方面，好大夫围绕诊疗环节积极推动业务多元化，依托分诊团队和"全科+专科"医生团队提供门诊精准预约与家庭医生服务，相较单纯提供预约服务或家庭医生服务的互联网医疗数字平台企业更具竞争优势。下文以春雨医生和好大夫的竞争为例进行分析。

春雨医生是国内知名的互联网医疗数字平台企业，其与好大夫面向的用户群体相似，市场重合度高，是好大夫的竞争对手之一。好大夫和春雨医生均依靠问诊平台积累大量的患者与医生资源，再利用这些资源构建互联网医疗服务的闭环。但好大夫的战略定位聚焦于诊疗服务，春雨医生则旨在为患者提供全方位医疗健康解决方案，业务范围涵盖医疗、医药、保险和健康管理等。因此，在具体策略上，好大夫建立线上互联网医院，专注于线上全流程诊疗的发展；春雨医生则成立线下诊所，将线上线下的业务相联系。在APP的功能设置上，好大夫开辟医患社区增强社交属性，推出诊后报到、用药日记和疾病日记等诊后服务延伸服务链条。春雨医生则提供计步器、健康测评等健康管理工具，并将购药板块独立，更加注重医药方面的营收。

3. 未来展望

第一，好大夫将进一步探索AI分诊和团队诊疗模式。好大夫将在AI技术和诊疗模式上持续创新，提高服务的专业性和精确度。在团队诊疗方面，平台将逐渐建立新的组织模式、激励模式，以保证团队的良性运转。

第二，好大夫将在已有医生资源的基础上，扩大互联网医院的建设。正如创始人王航所表示的，公立医院擅长医疗服务，平台企业擅长互联网技术和运营，各有长处和短板，二者的合作可能产生新的服务模式和服务体验。随着政策进一步开放，好大夫将凭借已有的优质资源向

"三医联动"①方向发展，积极寻求与地方政府和公立医院的合作，以建设更多的互联网医院，扩大平台的服务范围。

第三，好大夫将进一步与其他企业进行合作，以推进行业整体的发展与进步。好大夫将逐步开放线上的医生资源、医疗数据和相关技术的使用权，与合作伙伴共同探索新的医疗管理模式、新的服务模式，乃至新的产业。

## 二 微医：从单一业务向全流程医疗服务发展

微医仿照欧美家庭医生体系，致力于成为每一位老百姓的健康守门人。微医打通医疗大数据和电子病历系统，为用户提供全周期、全流程的健康管理服务。截至2020年12月，微医拥有12家实体医疗机构和22家互联网医院，连接了全国7800多家医院，27万余名医生，拥有超过2亿名注册用户。②

### （一）微医发展历程

微医的发展路径清晰（见图4-14）。微医首先以挂号业务连接了医院和患者，随后通过互联网医院巩固医生和患者的联系，打通线上线下医疗服务，建立起有效的医疗资源供应网络，最后成立"三医联动平台"，向用户提供医疗、医药和医保服务。

微医的发展历程可分为三个阶段。2010—2014年为第一阶段。微医的前身"挂号网"从挂号业务出发，实现医院和患者的连接，并分别于2012年和2014年完成A轮和B轮融资。

2015—2017年为第二阶段。微医正式成立，并与政府和医疗机构广泛合作建立互联网医院。2015年，挂号网更名为微医集团，并完成C轮融资。同年，微医和浙江省桐乡市政府共建乌镇互联网医院，其成为全国第一家政府与第三方医疗机构共建的互联网医院。此后，微医相继与多个地方政府和公立医疗机构合作，在广东、安徽、四川、黑龙江等省份建立了互联网医院。

---

① "三医联动"指的是医保体制改革、卫生体制改革与药品流通体制改革联动。2015年4月，李克强总理作出批示，指出要"坚持医保、医药、医疗'三医联动'，用改革的办法在破除以药养医、完善医保支付制度、发展社会办医、开展分级诊疗等方面迈出更大步伐"。

② 资料来源：微医IPO招股书。

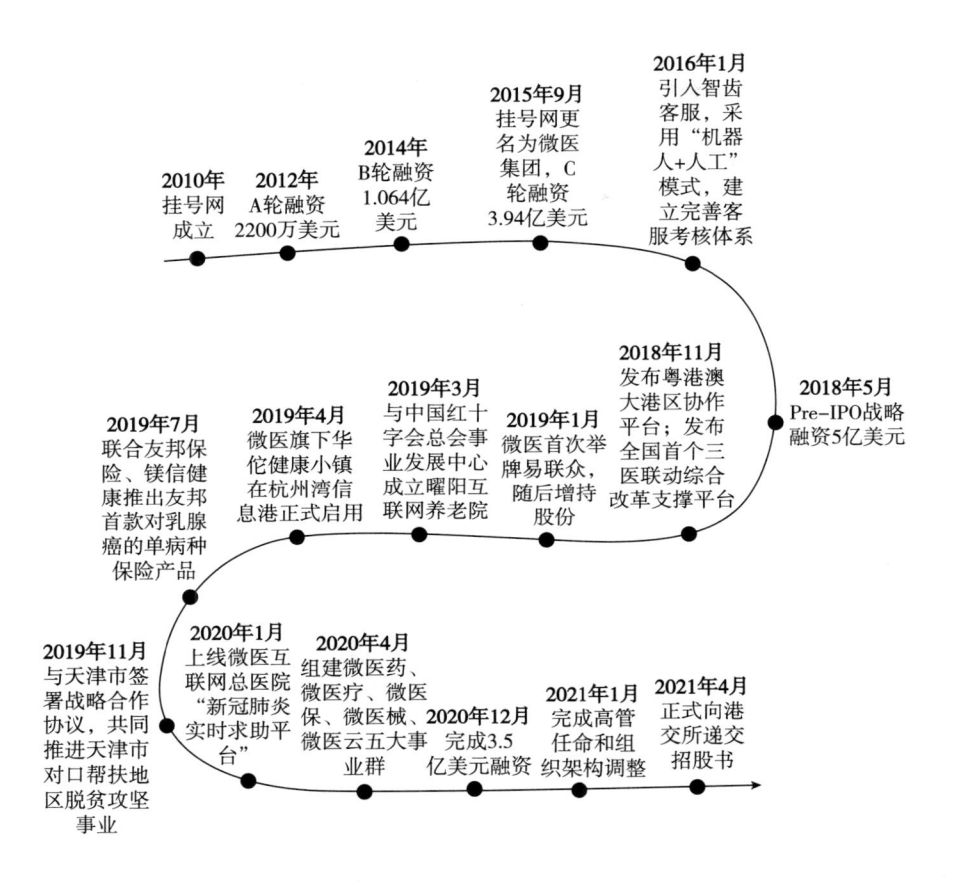

第四章 互联网医疗数字平台企业：破解盈利与社会责任双重难题

图 4-14 微医发展大事记

资料来源：笔者根据公开信息整理。

2018 年至今为第三阶段。微医积极筹备上市，并实施多元化的发展战略。微医响应"三医联动"改革，与友邦保险、易联众等企业进行战略合作，布局商业保险和医疗保险支付端。同时，微医探索业务多元化，包括医疗养老、单病种保险等业务。

（二）微医发展现状与展望

微医在业务上聚焦云平台和 HMO① 体系两大发展方向，围绕医疗

---

① HMO（Health Maintenance Organization，健康维护组织），是一种收取固定预付费用后，为特定地区主动参保的人群提供全方位医疗服务的体系。它既是一种医疗体系，也是一种保险制度或支付制度。

159

数据开展核心医疗、药品和保险服务以实现增收。微医积极与各方市场主体开展合作，并采取多元化战略与其他大型平台企业展开竞争。

1. 商业模式

在业务上，微医拥有微医云和微医 HMO 两个发展板块。微医云的定位是全国领先的健康医疗行业云平台，其主要向政府、医院、基层医疗机构等需求方提供医疗云服务[①]和医学人工智能解决方案。微医 HMO 是微医"三医联动"战略的具体化，由医疗供应网络、健康管理服务和医疗保障体系共同组成。这一体系专注于会员服务和医疗健康消费，是面向企业和个人的健康保险体系。微医 HMO 发挥了微医在医疗、医保、医药领域的资源优势，向用户提供"线上+线下""全科+专科"的管理式医疗服务。

微医的盈利来自其医疗服务和健康维护服务。医疗服务指线上线下一体化的咨询及诊疗服务，包括在线预约、线下首诊、病历获取、在线复诊、电子处方、配药服务以及通过公共医疗保险及商业健康保险结算医疗费用。健康维护服务则是向会员用户提供的数字慢性病管理服务和健康管理服务。2020 年，微医医疗服务收入 7.06 亿元，占比 38.6%；健康维护服务收入 11.25 亿元，占比 61.4%[②]。

微医搭建多元化医疗支付体系，一方面提高数字医疗服务的便捷性，另一方面也赋能相关支付方。在医保基金方面，微医应用人工智能技术实时监控医保基金的使用情况，大幅度提升基金运行效率。在商业保险支付方面，微医与保险公司合作开发创新的定制化商业健康保险产品，整合数字医疗服务与商业健康保险产品，使产品更好地满足不同投保群体的需求。

2. 微医与其他企业的竞合关系分析

微医与传统医疗企业和机构之间主要为合作关系。微医积极寻求与

---

① 云计算是一种服务，是在网络互联的基础上，按照用户和业务规模的要求，直接为用户提供所需的 IT 服务。用户无须自己建设、部署和管理 IT 设施、系统和服务。云计算服务包括基础设施即服务（IaaS）、应用平台即服务（PaaS）、软件即服务（SaaS）三种服务类型。医疗云服务指应用云计算技术，为医院或云医疗系统服务商提供上述三类服务，如基于 IaaS 的机房设备的云托管服务、基于 SaaS 的区域影像云服务。

② 资料来源：微医 IPO 招股书。

医疗机构、医保医药机构及政府和非营利性机构的合作，其具体方式与战略如下。

第一，微医积极与公立医疗机构和非公立医疗机构进行合作。在拓展市场的过程中，微医逐步与当地的公立医疗机构达成战略合作。微医官网显示，微医已与全国34个省级行政区的医疗机构达成合作，上至三甲医院，下至基层卫生室或卫生所。其中多数机构开放预约挂号服务，机构中部分科室的医生入驻平台，提供在线诊疗服务。同时，微医与中国非公立医疗机构协会达成战略合作，共建面向全国医疗机构的会员服务平台，为非公立医疗机构提供涵盖互联网医院、医生运营、药械集采供应等服务的集成解决方案。

第二，微医与位于医改前沿地区的医药和保险机构建立密切合作关系，建立区域性平台，助推"三医联动"改革。一方面，微医与福建省三明市的药企和险企进行合作。福建省三明市是"三医联动"改革前沿阵地。微医与海西医药交易中心、易联众[①]合作，创建全国首个"三医联动"综合改革支撑平台。另一方面，微医在全国各地建立区域性医疗平台。微医的区域发展战略并不局限于科技较为发达、医疗消费水平较高的地区。除在粤港澳大湾区、杭州等地建设医疗平台外，微医在西安灞桥区建立西北首个HMO基地，为当地居民提供智能医疗服务。[②]

第三，微医与政府和非营利性机构合作，致力于拓展互联网医疗公益细分领域。一是"互联网医疗+扶贫"。微医与天津市合作，共同推进对口帮扶地区脱贫攻坚事业。二是"互联网医疗+养老"。微医与中国红十字会总会事业发展中心合作，建立曜阳互联网养老院。三是"互联网医疗+防疫抗疫"。2020年国内新冠肺炎疫情暴发期间，微医在1—2月上线了微医互联网总医院"新冠肺炎实时救助平台"，推出微医通智能防疫套件，套件拥有智能检测、健康门禁、在线问诊送药等功能。微医以其迅速的抗疫行动承担起社会责任，树立了良好的企业

---

① 易联众是福建省"三医"改革的系统指定唯一服务商，排他性地拥有医保数据。海西医药交易中心是三明市在开发新型数字化医药平台时的委托方，拥有丰富的药械联合限价采购与结算经验。

② 资料来源：凤凰网，http://sn.ifeng.com/a/20181025/6973103_0.shtml。

形象。

微医与其他互联网医疗数字平台企业形成竞争关系。本部分以平安好医生和微医的竞争为例。二者的核心业务板块相似，市场重合度高。例如，在保险业务上，平安好医生对接平安保险，将商业保险引入互联网医疗，为企业和个人客户提供健康管理服务；微医则与众安保险合作，打通用户个性化健康体检、就医安排和医疗服务保障全流程。为实现差异化竞争，二者商业模式的侧重点有所不同。微医主要从供给端入手，以多元化发展战略为主，与地方政府、企业、非营利机构达成战略合作，建立在医疗资源上的竞争优势。微医连接的医院数量远超同行业平台。平安好医生则主要从需求端入手，注重流量的获取与积累，致力于达到平台盈利临界点。通常，平台向对价格更为敏感、可能同时居于多个平台的需求方提供价格补贴，向入驻平台的供给方收费，可以实现用户规模增长和运营收入双赢（李雷等，2016）。但由于医生入驻平台提供在线诊疗服务需承担较大风险，对价格敏感，退出平台门槛低，因此平台难以对医生或医院收费。平安好医生背靠平安集团的雄厚资本，采取针对患者的单边价格补贴策略，并向部分愿意购买增值服务的用户收费以补贴其他用户。截至 2020 年，平安好医生注册用户达 3.73 亿人次，月活跃用户数达 7262 万人[①]，处于业内绝对领先地位。

3. 未来展望

第一，微医将持续谋求上市。自 2018 年进行 Pre－IPO 融资后，微医持续谋求上市而不得。2020 年 4 月和 2021 年 1 月，微医分别进行了一次大规模的人员和业务调整。2021 年 2 月，微医再次进行 Pre－IPO 融资，并在 4 月 1 日正式向港交所递交招股书，再启 IPO 之路。

第二，微医将巩固已有的业务优势，进一步助推"三医联动"，并积极寻求可盈利的商业模式。作为互联网医疗市场中模式较为超前、业务布局广泛的大型平台企业，微医注重资源的连接和新业态的布局。同时，微医将进一步与政府、公立医疗机构建立合作关系，共同推进"三医联动"改革，并在新的业务模式中探索盈利点。

第三，微医面临与阿里健康、京东健康等互联网医疗企业的激烈竞

---

① 资料来源：平安好医生 2020 年年度业绩报告。

争。阿里巴巴、京东等互联网巨头近年来积极布局互联网医疗领域，其组建的阿里健康、京东健康与微医的市场重合度较高。阿里在医药电商、医疗智慧解决方案等领域均有一定经验，京东健康则具备较强的供应链优势，这在一定程度上冲击了微医已有的业务版图。

## 第三节　互联网医疗数字平台企业的社会效应

互联网医疗数字平台企业在追求利润的同时，也因所提供的医疗服务的特殊性，或主动或被动地承担起社会责任。这对市场参与主体、医疗行业与经济发展均产生了重要的社会效应。

### 一　互联网医疗数字平台企业对市场参与主体的社会效应

互联网医疗数字平台企业影响的市场主体主要涉及医疗机构、医药企业、商业保险机构、医生与患者。

互联网医疗数字平台企业提高医院信息化水平，优化资源配置。平台与公立医疗机构共建互联网医院，提供择医、挂号的入口。同时，平台连接基层医疗机构与三级医院，患者可在基层医疗机构接受三级医院医生的远程会诊，这既缓解了大型医院的医疗服务负荷，也提高了基层医疗机构的诊疗水平。

互联网医疗数字平台企业提高了传统药店的服务能力。平台能够满足药店对药品销售、药品推广和诊疗数据的需求。入驻平台的传统药店可以获得平台上患者的购药数据。借助平台提供的消费者数据分析报告，药店可以及时更新药品的种类，降低管理成本，提升运营效率。

互联网医疗数字平台企业拓展保险机构服务范围，实现产品创新供应。互联网医疗数字平台与商业保险机构的合作拓宽了保险机构的服务范围，也使商业医疗保险服务从简单的费用补偿发展成为集预防、治疗、康复为一体的综合健康管理（吴凌放，2018）。同时，大数据在保险领域的应用推动了保险产品的创新，催生了单病种保险、理赔运营等产品。

互联网医疗数字平台企业为医生提供多点执业场所，满足医生多元需求。一方面，第三方互联网医疗数字平台为医生提供了多点执业的场所。医生可以在既有体制之外赚取收入，打造个人品牌，实现服务价值。另一方面,类型多样的医生端 APP 满足了医生的各类需求。教学培训类 APP 聚焦医生的科研需求,患者管理类 APP 则帮助医生管理医患关系管理,建立医生品牌。

互联网医疗数字平台企业便利患者,但存在服务失败的风险。首先,平台从挂号、问诊、取药、复诊和诊后康复各环节全方位简化了患者的诊疗过程,缩短问诊时长,节省综合开支。其次,平台实现了跨时空的资源配置。借助远程医疗等手段,偏远地区的患者足不出户便可接受三级医院医生的诊疗,不贻误治病时机。最后,用户可在平台的辅助下进行全方位的健康管理。平台整合可穿戴设备监测到的用户数据,根据建立的档案向用户提供更为个性化的健康建议,帮助用户进行自我管理,调节饮食和运动,达到预防疾病的目的。然而,由于平台上的医生资质良莠不齐,医生提供的服务不一定能解决患者的问题,患者需要承担医生答复不及时、方案不具有针对性甚至误诊的风险。

## 二 互联网医疗数字平台企业对医疗行业的社会效应

互联网医疗数字平台企业对医疗行业的社会效应主要表现在技术和资源两大方面。一方面,互联网医疗数字平台企业具有较强的数据归集、数据分析和技术创新能力,可实现对医疗数据和医疗科技的技术赋能。另一方面,平台企业的资源调配能力可弥补公共卫生体系能力的不足,并优化区域医疗资源配置。

互联网医疗数字平台企业推动区域数据整合。在医疗服务领域,互联网医疗数字平台企业与政府合作推行医疗改革,协助政府搭建区域性的医疗平台,实现医疗数据的连接与共享。例如,微医大湾区协作平台深度连接粤港澳三地的医疗健康服务资源,搭建了各地区医疗、医药、医保服务连接的桥梁,促进湾区内先进医疗技术、优质医疗资源的融合。

互联网医疗数字平台企业推动医疗科技发展,技术赋能精准医疗。在 2018—2020 年全球数字医疗专利排行榜上,中国的专利申请数量排名第一。其中中国平安、联影、腾讯等中国互联网医疗企业进入榜单前十。① 平安好医生的 AI 辅助诊疗系统获得全球最大的家庭医生组织

---

① 资料来源:IPR DAILY,http://www.iprdaily.cn/news_23648.html。

WONCA 的最高级别认证。① 联影医疗的全球首台全景扫描 PET-CT——uEXPLORER 探索者的整机灵敏度是传统 PET-CT 的 40 倍，扫描时产生的辐射剂量可降低至传统设备的 1/40。② 企业在进行科技创新提升自身竞争力的同时，也推动了我国医疗科技领域的长足发展。

互联网医疗数字平台企业帮助提升医疗服务水平与效率。首先，互联网医疗数字平台作为第三方市场，能发挥撮合、定价、监管等作用，推动医疗资源的合理配置。平台上的医疗机构和企业借助平台积累的数据，可进行消费者信息区分，提供精准服务，提高医疗服务的效率。其次，平台企业能挖掘基层医疗资源的潜力，参与医生的培训和职业规划，提升基层医疗服务水平。最后，在医药市场，平台的供应链服务能力可以加速药品流通速度，简化药品分销体系，保障基层和偏远地区的药品供应，提高药品的可及性。

互联网医疗数字平台企业在突发公共卫生事件期间补充公共卫生体系能力。2020 年年初暴发的新冠肺炎疫情（以下简称疫情）是对我国公共卫生体系的重要考验。疫情面前，我国基层医疗机构信息化水平低、医疗机构间信息不对称、信息人才匮乏等短板显现，制约了基层医疗机构运用信息化手段进行疫情防控的能力。医生和药品的短缺也制约着疫情高发地的诊疗服务。在线诊疗平台针对这一痛点，相继推出疫情速报、线上义诊等健康服务。好大夫在线调动全国的医生资源，平均每天有 2 万多名医生在线问诊。2020 年 1 月 22 日到 2 月 25 日其线上总问诊量超过 426 万次，和肺炎相关的咨询占 20%。③ 医药电商平台则凭借供应链优势，迅速整合资源，捐赠医疗防护物资，驰援抗疫一线。

### 三 互联网医疗数字平台企业对经济发展的社会效应

互联网医疗数字平台企业对经济发展的影响体现在"互联网"与"医疗"结合产生的经济效益，包括消费升级、行业升级和地区经济发

---

① 资料来源：央广网，http://www.cnr.cn/shanghai/tt/20200416/t20200416_525055925.shtml。
② 资料来源：大公网，http://news.takungpao.com/mainland/topnews/2017-05/3450769.html。
③ 资料来源：中国社会科学网，http://www.cssn.cn/zx/shwx/shhnew/202004/t20200407_5110465.shtml。

展。同时，互联网医疗数字平台企业也有助于缓解我国医生劳动力市场和大学生就业市场的压力。

互联网与医疗的结合推动了医疗升级，进而拉动消费升级。随着我国人口增长及人口老龄化程度加剧，医疗产业规模日益增长，健康体检、可穿戴设备和医疗健康APP等互联网医疗业态也长足发展。医疗升级下高附加值的医疗保健服务为居民提供了更多消费选择，从而为经济增长方式转变提供了新动能。

互联网医疗扩大医疗服务范围，带动医疗行业经济的发展。互联网改造了传统医疗服务，使医疗服务脱离时空限制，面向更为广泛的群体，从而扩展了医疗服务的盈利空间。互联网医疗经济作为"非接触经济"的重要组成部分，在后疫情时代将有更大的发展空间，这有助于医疗行业整体收入的增加，带动行业经济的发展。

互联网医疗数字平台企业统筹优质医疗资源，推动地区经济均衡发展。互联网医疗数字平台企业与政府进行合作搭建区域性平台，提高地区医疗服务质量和居民健康水平。互联网医疗数字平台企业对基层医疗卫生体系的补给缩小了城乡之间的医疗服务差距，在促进乡村振兴和地区均衡发展上具有重要意义。

互联网医疗数字平台企业改善医疗工作者和大学生就业市场。一方面，随着医生多点执业政策的放开，越来越多的医疗工作者进入互联网医疗数字平台自由执业或进行互联网医疗创业，以实现个人职业价值。另一方面，互联网医疗数字平台的运营涉及生物科技、计算机、电子商务、健康管理等多个学科领域的知识，这为应届大学生提供了新的岗位选择，有助于缓解我国大学生就业难的问题。

## 第四节 互联网医疗数字平台企业发展面临的主要问题

互联网医疗数字平台企业在经营和发展过程中，受到外部经营环境和内部管理体系的制约，且企业具有市场参与者与组织者的双重身份，需要平衡盈利与社会责任承担的双重目标。本节将互联网数字医疗平台企业所处的环境与企业的双重目标相结合，构建了一个问题识别框架

(见图 4-15)。

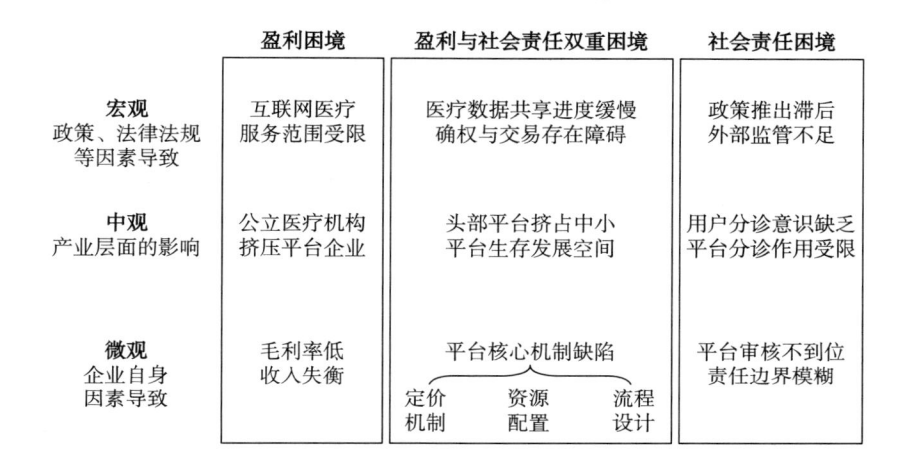

|  | 盈利困境 | 盈利与社会责任双重困境 | 社会责任困境 |
|---|---|---|---|
| **宏观**<br>政策、法律法规<br>等因素导致 | 互联网医疗<br>服务范围受限 | 医疗数据共享进度缓慢<br>确权与交易存在障碍 | 政策推出滞后<br>外部监管不足 |
| **中观**<br>产业层面的影响 | 公立医疗机构<br>挤压平台企业 | 头部平台挤占中小<br>平台生存发展空间 | 用户分诊意识缺乏<br>平台分诊作用受限 |
| **微观**<br>企业自身<br>因素导致 | 毛利率低<br>收入失衡 | 平台核心机制缺陷<br>定价  资源  流程<br>机制  配置  设计 | 平台审核不到位<br>责任边界模糊 |

**图 4-15　互联网医疗数字平台企业问题识别框架**

资料来源：笔者自制。

基于上述框架，本节指出互联网医疗数字平台企业面临的九个问题点，居于中间列的三个问题点既涉及企业的盈利困境，也涉及企业的社会责任困境。为方便讨论，本节的分析思路以纵向为主，并在分析过程中穿插对企业盈利困境和社会责任困境的分析。

## 一　宏观层面

在宏观层面，互联网医疗服务范围受限，在一定程度上压缩了企业的盈利空间；数据市场不完善既制约企业利用医疗大数据盈利，也提高了用户隐私数据泄露风险；政策推出滞后则使平台受外部监管不足，增加了企业的社会责任风险。

其一，互联网医疗所能提供的服务范围有限。一方面，并非所有医疗服务都可以转移到线上。多数诊断和医疗服务依赖医患的当面交流和接触。远程医疗虽能减少一定的沟通障碍，但并不适用于需要触诊、叩诊方能确定病状和诊疗方案的病例。另一方面，由于医疗服务的质量关乎患者的健康，国家对医药销售和互联网诊疗的产品服务范围进行了严格规定。如新修订的《中华人民共和国药品管理法》对占据较大市场份额的处方药售卖设置门槛，只有获得资质的平台才可售卖处方药。

《互联网医院管理办法（试行）》则明确规定互联网诊疗服务不包括首诊。

其二，医疗数据确权与交易是互联网医疗数字平台经济价值和社会价值的重要体现，但目前平台间医疗数据的开放共享、隐私保护和产权归属都存在一定问题。首先，医疗数据是重要的数据资产，其开放与流通是数据价值实现的前提。互联网医疗数字平台积累了大量的用户数据，如能应用于辅助医疗决策、慢性病管理、远程医疗等领域，将发挥巨大的作用。然而，由于缺乏统一的管理条例与规范，平台间医疗数据差异较大，相对割裂且整合难度较高，短期内难以共享。其次，数据的隐私问题源于平台或非法分子对数据的跟踪和监视、信息所有者有意或无意的披露，及潜在的数据歧视（吴友富等，2017），而我国尚缺乏对医疗隐私数据的分级与保护机制。最后，医疗数据来源复杂多样，各项数据的性质和使用规则也尚未明确，尚需相关部门在法律和制度层面明确各项数据的权利属性，包括公益属性和非公益属性，从而形成公共部门数据和可交易数据（魏俊璟，2020）。

其三，互联网医疗相关政策的出台往往慢于市场探索和应用新模式、新业态的脚步，导致平台接受的外部监管不足。互联网医疗数字平台产业业态复杂，发展迅速，且在线诊疗服务质量难以客观评估。上述特性均掣肘着制度设计者，导致监管制度推出和落实严重滞后。传统监管体系难以及时进入平台自留地，对平台的监管"黑箱"容易形成，易诱发社会责任行为的缺失和异化（肖红军、李平，2019）。互联网诊疗服务规范性管理方法[①]于2018年出台，这比我国第一家互联网医院诞生晚了4年，比互联网诊疗概念的提出晚了近8年。在上述政策出台之前，互联网医院、互联网诊疗等概念界定模糊，这给予了平台企业宽泛的操作空间。平台可借"在线问诊"之名提供简单的"健康咨询"服务，而不承担任何欺诈或违约责任。此外，医药电商平台企业的外部监管不及时，缺乏强制力。医药电商在我国发展较早，但直至2013年国家食药监局才开始进行第三方平台药品网上零售试点工作。在试点过

---

① 指2018年7月17日国家卫健委、国家中医药管理局印发的《互联网诊疗管理办法（试行）》《互联网医院管理办法（试行）》《远程医疗服务管理规范（试行）》三个文件。

程中，平台与实体药店责任归属不明确、平台对所售药品缺乏质量监管等问题方才暴露。现行药品管理法规定，平台销售处方药时，药品销售网络必须联通医疗机构信息系统，并确保处方来源真实。但监管机构对审方不严、售后补方[①]的平台，仅采取约谈手段或暂停服务予以警告，监管缺乏强制力。

## 二 中观层面

在中观层面，市场中公立医疗机构的优势地位制约平台企业发展；大型平台企业的发展挤占了中小平台企业的生存发展空间，且大型平台企业与政府的合作对企业承担社会责任的成效还需进一步检验；分诊服务是平台企业社会责任价值的重要体现，但相关制度的不完善制约了平台企业分诊作用的发挥。

其一，公立医疗机构在与互联网医疗数字平台企业的合作或竞争中居于优势地位，挤压了平台企业的发展空间。公立医疗机构在合同中较高的话语权和对医患资源的较强控制，制约着平台企业的盈利能力。大型互联网医疗数字平台企业与公立医院的合作本质是搭建与线下医院同质的虚拟医院，医疗服务的议价权仍为公立医院所把控。且相较于合作，互联网医疗数字平台企业与公立医疗机构形成的主要是竞争关系。后者运用薪酬和人事制度把控着医生资源，并吸引患者到公立医院接受传统认知中更为稳定和可靠的服务。

其二，在互联网医疗市场的分层式垄断竞争格局中，新进入市场的大型平台企业挤占了中小平台企业的生存和发展空间。近年来，互联网巨头接连进入互联网医疗市场（见图4-16）。新冠肺炎疫情期间，互联网医疗政策的有利引导和市场需求的快速上升，致使互联网巨头更加积极地布局互联网医疗业务。这将进一步压缩其他平台企业，尤其是小型平台企业的盈利空间。

相较于中小型平台企业，大型平台企业的关系资源多，更容易与政府或医疗机构达成合作，以享受更有利的发展环境。互联网医疗数字平台企业的可持续发展离不开与医疗行业相关资源的深度合作（汪鹏、吴昊，2013）。大型平台企业的关系资源往往更为丰厚，杠杆价值更

---

① 即平台企业在售出药品后自行伪造处方或要求患者补传处方。

大，更易撬动与政府和医疗机构的深层合作，获取更优质的医疗资源。同时，大型平台企业对地方经济、税收和就业有积极贡献，其政治游说能力、政策制定参与能力也更强，因而能够向地方政府争取更优厚的政策，享受更优质的营商环境（马光荣等，2015）。但多数政企共建的平台承担社会责任的成效仍有待检验。

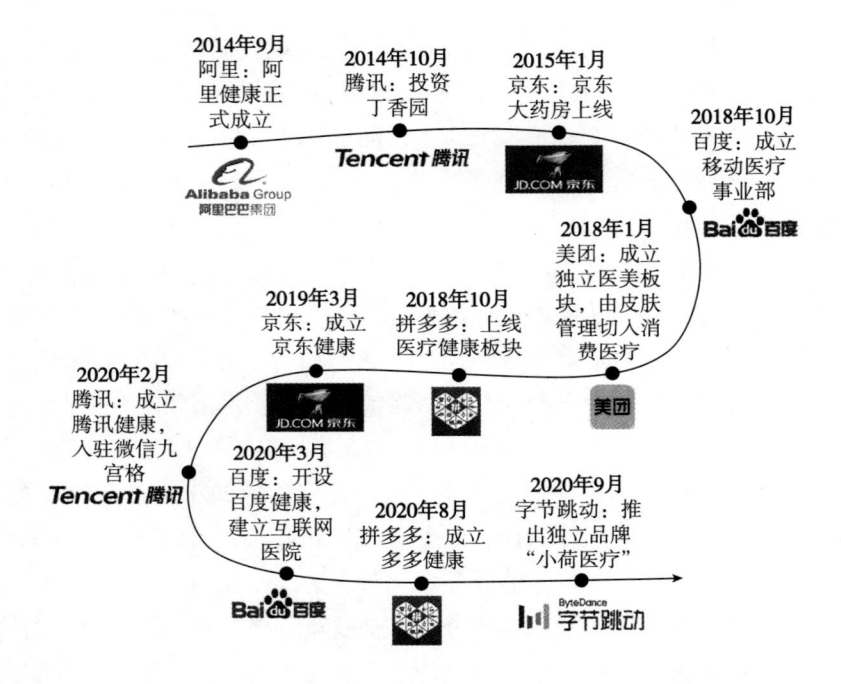

图 4-16　互联网巨头进入互联网医疗市场时间轴

资料来源：易观智库。

其三，分诊服务是互联网医疗数字平台社会责任价值的重要体现，但平台用户分诊意识的缺乏制约了平台分诊作用的发挥。互联网医疗数字平台可提供分诊服务，将在平台上挂号的首诊患者优先引导至基层医疗机构就诊。平台还可为三甲医院与基层医疗机构提供远程医疗技术支持，推进医疗资源在区域间和城乡间的优化配置。但居民在基层首诊意向低、分级诊疗制度意识淡薄等因素都制约着平台分诊作用的发挥。由于用户更倾向于在三级医院就诊，因此即便在平台上，三甲医院的医生接诊量也远超过基层医疗机构的医生。而用户对分级诊疗缺乏认识，导致相关服务需求远未释放，平台的分诊机制也就难以发挥作用。

### 三　微观层面

在微观层面，平台企业长期面临毛利率低和收入结构失衡的困境；平台核心机制的缺陷不利于企业建立有效的商业模式，也使其难以承担社会责任；平台内部审核不到位和责任边界模糊则反映了企业社会责任的缺失。

1. 互联网医疗数字平台企业毛利率低，收入结构失衡

互联网医疗数字平台的真正价值尚未得到多方共识，在财务上表现为企业的毛利率低和收入结构失衡。对用户而言，由于医疗服务与其他可客观衡量价值的产品与服务存在较大差异，缺乏专业知识的患者容易错估医疗服务的价值。一旦患者对服务的预期与平台定价出现落差，便会低估平台的价值。对医疗企业和机构而言，平台仅是实现企业和机构数字化的工具，缺乏对诊疗服务的议价权。而单纯的信息化业务难以真正创造营收，也与平台真正的经济价值相悖。平台价值被错估导致企业在真正创造价值的业务上毛利率偏低，且收入结构失衡。本节以平安好医生为例进行简要分析。

平安好医生的业务收入结构明显失衡。2020年平安好医生健康商城业务的营收占企业总收入的54.09%，但其毛利率仅有7%。健康管理和互动毛利率最高，达76%，但该业务的本质是平安好医生APP的广告服务，而非诊疗服务。在线医疗业务的毛利率达56%，但其营收只占总收入的22.79%。

目前互联网医疗数字平台企业的盈利主要基于其互联网基因，即互联网金融业务、广告和电商服务，但这些盈利点均未触及核心的互联网诊疗业务。平台企业以医疗AI技术为服务增值，提高医疗服务的匹配效率与精度。而2C模式的在线问诊和健康管理业务的开展仍面临医保支付环节未打通等阻碍。这表明平台企业在真正将互联网医疗内化为平台商业逻辑之前，仍有很长的路要走。

2. 互联网医疗数字平台核心机制存在缺陷

互联网医疗数字平台的核心机制包括定价机制、资源配置机制和交互流程。下文将对三个机制出现的问题进行剖析。

（1）定价机制。互联网医疗数字平台的定价机制面临三个问题，一是价格结构不可持续，二是收费方式受政策制约，三是定价水平存在分歧。其一，平台价格结构不可持续。目前常见的价格结构为：平台对患者端（需求端）进行价格补贴，对入驻的公立医疗机构和药企险企（供给端）收费。但对需求端补贴要求平台在用户规模到达临界点前承担亏损，对供给端收费则受制于供给方进入的意愿，且连接资源所投入的成本可能高于获取的利润。其二，平台的收费方式受政策制约。已有政策对互联网医疗服务价格项目需要符合的基本条件进行了规定，限制平台虚设技术规范不明确、线下无法实现、缺乏实质性效果的收费项目。其三，专家在互联网医疗服务的定价水平上存在分歧。有专家认为线上服务定价应高于当前线下服务价格，以弥补服务成本，体现服务价值，有专家则认为平台应以低价吸引患者选择互联网医疗服务（张焜琨等，2020）。

（2）资源配置。医生资源的人工分配一般由专业的分诊团队进行，但存在员工权力寻租的风险。在员工掌握平台管理权和资源分配权的情形下，医生可能与员工进行交易。由于零差评和高信誉是患者选择医生的重要依据，因此删除差评与提高信誉分成为医生与平台员工私下交易的对象（肖红军、李平，2019）。进一步，"强者越强"的"马太效应"导致未与员工进行交易的医生逐渐被边缘化。在经济学意义上，寻租行为并不创造任何财富。相反，其严重破坏了医疗服务市场中的公平竞争，降低了分配效率，是平台腐败的体现。

AI 分诊可以提高医患匹配的准确度，但这需要平台积累大量的在线咨询与问诊数据，并在企业内部进行相应的技术投入和组织改造。目前多数互联网医疗数字平台采用的医患匹配技术的准确率一般，如果匹配错误则会损害用户的使用体验。随着 AI 技术逐渐成熟，许多互联网企业开始尝试在服务中应用 AI，以提高服务效率与信息匹配准确度。但由于改造原有系统的成本高昂，只有部分大型平台企业如平安好医生和好大夫在线，能够在积累海量问诊数据的基础上，进行技术和人力资源投资，尝试应用 AI 分诊进行医患匹配。

（3）交互流程。医生、患者和平台的交互流程设计存在不足（见图 4-17）。这一交互流程从患者进行信息搜寻或提交请求开始，经平台分配医生、医患在线交互后,以患者提交评价或反馈结束,其中多个环节均存在不足。这反映了平台产品意识和责任意识的缺乏,长此以往将损害用户的体验,不利于提高用户黏性,形成品牌效应。

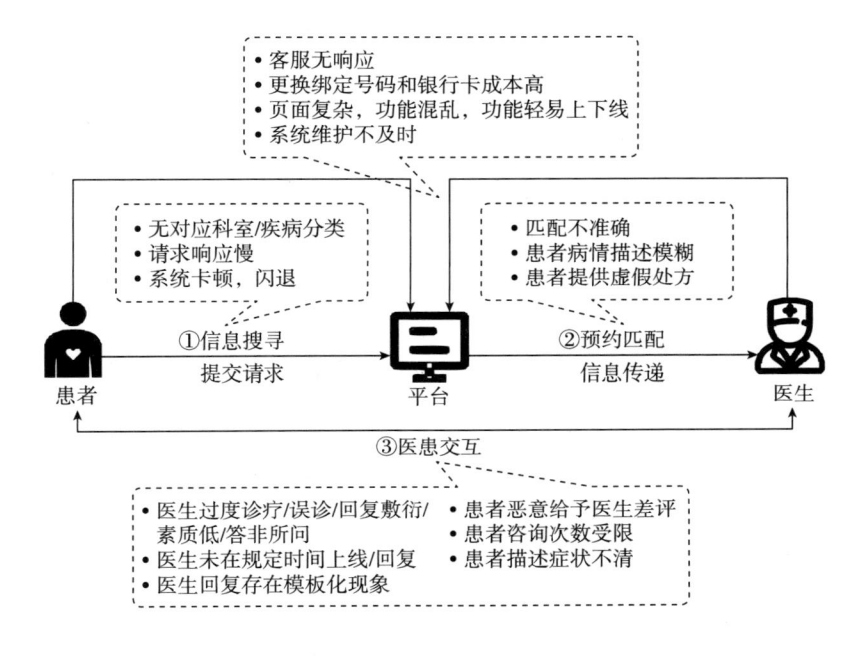

图中文字：
- 客服无响应
- 更换绑定号码和银行卡成本高
- 页面复杂,功能混乱,功能轻易上下线
- 系统维护不及时

- 无对应科室/疾病分类
- 请求响应慢
- 系统卡顿、闪退

- 匹配不准确
- 患者病情描述模糊
- 患者提供虚假处方

患者 ①信息搜寻 提交请求 → 平台 ②预约匹配 信息传递 → 医生

③医患交互

- 医生过度诊疗/误诊/回复敷衍/素质低/答非所问
- 医生未在规定时间上线/回复
- 医生回复存在模板化现象

- 患者恶意给予医生差评
- 患者咨询次数受限
- 患者描述症状不清

**图 4-17 互联网医疗数字平台流程设计缺陷**

资料来源：笔者根据公开信息整理。

医药电商平台的购药流程长期存在不规范现象,其中处方药的售卖存在较大的监管漏洞。部分平台对处方真实性与合规性的检验不够完善,甚至有平台并未设置审核处方的环节。用户可以在不凭处方单、上传非处方图片、使用他人处方单或要求平台在线开设处方单等情况下购买处方药。这可能导致患者误用药品,危害患者自身健康。

3. 互联网医疗数字平台审核不到位,责任边界模糊

互联网医疗数字平台缺乏对医生和员工的审核。一方面,部分互联网医疗数字平台并不设置医生资质准入门槛,也未对医生所提供信息的真实性加以验证,导致平台上充斥着缺乏行医资格、谎报行医机构的医生。另一方面,平台缺乏对员工服务能力与态度的考核。平台上的人工

173

客服长时间不响应、回应依靠模板等现象突出。据笔者观察，在安卓和苹果应用商店中，在线医疗APP用户的投诉多集中于出现医疗事故和系统闪退等问题时客服的消极处理态度。

互联网医疗数字平台条款模糊，推卸责任。互联网医疗数字平台企业在撮合多边交易的过程中，理应制定合理的规则保障交易的顺畅进行，但平台往往在条款设置中将矛盾转移给多边主体，推卸社会责任。多数互联网医疗数字平台的条款覆盖范围不够全面，强调平台对信息的自主判断权，却拒绝承担判断失误的风险。[①] 这意味着平台可以自行删除用户对医生的差评和投诉，对其他用户产生误导而无须承担任何责任。互联网医疗数字平台本应保障所发布医疗健康资讯的权威性和科学性，然而，微医与好大夫在线均强调，不对平台上的各类医疗保健信息的真实性、科学性和严肃性作任何形式的担保。

## 第五节 互联网医疗数字平台企业发展主要影响因素

本节围绕宏观的政策和法律法规、人口与健康结构，中观的医疗供给机制，以及微观的互联网医疗数字平台企业所掌握的资源与能力这三个层面，讨论上述因素对互联网医疗数字平台企业发展的影响。

### 一 宏观层面

政策的稳定性和监管的强度影响着互联网医疗数字平台企业的生存。医疗行业与其他行业的重要区别在于：医疗市场中的供需双方建立的不仅是一般的产品与服务交易关系，也是人道主义的服务关系。医疗产品和服务的质量对消费者的身心健康有着重要影响，且难以在交易中被简单量化。因此，互联网医疗行业具有政策强监管性。在2016年之前，互联网医疗相关政策较少，且聚焦于医药电商、远程医疗等在前期发展较为迅速的细分领域。2016年后，相关政策开始密集发布（见表4-3），整体呈现严格监管和鼓励创新的导向。一方面，政策对行业范

---

① 如好大夫规定，对于用户在平台上的不当行为，或其他任何平台认为应当终止服务的情况，平台有权随时作出删除相关信息、终止服务提供等处理，而无须征得用户同意。资料来源：好大夫在线官网，https：//www.haodf.com/info/serviceterms.php。

围的界定逐渐清晰，医保、医药、互联网诊疗的管理方法也逐步细则化。另一方面，政策鼓励企业与公立医疗机构合作搭建互联网医院，进行互联网诊疗服务模式创新。新冠肺炎疫情期间，中共中央和国务院连发多份政策文件，探索推进互联网医疗医保首诊制和预约分诊制，以推动互联网医疗与传统卫生医疗体系进一步结合，促进行业良性发展。

表 4 – 3　　　　　　　　2016—2020 年互联网医疗主要政策

| 时间 | 政策文件 | 发布单位 | 摘要 |
| --- | --- | --- | --- |
| 2016 年 3 月 | 《关于促进医药产业健康发展的指导意见》 | 国务院 | 构建全国药品信息平台，建立信息共享和反馈追溯机制，禁止医药机构限制处方外流 |
| 2016 年 4 月 | 《深化医药卫生体制改革 2016 年重点工作任务》 | 国务院 | 加快建设分级诊疗制度，巩固完善全民医保体系，推进卫生信息化建设 |
| 2016 年 6 月 | 《关于促进和规范健康医疗大数据应用发展的指导意见》 | 国务院 | 大力推进互联网健康咨询、网上预约分诊、移动支付和检查检验结果查询；全面建立远程医疗应用体系，强化健康医疗大数据保障体系 |
| 2017 年 4 月 | 《关于推进医疗联合体建设和发展的指导意见》 | 国务院 | 建立医联体统一信息平台，实现诊疗信息互联互通；医联体内便捷开展预约诊疗、双向转诊、健康管理、远程医疗等服务；探索实行远程医疗收费和支付政策 |
| 2018 年 4 月 | 《国务院办公厅关于促进"互联网 + 医疗健康"发展的意见》 | 国务院办公厅 | 明确了医疗服务、公共卫生服务、家庭医生签约服务、药品保障、医保结算等领域的内容和发展方向 |
| 2018 年 9 月 | 《关于印发互联网诊疗管理方法（试行）等 3 个文件的通知》 | 卫健委、中医药局 | 互联网医院准入前，省级卫生健康行政部门应建立省级互联网医疗服务监管平台，对接互联网医院信息平台，实时监管 |
| 2019 年 2 月 | 《关于开展"互联网 + 护理服务"试点工作的通知》 | 卫健委 | 鼓励开展网约护士服务 |

续表

| 时间 | 政策文件 | 发布单位 | 摘要 |
| --- | --- | --- | --- |
| 2019年6月 | 《深化医药卫生体制改革2019年重点工作任务》 | 国务院办公厅 | 首次明确互联网医疗可纳入医保支付 |
| 2019年8月 | 《关于完善"互联网+"医疗服务价格和医保支付政策的指导意见》 | 医保局 | 明确互联网医疗收费标准和医保支付标准;首次将"互联网+"医疗服务价格纳入现行政策体系;按照线上线下公平的原则配套医保支付政策 |
| 2020年2月 | 《关于深化医疗保障制度改革的意见》 | 中共中央、国务院 | 强化基层全科医疗服务,加快发展社会办医,规范"互联网+医疗"等新服务模式发展 |
| 2020年3月 | 《关于推进新冠肺炎疫情防控期间开展"互联网+"医保服务的指导意见》 | 国家医保局、卫健委 | 合规的常见病、慢性病线上复诊服务可纳入医保基金支付范围;医保部门协同互联网医疗机构,诊疗费和药费医保负担部分在线结算;落实线上实名制就医和处方审核等措施 |
| 2020年4月 | 《关于推进"上云用数赋智"行动培育新经济发展实施方案》 | 发改委、网信办 | 在卫生健康领域探索推进互联网医疗医保首诊制和预约分诊制 |
| 2020年5月 | 《关于做好公立医疗机构"互联网+医疗服务"项目技术规范及财务管理工作的通知》 | 卫健委、中医药局 | 规范"互联网+医疗服务"项目相关管理工作;明确"互联网+医疗服务"会计核算及财务管理;统一医疗服务工作量统计口径 |
| 2020年7月 | 《关于支持新业态新模式健康发展激活消费市场带动扩大就业的意见》 | 发改委、网信办、卫健委 | 积极发展互联网医疗,支持平台在就医、健康管理、养老养生等领域协同发展,培养健康消费习惯,并提出将符合条件的"互联网+"医疗服务纳入医保支付范围 |
| 2020年10月 | 《关于积极推进"互联网+"医疗服务医保支付工作的指导意见》 | 国家医保局 | 做好"互联网+"医疗服务医保协议管理;优化"互联网+"医疗服务医保经办管理服务;强化"互联网+"医疗服务监管措施 |

续表

| 时间 | 政策文件 | 发布单位 | 摘要 |
|---|---|---|---|
| 2020年11月 | 《关于深入推进"互联网+医疗健康""五个一"服务行动的通知》 | 卫健委、国家医保局、中医药局 | 推进"一码通"融合服务,破除多码并存互不通用障碍;推进"一站式"结算服务,完善互联网医疗在线支付工作 |

资料来源:国家政府网,各部门官网。

我国人口与健康结构正在发生转变,这催生了居民更高的医疗保健需求。我国人口基数庞大,人口老龄化问题突出。第七次全国人口普查数据显示,我国总人口突破14亿,其中65岁及以上人口占比达13.5%[1],这表明我国已步入老龄化社会。人口结构改变引发消费结构变迁,使我国人均医疗保健消费占比逐渐提升(见图4-18)。同时我国老年人口慢性病问题日益严峻,60岁及以上老年人群中,75.8%的老年人被一种及以上的慢性病困扰,且一人身患多种慢性病现象普遍(王丽敏等,2019),这对我国慢性病就诊与康复的医疗体系提出了更高的要求。

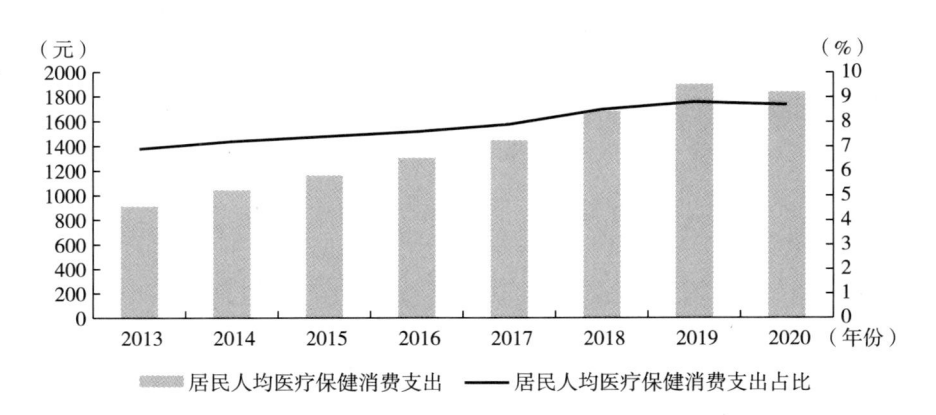

**图4-18 2013—2020年我国人均医疗保健消费支出及占比**

资料来源:国家统计局。

---

[1] 资料来源:国家统计局。

## 二 中观层面

我国医疗行业的供给机制既有向好的一面,也有不足之处,从而影响了互联网医疗数字平台的发展。

一方面,医生多元化执业模式可提高医疗服务产能,实现医生个人价值,推动医生在平台就业。目前国内医生的执业模式除传统的单点执业外,还包括多点执业[①]和医生集团[②]。医生多点执业可有效提升民营医院和基层医疗机构的实力,提高医生服务产能,打造医生个人品牌。而医生集团可直接面向市场提供服务,服务价格由市场决定。这有助于医生在僵化的医疗体制外实现个人价值。在医生多元化执业模式下,平台可以吸纳更多医生资源,提高供给能力。

另一方面,我国医疗供给端资源整体水平较低且配置不均,"三医联动"相关机制不健全,影响了平台"三医联动"战略的实施。我国的三级医院集中了大量高水平的医疗资源,基层卫生机构却面临服务资源不足、服务能力有限的窘境。远程医疗服务将优质医疗资源从发达地区对接至落后地区,却难以解决医生资源总体供给不足和资质较差的问题。医疗、医保、医药"三医联动"是互联网医疗数字平台与政府合作的重点领域,但是各部门之间缺乏医疗卫生领域的人事编制、绩效考核、收入分配等深层次的机制改革的协同合作。[③]

## 三 互联网医疗数字平台企业掌握的资源和能力

在分层式垄断竞争格局下,互联网医疗数字平台企业掌握的资源(知识性资源、技术资源、人才资源)与拥有的能力(融资能力、抗风险能力、创新能力),越来越影响企业竞争力的发挥。这些资源和能力对于大型平台企业保持竞争优势或中小型平台企业发掘自身优势都具有重要意义。

1. 互联网医疗数字平台企业掌握的资源

独特的知识性资源有助于互联网医疗数字平台企业在定位和策略上

---

① 多点执业即医生在第一执业地点之外的医疗机构进行诊疗服务。
② 医生集团(Medical Group)又称为"医生执业团体"或者"医生执业组织",是由多个医生组成的联盟或者组织机构或隶属于医院,或独立运营。医生集团一般是独立法人机构,以股份制形式运作。
③ 资料来源:中国民生银行研究院:《迈向2049的我国医疗卫生体制机制改革战略研究》,2020年3月。

## 第四章 互联网医疗数字平台企业：破解盈利与社会责任双重难题

领先其他企业，从而构建一定的知识壁垒。互联网医疗数字平台的创始人多具有医学或互联网或二者的交叉背景，对医疗和平台有深刻的理解。如好大夫在线的王航曾在中美史克与雅虎中国工作，充分了解对医疗行业的前景和在线诊疗平台的意义。春雨医生创始人张锐曾在网易新闻工作，具有互联网"流量思维"。他敏锐地捕捉到移动端的发展态势，推出"春雨医生"APP，采取免费服务和补贴推广策略，使春雨医生在短期内即形成较大的用户规模。

互联网医疗数字平台企业在大数据、云计算、人工智能等技术上的优势有助于提高平台服务能力，并提供与政府或医疗机构深度合作的技术支撑。大型平台企业构建云服务、互联网金融服务、供应链服务等多元化产品体系，为政府和医院提供云计算、移动支付、医疗数字化等服务，更有可能打通医疗产业链的各个环节，从而吸引政府和公立医院与之合作。例如，平安好医生应用 AI 辅助问诊系统与用户进行互动，根据病情描述生成符合病例规范的病史概要，供医生后续诊断参考。好大夫在线则建立拥有医学自然语言处理和医学图像分析两个方向的人工智能部门，将 AI 应用于智能分诊、病例智能管理和皮肤病智能识别等领域。

企业引进或培养的人才是企业的核心竞争力之一。在互联网医疗数字平台企业的组织架构中，从管理层到技术研发、财务管理等部门，再到部门内的分诊团队、客服团队，都与平台的稳定运营关系密切。互联网医疗数字平台企业的管理层经常出现在公众面前，阐释企业的商业模式和愿景，进行平台品牌营销和产品服务宣传。技术研发部门负责平台的维护与更新。分诊团队与客服团队则分别是平台进行精确的医患匹配和处理突发问题的重要保障。

2. 互联网医疗数字平台企业拥有的能力

良好的融资能力有助于互联网医疗数字平台企业长期稳定发展。这对于需要大量资本补贴患者端的平台尤为如此。从大型平台的融资状况看，好大夫在线在十年间完成了从天使轮到 D 轮的融资轮次，平安好医生则在八年间完成了天使轮到 A 轮再到 IPO 上市的融资历程。持续的资本进入使企业可以在模式、业务上进行更多尝试。而互联网医疗赛道日渐饱和，也对中小平台企业的融资能力提出考验。新进入市场的企业需要抓住市场痛点，寻找机遇，赢得投资方的青睐。

良好的抗风险能力可以帮助企业在变幻的政策环境和市场竞争环境中扎根。互联网医疗数字平台企业面临着诸多风险，包括政策不确定性带来的监管风险、盈利点缺乏带来的财务风险以及平台医疗事故和医患冲突带来的道德伦理风险等。相对于中小型平台企业，大型平台企业的资金储备和伙伴资源更多，危机公关水平更高，抗风险能力也因此更强。

创新是企业价值创造的重要驱动力。互联网医疗数字平台企业的创新包括技术创新和模式创新。技术创新体现在互联网医疗服务相关技术的研发和应用，如开发远程医疗所需的通信技术，应用大数据进行精准医疗。模式创新体现在企业内部业务流程再造的运营模式创新（如平台业务模块的拆分和重组）、基于顾客的价值主张创新（如平台的定位从"医疗服务提供者"转变为"健康未来塑造者"）和服务创新（如平台推出私人医生、会员等增值服务）等。

## 第六节　促进互联网医疗数字平台企业发展的对策建议

由上文的分析可见，多数互联网医疗数字平台企业的商业逻辑停留在对其他类型的平台企业的简单模仿。平台未能立足于互联网医疗服务的实质，真正从医生和患者的角度考虑医疗市场定价、服务质量评估、平台监管等问题。这使平台难以最大化其在虚拟空间整合的医疗资源的价值，也阻碍企业形成规模经济。

互联网医疗数字平台企业的发展既需要审慎探索盈利路径，也需要细致考虑平台建构方式。基于此，本书提出了三个主要的发展对策建议。首先，互联网医疗数字平台企业应注重平台核心机制的搭建。其次，互联网医疗数字平台企业应构建医疗商业生态与平台网络的模块化供给体系。最后，政府应积极实现职能转型，推动平台企业参与多主体协同的区域性医疗供给体系。

### 一　互联网医疗数字平台企业应注重平台机制的建设

互联网医疗数字平台企业需建设一个稳固的匹配—定价—信任机

制，以减少医疗服务中的不确定性，即疾病发生的不确定性和治疗效果的不确定性（Arrow，1963）。面对疾病发生的不确定性，平台应进行有效的医患匹配。面对治疗效果的不确定性，平台应制定合理的价格策略，并建立医生、患者和平台三方的信任机制。

1. 医患匹配机制建设

基于已有研究，本文梳理并建构了一个医患共识下的匹配机制（见图4-19），以缩短患者的等待时长，降低医患未准时到场的风险。由于疾病发生的不确定性，患者到达平台的时间往往是随机的，而患者等待时间过长、医生或患者未在规定时间到场已成为平台服务的重大缺陷。解决这一问题的关键在于医疗资源的合理配置。《互联网诊疗管理办法（试行）》规定，在线诊疗服务的范围是慢性病和复诊。但多数平台并未对此进行严格说明，导致部分用户在平台上进行急性病问诊，贻误线下就医时间。因此，平台、医生与用户须在提供服务的时间差上达成共识。

在医患共识下的匹配机制中，用户到达平台后，首先进行科室/医院的选择，平台根据用户病况的紧急程度进行在线医生（数量有限）速配或提供预约服务。匹配成功后，医生收到平台发送的通知，在指定时间上线与到场的患者交流。如医生或患者有一方未在规定时间到场，则平台介入，将费用返还给患者或与医生分成，并额外扣除违约方一定比例的服务费。若医生到场率低，平台可降低其匹配顺位，甚至与医生解约。

2. 定价机制的建设

互联网医疗数字平台应积极参与服务定价协议，实现更加准确的定价。对于第三方平台主导定价的医疗服务，平台应与合作的医疗机构和医生签订价格协议。价格协议通过约定主体间的权利和义务，明确各方利益分配，建立医生和患者均可追溯的定价体系，保证了医疗服务价格的透明性。

在医生端，平台应推动医疗服务价格回归市场价值。现有公立医疗机构自主定价的标准偏高，与医院的公益性相矛盾。而平台在信息接收与反馈上更为迅速，天然具有市场化定价的优势。在定价过程中，平台需借鉴公立医疗机构自主定价的经验，进一步引入第三方成本议价平台，如商业保险平台，以减轻医疗服务中的信息不对称，让医疗服务的价格逐步回归市场价值。市场化定价将对一些长期付出高质量劳动却获取低报酬的医生群体产生激励，助推医生尝试多点执业，甚至脱离体制，在平台提供长期服务。

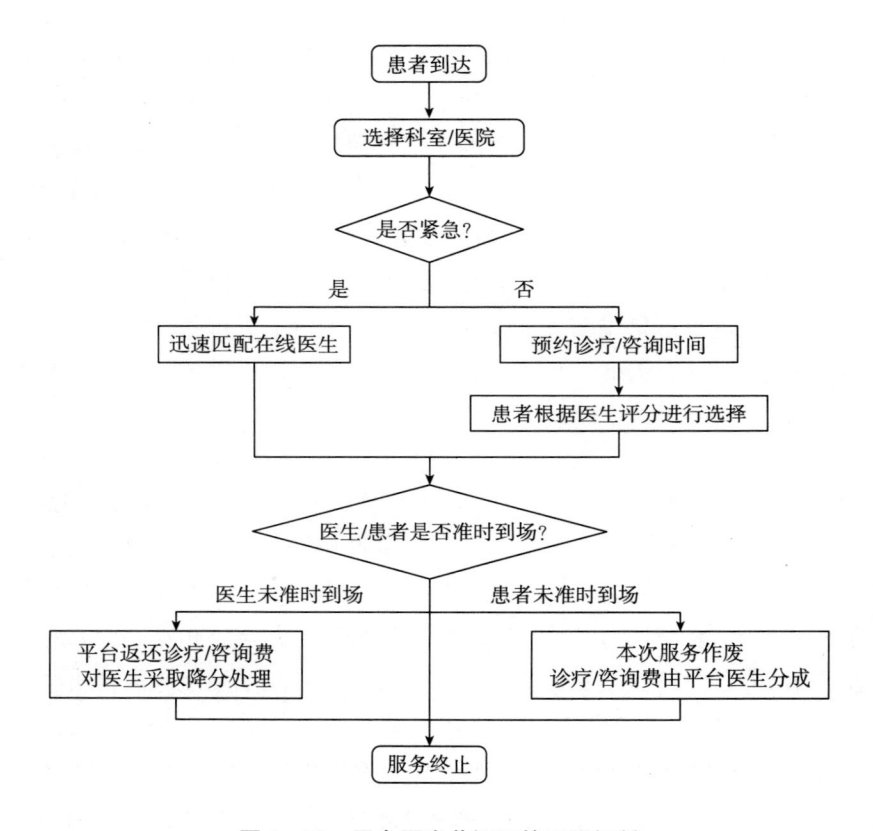

**图 4-19　平台医患共识下的匹配机制**

资料来源：笔者自制。

在患者端，平台可根据用户的价格敏感程度，实行分级定价。对价格较敏感的用户，平台适当承担亏损，引导用户以较低价格进行基层问诊，盘活闲置医疗资源。对价格较不敏感的用户，平台可推出增值服务，如私人医生、会员专属服务等，让用户体验更优质的医疗服务，以提高用户的转换成本，增强用户黏性。

3. 信任机制建设

平台应致力于构建完善的信任机制，塑造良好的"医生—平台—患者"三方关系。由于互联网医疗服务存在一定的匿名性，医患间信息不对称问题较为严重。在患者、医生和平台三方的关系中，患者方是施信者，医生方和平台方是受信者。由于患者所占有的资源远少于医生与平台，其承受医生的背叛行为（缺乏资质、误诊、过度诊疗等）和平台的背叛行为（客服不响应、推卸责任等）的能力相对更弱。因此，完善的信任机制离不开患者—医生信任机制和患者—平台信任机制两方面的建构。

对于患者—医生信任机制的建构，平台应当建立可量化的医生评价体系，替代单维度的评分机制。平台从多个维度对医生的服务质量进行考核，包括能力（医生的诊疗水平、学历、职位）、善意（医生的耐心、响应度）和诚信（资质是否虚假，是否存在过度诊疗、诱导需求现象）。患者对单次服务的评价将如实呈现在医生的个人主页上。平台应用数据分析识别打分偏离或打分极低的情况，对患者进行回访，进行评价修正或对相关医生进行处理。

平台在建构患者—平台信任机制时应重视制度信任。制度信任可以分为两个维度，一是情境正常，即交易环节与流程正常，互动过程符合预期；二是结构保障，即通过合同协议、规则程序、担保书等保障交易成功（郑丹丹，2019）。为保证情境正常，平台应设计规范合理的寻医、购药、问诊程序，给予用户明确的流程指引。结构保障上，平台需建构责任承担制度，切实执行隐私保护、退换货、补偿等承诺。目前国家尚未出台互联网医疗服务交易中关于风险与责任承担的细则。平台应总结已有经验，划分互联网医疗服务风险等级并划定责任范围，并探索引入第三方中介对平台违约情况进行监管，由中介执行惩罚、裁决和剩余分配。

**二 互联网医疗数字平台企业构建商业生态与模块供给体系**

鉴于医疗服务的公共性质，互联网医疗数字平台市场难以形成"赢家通吃"局面，分层式垄断竞争市场不会演变成为完全的垄断市场。首先，已有大型平台为患者提供的医疗服务和为医生提供的回报并不具备不可替代性，用户在多个平台活动的成本低廉，因此供需双方均可能采取多属策略，同时与多个平台发生关联。在这种情况下，单一平台难以形成垄断。其次，平台所掌握的医疗数据需长期与全民医疗信息体系对接，难以带来排他性的资源价值。最后，在垄断经济中，寡头企业对其所在市场的产品和服务有较大议价权，但我国医疗服务定价受政策管控，整体议价权在市场或公立医疗机构手中，难以归属于某个平台。

但在互联网医疗数字平台搭建了稳固的核心机制的基础上，平台有能力连接更多资源，与不同类型的平台进行合作，进而重塑已有市场格局。互联网医疗数字平台市场的重塑分为两个部分。一是由互联网医疗数字平台企业主导的医疗商业生态系统的建设。商业生态系统是能影响企业及其顾客与供应商的组织、机构和个人所形成的群落（韩炜、邓渝，2020）。在商业生态系统中，医疗产业链上不同位置的企业嵌入价值网络，企业既是资源提供者，也是价值受益者。企业间的资源共享与互补可更大程度发挥医疗平台化的价值，让平台真正成为一个惠及多边的市场。二是大平台和小平台协同的网络模块化供给体系的搭建。大型平台效仿制造型厂商进行服务外包，通过"一个母平台+n个子平台"的形式，提高互联网医疗服务供给的效率和灵活度，从而向患者提供更加精准和高质量的诊疗与药品配送服务。这有助于体现互联网医疗数字平台企业的公益性，助力平台企业承担社会责任。

1. 互联网医疗数字平台企业应主导建立医疗商业生态系统

平台企业应主导医疗商业生态系统的构建，撮合各市场主体在平台市场上进行药品、医疗器械、健康管理产品的定制与交易。随着互联网经济的长足发展，许多平台企业通过建立商业生态系统的方式，虚拟整合供应链以推动平台持续增长（刘江鹏，2015）。然而，目前在医疗产业链上的各个市场主体更多地将平台视为工具或普通的交易场所，平台与各主体间的联系也较为孤立，主体间缺乏协同。平台应积极连接市场上的需求主体（消费者与企业）、供给主体（生产、制造商）和互补主体（第三方服务商），协调多方主体关系，提高创新主体的创新能力（张镒等，2020），实现收入来源的多元化，扩展服务网络。

医疗商业生态系统应强调产业上下游的整合，提供具有一致性的解决方案。在医疗商业生态系统中，互联网医疗数字平台应在不同企业提供的慢性病预防、疾病诊疗、康复管理等服务间建立联结机制，实现价值链的延伸与纵深发展，以向终端患者（用户）提供全流程的医疗产品或服务。

2. 大平台与小平台应协同搭建平台网络模块化供给体系

借助互联网技术，互联网医疗数字平台企业可将部分业务模块外包给其他平台。在传统产业中，为应对异质产品的大规模需求，企业应用模块化技术，将难以实现规模经济的业务外包给其他企业。各企业形成虚拟网络组织（马莉莉、张亚斌，2013）。本书认为，平台企业可借助互联网技术与原本独立于企业外部的其他平台建立联结，使后者成为企业实现异质性供给的模块之一。若作为模块的子平台具有高度自治权，则母平台不需投入过多成本进行子平台运营，即可保证对不确定需求的灵活反应。

面对医疗需求压力，互联网医疗市场内的大平台与小平台应协同搭建医疗服务模块化供给体系，以提高医疗资源配置效率。从产品制造的角度看，医疗服务本身具有异质性，存在规模需求。随着规模需求的扩大，用户对异质性服务的要求剧增。面对需求压力，大平台将小平台分散的异质资源进行聚集，可以降低医疗资源争夺的成本消耗，提高资源配置的效率。一方面，市场上中小平台企业在各自的细分医疗服务领域深耕数年，拥有优质医疗资源，却缺乏足够的用户规模以实现盈利。另一方面，大型平台企业拥有庞大的用户需求，却缺乏异质性程度高的资源供给。因此，大平台可与小平台在平台的运营机制与收入分成上达成共识，让掌握异质性资源的小平台成为大平台的一个子平台，以优化资源配置。

互联网医疗数字平台的网络模块化供给体系可以实现用户、大平台和小平台三方共赢。用户在母平台上提交需求后，母平台将需求分发到不同的子平台，再由子平台对用户进行精准的服务供给，从而实现大平台聚集的市场需求与小平台供给面资源的价值协同（刘江鹏，2015）。小平台注重平台的医生培训与品牌建设，同时依托大平台的技术与制度优势，实现资源共享和知识迭代。大平台则可凭借小平台的供给能力，与政府部门和社会组织进行协同。

### 三 政府与互联网医疗数字平台企业协同进行医疗体系改革

在我国，互联网医疗数字平台企业作为社会主体，弥补了线下医疗服务能力的不足，是医疗市场化改革的重要推力。医疗市场化的意义在于引入更多的社会资本，通过监管主体与社会主体的良性互动，实现医疗资源的有效供给，而非鼓励医疗单位在市场上竞价。目前，我国部分地区已通过建设互联网医院、省市医疗信息平台，逐步建立政府—公立医疗机构—平台企业合作体系，但各主体之间联系不够紧密，合作不够深入。未来，各省市政府应致力于推进平台上的跨时空医疗资源集聚，加强区域医疗服务供给能力，推进医疗体系改革。以下对策围绕三方面展开：政府在互联网医疗市场中的职能转型，发挥互联网医疗数字平台企业在"三医联动"与分级诊疗中的作用，构建多主体协同的区域性医疗供给体系。

**1. 政府应积极进行职能转型，承担相应责任**

当前，我国政府逐渐由经济建设型政府向服务型政府转型。习近平总书记指出，目前我国社会的主要矛盾是人民对美好生活的需要与不平衡不充分的发展之间的矛盾。在医疗服务上，这一矛盾反映为人民多样化的医疗需求与医疗资源配置区域不平衡之间的矛盾。随着社会公共事务复杂性提升，政府主体的服务供给难以满足人民日益增长的多元化公共需求，公共服务需求逐渐向市场化、社会化转向（盛明科、蔡振华，2018）。

为推动互联网医疗行业规范发展，政府应担负起立法责任和监管责任。一方面，有关部门应担负立法责任，对互联网医疗应用涉及的法律权责、医疗事故责任认定和健康信息隐私保护等问题进行规范（周洲等，2016）。另一方面，相关部门应确立在互联网医疗数字平台市场中的监管地位，注重事前监管。目前有关部门在平台医生资质、责任条款、纠纷处理上的监管缺位，提高了互联网医疗服务给患者带来的风险。有关部门应引导平台完善网络安全与隐私保护机制，加强支付安全等环节的建设，严防数据泄露。同时，政府应设立相关部门或引入第三方监督机构，对互联网医疗纠纷问题进行责任裁定，加大对平台内部缺乏审核、推卸责任等问题的惩罚力度。

## 2. 政府应发挥互联网医疗数字平台企业在"三医联动"与分级诊疗中的作用

各地政府应注重借鉴医疗改革试点区域引入互联网医疗数字平台的成功经验。互联网医疗数字平台的出现,缓解了过去"三医联动"推行中数据流通受限、各监管部门和医疗机构对接烦琐等难题。但面对"三医联动"政策未落实、市场培育时间较长等障碍,借鉴已有范式显得尤为重要。各地区应关注已有医疗改革试点地区的成功经验,并及时借鉴。

政府应加快确立转诊制度并完善远程医疗设施,为互联网医疗数字平台助力分级诊疗创造条件,实现"基层首诊、双向转诊、急慢分治、上下联动"[①] 的转诊流程。在转诊制度的推进上,一方面,政府应鼓励企业发挥技术创新优势,进一步探索 AI 分诊等技术。另一方面,由于我国基层医疗机构信息化水平低和人才储备不足,难以对接第三方主导的数字医联体,政府应加快推进基层医疗机构信息化建设,加强转诊制度的宣传力度,完善基层医疗人才培训体系,从而推动更多基层医疗机构接入平台,释放服务产能,为平台的上下转诊扫清障碍。在远程医疗领域,政府应推动 5G 在远程医疗中的应用,依托大数据、云计算技术,建立远程影像诊断服务平台,实施远程会诊。

## 3. 政府应主导构建多主体协同的区域性医疗供给体系

政府应主导构建多主体协同的区域性医疗供给体系,加强区域内各供给主体的联系,增强医疗服务供给能力。我国医疗资源配置区域性不均问题较为严重,居民异地就医现象显著。政府应与公立医疗机构、互联网医疗数字平台企业等社会主体合作对接,在价值层面达成共识,建立多中心平等共治的关系(李磊等,2020)。在区域性医疗供给体系建设过程中,政府应在非基本医疗卫生服务领域充分引入私营医疗机构、商业保险等社会资本,满足群众多元化、差异化的健康服务需求。政府应鼓励群众在区域内的互联网医疗数字平台接受挂号、复诊服务。由平

---

① 患者赴基层医疗机构进行首诊治疗。若病情超出医生能力范围,医生需填报转诊手续至上级医院。患者接受上级医院的进一步治疗,病情稳定后再转至基层医疗机构,接受康复治疗(吴谦、邱映贵,2020)。

台根据患者病情的轻重与所处位置进行资源的分配,最大程度地兼顾患者的需求和医疗机构的承载能力。

政府应推动医疗大数据在互联网医疗数字平台内的共享与交易,并将平台作为医疗政策公开与监管的窗口。一方面,政府应与平台企业共建区域医疗信息开放平台,出台统一的数据标准,以推动数据共享与交易,实现医疗数据从高发展地区向低发展地区的流动。另一方面,政府可借助平台上积累的用户投诉和反馈信息,研判医疗供给形势,制定相关政策,及时调整医疗资源供应。

第四章 互联网医疗数字平台企业：破解盈利与社会责任双重难题

图 4-20 本章写作框架

# 第五章  制造业数字平台企业：产业中台平台助企转型

## 第一节  制造业数字化与产业中台平台概述

制造业作为国民经济的支柱产业，在经历了由劳动力和资本拉动的快速增长期后，进入数字化转型的新发展阶段。2015年《中国制造2025》行动纲领颁布，宣告中国制造业进入了工业4.0时代。此后，制造业逐渐向工业技术和信息技术结合的方向发展，呈现出数字化与信息化的特点。

为顺应制造业数字化整体发展趋势，大部分制造企业开始进行数字化转型，然而多数企业的数字化转型仅处于初级阶段。苟静怡（2020）指出，目前我国制造业中有80%以上的企业都处于数字化转型的初级阶段，且在这类企业搭建的平台中，数据整合程度低、可使用价值小，制造企业的业务流程难以被重复使用。大部分制造企业没有将自身的业务、数据和技术进行深度融合，导致"重复造轮子"的难题。例如，制造企业搭建物联网平台，解决了工厂设备网络连接及自动化生产问题，然而该数字化应用仅仅面向制造企业的单个流程，与企业的产品全生命周期、全产业链的关联不大，故而这类平台并没有满足企业数字化转型对业务流程与数据的多业务重复使用的要求。

在制造企业为数字化转型搭建的各大平台中，产业中台平台以全新

## 第五章 制造业数字平台企业：产业中台平台助企转型

路径帮助这类企业转型成为平台型制造企业[①]。产业中台平台不仅集成了企业内部各部门的资源，还将平台型制造企业所在细分行业全产业链的技术、业务、数据进行了深度融合，成为该产业链的中台[②]。借助产业中台[③]，处于产业链中游的平台型制造企业集成上下游企业，让外部企业内化为平台型制造企业的外部资源方[④]，实现全产业链外部资源"为我所用"；同时外部资源方也能共享平台集成的全产业链内的数据、技术和业务，协同平台型制造企业应对市场需求的变化。

综上，本节将介绍制造业数字化，并进一步阐释助力制造企业转型的产业中台平台的主要类型及特点。

### 一 制造业数字化简介

下文将从制造业数字化转型的关键影响因素、现状和未来趋势三方面简要介绍制造企业数字化转型的宏观背景。

第一，制造业数字化转型的影响因素阐释了企业搭建产业中台平台的必要性。许庆瑞等（2019）认为，目前制造业的数字化不是其发展的必然结果，也不是其在外部压力下的被动反映，而是企业内生动力和外部环境两部分共同影响的结果。

制造业数字化转型受三大内部驱动力影响。一是创新驱动。随着我国出生率逐渐下降、人口红利见底、资本存量增速放缓，生产制造型企业，尤其是劳动密集型、资本密集型制造企业，获得廉价优质劳动力的成本和融资成本将上升。在此背景下，创新将成为带动企业持续盈利的新驱动力。技术创新、制度创新、商业模式创新、管理创新和文化创新都将成为企业的创新点。二是产业链整合驱动。制造企业需要整合全产

---

① 本章中制造企业是传统制造业中的生产制造型企业的统称，平台型制造企业、平台企业均指搭建产业中台平台的制造企业。

② 中台是企业为了支撑内部业务应用敏捷研发和运营，融合或整合企业内的资源（数据、平台、技术、工具、业务）后构成的统一接口服务平台，中台不仅集成了企业后台的各系统，也收集了企业前台的市场需求信息。数据中台与业务中台专指数据、业务在多个项目里共享的中台。

③ 产业中台是利用数字化技术对产业链上下游企业的资源（数据、技术、业务）进行整合并给各相关方提供数据中台、业务中台以达到资源共享与复用的服务化架构。在此维度上，产业中台是全产业链的中台。资料来源：梁宁：《产业中台到底是个什么东西》，https://www.sohu.com/a/350269599_498762。

④ 下文中外部资源方均指同制造企业有潜在合作关系的产业链多方参与者。

业链资源、提高全供应链的协同效率，以实现多方共赢。三是大数据驱动。中国已经正式进入"互联网+"和"DT"（Data Technology，数字技术）时代，大数据应用能力已然成为决定企业的行业竞争地位的关键因素。使用大数据、机器学习等技术对海量数据进行挖掘和应用，能够提高制造企业的运营和决策效率。

此外，制造业进行数字化转型有四大外部影响因素（见表5-1）。外部影响分别源自政治、经济、社会与技术四个方面。

表5-1　　　　　　　　制造业数字化转型外部影响因素

| 影响因素 | 具体阐释 |
| --- | --- |
| 政治 | 《中国制造2025》是国务院印发的全面推进实施制造强国的战略文件。它强调传统制造企业工业化与信息化的结合，支持工业互联网、大数据、云服务为传统制造企业转型升级赋能。此外，国家发改委还印发了具体相关文件[1]，致力于促进大数据互联网与实体经济尤其是制造业相结合，从而促进制造业实现产业化 |
| 经济 | 我国经济处于由需求端拉动转变为由供给端拉动的高质量增长阶段。制造业也在经历了由劳动力和资本拉动的快速增长期后，在2015年进入了平稳增长期，增长形势较为稳定。2020年年初受新冠肺炎疫情影响，我国制造业陷入低迷，工业生产指数增长率在2020年3月1日达到历史新低1.1%，此后逐步回暖。[2] 新冠肺炎疫情将对于制造业转型升级产生一定影响 |
| 社会 | 在"互联网+"时代，大部分企业已经熟悉使用后台的信息系统，因此企业线上协作意愿较高。据CNNIC（中国互联网络信息中心）报告[3]，中国网民规模为9.84亿人，占中国总人口的六成多，中国公民对于互联网的接受程度较高[4] |
| 技术 | 我国的平台化技术架构已经发展得较为成熟，制造业平台化相关技术（如物联网与云计算技术、大数据和人工智能）已经得到广泛应用。市场上还有相当一部分商业模式较为成熟的SaaS、PaaS、IaaS解决方案提供商提供技术服务，制造业数字化转型中需应用的技术已发展得较为成熟 |

资料来源：中国共产党新闻网，http://theory.people.com.cn/n1/2020/0131/c40531-29797885.html。

---

[1] 指《增强制造业核心竞争力三年行动计划（2018—2020年）》。
[2] 资料来源：国家统计局。
[3] 第47次《中国互联网络发展状况统计报告》于2021年2月3日在北京发布。
[4] 数据截至2020年12月，资料来源：国家互联网信息办公室，http://www.cac.gov.cn/2020-04/28/c_1589619527364495.htm。

第二，目前我国制造业体系规模庞大，其数字化进程正在缓慢稳步推进。截至2020年，我国制造业增加值为26.59万亿元人民币，呈增长趋势，然而规模以上工业企业利润总额呈下滑趋势，但下滑速度有所放缓（见图5-1和图5-2）。[①] 由于市场规模庞大，制造业的数字化转型道路较为漫长。根据中国铸造协会2019年的估计，在三大产业数字化发展的总体态势下，尽管制造业的数字化程度较低，但其数字化进程正在稳步推进，且整体呈增长趋势。

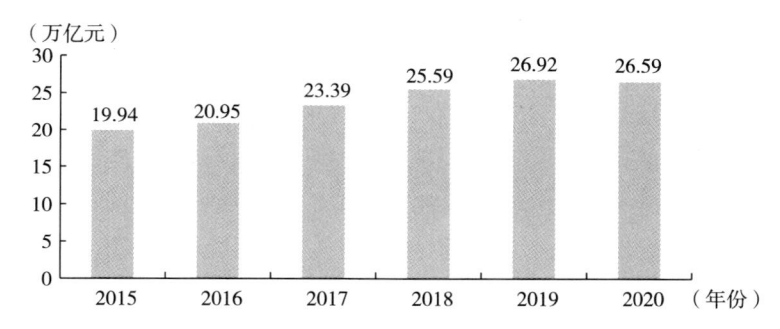

图 5-1 制造业 2015—2020 年第四季度增加值累计值

注：第四季度增加值累计值为当年四个季度的增加值总和。

资料来源：国家统计局。

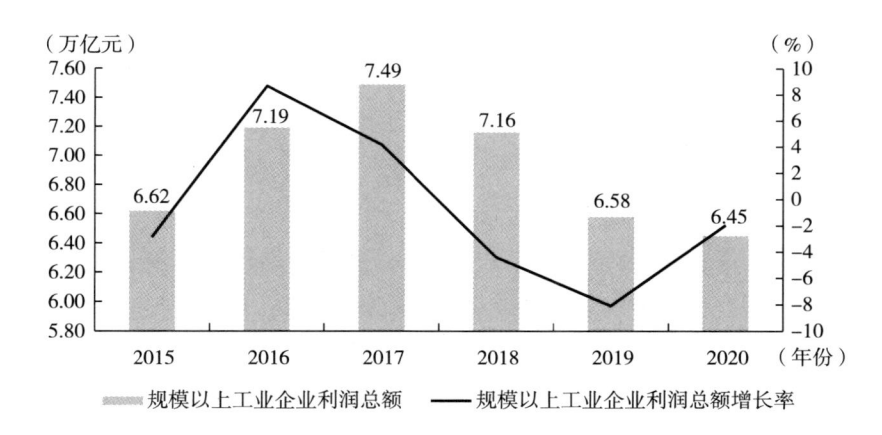

图 5-2 2015—2020 年规模以上工业企业利润总额及增长率

资料来源：国家统计局。

---

① 资料来源：国家统计局。

第三，未来制造业的数字化将同服务化结合。工信部长徐乐江曾表示，服务型制造业的发展能够改善工业品供给状况，从而提升企业的竞争力。目前我国制造业正在从以生产制造为中心向以服务为中心演变，从以下数据可见一斑：截至2018年，不少行业领先的制造企业的服务收入已占总营收的1/3，甚至有高达60—70%[①]的情况。促进制造业服务化也是"中国制造2025"的目标之一，制造业数字化与服务化结合将是未来制造业转型升级的新方向。

在制造业全要素生产率[②]下降的情境下，搭建产业中台平台成为传统制造企业"攻坚克难"的优选方案。目前我国制造业面临全要素生产率下降的困境。制造工厂里生产设备增多、生产流水线趋于复杂、工人工资升高以及企业对信息系统集成的要求越来越高，这些因素致使制造企业的成本进一步上涨。针对制造企业面临的成本上升问题，产业中台平台能够集合产业上下游资源、灵活响应终端需求并按需生产，从而降低制造企业成本、提升全产业链效率。下文将进一步介绍助企转型的产业中台平台。

## 二 产业中台平台简介

在制造企业数字化转型的实践中，各企业纷纷搭建了电子商务B2B平台、多方远程云操作的工业协作平台、实现数据管理的大数据分析平台等以实现数字化。相比这些平台，产业中台平台是一种构建产业中台的方式，能够快速聚集并重组资源以满足市场需求。下文将聚焦助力制造企业数字化转型的产业中台平台，并将产业中台平台具体分为三大类四小种，分别阐释产业中台平台的定义及特点。

依据制造企业全产业链的设计研发、生产和销售这三个主要环节，产业中台平台可分为以下三种类型：开放创新平台、采购平台和渠道分销平台。其中，根据是否有终端消费者参与，开放创新平台又可以分为交互定制平台和典型的开放创新平台（见图5-3）。这四种平台均聚合了平台型制造企业上下游相关企业，为它们提供其自身难以获取的中台

---

① 资料来源：福建省中小企业公共服务平台，https://m.sohu.com/media/818354?spm=smwp.content.author-info.1.1612351687583kg9K2Ec。

② 全要素生产率指单位投入所产出的产量，常用来衡量生产活动的效率。

服务，最终使这些企业留存在平台中，将外部企业的价值创造能力内化为平台型制造企业的有效资源。

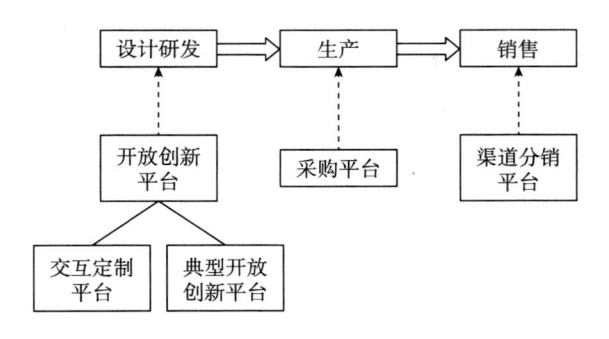

**图 5-3 产业中台平台的分类**

资料来源：笔者根据公开信息整理。

交互定制平台是终端用户与平台型制造企业进行交互定制的协作平台。由于平台上进行了开放式创新活动，交互定制平台也属于开放创新平台。如图 5-4 所示，用户在平台上向平台企业提出定制要求或创意方案，企业在收集到足够的需求后召集平台设计师进行设计，并在众筹后大规模定制产品。在开放式创新活动中，创意方案将被直接输入平台企业创新方案库。在整个过程中，产业链上下游企业将与平台型制造企业协作，共同为终端用户制造定制化产品。

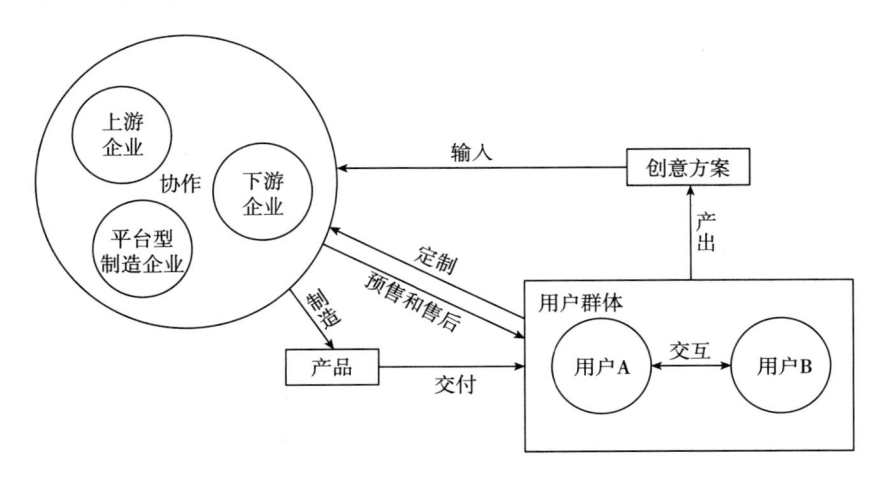

**图 5-4 交互定制平台的运作逻辑**

资料来源：笔者根据公开信息整理。

交互定制平台有以下四大特点。第一，用户能够全流程参与产品全生命周期过程，从而实现终端用户对产品生产过程的全程把控。同时这种交互模式不仅为平台型制造企业收集了市场需求，也提升了其面向市场需求的响应速度。第二，平台型制造企业能够通过大规模定制产品获取收入，并向平台设计师、模块商等外部协同资源方付出报酬。第三，大规模定制的方式略去了中间经销分销环节，使平台型制造企业能够在售前、售中、售后三大环节中同用户互联互通。第四，平台型制造企业为各合作资源方和终端用户提供多平台共通的物流追踪、订单管理、社群运营等中台服务，这增加了各方的协作体验感。

典型的开放创新平台指平台型制造企业打造的、面向其上游研发资源的产业中台平台。早期的开放创新平台是平台型制造企业自身用于研发产品的内部网络，平台型制造企业搜罗外部研发专家，使其服务于自身的产品研发与技术突破。后来，不少开放创新平台实行了对外开放，开放创新平台内的用户既可以是知识需求方，也可以是知识供应方，平台充当知识供应方与知识需求方之间进行交流与交易的场所。开放创新平台的运作模式如下（见图5-5），以海尔旗下开放创新平台HOPE（Haier Open Innovation Platform）为例，HOPE平台通过为技术需求方提供情报服务、专家咨询、技术对接等技术解决方案获取收入。平台积累的技术解决方案不仅来源于平台型制造企业内部的技术专家，也来源于与企业合作的外部专家、学者。平台的支出主要体现在运维成本和聘请专家成本两个方面。

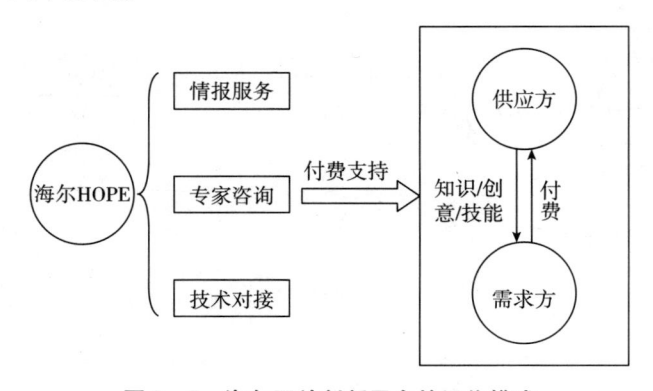

图5-5 海尔开放创新平台的运作模式

资料来源：海尔创新生态平台官网，http://hope.haier.com/。

## 第五章 制造业数字平台企业：产业中台平台助企转型

开放创新平台有以下两大特点。第一，平台聚合的外部研发资源能够为平台型制造企业所用。外部流入的创新方案能够快速匹配平台型制造企业的创新需求，从而大大降低企业的研发成本，拓宽制造企业研发部门的边界。第二，开放创新平台能够作为第三方对外开放，即凭借已有的伙伴资源[①]为其他制造企业提供数据共享等增值服务（王海军等，2015）。总之，HOPE 平台不仅为用户提供研发中台服务，使用户可在平台上共享平台型制造企业的创新资源，也为多个领域的企业产品创新提供从产品需求到产品落地的全流程服务。后文第二节将对海尔集团的开放创新平台 HOPE 做进一步的探讨。

采购平台主要面向平台型制造企业的上游原材料或半成品供应商，帮助平台型制造企业与供应商之间达成项目合作。值得注意的是，采购平台既不从双方的交易中抽取佣金，也不为供应商提供额外增值服务，而是为供应商打造一个集成前台需求和后台系统的中台系统。平台上参与交互的两大主体是外部供应商和需求方（需求方一般是平台型制造企业的子公司或分公司）。供应商在平台提供的中台系统中管理自身的库存量、销售额、物流信息，同时来自平台型制造企业的需求也会被精准推送到供应商登陆的中台系统中。平台型制造企业（需求方）使用自身搭建的采购平台进行采购，一方面能够同具备价格优势的供应商合作，并酌情在各企业间分配采购额度，另一方面也能对外部供应商进行集中管控。

渠道分销平台是整合了产业链下游经销批发环节各中小企业的平台。一方面平台型制造企业在平台上对各类一级经销商进行统一管理，另一方面各类一级经销企业也在其中管理旗下各二、三级商户的营销、财务、运营和采购等多方面的经营活动。此外，二、三级经销商在平台上采购所需商品，并使用平台提供的系统管理自身业务。

下面以正泰民用[②]旗下渠道分销平台（以下简称"分销平台"）为例简要介绍渠道分销平台的运作模式。分销平台将正泰民用一级经销商

---

① 伙伴资源指企业外部可能对企业创新活动有帮助的个人或团队。
② 指浙江正泰民用电器有限公司。正泰民用是正泰集团旗下民用板块公司，主要经营墙壁开关插座及关联部件、LED 照明、智能家居等产品。资料来源：天眼查，https：//www.tianyancha.com/brand/b355f367361。

及其子公司、二级经销商、项目经销商、生态店等多方角色纳入平台之中，使其成为分销平台的用户。用户可直接在平台上完成采购，同时可以使用平台方提供的大数据服务和信息共享服务。而对于平台构建方正泰民用而言，其可以对曾经难以触达的各级地区经销商实施管理，即实时查看各级经销商的分布及其销售数据，并以此为基础，为各地区商品销售策略的制定和调整提供数据支持。这样一方面各级经销商能够根据历史数据从正泰民用处采购商品，另外，正泰民用自身也能实现以销定产。此外，如图5-6所示，各经销商的进销存①数据都将保留在平台型制造企业的数据库中，以便正泰民用训练相应的模型预测、响应市场需求。

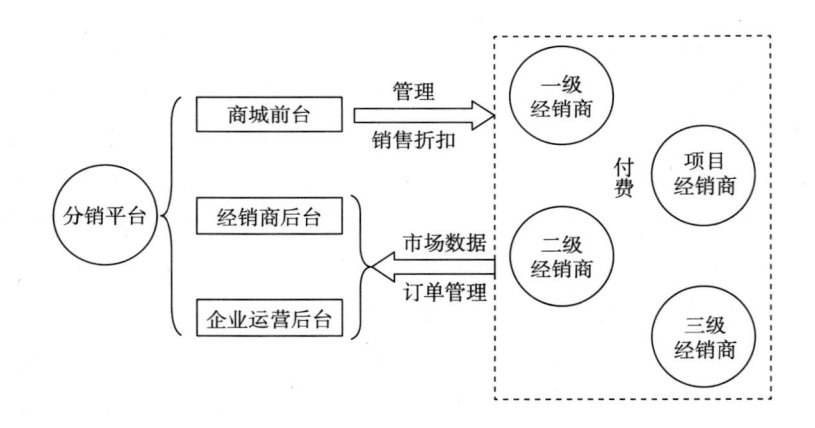

**图5-6　正泰民用渠道分销平台的运作模式**

资料来源：端点网络科技，https：//terminus.io/success_ cases? name = chint。

综上，产业中台平台可以分为面向终端用户的交互定制平台、面向研发资源方的开放创新平台、面向上游供应商的采购平台以及面向下游渠道经销商的渠道分销平台。产业中台平台对平台型制造企业而言意义非凡，正是因为搭建了产业中台平台，传统制造企业才转变成为平台型制造企业。产业中台平台帮助平台型制造企业实现了对所在行业全产业链的数据集成和业务集成，使企业在瞬息万变的市场环境中快速重组、

---

① 进销存指制造企业采购、存入仓库和销售的商品流通全过程。

聚集全产业链资源。下文将以海尔集团为例具体介绍产业中台平台如何助力平台型制造企业发展。

## 第二节 平台型制造企业案例分析

在概述了制造业数字化及产业中台平台类型后,本节将以海尔集团(以下简称海尔)搭建的四大产业中台平台为例,阐释各平台的具体运作模式与内在机理,展现各产业中台平台如何以数字化、服务化的方式促进平台型制造企业的发展。

海尔是具有代表性的平台型制造企业,在进行数字化转型的探索中,其搭建了四大平台:交互定制平台智家定制(diy.haier.com)、开放创新平台HOPE(Haier Open Partnership Ecosystem)、采购平台海达源和渠道分销平台易理货。这四大平台是海尔所有平台中最具备产业中台性质的平台,不同平台的运作模式均不相同。海尔智家定制平台和HOPE平台均面向设计研发环节。二者的区别是海尔智家中有终端用户参与,且参与交互的另一方是内外部设计师;而HOPE平台中参与交互的主体是平台型制造企业和伙伴资源,需求方(海尔或其他企业)为了寻求技术支持与伙伴资源进行交互。海达源主要面向生产环节,聚合外部优质供应模块商[1]资源,帮助模块商与需求方(海尔)之间形成项目合作。易理货面向销售环节,帮助海尔和一级经销商管理其他下游分销企业。

### 一 海尔集团简介

海尔近年来一直积极调整自身战略以适应工业4.0发展趋势。在其发展历程中的平台品牌阶段,海尔打造了多个功能多样的平台。其中四大产业中台平台帮助海尔实现了从传统制造企业到平台型制造企业的数字化转型。[2] 下文将简要概述海尔的发展历程。

海尔成立于1984年,在经历初创期后,在20世纪末进入了高速发

---

[1] 下文模块商、模块供应商均指海尔进行模块化采购的外部供应商。
[2] 海尔是数字化转型及产业融合的先驱者,已实现数字化转型。资料来源:新华财经:《如何实现数字化转型?海尔智家刘建国:依托技术打造场景生态链》,http://www.cankaoxiaoxi.com/pinpai/20200815/2418476.shtml。

展阶段。进入 21 世纪后，海尔几度调整自身战略，以更加开放的姿态拥抱互联网技术，并打造了功能多样的平台，成功转型为平台型制造企业。2019 年，海尔又确定了生态品牌战略，积极发展物联网生态。

起步阶段（1984—1991 年）：在此阶段，海尔实施了名牌战略，建立了市场导向思维，开始自主创牌，以提高质量作为企业的目标。[1]

高速发展阶段（1992—2004 年）：为了摆脱成为 OEM 厂商[2]的代工命运，海尔从 20 世纪 90 年代走出国门，坚持研发、生产、销售全自主的三位一体模式，逐渐转变为一家经营型企业。在此阶段，海尔迎来了高速发展期。

平台品牌阶段（2005—2018 年）：以"人单合一"[3]的正式提出为标志，海尔正式进入了全球化品牌战略和网络化战略的发展新时期。在此阶段，海尔陆续打造了工业互联网平台、渠道分销平台、创新创业平台等多方平台（见表 5-2），其中多个平台归属于海尔智家[4]。多平台的布局不仅为海尔搭建平台生态系统奠定了基础，也使其超越地理边界、组织边界和知识边界三大边界，正式转型成为平台型制造企业（王海杰、宋姗姗，2019）。

表 5-2　　　　　　　海尔集团打造的各大平台和平台业务

| 海尔平台名称 | 平台性质 | 平台业务 |
| --- | --- | --- |
| 卡奥斯 COSMOPlat | 工业互联网平台 | 为行业、各领域应用提供软硬一体的综合解决方案，行业覆盖了建陶、房车、农业等 15 大行业和 60 个细分行业 |
| 巨商汇 | 渠道分销平台 | 对全部经销商客户的订单进行管理，实现在线采购、销售及结算，降低管理成本 |
| 海创汇（海立方） | 创业孵化平台 | 海尔集团旗下的创业平台，面向全球创业者全面开放产业资源 |

---

① 资料来源：豆丁网，https://www.docin.com/p-1771334165.html。

② Original Equipment Manufacturer，指原始设备制造商，通常指那些用核心科技生产产品为别的企业贴牌代工的制造企业。

③ "人单合一"是海尔前首席执行官张瑞敏提出的管理理念和商业模式，为海尔带来了重大变革。

④ 海尔集团旗下四大主要子公司分别是海尔智家、海尔电器、海尔生物和盈康一生。海尔智家是海尔集团最主要的子公司。

续表

| 海尔平台名称 | 平台性质 | 平台业务 |
| --- | --- | --- |
| 顺逛 | 电商平台 | 顺逛平台聚合了线上海尔商城、线下海尔专卖店以及顺逛微店 |
| 易理货 | 渠道分销平台 | 覆盖乡镇客户的进销存管理与乡镇客户的会员管理 |
| 日日顺 | 虚实网结合物流平台 | 提供大件物流服务；为B端客户提供定制SCM（Supply Chain Management）方案①，为C端客户提供送、装、修、服一站式定制物流方案 |
| 海纳云 | 智慧社区平台 | 实时掌控人、事、物，为小区业主提供智慧社区解决方案，业务范围涵盖远程监控、节能省电、线上线下协作等 |
| 海达源 | 采购平台 | 聚合并管理生产所需的模块商资源，通过与模块商的交互筛选出最具竞争力的优质模块商 |
| U+ | 云服务智慧管理平台 | 实现健康数据监测、膳食管理计划、英式管家主动服务 |
| HOPE | 开放创新平台 | 为"企业开放式创新"赋能；平台聚合了海尔外部各类研发资源，实现了海尔"世界是我的研发部"的畅想 |
| 众创意 | 创意互动平台 | 吸引全球创意资源共同创造符合用户需求的产品和服务 |
| 众创汇（海尔智家定制） | 开放创新平台 | 聚合外部设计师资源进行设计交互，海尔终端用户与设计师进行协作生产出定制类产品 |

资料来源：笔者根据公开信息整理。

生态品牌阶段（2019年12月至今）：海尔集团自2019年开始实施生态品牌战略，即通过物联网技术，用场景服务替代产品服务。此后，海尔再一次转型为物联网生态企业，在Brandz全球榜单里，海尔是"物联网生态"品类下的唯一企业。

二 海尔四大产业中台平台

在上文提及的各类海尔平台中，四大产业中台平台为海尔提供了从设计研发到生产销售全方位的中台服务。海尔智家定制平台是海尔直接面向终端用户收集市场需求的窗口，开放创新平台HOPE是海尔借助外

---

① SCM方案指解决方案提供商为其他企业打造的整合供应链中的客户、批发、财务、供应商、采购、仓储等多方信息的供应链管理平台。资料来源：乾元坤和，http://www.qykh2009.com/solution_22.html。

部开放创新资源进行产品研发和技术寻源的工具，采购平台是海尔聚合外部模块商资源生产产品的线上工厂，渠道分销平台是海尔实现多级经销商管理的在线系统。

### （一）交互定制平台——海尔智家定制

海尔智家定制平台是海尔从大规模制造转为大规模定制的初次尝试。如今用户直连制造（Customer‐to‐Manufacturer），即 C2M 的商业模式是制造业服务化的一大趋势，其被广泛应用于各电商平台，如拼多多拼工厂、必要商城、网易严选。这类电商平台大多是邀请大规模制造供应商（M 端）入驻，进而使厂家得以与终端用户（C 端）进行交互，通过用户直接下订单给工厂的方式缩减中间经销环节来提高制造厂商的利润。

智家定制平台的商业模式与传统电商平台的 C2M 模式有所区别。在智家定制平台中，其使用的商业模式是平台型制造企业全程参与并作为唯一供应商的 C2M 模式。通过海尔智家定制的平台交互与资源聚合作用，辅以海尔互联工厂①，海尔成功实现了从大规模制造到大规模定制的转变。下文将介绍智家定制平台的定位与运作模式，并具体剖析其产业中台性质。

1. 海尔智家定制平台的性质

海尔智家定制平台具有显著的开放式创新性质，各参与方有不同的角色定位。在职能上，海尔智家定制平台精准连接了市场、研发和销售三个企业职能部门②，并且打破了企业价值链研发、生产和销售的模式，让用户参与到产品生命周期全链路当中。海尔智家定制平台的交互三方的角色定位如图 5‐7 所示。

此外，智家定制平台具有产业中台的性质。对于平台中进行交互的各方，智家定制集成了大规模定制中的资源、数据、技术、业务等，并为其他合作企业或个人提供了数据中台、业务中台等服务。此外，智家定制平台不仅使海尔能够快速地响应前台需求，还开放了企业的边界，扩充了企业已有资源。

---

① 海尔的互联工厂于 2015 年被工信部选入智能制造试点综合示范项目，这里指海尔打造的直连用户的自动化智能工厂。

② 资料来源：海尔智家官网，http：//diy.haier.com/pc/article/detail#23。

```
┌─────────────────────────┐
│      终端用户            │
├─────────────────────────────────────────────────────┐
│ 用户不再是被动的C端消费者，而是主动的参与者，可以在平台上与其他用户、│
│ 海尔互联工厂、设计师进行交互。当用户有特殊的需求或创意时，即可在平台 │
│ 上提出，海尔智家定制平台为用户提供了一个表达意愿的场景空间           │
└─────────────────────────────────────────────────────┘

┌─────────────────────────┐
│     内外部设计师         │
├─────────────────────────────────────────────────────┐
│ 设计师参与到产品设计、定制整个过程中。设计师可以是来自各行各界各国的设 │
│ 计教育行业的专家、设计公司的设计师、高等院校设计专业的导师和学生。他们 │
│ 均可在海尔智家注册成为一名设计师，根据用户的需求接单                   │
└─────────────────────────────────────────────────────┘

┌─────────────────────────┐
│   海尔互联工厂与模块商   │
├─────────────────────────────────────────────────────┐
│ 在海尔互联工厂的强大支撑下，用户订单与后端的互联工厂无缝连接。用户下单 │
│ 后，互联工厂便可以实时开始生产。海尔本身拥有丰富的模块商资源以及强大的 │
│ 研发资源，它们虽不栖于海尔智家定制平台，但必要时则会共同加入产品的制造 │
│ 中来，最终将用户创意变成真实产品                                       │
└─────────────────────────────────────────────────────┘
```

图 5-7 海尔智家定制交互三方角色定位介绍

资料来源：笔者根据公开信息整理。

对于使用智家定制的海尔用户而言，用户共享了海尔的能力、资源。使用了智家定制业务中台服务的用户能够在海尔所有平台上使用同一个身份认证同各方进行交互，而无须一网一账号。此外，依托于海尔的全流程信息可视化，用户能全过程参与大小家电的生成过程，使被视作"黑箱"的平台核心运作过程向用户开放。这同时体现了产业中台平台开放边界的特征（Kwak et al.，2018）。

对于海尔而言，智家定制平台实现了海尔对前台业务的快速响应。交互定制平台的价值创造过程始终是由用户出发最后抵达用户，这样的C2M大规模定制模式使海尔能够实时收集用户需求，进而促使工厂实时生产，从而真正实现零库存。

对于入驻平台的设计师而言，来自外部的设计师同内部设计师开展竞争与合作，并内化为企业的设计资源。在平台中，想法新颖、善于沟通、信用良好的优秀设计师更易被用户选择并更有可能接到优质订单，这促进了内外部设计师的潜在竞争和合作。海尔内部的设计师将在外部设计师的影响下向着更优质高效的方向努力。这不仅实现了部门的无边界化，还促使内部资源向前发展，呈现了开放式创新的特点。

## 2. 海尔智家定制平台的运作模式

在运作模式上，海尔智家定制平台的运作有三大模式：一是模块定制，二是众创定制，三是专属定制。模块定制是指用户自主搭配产品模块来设计家电产品。众创定制从用户提出需求开始，由网民设计师或海尔的设计师完成产品设计稿，再由海尔智能工厂进行生产。专属定制是面向高端人群的定制化服务，由设计师主动联系用户，继而为用户打造独一无二的家电产品。

从以上这三大定制模式可以看出，海尔智家的大规模定制确实是C2M（用户直连制造）的模式。如图5-8所示，在智家定制平台中，首先终端用户（C端）发出需求，以需求驱动产品创新，再通过其与平台内外部设计师的交互，激发设计师的创作欲望，以设计驱动产品创新。收集用户反馈后，海尔互联工厂（M端）将完成产品的装配、生产、物流与售后服务。在产品生产环节，海尔和外部模块商一同组装生产用户所需的产品，且在平台上为用户提供订单、生产、物流、交付的全流程可视化服务。

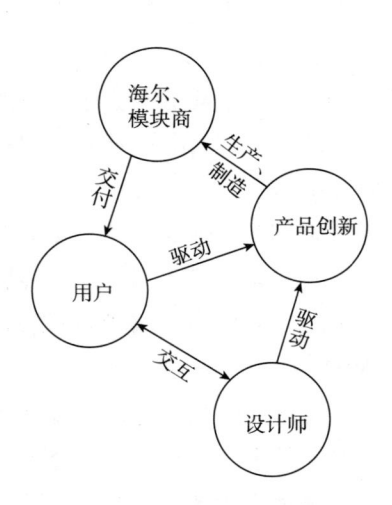

**图5-8 平台运作逻辑**

资料来源：笔者根据公开信息整理。

海尔智家定制平台为海尔旗下最大子公司海尔智家实现了增收。在平台上销售的定制家电产品的价格区间较宽，从百元到万元不等，低端、中端和高端用户均有能力购买智家定制的定制产品和服务。在成本管理方面，海尔智家定制平台的主要成本如图 5-9 所示。可以看出，海尔智家的主要支出体现在平台运营、平台内容创造、设计师薪资和配送物流四个方面。

**平台运营**
海尔智家团队需要维护平台的正常运营、进行错误修复以及进行更新与新功能开发

**平台内容创造**
智家定制平台的创意社区是设计师与用户进行交互的最主要场所，智家定制平台需要不定期发布活动、发放奖励，以维持创意社区的活力，鼓励设计师和用户进行广泛交互

**设计师薪资**
根据城际分类的信息，交互定制平台内部设计师如工业设计师、高级交互设计师的薪资在8000—18000元波动。外部设计师的来源有官网自主入驻、"海尔智慧家庭杯"比赛签约、设计师协会合作等，同海尔进行开放式创新合租的外部设计师的薪资是依项目、合约和设计师等级而定的

**物流配送**
海尔智家定制的大件物流配送是以海尔旗下公司日日顺为主，小件物流的配送由顺丰等第三方快递公司承接。在售后服务方面，海尔智家定制为用户提供七天无理由退货、送装一体、到门服务等售后服务，其中送装一体与到门服务仅限智家定制的指定大家电产品

图 5-9　海尔智家定制平台主要成本

资料来源：笔者根据公开信息整理。

（二）开放创新平台——HOPE

开放式创新平台是平台型制造企业进行开放式创新的网络化组织。开放式创新的成果不仅可以支撑企业在已有市场获得产品、技术迭代优势，也可以助力企业在其他相关领域开拓新的市场。下文将介绍 HOPE 平台的定位与运作模式。

1. HOPE 平台的定位

开放创新平台是一种聚合外部研发资源、以平台形式进行开放式创新活动的组织。早期对平台的研究始于产品开发视角，学者认为平台能够促进产品创新（王凤彬，2019）。而开放式创新平台不仅可以促进产

品的研发与迭代，还使平台企业在新技术开发方面能够进行潜在中长期技术预研。

HOPE 平台由海尔开放创新中心运营，由线上 HOPE 网站、线下开放创新网络组成。其中线上 HOPE 网站直接对外开放使用，线下网络包括海尔的全球 10 大研发中心和多个创新整合中心。早期平台用户是海尔各产业线和技术支持者。早期平台的运作模式也较为简单，即由海尔产业线发布需求，技术支持者为产业线提供技术解决方案。平台对外开放使用后，除了知识供应方外，平台还引进了新的知识需求方，海尔由唯一需求方退居第三方。技术供需双方可自行发布技术需求、技术方案，在平台上自由交互。

目前参与到海尔开放创新平台进行交互的参与者包括供给方、需求方和生态方。研发资源供给方有上下游企业研发部、大学、研究所、技术中介组织、知识产权机构；需求方有海尔和其他寻求外部创新资源的企业；生态方有大数据中台服务、LBS（Location Based Service）、第三方支付、征信机构和政府部门。

2. HOPE 平台的运作模式

自 2014 年 6 月 HOPE 平台改版升级后，HOPE 平台的运作模式转变为面向所有用户开放，即海尔由需求方转变为打造平台的第三方。研发资源的供需双方均可依托平台发布彼此的技术需求和相应的解决方案，海尔作为平台搭建者除发布需求外，也会为用户提供前沿科技资讯以及创新解决方案。

对于研发资源供给方，其入驻平台参与交互的方式如下（见图 5 – 10）。①伙伴资源[①]注册、登录平台，并等待批准。②平台对伙伴资源进行分类和等级划分，然后根据其在项目中的级别赋予伙伴资源相对应的数据库访问权限。③伙伴资源就海尔（或其他需求方）发布的创新需求提出相对应的创新建议。④需求方内部相关部门评估相应的创新方案。⑤伙伴资源与研发资源需求方（图中为海尔集团）谈判并签署协议，正式确定合作。⑥双方执行创新项目。

---

① 此处伙伴资源即指研发资源供给商。

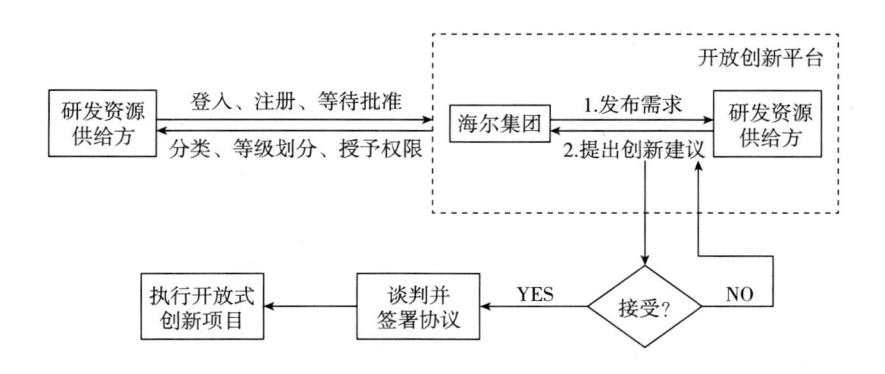

**图 5 – 10　研发资源供应商视角下的平台运作模式**

资料来源：笔者根据公开信息整理。

对于用户，即研发资源需求方而言，他们可以参与海尔等企业的研发项目的产品孵化过程，或直接体验 HOPE 平台提供的技术寻源等服务。如图 5 – 11 所示，在内部产品孵化方面，用户能够参与到产品的交互中，对创新性产品发表意见。在增值服务方面，HOPE 平台为需求方提供了技术竞争情报、技术专家咨询、消费者洞察、开放创新模式转型、新兴科技资源寻源和路演与对接活动等面向企业的服务，并为企业提供相应的技术解决方案，从而成为用户的技术中台。

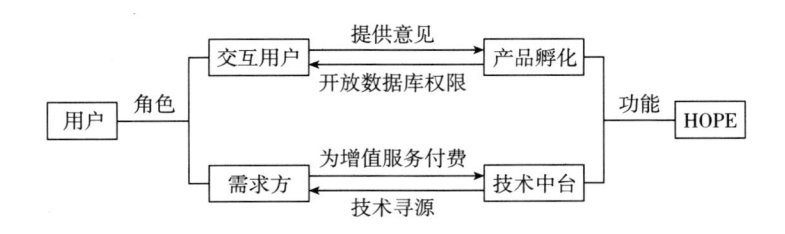

**图 5 – 11　用户视角下的平台运作模式**

资料来源：笔者根据公开信息整理。

对于第三方生态方，政府相关职能部门与数据服务商积极参与到 HOPE 平台的生态建设中。在政府方面，政府相关职能部门面向 HOPE 平台有相应的监管机制，HOPE 平台也经常性地在国家级技术大会进行公开展示并接受监督。此外，HOPE 平台也会同政府合作共同引入外部优质资源。例如，HOPE 平台曾同青岛高新区政府、海创汇、以色列创新中心等组织商议为国外优质资源无条件地进入中国创造条件。在数据方面，HOPE 平台上的数据服务商包括海尔自建的数据分析 SCRM（Social Customer Relationship Management）系统和外部数据合作方。目前 SCRM 系统已建立三大类十个数据模型，用量化方法挖掘用户潜在需求。数据合作伙伴帮助海尔完成数据战略规划、数据处理、数据可视化与建模、应用门户开发等工作，其中海尔会选择性地将部分数据结果开放给 HOPE 平台与终端用户（李洋、邓迪，2017）。

（三）采购平台——海达源

采购平台上聚集了平台型制造企业的上游供应商，以便企业对供应商进行统一管理。海尔旗下采购平台的主要代表是模块商集成平台海达源，下文将介绍海达源平台的定位、运作模式及运作模式的特点。

1. 海达源平台的定位

海达源是全球家电业首个模块商资源服务与聚合平台。在海达源平台上，海尔是模块集成商，海尔的需求是在用户定制的基础上制造模块化复杂产品。

海尔已经将商品的制造过程分解成了一个个模块。例如，海尔将冰箱划分为 300 多个零部件、20 个可对接的模块。负责某类具体模块的研发、加工制造、装配、检测等环节的主体就是上游模块商。模块化生产的优势是创新过程成本低、周期短、风险小，模块化生产使海尔能够吸收模块供应商的信息技术，从而进一步巩固其在家电行业中的优势地位。

在海达源平台上，模块供应商（供应方）和平台用户（需求方）进行交互和合作。海达源对于模块供应商类型有精细的划分。例如，按照供应商职能，所有模块供应商可以分为直接采购供应商、OEM 厂商（原始设备制造商）、物流供应商、医疗冷柜供应商[①]。平台对入驻模块供应商的要求是模块交互、设计、检测和供货四种能力，其中核心企业具有一流设计资源并能参与海尔前端设计。平台的用户（需求方）是

---

① 医疗冷柜供应商是海达源的横跨家电制造和医疗器械制造的模块供应商。

海尔旗下各子公司,特别是青岛海尔零部件采购有限公司及关联公司[①]。

**2. 海达源平台的运作模式及其特点**

同智家定制平台相似,海达源的平台运作模式仍是由用户需求开始,最终由用户评估结束(见图5-12)。①海达源平台的用户,即海尔旗下各分公司在平台上发布需求。与需求一同发布的是需求底线,即最低需求条件,无法满足需求底线的企业无法参与到需求交互中。②需求将被精准推送到符合相应资质要求的供应商系统后台。海达源为所有入驻平台的合作模块供应商打造了具有中台特点的系统,其中具有国内需求、全球合作、Cosmoplat采购需求、海尔信息和资讯等功能模块,帮助企业及时获取适合自己资质的市场需求。③满足条件的供应商可以按照需求进行抢单,但是在抢单前必须提供相应的项目保证金,如果供应商未中选,平台会退还保证金给供应商。④所有加入抢单的企业需提

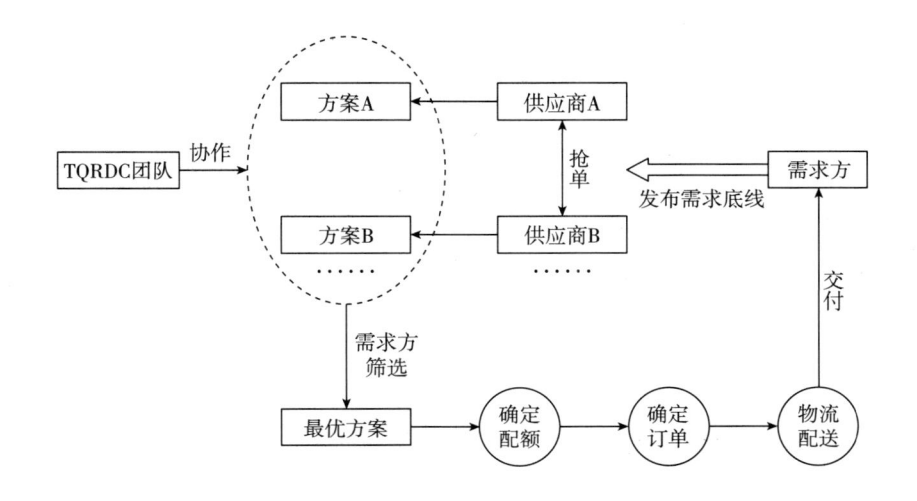

**图5-12 海达源平台的运作模式**

注:TQRDC全流程团队指供应商考核系统。

资料来源:笔者根据公开信息整理。

---

① 关联公司包括:合肥海尔物流有限公司、重庆海尔物流有限公司、海尔集团(大连)电器产业有限公司、青岛海尔国际贸易有限公司、青岛海达瑞采购服务有限公司、青岛海达源采购服务有限公司。

交满足需求的模块化解决方案。⑤在方案终投之前，供应企业需要同需求方事先承诺好质量、交货期、产能底线。⑥在用户选择环节，用户会根据方案成本、产品质量选择有一流竞争力的，或者具有巨大发展潜力的模块供应商。选择好合作供应商后，用户在选定的多家供应商间分配采购总额，并签订合同，至此用户与供应商的合作达成。⑦平台将用户选择的结果公示。

在完成供应商与用户的基础交互后，供应商和用户将确定长期的合作。在物流方面，栖于平台的物流商将工业原材料或半成品送至最经济的海尔工厂。

海达源的显著特点是其对供应商有较强的控制力。海达源对于外部模块供应商入驻持完全开放的态度，然而在其入驻后，平台对供应商实施严格控制。这也体现了海达源平台更加偏向于维护用户的权益。海达源平台通过提高供应商资质要求、主导供应商之间的价格竞争和方案竞争来形成对供应商的控制力。表5-3列示了海达源对供应商实行管理控制的几大因素，虽然平台也为供应商提供了中台服务，但中台提供的方案提交、抢单和资质申请功能同时也促使了供应商之间竞争并保证用户权益。

表5-3　　　　　海达源对供应商的控制力因素与表现

| 海达源对供应商的控制力因素 | 海达源对供应商控制力因素的表现 |
| --- | --- |
| 资质筛选 | 首先，平台对注册供应企业进行全方面的了解，包括营业执照、业务范围、生产能力、市场份额以及能为海尔提供的模块类型等，确保进行交互的是真实企业而非个人或者动机不良的个体。其次，在进行抢单交互的环节，供应商需要申请资质，即证明自己拥有某一个模块的制造资源和制造能力。这样确保了供应商资质，后续海尔只需在价格、工艺和产量等方面进行筛选 |
| 价格控制 | 第一，海达源明确表明供应商提供的解决方案报价应具有市场第一竞争力。如果供应商报价高于需求底线，需求方有权宣布供应商报价或方案作废。第二，需求方选择方案时要求成本或质量具有一流竞争力，小规模制造商倾向于用低价成本策略，所以会适当地将价格设定得更低赢得选择。而大规模制造商更多的是靠方案优化和产品质量获得选择，但是在有相同规模的供应商出现的时候，价格竞争也是不可避免的 |

续表

| 海达源对供应商的控制力因素 | 海达源对供应商控制力因素的表现 |
| --- | --- |
| 惩处管理 | 海达源平台对供应商的惩处管理主要体现在项目保证金。惩处原因既可以是供应商的合同违约行为，也可以是平台规则的破坏行为。比如平台有规定：报价低于平均报价30%以上且无法解释其报价合理性的供应商将被没收项目保证金。这样的惩处管理规则规避了供应商恶意报价或故意破坏交易规则扰乱市场的行为 |
| 合约权力 | 合约权力的保障机制也是以保证金的形式存在。除了项目保证金外，如果供应商被用户选择，供应商还被要求支付履约保证金，以保证供应商不会中途退出合作，对需求方造成损失。在合作供应商向需求方支付履约保证金并最终达成合作后，需求方将无息退还履约保证金 |
| 用户评价机制 | 用户评价机制是电商平台的基础功能在海达源平台上的应用，即在合作完成后，用户对供应商进行评价 |

资料来源：笔者根据公开信息整理。

（四）渠道分销平台——易理货

渠道分销平台解决了供应商和渠道商之间的空间分离、距离分离及所有权分离的问题。海尔易理货是制造企业分销经销活动平台化的成功实践，下文将介绍易理货平台的定位、运作模式及平台作用。

1. 易理货平台的定位

易理货是海尔集团旗下青岛巨商汇网络科技有限公司打造的渠道分销平台。该平台连接了品牌商、制造企业海尔和下游经销商、乡镇店和伞下店[1]，并为下游分销商提供了包括进存销、大数据分析、营销、财务的中台服务。易理货帮助海尔实现了对各大分销商的在线管理。

在易理货上，进行交互的双方是海尔和各级经销商（见图5-13）。海尔为各级经销商搭建易理货平台，同时将部分批发业务转移至该平台进行。一级经销商能够在平台上灵活按需采购产品，从而缓解进货的库存积压压力，同时能够对下一级伞下店进行分销管理；来自乡镇的下一级伞下店将在一级经销商处采购产品，同时得到商品折扣。

---

[1] 伞下店指总店的分店。

```
海尔  ——中台系统——→  一级经销商  ——销售折扣、管理——→  伞下店
      ←——采购——              ←——采购——
```

图 5-13  易理货交互多方关系

资料来源：笔者根据公开信息整理。

## 2. 易理货平台的主要功能及作用

易理货的主要功能包括会员管理、门店全流程管理、分销管理、营销学院、直播大厅和大数据服务（见图 5-14），[①] 底层生态系统包括平台支付、客户采购、商品系统、政策系统、库存系统、资金系统及客户系统[②]。平台搭建这些系统为经销商所用，这些系统最终成为经销商的中台。

**会员管理**
经销商能够分级管理下属伞下店，平台为一级经销商打造了会员信息库。平台还开放了会员交互功能，经销商能够实时与用户互动，从而提高用户复购率。除此之外，平台能够追溯以往乡镇客户历史提货情况、淡旺季情况等帮助制造企业将乡镇伞下店的目标分解到月度，再到产品品类，并鼓励经销商对于完成任务的伞下店以奖励支持，从而激励客户们积极提货卖货

**门店全流程管理**
制造企业为经销商打造了一个线上进销存系统，经销商的每个业务部门都能根据权限查看订单和订单流程。同时伞下店也能在平台实时查看财务系统数据

**分销管理**
经销商能在平台上举办在线抢单活动，伞下店能在线上了解活动内容，省去了人员现场沟通成本。信息和产品数据的可视化也能使伞下店对促销活动有充分了解。通过线上抢单，经销商销售数量比之传统方式有增无减。除此之外，分销管理功能模块为经销商提供了商品、订单、目标、资金的数字化管理系统

**营销学院、直播大厅和大数据**
平台的额外附加功能。营销学院的目的是帮助经销商和伞下店客户掌握营销话术、进行员工培训等。直播大厅通过在线直播的方式帮助经销商发布抢单促销政策和会议培训。大数据分析所有用户的订货、周转、销售数据进行沉淀后，平台将为用户提供库存分析、成本分析、毛利分析等经营报表和分析数据，相当于小微企业的数据中台

图 5-14  易理货的主要功能

资料来源：笔者根据公开信息整理。

---

① 资料来源：易理货公众号，http://www.yilihuo.com/chanzhi/index.php?m=page&f=view&articleID=78&l=。

② 资料来源：百度企业信用，https://xin.baidu.com/company_detail_78002580721380?tab=certRecord。

易理货对于用户有着明确的认证机制,以此保证平台用户的交互有效性。虽然易理货在网页、公众号、移动端都有登录入口,但是登录资格需要海尔授予。这确保平台的用户都是下游各级经销商,保证了平台功能的正常运作和平台资源投入的有效性。

易理货能帮助海尔实时对接市场需求,并降低各级经销商资金压力和库存压力。直接面向消费者的伞下店客户能够直接了解市场销售的动态和消费者偏好,从而将市场信息体现在在线下单的商品类型和商品数量中。由于海尔对该平台的所有数据都有感知,易理货可以成为海尔在经销商视角下捕获市场需求的窗口。此外,上级经销商按库存订货,加快了资金周转速度,降低了库存压力,实现了批发全流程可视化,并享受了平台提供的中台服务;下级经销商实现了按需快捷下单、随时查价、库存财务可视化。此外,海尔在平台上也发挥着重要的作用。海尔在平台上销售产品给一级经销商的同时还会对经销商进行培训。一级经销商能够在平台上在线订购海尔商品,海尔也会定期在易理货上开展产品介绍和营销培训会议,从而提高经销商的产品销售能力。

### 三 海尔与各相关方的竞合分析

在海尔搭建的产业中台平台上,各企业共同使用平台提供的服务,彼此间既存在合作,又存在利益分歧。海尔搭建的平台缓解了海尔与产业链各相关方的恶性竞争,使多方合作关系得到巩固。

对于海尔与供应商,其关系逐渐由价格驱动的竞争关系过渡到互利互惠的竞合关系。传统制造企业与供应商的竞争关系主要体现在对生产要素价格诉求的不一致。在供应商与制造企业之间的价格拉锯中,为获得更高利润,供应商往往不愿降低生产要素价格以满足制造企业降低最终产品价格、提升自身竞争力的诉求。制造企业在短时间内也难以找到地理位置优越、物美价廉的替代优质供应商。因此,传统制造企业与供应商之间就生产要素价格方面往往无法达成一致,双方间形成了以短期合同为特点的价格驱动竞争关系。

在搭建采购平台后,海尔与供应商的价格拉锯得到缓解,双方的合作关系得到进一步巩固。其一,海尔通过采购平台海达源高效地聚合了多方供应商,利用海达源提供的数据服务、业务服务和外部资源帮助供应商改进产品质量、加快产品开发进度,从而降低供应商的供应成本。

供应商成本的降低能够回馈平台型制造企业,即在成本降低的情况下,供应商愿意给海尔让利。故而在价格层面,双方恶性竞争困局得以破解。其二,在平台交互社群功能的加持下,海达源的信息公示提高了产业链上游的透明度,产业资讯和原料价格波动在平台中变得可视,这缓解了因信息不对称而导致的全行业的效率损失。其三,供应商的长期入驻将双方曾经的短期合同转化为长期合作。长期的竞合关系不仅提高了双方协同效率,还进一步降低了双方的外部交易成本和内部管理成本。

对于海尔与经销企业,其关系逐渐由互相倾轧的竞争关系过渡到握手言和的适应型竞合关系。传统制造企业与下游经销企业的竞争关系主要体现在最终产品价格、市场争夺和逆向物流[①]处理三个方面。不少制造企业已然意识到过于冗长的经销环节会导致商品价格过高,从而导致其在同质化产品竞争中失去优势。基于此,部分制造企业试图直接面向终端消费者销售产品,这样的举措导致经销企业的利润和生存空间被压缩。此外,在商品逆向流动中,某一环节经销商或制造企业将承担被退货物的仓储成本和废物处理成本,这也造成了制造企业约35%[②]的利润损失。因此,传统制造企业越过下游经销企业销售产品以及由哪一方来承担逆向物流处理成本是双方的主要争议点。

在搭建渠道分销平台后,海尔巩固了与经销企业的合作关系。合作关系体现在一体化协同和价格补贴两个方面。海尔集成了下游所有经销商,在渠道分销平台对经销商渠道、库存和物流进行精细化控制和管理。同时渠道分销平台易理货能为经销商提供便捷的中台服务,涉及新产品介绍、货柜管理、订单处理、营销宣传和物流服务。此外,由于线上的供应链协同模式降低了经销商商品采购和与双方线下人工对接的成本,海尔愿意在平台上提供更高的商品折扣来促进与经销商的交易,故而双方实现了合作共赢。

对于海尔与终端用户,虽然用户多为个人消费者,两者也在产业中台平台的连接下从互不理解实现了互联互通。传统制造模式下,终端消

---

① 狭义逆向物流指的是将不合格商品返厂维修、退货以及周转回包装物的实体流动。资料来源:马立娜:《退货逆向物流管理分析》,《致富时代月刊》2011年第4期。

② 资料来源:长安大学物流与供应链研究所,http://ilsc.chd.edu.cn/Article/Knowledge/201212/203.html。

费者的要求与制造企业价值创造过程相悖。在传统的生产模式中，制造企业单方面确定了最终产品的形态、功能、生产数量以及服务质量。除去售后环节，终端消费者往往难以与制造企业交流，制造企业也因此不能及时得到准确的需求信息，生产的产品可能不能满足消费终端的需求。[①] 在价格方面，终端消费者除了要求产品和服务满足自身需求外，还偏好更低的价格。然而，制造企业若向终端消费者大幅让利，不仅会降低自身利润，还会扰乱下游经销商的价差体系。

在搭建交互定制平台后，终端消费者与平台型制造企业的制造资源直接相连。大规模定制模式使价值创造过程由双方共同完成，定制产品的用户往往愿意付出更高的价格，故而上文提到的价格矛盾得到缓解。此外，终端消费者的独特需求也在定制过程中被满足，内心得到获得感；海尔也得到了来自终端的精准需求，能更快地瞄准市场痛点推出产品。这是一个双方合作共赢的局面。

对于海尔与同行平台企业，由于搭建产业中台平台门槛较高，同一细分领域内同行间竞合的情况较少，竞合关系或成未来趋势。在家电行业，龙头企业海尔集团和德国西门子、美的集团均有搭建各自的产业中台平台。这些企业都是具有一定业务规模、信息化建设完整、拥有自有品牌和多条产品线的制造企业。目前产业中台平台的构建尚在探索期，有能力并最终搭建产业中台平台的企业较少，故而细分领域平台内发生竞争的情况缺乏实际案例。但可以预见到，在成长期以及成熟发展期，由于同行业各平台型制造企业之间存在终端消费者和外部资源方的重叠，竞争与合作仍将成为双方的主要关系。

此外，产业中台平台不只促成了制造企业与其他企业之间的竞合关系，更促成了产业链上下游企业之间的竞合关系。在产业中台平台中存在的上下游利益相关方有：终端消费者、合作经销商、研究伙伴与原材料供应商。由于共同栖于平台，这些利益相关方在相同职能的同行间必然存在竞争关系。此外，在产业中台平台上，各利益相关方的合作关系也逐渐凸显。海尔将各相关方大规模聚集在产业中台平台中，让其共同为海尔的原材料供应、研发、设计、生产、销售提供全流程服务。在海

---

① 资料来源：海尔交互平台负责人陈国良观点。

尔的主导下，产业链上同一层次的企业为达成海尔或其他相关方的要求，会选择优势互补、强强联合的模式，不同层次的企业也将互相扶助来消弭全产业链的"木桶效应"①。

综上，产业中台平台缓解了海尔及相关企业间的恶性竞争关系，稳定了多方的合作关系，促进了全产业链的协同。最终，产业中台平台帮助海尔与各相关方之间形成了错综复杂的竞合关系。

## 第三节 平台型制造企业的社会效应

本节将基于上文阐述的海尔四大产业中台平台案例，分析平台型制造企业对平台参与主体、行业和经济发展带来的社会效应。

### 一 平台型制造企业对参与主体的影响

三类平台的参与主体有平台型制造企业、设计研发资源方、供应商、各级经销商和终端用户。图 5-15 列示了平台参与主体、平台型制造企业产业链主要环节和产业中台平台彼此间的关系，可见平台型制造企业对各环节参与主体均有不同程度的影响。

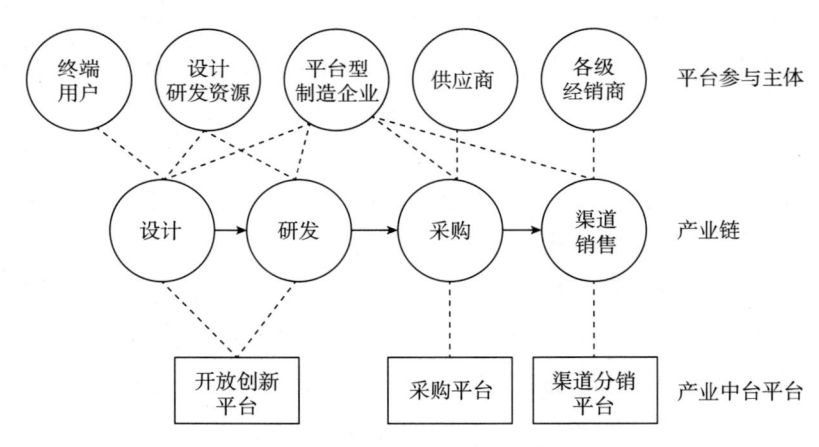

图 5-15 产业中台平台与产业链和参与主体的关系②

资料来源：笔者根据公开信息整理。

---

① 即"短板效应"，用在此处指产业链上某一环节企业出现问题，将限制整个产业的稳定发展。

② 在制造业产业链中，制造作为其中重要的一环位于采购与渠道销售之间。

对终端用户而言，平台型制造企业的 C2M 定制模式提高用户满足感。产业中台平台，尤其是与用户直连的面向终端消费者的开放创新平台，开创了平台型制造企业与用户间新的交互模式，即用户能够全程参与到产品的设计、生产、交付、售后的过程，从而得到满足感与获得感。以下海尔前总裁张瑞敏的观点也印证了以用户为中心在制造企业数字化转型中的重要性。

> "用户是交互的节点，他全程设计、参与我的研发、设计、体验，永远在我这里头（全过程里），用户和顾客是完全不同的概念，最后就变成用户的最佳体验，为用户的最佳体验不断地去迭代，不断去改进。"
>
> ——海尔前总裁张瑞敏

注：该话来自张瑞敏的一次公开演讲。

资料来源：山东新闻，http://www.dzwww.com/shandong/sdnews/201510/t20151015_13185303_1.htm。

对设计研发资源方而言，平台型制造企业使其能够精准有效地进行知识输出和知识输入。一方面，外部设计研发资源方能够灵活供职于平台型制造企业，精准对接企业的需求进行共同研发，从而输出并变现自身的知识积累；另一方面，设计研发资源方能从平台型制造企业研发中台中汲取知识和灵感。研发设计资源方与平台型制造企业在合作中互相受益，双方实现了优势互补。

对供应商而言，与优秀的平台型制造企业合作能够为供应商带来新的利润增长点和额外效益。通过采购平台，具有一定竞争优势的供应商能够与平台型制造企业进行方案交互并获得优质订单，这成为供应商的新的利润增长点。此外，供应商能通过中台系统获得准确的需求发布、资讯信息、平台型制造企业的技术革新成果等信息，从而减少其获取市场需求、打造业务中台和数据中台的成本。

对各级经销商而言，平台型制造企业能够帮助提升经销商的市场竞争力。各级经销商在平台上直接进行采购、促销、货品交付、财务管理、培训等活动，并共享制造企业的产业资讯和大数据服务。面对C2M电商与工厂直销模式对批发零售市场的冲击，渠道分销平台帮助各级经销商高效协作经营，并有效降低了人工跟进和信息核对成本。

## 二 平台型制造企业对行业的影响

除了对参与主体有影响外，平台型制造企业对其所在细分行业也有影响，具体体现在减少行业逆向选择、迎合长尾市场需求以及为供应链赋能三个方面。

第一，通过搭建产业中台平台，平台型制造企业减少了行业逆向选择，提高了交易效率。在平台化运营的情境下，外部资源方在平台的层层资质认证中，供需等信息得以公开，缓解了双方的信息不对称。此外，平台型制造企业优先选择同优质资源方合作。这提高了制造业各细分行业内的整体资源配置效率，有效阻止了行业中"劣等客户驱逐优等客户"现象的发生。

第二，通过搭建产业中台平台，平台型制造企业聚焦个性化定制，迎合了制造业各细分行业的长尾市场需求。传统制造企业的大规模生产模式不能满足一些长尾客户的个性化需求，这是因为一方面制造企业难以收集长尾客户需求，另一方面长尾市场需求高度分散，为其打造生产流水线的成本过高。而平台型制造企业一方面通过交互定制平台直面用户，有效收集了长尾市场需求。另一方面，采购平台具有模块化生产优势。平台型制造企业只需发布需求并采购模块化产品，即可将其组装成特定产品提供给长尾市场客户，从而节约了打造流水线的成本。

第三，通过搭建产业中台平台，平台型制造企业赋能并重塑供应链。其一，平台为外部资源方打造了业务中台或研发中台，作为基础SaaS工具赋能供应链。其二，采购平台和渠道分销平台实现了中游和下游的集中采购，从而降低了成本。其三，渠道分销平台还能为不同经销商提供统一产品及个性化服务，并对其销售绩效与市场营销提供评估、监督与指导，这保证了产品品质。其四，产业中台平台的布局整合了产业链网络并拥有快速精准的市场反应。其五，产业中台平台能够为外部资源方提供数据支持。因此，产业中台平台在为供应链赋能、带动全产业企业共同发展方面提供了新的范式。

### 三 平台型制造企业对经济发展的影响

除去影响参与主体、细分行业外，平台型制造企业还为产业基础提供应用需求、帮助增强产业链韧性并助力经济高质量发展。

第一，平台型制造企业支撑高级产业基础，并为产业基础提供应用需求。平台型制造企业搭建的产业中台平台集成其产业链上下游企业，并运用了大量 DT 时代的尖端科技，如人工智能、工业互联网、大数据等，这体现了我国产业链的数字化与信息化。平台型制造企业作为连通产业链上下游的纽带，收集了对产业基础能力再造和升级的应用需求，从而帮助提升我国整体制造业的核心能力。①

第二，平台型制造企业增强产业链韧性。产业链韧性，指产业链在面对内外部风险和挑战时，各环节所表现出的维稳能力。冯媛（2019）认为，对于企业，产业链韧性主要体现在其采购和销售两端的"可替代性"。② 即当采购和销售两端出现重大变故时，整条产业链不至于崩溃断裂。显然，平台型制造企业搭建的采购平台和渠道分销平台具有维持产业链稳定的职能。一方面，采购平台使企业的合作供应企业多元且分散，企业与供应企业之间没有形成唯一的固定关系，规避了"将鸡蛋放在一个篮子里"的潜在风险。另一方面，渠道分销平台实现了对经销企业的聚合，经销企业的地理分散和相同的品质保证承诺同样增强了产业链韧性。③

第三，平台型制造企业缓解制造业发展"痼疾"，从而促进经济高质量发展。产能过剩、创新不足、利润低迷、附加值低是近年来阻碍我国制造业发展的"痼疾"。④ 针对产能过剩问题，采购平台和渠道分销平台能够帮助各外部企业释放内需，实现按需生产。针对技术落后问

---

① 资料来源：中国社会科学院工业经济研究所研究员刘戒骄。
② 资料来源：人民网：《产业基础高级化　发展迈向高质量》，https：//baijiahao. baidu. com/s? id = 1643249567743120320&wfr = spider&for = pc。
③ 资料来源：中国青年网：《补齐短板　韧性更强（经济新方位）》，https：//www. sohu. com/a/342681609_ 119038。
④ 2015 年政府工作报告指出，我国产能过剩问题较为突出，创新能力不足，需要对部分行业进行调整。同时，多家中小制造企业的工业附加值较低，且受制于技术限制对转型缺乏信心。资料来源：中国政府网，http：//www. gov. cn/guowuyuan/2015zfgzbg. htm；经济参考报：《中小制造业附加值偏低　"血拼"价格掉入微利陷阱》，http：//finance. sina. com. cn/money/future/20150427/101122052485. shtml。

题，开放创新平台为行业创新注入新的活力。针对利润低迷和低附加值问题，制造业服务化已成为"中国制造 2025"的重要趋势，产业中台平台向产业链上下游的延伸与聚合，能够为全产业和终端用户提供增值服务，从而打破制造业低附加值的困境。综上，平台型制造企业能够凭借其平台优势缓解制造业发展"痼疾"，从而促进国民经济的高质量发展。

## 第四节 平台型制造企业发展面临的主要问题

在平台型制造企业发展的过程中，在宏观、中观、微观层面逐渐衍生了部分问题，这些问题损害了部分利益相关者的权益或阻碍了平台型制造企业的继续发展。本节将具体阐释以上问题及其成因，以此为平台型制造企业的稳健发展提出对策。

### 一 宏观层面

宏观层面主要涉及政策、法律法规等影响企业发展的因素。目前，宏观层面存在的问题有数据使用不规范、垄断及平台监管与欺诈。

第一，平台型制造企业对于数据的不规范使用导致了一系列问题。传统制造业的大数据应用尚处于起步阶段，数据确权、用户隐私保护、数据开放共享等方面的标准规范不健全。产业中台平台能收集到的用户资料来源过多，且由于大多数据是在平台交互或终端物联产品中产生的，大多数数据资产未得到用户授权。基于此，用户个人信息有泄露和被滥用的风险。此外，不少平台企业因为在数据分析方面能力有所欠缺而将数据业务外包给其他公司，用户数据的重复传播增加了数据和隐私泄露的风险。

第二，平台型制造企业可能依托产业中台平台获得较强的市场力量。然而从垄断的效果来说，平台型制造企业不能完全实现价格控制、竞争排他性和减缓市场应有创新，所以该类企业具有部分垄断市场力量。

从价格控制的角度，平台型制造企业具有一定的单边控制市场价格的能力。以采购平台为例，平台型制造企业聚合了大量的外部供应企业，而需求方的数量是有限的定值。在发表需求时，平台型制造企业总是会发布相应的需求底线,即可接受的最高价格。在平台规则的约束下,供应商互相在价格、产品质量、其他增值服务的总体方案上竞争,而平台型制造企业总能获得最优的方案。由于供应商规模小、数量多、分布分散,平台型制造企业能够在供应商之间分配采购配额,供应商难以联合共同控制市场价格。因此,在价格控制方面平台型制造企业能够获得市场垄断力量。

从竞争排他性的角度,产业中台平台对现存的同行业相同性质平台的排斥作用较小。但由于建立平台本身的难度较大、前期投入多,平台型制造企业排斥了潜在的有产业中台平台搭建意愿的小企业。其一,这类小型制造企业积累的外部资源方较少,初期用户数量无法满足交互活力,致使平台逐渐僵化。其二,制造企业规模较小,其对于产业上下游的议价权微弱,故而其无法在平台上对上下游企业实行管理与控制。其三,搭建平台、引入用户、平台内容生产、商业模式重构、平台运营和维护的成本较高,对于小制造企业而言收益难以抵消成本。其四,该企业的上游资源方可能被大企业平台吸引,下游渠道商也可能由于存在管理不善、库存积压、产品不满足市场需求等问题而退出。这将导致该小企业缺乏外部资源方,其产业中台平台将无法运作。综上,平台型制造企业的同行小企业的市场份额可能被挤压,最终被排斥出市场。

从市场应有创新的角度,产业中台平台不仅不会减少创新的多样性,还能让平台型制造企业在自主创新方面获得较大成就。以家电行业为例,海尔和美的均打造了开放创新平台。如图 5-16 所示,在 2019 年中国家用电器研究院举办的第 19 届"中国家用电器创新成果推介"中颁布的 58 个创新产品中,海尔占有 16 个,占了总数的三成,并斩获"2019 年度最具影响力家电品牌"奖项。其中美的、格力、九阳等企业皆有多项行业首创创新性成果[1]。此外,2019 年中国轻工业联合会科技奖行业三项一等奖全部被海尔包揽。可见以家电行业为代表的中端制造业的自主创新仍然是多企业并行,而且打造了产业中台平台的企业在创新方面具有明显优势。

---

[1] 资料来源:科技大家谈,https://baijiahao.baidu.com/s? id = 1643984379007980563&wfr = spider&for = pc。

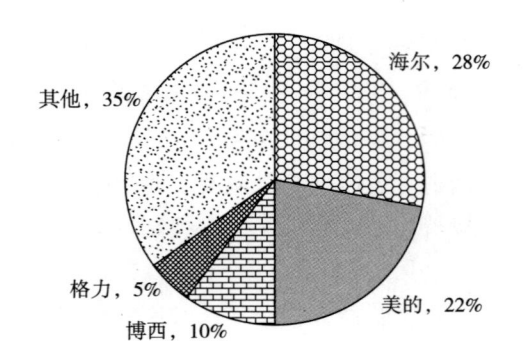

**图 5-16　2019 年"中国家用电器创新成果推介"各品牌获奖比例**

资料来源：科技大家谈，https://baijiahao.baidu.com/s?id=1643984379007980563&wfr=spider&for=pc。

第三，产业中台平台上的监管不周与欺诈易发问题也值得探讨。平台监管与欺诈问题主要体现在以下几个方面。

部分产业中台平台投诉渠道建设不够完善，监管力度较小，容易滋生欺诈行为。部分产业中台平台是平台型制造企业内部打造的平台系统，只有获得其认可的外部资源方才能登入系统，如开放创新平台内部网络、渠道分销平台等。前者搭载了企业内部权限较高的数据库，受邀专家才能使用；后者是加盟后拥有经销商资格才能入驻。对于这类进入门槛高，外部介入能力弱的平台，平台投诉渠道建设不够完善，监管力度较小，故而欺诈行为可能频现。

在采购平台上，欺诈行为更有可能出现。B2B 电商平台曾出现过大规模欺诈事件。由于聚合了大量外部供应商，采购平台欺诈事件涉及的单位损失可能大于普通网络欺诈事件。[①] 其一，传统投招标中的欺诈行为在线上采购平台可能仍会发生，例如，空壳公司虚假投招标、熟人谎报虚假项目、谎称关系人骗取费用、高级官员串通投标、谎称高级官员骗取寻租费用等。平台运作的监管力量主要是自我规制，即平台内部制

---

[①] 《第一财经日报》2011 年 2 月 28 日就某公司网站"欺诈门"事件追踪报道，多名国际客户遭欺诈，涉案人员包括 2326 名我国供应商和 100 多名内部员工。此后该公司不但更换了 B2B 公司的 CEO，而且宣布提高技术服务费并增设保证金制度，但旋即遭到数千个中小卖家的集体反对。资料来源：全景网，http://www.p5w.net/stock/hkstock/gsxx/201102/t3465210.htm。

定协议并向用户开放欺诈举报渠道。由于供应商入驻的筛选机制全面且严密，涉及该企业社会信用代码、注册资本、现金流情况、主营业务等方面，空壳公司虚假投招标的情况基本不存在，但是恶性竞争的情况时有发生。比如，某外部供应企业故意破坏投招规则，给出的价格低于市价且无法给出解释，给该企业和其他供应企业产生不良影响，而平台除了缴收保证金外没有别的惩处措施。其二，平台还可能存在内部运营方与供应商合谋破坏市场公平的现象。以海达源为例，在模块供应商与需求方进行交互时，海达源平台全流程团队小组有机会和模块供应商合谋，放任质量一般的方案层层入选。在平台经济有关合谋的理论中，如果消费者的投诉成本减少，平台运营商和产品提供商合谋的概率也会相应地降低（李鹏，2016）。然而在采购平台上，终端消费者并不参与到平台运营商和供应商的交互中，如果双方无人投诉，那么合谋寻租行为就难以避免。

## 二　中观层面

平台型制造企业在中观层面出现的问题存在于整个制造业和该企业所在产业链。目前产业中台平台在中端、低端和高端制造业[①]三个层次里发展不平衡，同时其与上游研发资源的产权确权问题和与下游经销商的共生问题也普遍存在。

（一）三端制造企业发展不平衡

目前，平台型制造企业的总体发展态势是中端制造企业引领，低端制造企业追赶，高端制造企业难以发力。

中端制造业的平台型制造企业发展处于前沿。大量平台型制造企业出现在中端制造业，其整合了产业链资源，为外部企业提供中台服务，从而提高全产业链协同效率。比如，生产土方工程机械和建筑机械的卡特彼勒，整合了全球的代理商网络，为代理商打造了渠道分销平台，并引入终端客户提供定制化服务。除了分销商体系之外，卡特彼勒还整合

---

① 根据制造的产品的工序复杂度与技术难度可将制造业分为低端制造业、中端制造业和高端制造业。其中低端制造业有纺织业、服饰业等；中端制造业指非高精尖但具有一定技术含量的行业，例如汽车制造业；高端制造业指制造业中高精尖领域的行业，例如计算机、通信和其他电子设备制造业、芯片技术、3D 打印等行业。资料来源：新浪，http://blog.sina.com.cn/s/blog_ 4ac457310101gjta.html。

了全球技术中心、供应商、融资租赁和再制造等资源，形成了一个完整的产业生态网络。可以看出中端制造业的巨头企业的数字化转型逻辑与海尔四大产业中台平台打造的逻辑相似。

低端制造企业正在探索搭建产业中台平台的途径。目前，学界有许多增加低端制造业附加价值的理论。以服装纺织业为例，朱丹等（2015）提出了基于产业服务平台的外贸纺织服装业供应链模型，其中外贸企业作为平台服务商集成了全产业的知识、信息、技术、创意、先进运营模式等，带动上下游企业进行协作和全产业价值创造。然而，目前服装行业的智能制造仍然处于智能工厂建设阶段，大数据技术应用、众创设计平台、采购平台和渠道分销平台仍是未来发展趋势（伏广伟等，2019）。

高端制造企业往往不愿开放自身能力带动全产业链发展。这是由于高端制造业的进入门槛高、技术的保密程度高、产品难以被复刻。目前高端制造业企业向服务化方向发展，一般忽略了产业链中其他企业的协同发展。例如，航空发动机制造商罗尔斯—罗伊斯公司只对客户提供发动机数据分析管理服务；通用电气的开放性创新也只是周期性地以"绿色创想挑战"比赛作为契机；IBM本身作为平台服务商帮助其他企业开发、组装、测试相应平台。这些国际高端制造企业并没有系统地整合外部资源，开放本企业地理、知识、技术边界，也没有为产业上下游合作伙伴提供更多的中台服务。

（二）平台型制造企业处于绝对优势地位

平台规则使平台型制造企业处于绝对优势地位，可能致使其他相关方的权利受到侵害。一般来说，在产业中台平台运作规则的制定中，规则制定者会考虑交互双方的依存性和双方需求来进行不同的规则设置（Wong – Ervin，2016）。

不同平台上交互双方的依存性不同。在采购平台，平台企业需求有限且内容确定，而供应商的数量较多且彼此间存在竞争关系。因此供应商更多地依存于需求方。在渠道分销平台上，平台型制造企业需要经销商直面市场需求、培养客户黏性、扩大品牌知名度，经销商需要制造企业提供优质产品和中台支持。经销商和平台型制造企业是相互依存的竞合关系，但考虑到企业规模，平台型制造企业对经销商有一定的控制能力。在开放创新平台上，平台型制造企业与外部开放创新资源的合作是柔性的，平台型制造企业的需求内容不明确，需要同外部伙伴资源协同交互、广泛合作共同完成产品或技术创新，双方的依存关系最弱。

在采购平台上，平台型制造企业的优势地位最为明显。以海达源平台为例，海尔对供应商的行为具有约束力。虽然平台对供应商的约束力可以确保产品质量与合作效率，但是供应商的权利可能得不到保障，例如供应商上交给平台的保证金没有相应的保障机制，只能依赖平台的自我规制力依规则返还。

（三）产权确权："开放悖论"、产权归属不清以及搭便车等问题

由于平台型制造企业的开放式创新活动势必与两家或多家企业的产权确权有关，"开放悖论"、产权归属不清以及搭便车问题在开放创新平台上可能频现。

第一，开放创新平台仍无法避免"开放悖论"（The Paradox of Openness）。"开放悖论"即以立法手段维系的知识产权保护具有独占性与排他性，与以"知识共享"为核心的开放式创新相悖，故而常常使企业陷入两难的境地（Laursen and Salter，2014）。Giarratana 和 Mariani（2014）指出，与外部知识来源协同创新增加了公司商业秘密泄露的风险。Baldwin 和 Von Hippel（2011）认为，开放式创新能实现"以小博大"，即参与开放式创新的企业获得的成果一般会高于其贡献的创新资源的价值，这解释了大部分外部创新资源都愿意参与制造企业搭建的开放创新平台的原因。ClimateWell 公司曾经参与过 GE（通用电气公司）的开放式创新项目，其首席执行官珀·奥弗森（Per Olofsson）说过如下一段话（迈克尔·马肖尼，2011），这表明对于处于创新创业期的小公司来说，尽管产权确权问题仍然存在，但阻挡不了这些小公司加入大企业的开放式创新活动。

> "我承认，开放式创新的过程并不一定很容易，比如，定义每个公司所拥有的知识产权会很棘手。不过，这仍值得付出努力，因为对于我这样的小公司来说，与通用电气这样的大公司合作的机会能获取我们自己没有的技能组合。"
> ——ClimateWell 公司 CEO 珀·奥弗森（Per Olofsson）

资料来源：迈克尔·马肖尼，《通用电气的开放式创新》，《科技创业》2011 年第 4 期。

第二，在开放式创新活动中，部分企业会共享产品产权，部分企业将产权归为己有。产权归属不清可能造成研发资源的外流和法律诉讼，故而企业会做出明确规定划分产权所属。例如 GE 在协同创新时会就知识产权归属问题做出规定，并根据双方在人力、财力和物力上的投入来确定知识产权共享与否。[①] 此外，平台上进行的开放创新活动的产权一般归平台型制造企业所有。在戴尔公司，当用户为戴尔的产品和服务提交创新性意见时，用户将自动授予公司想法使用权（蔡双立，2020）。在海尔，开放式创新活动的执行是由创客团队整合外部资源和企业内部团队，共同针对消费者的需求提出产品创意和技术创新，然后研发和试制产品，故而产权将归属创客团队所有。

第三，平台型制造企业获得产权不能解决搭便车、恶意窃取等固有问题。搭建开放创新平台意味着企业外部创新知识分散程度高，外部技术环境不确定程度低（蔡双立等，2020）。[②] 虽然平台型制造企业一般能获得产权所有权，但是开放式创新中存在的其他问题仍然存在。搭建开放创新平台同外部资源方合作的目的是为了用创新创造价值，故而搭建开放创新平台的制造企业可能很难和竞争对手共享创新成果。且由于企业过于开放导致的搭便车、技术泄露、恶意窃取等问题表明，企业需要把握好平台对外开放程度，一方面保证开放创新的活力，另一方面保证产权的安全。

（四）平台型制造企业与经销商的共生问题

共生问题主要体现于产业链上制造企业与经销商的关系上，在消费者直连制造的 C2M 模式的挑战下，这两者的矛盾变得更加尖锐。平台型制造企业虽能暂时缓和这两者的竞争关系，但未来两者关系走向何方仍未可知。

在传统消费互联网平台，终端消费者与传统制造企业之间的经销商的生存空间被压缩。各电商平台的工厂直营、C2M 模式使厂家与终端消费者的距离大幅度减小，制造企业能够直接面对市场需求并获得更高

---

① 资料来源：商业评论杂志：《美国工程院院士陈向力：GE 是如何做开放式创新的？》，https://www.sohu.com/a/125919320_479780。

② 资料来源：赋能商学院：《从产品、服务到渠道，再到平台：海尔每一步都算数》，https://baijiahao.baidu.com/s?id=1618393608430910848&wfr=spider&for=pc。

毛利，但是中间环节经销商的利润也将因此锐减。故而经销商和制造企业存在竞争关系。一些零售商和经销商通过成立自有品牌的方式与制造企业进行竞争。李海等（2016）通过研究零售商引入自主品牌和制造企业直销模式的博弈竞争关系发现，在均衡条件下，制造商和零售商可能陷入"囚徒困境"。而当零售商保持原状不创办自有品牌，且制造企业线上直销渠道运营成本较低时，零售商的利润将降低，制造企业的利润将提高，双方难以形成双赢局面。

在产业中台平台的助力下，平台型制造企业与经销商的关系得到缓和，双方暂时形成了合作关系。渠道分销平台为经销商赋能，并共享整条产业链的信息流和数据中台服务。在经销商和供应商都在进行结构优化时，双方将在多维度达成深度合作，两者关系由对抗、管控转变为"供应链合作伙伴"。此外，部分经销商同时也在进行数字化转型，目前一些规模较大的经销商也开始主动整合上游供应商和下游终端消费者，打造一站式的零售终端平台，比如沃尔玛电商平台。在渠道分销平台和零售终端平台共存的情况下，两者的关系是会陷入"零和博弈""囚徒困境"还是竞合，业界还没有明确的答案。

### 三　微观层面

微观层面的问题聚焦于由平台型制造企业自身平台运营、营销等方面由于策略不当而引发的问题。下面将以海尔集团为例分析平台型制造企业面临的微观层面问题。

首要问题是以海尔智家定制平台的平台交互活力渐失，这主要体现在以下三个方面。其一，海尔智家定制平台的需求社区[①]活跃度低下，平台运营者的定频内容创造无法激活社区。在海尔智家定制平台，终端用户具有网络外部性。当用户数量增加时，具有高附加值的三大定制功能的购买用户数会相应地增加，同时平台作为留存用户和收集市场需求的窗口对海尔平台的整体布局具有重要意义。然而发布内容的多为平台内部运营团队和设计师资源，用户自身发布真实需求的内容极少。此外，由于用户整体交互活力下降，平台内部话题的发布周期长，智家定

---

① 需求社区是海尔智家定制的主要交互板块，普通用户和设计师可在其中自由交互，发布自身对智能家居的创意需求，是海尔收集终端用户需求的一大途径。

制平台整体维持着每月月中和月底发布一批新话题的频率，在此过程中，用户可能严重流失。

其二，用户回复质量低且具有明显利益导向。为了增强平台用户交互活力，平台运营方推出交互奖励机制"海贝"。用户可以通过回复平台话题得到一定"海贝"的奖励，"海贝"能够在海尔"海贝商城"兑换相应的实物。然而这样的激励机制并没有挽救平台的社群活力，各大话题下骤然出现大量内容短、质量低的留言。可见平台为了调动社区活力采用的直接激励措施，从长期来看是难以奏效的，反而会因此降低需求交互的整体质量。

其三，平台缺乏留存终端用户的运营机制。在 2015 年智家定制平台能够通过用户需求来获得灵感、设计产品。而在 2018 年后用户更多的是在参与运营人员的调研活动。在参与交互的过程中，用户逐渐由主动的一方变为被动的角色。

另一问题是各类产业中台平台缺乏对外营销渠道、自主注册用户占比较小，这可能导致其用户基数难以增长。平台型制造企业依赖现存外部资源方，缺乏吸引增量用户的营销手段。比如，海尔设计师资源的挖掘是依靠线下"智慧家庭杯"设计大赛，而几乎不投放软广、硬广加以宣传。这将导致平台提供的资源整合及大数据服务只能惠及其线下挖掘的资源方，以及少量线上自主入驻的资源方。此外，有用户参与的开放创新平台也需要一定的用户基数。用户或购买定制化产品或服务，或协助企业收集市场需求。若用户基数维持在较低水平，平台运作效果可能大打折扣。

## 第五节 平台型制造企业发展的主要影响因素

基于上文提出的平台型制造企业存在的宏观、中观与微观问题，本节将从外部与内部两个角度入手，分析影响平台型制造企业发展的主要因素。

### 一 主要外部影响因素

影响平台型制造企业发展的主要外部因素有国家政策、平台自身性质与竞争性壁垒。

在国家政策方面,"中国制造2025"战略推动我国制造企业打造产业中台平台以实现数字化转型。"中国制造2025"是我国应对工业4.0时代新挑战、面向"互联网+工业"发展的新举措。目前在"中国制造2025"的影响下,已有47%的大企业搭建了运营协同创新平台。[①] 国家政策顺应全球智能制造的整体趋势,推动越来越多的企业进行数字化转型,产业中台平台成为一些企业的关键选择。

在平台自身性质方面,产业中台平台的性质同时影响平台上双边市场定价与平台型制造企业的未来发展路径。

第一,产业中台平台是单边平台与双边平台的交叉状态。单边平台是将产业上下游的利益相关者聚合起来,从而形成一个规模较大的公司(魏炜,2016),而双边平台是不同用户通过直接互动创造价值的组织(刘家明,2016)。一方面,产业中台平台是聚合了产业上下游多元的资源方,而没有服务于企业自身实现上下游的一体化的业务拓展,所以不是一个单边平台;另一方面,交互的双方里有该平台型制造企业的参与,同时平台一般不会向双方收取费用,可见平台只是作为一个平台型制造企业与外部资源方的聚合体,帮助平台型制造企业与外部资源方之间实现高效协同。所以,产业中台平台一般是一个不典型的双边平台。

产业中台平台的特殊性决定了其并不向外部资源方收费,而是同其分配价值创造的收益。在典型的双边平台上,平台会向双方收取一定的费用。在产业中台平台上,由于运营方就是平台上参与交互的一方,平台往往不会向自己一方抽取佣金;由于外部资源方是平台型制造企业的合作伙伴,为了防止资源外流,平台也较少使用"会员费"和"佣金"的方式对外收取费用,相反,在两者的交互创造价值时,制造企业需要与外部资源方进行价值分配。故而在双边市场定价方面,平台本身不通过"会员费"和"佣金"盈利,而是通过与资源方的合作更高效地促进平台型制造企业自身的价值创造,同时与外部资源方共同分配价值。

第二,产业中台平台既可以被看作分散的产业互联网平台,也可以被视为对外开放的企业互联网平台。产业互联网使产业链内部各企业、

---

① 资料来源:经济日报,http://www.gov.cn/shuju/2017-05/10/content_5192202.htm,截至2017年5月10日。

各环节数字化,通过大数据实现企业间的互联互通,从而提升整条产业链产内部效率和对外服务能力。产业互联网平台是主导智能服务产品创新与应用服务的云平台(毛光烈,2019)。产业中台平台与产业互联网平台相比,聚焦的中心不是整条产业链,而是平台型制造企业。以自身为中心,平台型制造企业能够打造多个聚合产业上下游资源的产业中台平台,而非实现上下游一体化的平台。产业链不同参与者栖于不同的产业中台平台,故而产业中台平台可以被看作分散的产业互联网平台。分散化决定了平台型制造企业在产业链各个环节能够定向积累大量专门化的优质外部资源方,确保这些资源方都能够"为我所用"。企业内部互联网是通过在研发、生产、流通、交付等各环节的相互连通和新技术应用,从而提升企业内部协作效率、降低整体成本的技术。[1] 与企业互联网平台相比,在产业中台平台上,研发、生产、流通、交付的互联网化不仅仅针对内部的职能部门,而是对外开放至产业上下游企业,这使外部的优秀资源方能够辅助平台型制造企业的日常经营活动。

以上性质决定了外部资源方能够助力平台型制造企业发展。在制造企业发展路径方面,企业可以分别打造多个类型的产业中台平台,聚集全产业链信息及资源,广泛运用企业互联中各大技术与信息辅助企业本身的运营,让外部资源方协同内部职员,共同促进企业自身发展。

第三,产业中台平台的上述交叉性质促使平台型制造企业未来由"中心化"向"第三方化"发展。由于平台型制造企业稳居各方交互的中央位置,若其想要探索"第三方化"的新商业模式,只需引入其他企业共同位居平台"中心"。目前开放创新平台和渠道分销平台已有第三方化的例证。开放创新平台 HOPE 发展到成熟阶段后,平台型制造企业退居第三方,引入其他企业作为需求方同平台已有资源方进行交互。同样,在渠道分销平台易理货,海尔也逐渐将经销商采购功能作为辅助功能,转而打造经销商管理平台。采购平台目前虽然没有向第三方转型的例证,但是行业内已有由平台型制造企业打造的第三方采购平台,其代表是中国宝武集团旗下的欧冶采购,这说明未来采购平台向第三方开放仍有可能。综上,产业中台平台的交叉性质能够影响平台型制造企业

---

[1] 资料来源:东吴证券、未来智库,http://m.sinotf.com/News/index/id/341276。

的未来发展路径,即作为第三方将平台中心位置开放给其他主体。

在竞争性瓶颈方面,鉴于平台型制造企业中存在的垄断问题,竞争性瓶颈会影响其自身发展,使企业难以获得绝对的市场力量。竞争性瓶颈主要来源于用户的归属行为,这是双边市场区别于一般单边市场的特征(纪汉霖、王小芳,2014)。用户希望加入所有产业中台平台,进行"多重注册",即一个用户在多个存在竞争关系的平台上进行注册,成为"多归属"的企业或个体。这样的情况除了在渠道分销平台基本不存在外①,在采购平台和开放创新平台均无法避免。当平台之间无差异时,用户的"多归属"行为更加普遍(Armstrong and Wright,2007),在此情境下,制造企业将逐渐失去其市场力量。

## 二 主要内部影响因素

影响平台企业发展的主要内部因素包括组织结构和平台监督机制两个方面。前者保证平台型制造企业与平台的发展方向高效同步,后者保证平台运作的合规与持久发展。

在组织结构方面,平台型制造企业的组织结构直接影响自身发展。传统制造企业常见的组织结构有管理层级集中控制结构、控股公司结构和事业部制等。僵化的组织结构可能由于开放程度低、信息传达速度慢等原因阻滞企业自身的发展。海尔是适应平台化发展、进行组织结构转型的重要例证。海尔以往采用的也是固化的科层制组织结构,后来逐渐转变为高层支持底层部门的"倒金字塔",最终转型为平台化的组织结构。如图5-17所示,在平台化组织中,创客、小微主、小平台主和大平台主,每个人都要参与到平台的网络节点中,并持续为企业创造价值(许庆瑞等,2019)。平台型组织结构中,网络节点与用户互联互通,因此平台型制造企业能够快速响应需求;组织成员身份平等,且逐渐由员工向创客转变。平台型组织结构战略管理领域学者加里·哈默给予海尔平台型组织结构以高度的褒奖,他认为全球像海尔这样打破科层制并进行大规模组织结构颠覆的企业是绝无仅有的。

---

① 因为渠道分销平台上进行交互的经销商多是与制造企业签订协议的专属批发或零售商。

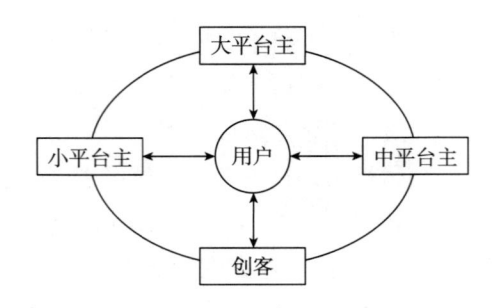

**图 5-17　海尔网络化组织结构**

资料来源：笔者根据公开信息整理。

在数字化转型热火朝天的今天，封闭式组织结构的弊端暴露，企业逐渐转变为开放的组织结构，且大量引入拥有技术、产品、资源、信息的产业链上下游企业。平台型的组织结构是平台型制造企业构建产业中台平台和打破企业边界的重要组织结构。[①]

在监督机制方面，平台的监督机制影响平台中欺诈事件的发生频率，从而影响平台型制造企业的商业信用。李鹏（2016）认为，当平台运营商的边际监督激励处于较低水平时，用户的高水平欺诈行为一方面取决于平台运营商的低监督水平，另一方面取决于用户的低行贿成本。平台运营的低监督水平意味着平台的自我规制的缺失，缺乏自我规制的平台将在未来发展中受限。2011 年某公司 B2B 对外贸易平台上发生的供应商联合内部销售人员合谋涉嫌欺诈全球买家的事件就是一个例证。平台监督激励机制的缺失必将为平台型制造企业发展埋下祸根。

当失信行为在平台大量发生时，平台可能无法生存。平台上发生的网络化交易方式，能够有效地联通各类商业伙伴，然而线上交易得以维系的基础是交互双方的良好信誉和平台提供的监督机制。所以事先制定严格的平台监督机制，并加强监管，从而实现平台的有效自我规制对平台型制造企业来说十分重要。不然若失信行为在平台大面积发生时，由于相关部门的介入约谈和用户的流失，平台可能难以生存。

---

① 资料来源：深度读书，https://baijiahao.baidu.com/s?id=1659578640273237874&wfr=spider&for=pc，2020 年 8 月 4 日。

## 第六节 平台型制造企业发展对策

针对第四节平台型制造企业发展面临的主要问题，政府、平台型制造企业和企业外部相关方应结合产业中台平台自身特点及平台型制造企业发展的相关影响因素，制定落实使企业能够持续健康发展的相应对策。

### 一 宏观层面

宏观层面的对策致力于解决平台型制造企业发展过程中面临的宏观层面问题，即数据使用不规范、垄断及平台监管与欺诈三类问题。

第一，各级政府部门应该继续以《意见》[①]为指导，推动制造业转型升级，实施包容审慎监管（钟志，2019）。《意见》中提到了完善市场准入条件、包容审慎监管、鼓励发展经济新业态、优化平台经济发展环境、保护平台经济参与者合法权益五个方面的指导内容。产业中台平台属于《意见》提到的"互联网+生产"的平台经济新业态，且是互联网平台与制造业深度融合的范例。政府各部门应对产业中台平台持积极态度，并对平台的未来发展提供政策支持。在监管方面，包容审慎的平台监管方式要考虑到公平竞争、平台责任界定、协同监管机制和"互联网+监管"几个方面。产业中台平台中潜在的滥用市场支配地位进行不正当竞争、交易欺诈、隐私泄露、平台参与方权益被侵害等行为均可被相关政府部门监管，从而形成制造企业以产业中台平台方式进行数字化转型的相关规范。

第二，政府可以给予平台型制造企业一定的扶持，从而提升企业所在产业链的协同效率。搭建产业中台平台的平台型制造企业虽然有一定的市场力量，但是市场力量并不强，且相较于平台为全产业链带来的效应而言，市场力量对行业和上下游产业的影响较小。规模较大、部门完善、流程规范的大型制造企业尤其是龙头企业是相关行业产业链的核

---

① 《意见》指国务院办公厅于2019年8月8日印发的《关于促进平台经济规范健康发展的指导意见》。资料来源：中国政府网，http://www.gov.cn/zhengce/content/2019-08/08/content_5419761.htm。

心,对整个产业链的影响较大。政府应出台支持政策,促进平台型制造企业与外部资源方之间的高效协同合作、全产业链的基础技术创新和产品应用创新。

第三,政府和企业间要加强数字经济协同治理,完善平台上政府规制和自我规制机制。在政府规制中,政府部门与平台的数据共享是十分有必要的。若政府部门监管平台与平台型制造企业实现互联互通,在不当行为出现时,两个平台能及时开展信息监测和信息溯源,从而识别不当行为的源头,及时止损。自我规制需要相关行业协会或企业自身出台相应规范和自律公约(杜庆浩,2019)。在规范中制造企业应明确网络纠纷的处理办法和惩戒规范,且用技术辅助政府部门对数据的挖掘和使用,充分发挥数据资源流动性特点。此外,平台型制造企业应积极同政府监管部门交流,充分发挥自我规制和政府规制的协同治理能力,从而构建多元共治的平台经济监管环境。

## 二 中观层面

中观层面的对策致力于解决平台型制造企业发展过程中面临的中观层面问题。下文的对策主要针对产权确权问题、平台型制造企业与经销商的共生问题。

第一,产权的独占对平台型制造企业来说已不是关键,企业应积极利用多方伙伴资源的知识分享创造价值(Merges,2011)。开放创新平台中产权的确权问题可以通过明确界定产权来解决。科斯定理(Coase Theorem)表明,经济外部性可以通过谈判得到纠正。即当产权明确,且交易成本很小或为零时,由最初规则确定的产权分配的市场均衡结果是帕累托最优的。故而平台型制造企业是否独占产权对于行业来说已不再是关键问题。

对于平台型制造企业来说,在开放创新的背景下,其思维应从知识产权保护转变为共享产权进而创造价值。创新的驱动力由独占产权变为分享产权,创新中产生的产权由排除模仿者的武器变为激励与伙伴资源的协调工具(Holgersson and Granstrand,2017)。平台型制造企业的思考逻辑应该逐渐由如何独占产权转变为如何利用已有的知识产权,联合外部伙伴资源的知识输入,共同创造价值,从而实现双方协同发展。

第二,平台型制造企业需精准把握平台开放创新边界。开放创新边界的确定是应对"开放悖论"挑战的有效措施。对开放创新边界的要求是一方面不阻碍知识共享与价值变现,另一方面可以防止搭便车、产权窃取等行为。平台型制造企业对开放创新边界的把握可以是阶段性的。在平台成立初期,为了引入初始用户,平台可以适当降低门槛,放松对资源方的资质要求,以此获得多元丰富的伙伴资源;在平台功能渐成熟时,平台再通过对伙伴资源的审核评级,给予不同伙伴资源不同的数据库权限。或是在项目成立初期,平台给予所有的伙伴资源发表意见、提供创意的机会;在项目进展到核心科技部分时,平台只与选定的合作伙伴协作完成。开放边界的确定可以根据平台型制造企业的实际情况进行适当调整。

第三,平台型制造企业应鼓励经销商发展双品牌战略。对于渠道分销平台,根据第四节的分析,经销商的双品牌战略能够给双方带来更好的合作发展,即经销商一方面继续经营制造企业的品牌产品,另一方面打造其自有品牌。平台型制造企业不应给经销商过多针对双品牌战略的打击,相反,在双方有稳定合作关系的条件下,可以给予适当的资金、技术、营销支持。例如,在产业中台平台上给予经销商品牌露出的机会,或是将平台型制造企业打造平台后占有的核心资源开放给经销商使用。[①]

### 三 微观层面

针对平台型制造企业在微观层面面临的平台活力渐失以及缺乏营销渠道问题,平台型制造企业应积极采取措施以吸引更多用户栖于平台。

第一,针对交互定制平台活力渐失问题,平台型制造企业应优化升级平台规则,从而吸引新用户、召回老用户。优化升级平台规则首先需要匹配平台定位与用户需求。以海尔智家定制平台为例,交互定制平台初始建立时,用户对其的定位是自己对海尔发布相应的设计需求的窗口,用户能够参与体验产品的生命周期全流程。而今智家定制的需求社区内多是设计师发布的新颖创意,面向的群体不再是有定制需要的终端用户,而是有创意收集需求的海尔本身。故而用户需求、偏好与平台如今的定位不再匹配,且用户能从平台处获得的效益降低,所以用户的流

---

① 资料来源:联商网,http://www.linkshop.com.cn/web/archives/2017/385522.shtml。

失不可避免。为了转变这种局面,海尔可以考虑改变平台定位,重新开放众创定制等功能,让用户从被动反馈产出者重新变为主动需求提供者。如此才能发挥出交互定制平台收集市场需求窗口的职能。

平台规则的优化升级需要与企业的经营战略相匹配。据孔立佳(2016)的观点,新的经营战略要关注行业的未来发展、用户的未来需求及竞争企业的定位。此外,由于产业中台平台在制造业内各细分行业内具有普适性,其他行业相同职能的平台也能成为企业的学习对象。

交互定制平台可以推出增值服务吸引用户,并使之成为企业新的利润增长点。交互定制平台相较于其他产业中台平台,交互效用较强,且给用户打造的中台的功能不需要太多。基于此,交互定制平台的成本主要由平台运营与维护、内外部设计师薪资组成,而在平台的功能开源方面可以节省大量的成本。所以除了客单价高的定制服务外,企业可以根据已有预算为终端用户提供参与度高的增值服务。例如,海尔智家定制可以考虑用已有设计师资源为终端用户提供创意征集、设计征稿等服务。

第二,为了实现新终端用户和资源方的入驻、积极利用平台的网络效应,平台型制造企业应根据自身发展目标,利用网络、广告等渠道进行宣传。除了外部资源方之间口碑传播,网络广告也是宣传的一种方式。国际互联网络能够将网络广告投放给所有有兴趣加入平台进行价值共创的群体,从而为平台获取到更多国际优质资源。此外,利用博客传播和社交论坛传播也是定向获取新用户、降低宣传成本的方式。

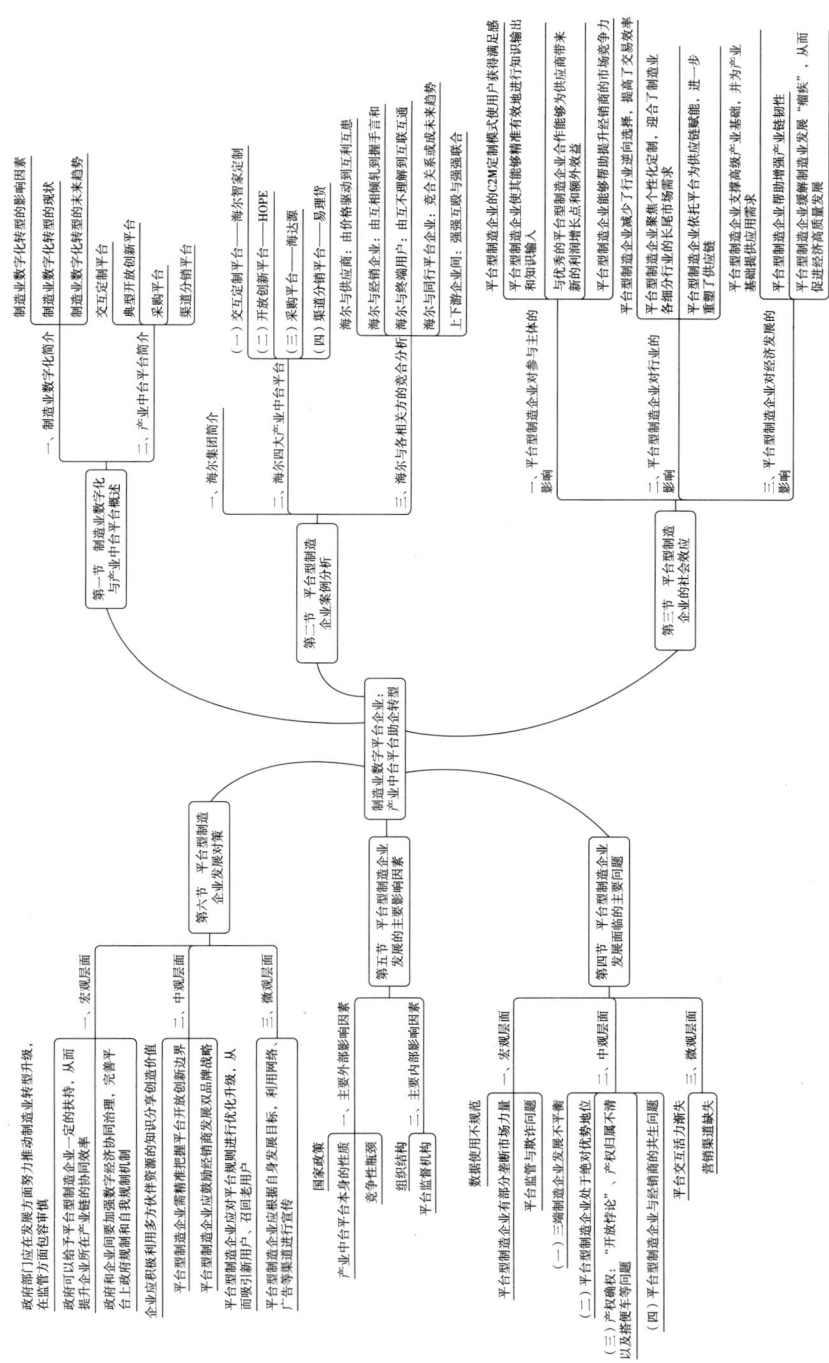

图 5-18 本章写作框架

# 第六章　网络直播数字平台企业：开展场景营销的新渠道

## 第一节　网络直播行业与该行业数字平台企业概述

伴随移动互联网技术发展，具有实时互动性的网络直播软件受到大量用户青睐。国内成立的多元化网络直播平台在满足用户娱乐、购物和学习等需求的同时，也为上游主播和下游用户提供了双向交流平台。本节首先对网络直播行业进行概述，然后梳理行业的发展历程、发展现状和未来趋势，最后详细阐述网络直播数字平台企业①的商业模式。

### 一　网络直播行业概述

网络直播（Webcast）是一种具有实时性、互动性的双向信息发布方式。作为互联网经济下的新兴产物，学者对网络直播有不同的界定。申汝敏和宋立丰（2021）将网络直播定义为基于网络流媒体技术的一项现场信息传播方式，并指出在此过程中，用户拥有开展直播活动和互动的能力。高嘉吟（2016）将网络直播分为两类，一类是在网络环境中观看节目现场直播的"网络电视"；另一类是指通过连接摄像头在网

---

① 本章中的"网络直播数字平台企业"指主要通过网络直播业务直接或间接创造经济效益的法人。该词通常介绍网络直播企业的商业模式、竞合关系时使用。本章中的"网络直播数字平台"则指为企业和消费者提供网络直播产品与服务的场所，同义词为"网络直播平台"。该词通常于介绍网络直播企业旗下平台的具体产品和服务、运营模式时使用。

## 第六章 网络直播数字平台企业：开展场景营销的新渠道

络上直播或录播唱歌等自主性的表演形式。综上，根据本章所探讨的"网络直播"的范围、对象、特点等，本章将"网络直播"界定为"依托互联网技术、电脑和移动手机等，由内容提供者将未经提前录制的内容以视频、音频和文字等多媒体形式发布在网络直播平台上的双向信息发布活动"。在此过程中，用户和主播可以通过发送弹幕或评论即时互动。其中从内容属性上看，网络直播具有内容生产、社交互动和用户打赏三大基本属性（付业勤等，2017）。

多样的用户需求催生出不同的网络直播平台类型。按照主打内容进行划分，网络直播数字平台企业可划分为三类（见表6-1）：第一类是以虎牙直播、欢聚时代为代表的娱乐直播平台企业，其主要满足用户的娱乐社交需求；第二类是以阿里巴巴、字节跳动为代表的电商直播平台企业，其主要满足用户的消费需求；第三类是以盟主世纪、微吼为代表的企业直播平台企业，其主要满足用户的工作学习需求。

表6-1 按照主打内容分类的网络直播数字平台企业主要类型

| 类型 | 娱乐直播平台企业 | 电商直播平台企业 | 企业直播平台企业 |
| --- | --- | --- | --- |
| 主播类型 | 公会签约主播、个人主播、各领域关键意见领袖[①] | 公会签约主播、个人主播 | 企业内部高管、行业专家 |
| 盈利模式 | 打赏、广告、内容付费 | 商品销售抽成 | 私域流量[②]变现 |
| 用户特质 | 低门槛全民用户 | 主要为一、二线城市的30—40岁用户[③] | 企业用户 |
| 代表企业 | 虎牙直播、欢聚时代 | 阿里巴巴、字节跳动 | 盟主世纪、微吼 |

资料来源：笔者根据公开信息整理。

---

① 关键意见领袖（Key Opinion Leader，KOL）：指拥有更多、更准确的产品信息，且为相关群体所接受或信任，并对该群体的购买行为有较大影响力的人（姚婷，2015）。

② 私域流量：相对流量池而言，私域流量指免费且可以在任意时间、任意频次直接触达到用户的渠道，例如自媒体、用户群、微信号等。资料来源：未来智库，https://baijiahao.baidu.com/s?id=1662566796158252162&wfr=spider&for=pc。

③ 2019年我国采用直播电商购物的用户中，男性用户比例占58%，其中"80后"、"90后"总占比超80%。此外，一、二线城市（占比76%）是直播电商购物用户的主要分布地，二线城市以42%的占比领先于其他城市。资料来源：艾瑞咨询，https://www.iimedia.cn/c1020/69178.html。

按照交易双方身份进行划分，网络直播数字平台企业可以划分为"企业对企业"（Business – to – Business，B2B）平台企业、"企业对消费者"（Business – to – Customer，B2C）平台企业和"消费者对消费者"（Customer – to – Customer，C2C）平台企业。连接企业与企业的B2B直播平台企业有微吼、展视互动和欢拓等企业直播平台企业；连接企业与消费者的B2C平台企业有欢聚时代（娱乐类网络直播数字平台企业）、虎牙直播（游戏类网络直播数字平台企业）和阿里巴巴（旗下电商类网络直播数字平台淘宝直播）等；连接消费者与消费者的C2C平台企业有真真科技（海淘直播电商平台企业）、快手科技（综合直播平台企业）等。目前，B2C类网络直播数字平台企业是网络直播行业市场规模最大、最具有代表性的平台企业，也是本章的主要研究对象。

表6-2　按照交易双方身份分类的网络直播数字平台企业主要类型

| 类型 | B2B直播平台企业 | B2C直播平台企业 | C2C直播平台企业 |
| --- | --- | --- | --- |
| 交易者身份 | 企业 | 企业和消费者 | 消费者 |
| 代表平台企业 | 微吼、展视互动 | 欢聚时代、虎牙直播、阿里巴巴（淘宝直播） | 真真科技、快手科技 |

资料来源：笔者根据公开信息整理。

（一）网络直播产业链

网络直播数字平台企业在网络直播产业链中发挥着重要作用（见图6-1），其连接着上游内容提供方和下游内容消费方，并在服务支持方的协助下为企业用户或个人用户提供一个在线信息交流平台。

网络直播产业链主要由上游内容提供方、中游内容分发方、下游内容消费方和第三方服务支持方组成。其一，内容提供方既包括受直播公会[①]或经纪公司培训的签约主播，还包括明星、KOL、实体企业、广告公司和版权提供方等。他们主要承担为平台提供直播内容的角色，其中

---

① 直播公会：指与直播平台签约的传媒公司，其伴随直播行业的兴起而兴起，在产业链中承担招募、培养新主播输送至直播平台上的职能。

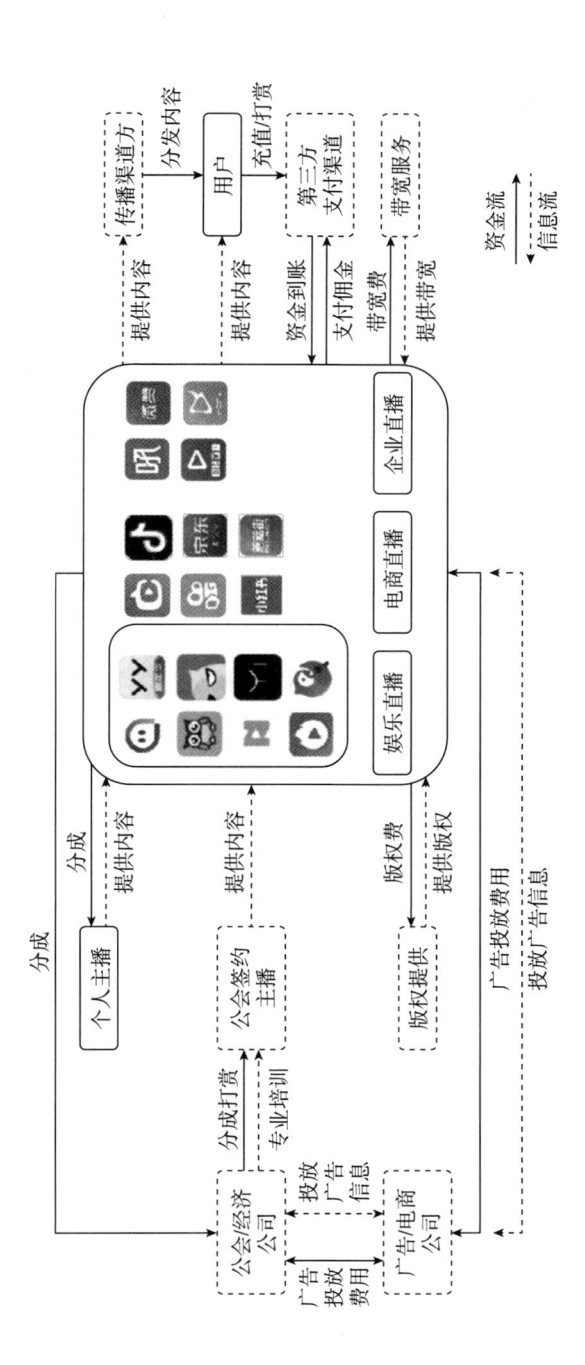

第六章 网络直播数字平台企业：开展场景营销的新渠道

图 6-1 网络直播产业链

资料来源：中泰证券，http://www.hibor.com.cn/docdetail_2467190.html。

主播、明星和 KOL 通过向用户表演才艺或介绍商品直接生产直播内容；实体企业、广告公司通过直接参与直播带货或投放广告信息直接或间接生产直播内容；版权提供方则通过向网络直播平台提供相应游戏、电竞赛事版权间接提供直播内容。其二，内容分发方主要是网络直播平台和各类传播渠道方。其中各类传播渠道方又可分为社交类、资讯类、视频类渠道等，主要提供内容分发和传播的服务。其三，内容消费方主要是平台用户。用户通过购买平台虚拟物品、充值会员和打赏主播等方式进行消费。其四，第三方服务支持方作为网络直播产业中的支撑体系，包括带宽服务方和支付渠道方等。

（二）行业特点

网络直播行业在传播特点、传播方式和传播内容分别呈现实时互动性、移动化和多样性的特点。

第一，网络直播行业具有实时互动性特点。相比传统媒体录播的延期发布形式，网络直播通过实时发布的动态视频、语音，能够让用户实时感受现场的气氛。此外，弹幕、刷礼物和留言等方式促使主播与用户进行双向互动，打破了原有媒体"点对面"的单一传播模式，增强了用户自身的"存在感"，促进了网络直播行业粉丝经济[①]的发展。

第二，网络直播行业在传播方式方面具有移动化特点。网络直播与传统媒体直播在传播方式方面的最大区别在于，网络直播以互联网为传播媒介。随时随地传播的特点要求网络直播提供清晰的画面和流畅的语音以保障观众获得良好的观看体验。此外，伴随互联网的普及，移动设备、移动网络和移动客户端的出现给予了用户进出直播平台更便捷的通道，也为"全民直播"现象的爆发奠定了基础。

第三，网络直播行业传播内容多样化，覆盖面广泛。伴随网络直播行业的发展，网络直播平台内容覆盖范围不断扩大，由最初的游戏、才艺表演等娱乐化内容延伸至用户生活中各种主题，包括美妆、旅游、赛事、企业宣讲会等，满足了用户的多元化需求。

---

① 粉丝经济：指架构在粉丝和被关注者关系之上的盈利性行为，通过提升用户黏性获取经济利益与社会效益。资料来源：观研报告网，http://baogao.chinabaogao.com/wangluomeiti/285222285222.html。

## 二 网络直播行业的发展概况

本部分介绍网络直播行业的发展概况,包括其发展历程、发展现状和发展趋势。总体而言,随着政策监管收紧以及网络直播行业持续的内容与形式创新,网络直播行业呈现积极良好的成长态势。

(一)网络直播行业发展历程

本部分根据网络直播行业的历史大事记划分其发展阶段。总体上网络直播行业发展阶段可以划分为探索期、启动期、成长期和成熟期(见图6-2)。

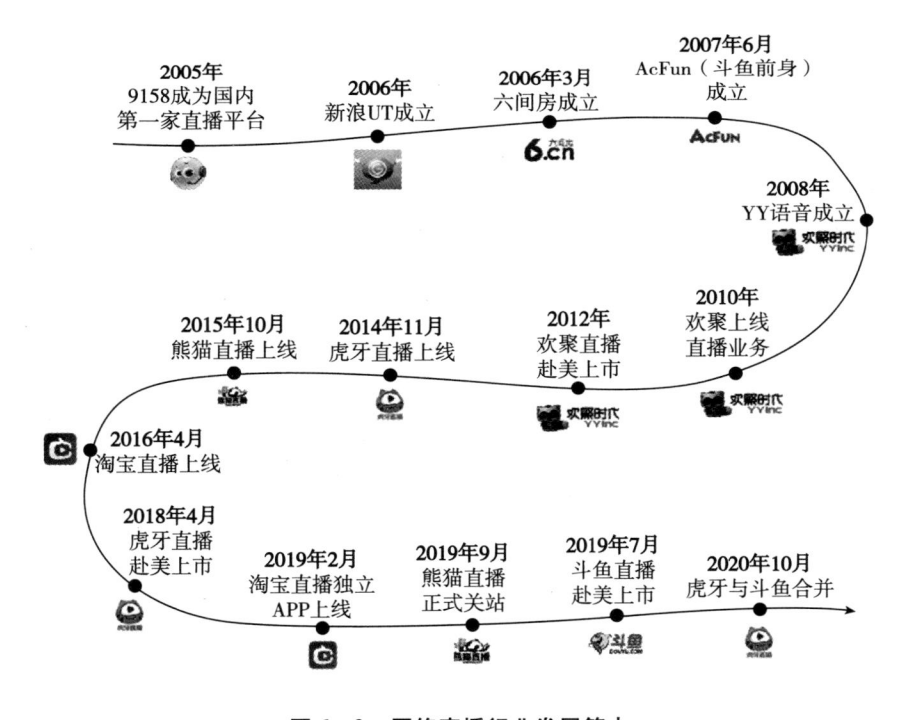

图6-2 网络直播行业发展简史

资料来源:笔者根据公开信息整理。

(1)探索期(2005—2011年):2005年,原为视频网站的9158转变为主打秀场直播的直播平台,这代表着早期网络直播行业探索期开启。此后,视频平台六间房、多人语音群聊软件YY纷纷转型进入网络直播行业,秀场模式成为当时主要的直播模式。在秀场模式中,玩家自

243

发进行歌唱等内容表演吸引观众、获取打赏。网络直播数字平台企业打赏机制的雏形由此形成。

（2）启动期（2012—2014年）：在该阶段，网络直播行业呈现内容多样化、生产专业化特点。秀场直播商业模式已经成熟，游戏直播模式初现雏形，直播逐渐得到民众关注。早期成立的秀场直播平台初具规模，欢聚时代于2012年在美国成功上市。此外，游戏类网络直播平台也进入该行业，直播内容得以扩充。随着网络直播平台向专业化方向发展，直播平台内部开始出现主播团队，通过专业化分工合作生产内容。

（3）成长期（2015—2017年）：在该阶段，网络直播行业呈现客户端移动化、平台企业资本化和内容同质化特点。在技术和资本助力下，网络直播行业飞速成长。一方面，由于4G流量资费下降和移动设备普及，网络直播的客户端从PC延展至手机端，娱乐活动填补了用户大量的碎片化时间。自2014年起，手机网民占整体网民比例超过85%（见图6-3）。我国居民移动端上网比例不断提升，为网络直播行业走向"全民化"奠定基础。另一方面，大量资本方投资网络直播行业，加速了一些网络直播数字平台企业的上市进程。同时，网络直播数字平台企业数量短时间内迅速增长，造成行业内"千播大战"局面。然而，由于主播专业素质不高、直播内容同质化问题突出，行业内部竞争越发激烈。

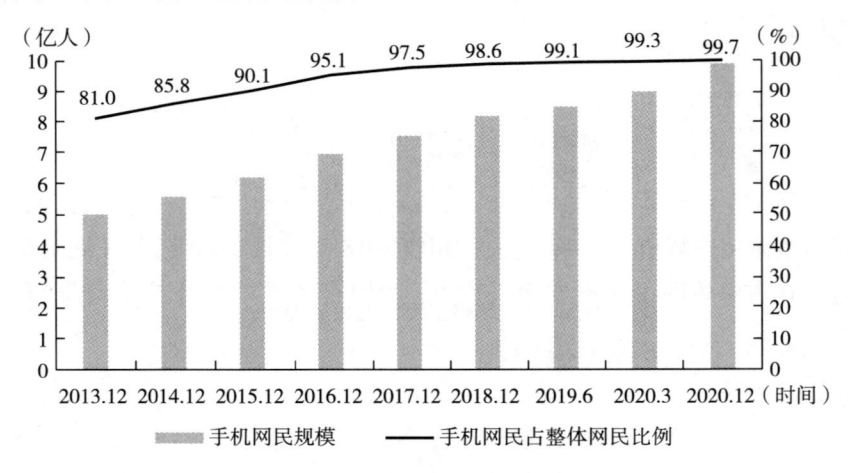

图6-3 我国居民移动端上网比例

注：数据截至2020年12月。

资料来源：中国互联网络信息中心。

第六章　网络直播数字平台企业：开展场景营销的新渠道

（4）成熟期（2018年至今）：在该阶段，网络直播行业形成逐渐稳定的市场格局，直播内容呈现精细化生产特点。随着用户规模增长趋缓、行业监管趋严，部分中小直播平台倒闭，用户向头部平台聚集，使头部平台从中受益。以熊猫直播平台[①]的关闭为标志性事件，网络直播企业之间的竞争进入尾声，网络直播行业进入成熟期。一方面，各大老牌网络直播企业凭借相对成熟的运营体系和盈利模式，占据主要市场；另一方面，PC端直播平台在移动化背景下彻底丧失竞争力，短视频类直播平台成为用户追捧的新对象。此外，伴随"直播+"模式兴起，网络直播内容转向精细化生产，"直播+游戏"和"直播+电商"的模式成为头部平台企业盈利的主要方式。

（二）网络直播行业的发展现状

本部分在梳理网络直播行业发展历程的基础上，进一步从市场规模和市场结构两方面分析网络直播行业的发展现状。

在市场规模方面，从供给端看，中国网络直播行业市场规模呈现稳定上升的趋势。我国网络直播行业市场规模于2019年达到1082亿元，较2015年的64亿元复合年增长103%。[②] 此外，随着网络直播行业进一步发展，网络直播数字平台企业将着力于更高质量的内容、更优质的使用体验，以增强用户的支付意愿。据中商产业研究院预测，2020—2024年，网络直播行业的市场规模预计以23.4%的年增长率持续增长，在2024年将达到3101亿元。[③]

从需求端看，中国网络直播行业用户规模保持稳步增长的趋势，但其占全网网民的比例增长缓慢。在整体用户规模方面，2016—2020年，我国网络直播的用户规模呈现稳定上升趋势。截至2020年，我国网络直播整体用户规模达6.17亿人，相较2018年增长2.20亿人（见图6-4）。在占整体网民比例方面，2016—2019年网络直播用户占全网网民

---

[①] 熊猫直播平台是一家于2015年10月20日上线，由万达集团董事长王健林的独子王思聪创办的弹幕式视频直播网站，但最终由于资金链断裂以及运营不善等原因，熊猫直播于2019年3月30日下线。

[②] 资料来源：中商情报网，https://www.askci.com/news/chanye/20200609/1519571161647.shtml，截至2020年6月。

[③] 资料来源：中商情报网，https://www.askci.com/news/chanye/20200609/1519571161647.shtml。

比例在50%左右波动，2020年比例突破60%（见图6-4），这源于新冠肺炎疫情对网络直播需求的刺激。

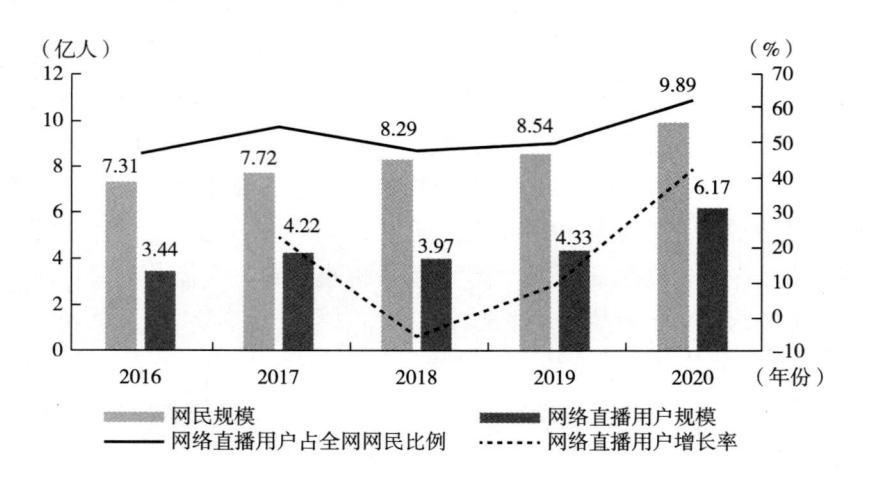

图6-4 网络直播行业用户规模稳步增长

注：数据截至2020年12月。
资料来源：中国互联网络信息中心。

受新冠肺炎疫情的影响，网络直播行业需求端原有用户观看直播习惯进一步养成，新增用户规模大幅增加。疫情期间，居民工作和学习生活受到极大影响，网络直播成为工作会议、老师上课的最佳选择。在原有用户方面，70%受访用户表示疫情期间观看直播的频次和时长均增加，人数占比分别达34.1%和40.9%[①]，用户观看直播习惯进一步养成，这有利于平台企业实现用户留存和变现。在新增用户方面，截至2020年，网络直播的用户规模达到6.17亿人，较去年同期增长42.49%（见图6-4），新增用户规模的增加推动网络直播行业进一步发展。

从市场集中度看，我国网络直播行业头部平台企业竞争优势明显。截至2020年3月，泛娱乐类直播代表平台企业欢聚集团旗下直播平台YY Live凭借4120.4万人活跃用户数在各大娱乐类直播平台中遥遥领先

---

① 资料来源：艾瑞咨询，https://xueqiu.com/9582690951/148684021。

## 第六章 网络直播数字平台企业：开展场景营销的新渠道

（见图 6-5），游戏类直播代表平台虎牙直播和斗鱼直播的活跃用户数位列游戏类直播平台的前二位，均与腰部平台拉开较大差距（见图 6-6）。此外，2020 年 10 月 12 日，虎牙直播与斗鱼直播在腾讯的助力下完成合并。作为我国游戏类直播头部平台企业，虎牙直播和斗鱼直播市场份额之和接近 80%，两者的合并将在多方面产生协同效应，对我国游戏直播行业市场产生巨大的影响。

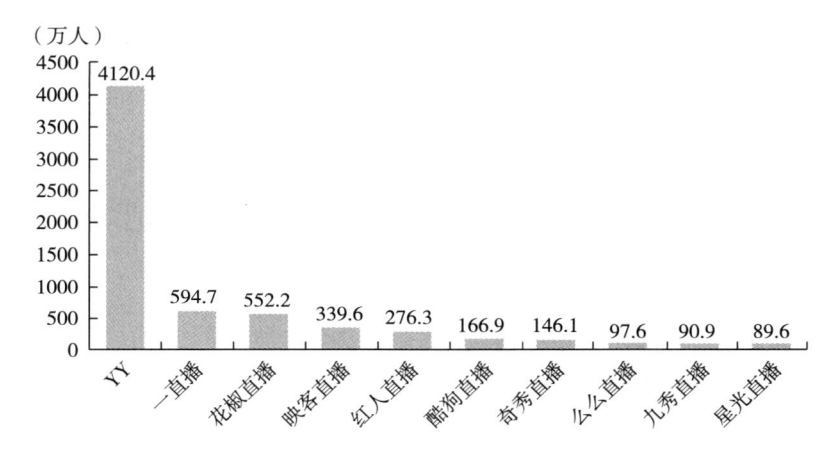

**图 6-5　2020 年 3 月娱乐类直播平台活跃用户规模**

注：数据截至 2020 年 3 月。

资料来源：Mob 研究院。

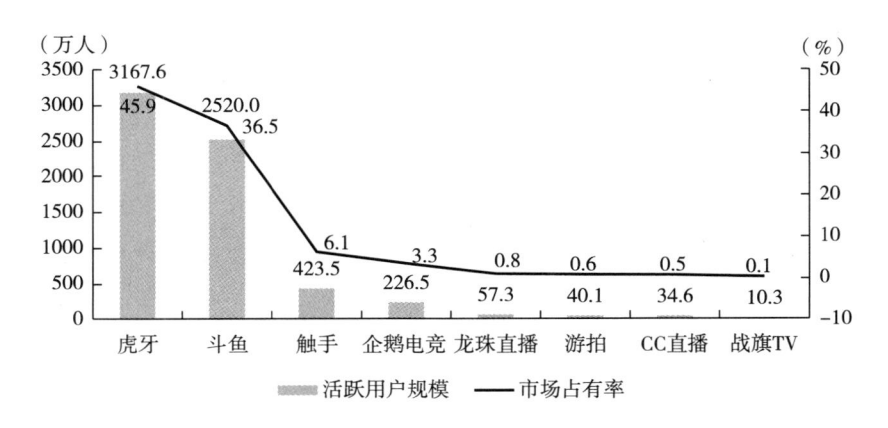

**图 6-6　2020 年 3 月游戏类直播平台排名**

注：数据截至 2020 年 3 月。

资料来源：Mob 研究院。

## （三）网络直播行业的发展趋势

网络直播行业长期凭借实时互动的特点和优质的内容拉动用户规模增长，但随着用户规模增速放缓，网络直播行业将向精细化、全球化和场景化经营方向发展。

第一，网络直播行业的经营将呈现精细化趋势，其传播内容将更加多元化、垂直化和专业化。近五年我国网民规模保持缓慢增长趋势，中国互联网市场已经处于相对饱和的状态。截至2020年，网络直播行业的用户规模占互联网用户比例达62.39%（见图6-4）。网络直播行业将从"大刀阔斧"运营时代走向精细化运营时代。首先，网络直播行业将拓宽合作边界，与旅游、教育等行业融合，打造"直播+"新模式。例如，新冠肺炎疫情期间众多在线教育平台如腾讯课堂、钉钉进入人们生活；蓬皮杜中心博物馆与淘宝直播平台合作，直播展示艺术品。未来直播内容形式会随着行业合作边界的扩展更加丰富。其次，网络直播行业在多元化基础上发展垂直化内容。针对用户工作与生活的不同需求，网络直播行业出现专注于发展垂直内容的平台，如企业直播平台（微赞、微吼等）和电商直播平台（淘宝直播、抖音等），为用户带来更精准的直播内容。最后，网络直播行业将不断提高直播内容品质，打造专业化内容，提高用户留存率。根据内容产生主体划分，网络直播内容可分为用户生产内容（User Generated Content，UGC）[1]、专业生产内容（Professional Generated Content，PGC）[2]及专业用户生产内容（Professional User-generated Content，PUGC）[3]三种类型。目前我国网络直播行业传播内容以UGC内容为主，缺乏优质的PGC、PUGC内容，用户容易对此产生审美疲劳，从而选择其他网络直播平台或短视频平台。在此背景下，未来更多网络直播数字平台企业将采用PUGC模式，发挥UGC模式增强用户体验优势的同时为用户带来更加优质的专业生产内容。

---

[1] 用户生产内容：指用户自由上传其独创的内容，从而丰富网站内容。
[2] 专业生产内容：经由专家或意见领袖在网站或软件上贡献具有一定水平和质量的内容。
[3] 专业用户生产内容：是以UGC形式，产出的相对接近PGC的专业视频内容。

## 第六章 网络直播数字平台企业：开展场景营销的新渠道

> "网络直播平台完美的内容生产模式结构应该呈现金字塔形：偏大众化的 UGC 内容作为金字塔底层，具有一定专业指导的 PUGC 内容作为中层，高质量定制化的 PGC 则成为顶层。"
>
> ——YY 娱乐副总经理简晓瑜

第二，我国网络直播行业不断开辟海外市场，呈现全球化发展趋势。由于国内网络直播行业竞争激烈、用户增长趋向缓慢态势，众多网络直播数字平台企业着手布局海外业务（见表 6-3）。通过结合本土特色与全球标准运营、设计贴合本地用户使用习惯的产品、与本地资源合作共赢等方式，网络直播数字平台企业提升平台海外知名度，布局海外市场。例如，2019 年 6 月，虎牙直播旗下的海外游戏直播平台 Nimo TV 宣布正式进入巴西市场，与当地头部主播签约打造独家内容，并推出更贴近巴西用户需求的产品和服务。

表 6-3　　　我国网络直播数字平台企业海外布局情况

| 出海直播平台 | 团队/投资方 | 海外市场布局 |
| --- | --- | --- |
| Bigo Live | 欢聚时代 | 东南亚、印度、南美、北美、中东、欧洲 |
| Doyo | 斗鱼 TV | 东南亚 |
| Nonolive | 斗鱼 TV、阿里巴巴 | 东南亚、欧洲 |
| Game.ly | 触手直播 | 印度尼西亚 |
| Stream Kar | KK 直播 | 印度、巴基斯坦 |

注：截至 2020 年 3 月。
资料来源：Mob 研究院。

第三，在 VR、AR 等技术赋能下，网络直播行业的内容传播方式将更加场景化。利用 VR、AR 等技术，网络直播数字平台企业不仅可以打造虚拟偶像[1]，获取更多类型的用户，还可以通过分析直播间实时数据，根据用户的观看模式分析用户需求，为用户呈现不同种类的直播

---

[1] 虚拟偶像：是通过绘画等形式制作的虚拟人物形象，并在虚拟场景或现实场景进行演出活动。

内容。从供给端看，目前主流网络直播数字平台企业都在持续进行技术创新。例如，2019年4月1日，花椒直播将3D直播与VR显示技术进行全方位结合，率先推出全息互动投影插件，观众可以360度全方位欣赏主播的演出展示。此外，从用户端看，我国绝大部分网络直播用户对直播新技术持积极态度（见图6-7）。这为行业技术发展提供了社会基础，便于网络直播数字平台企业继续借助技术为其赋能。通过布局5G、VR、AR等技术，网络直播平台实现了交互式直播模式的发展。场景化的交互式直播模式将成为网络直播数字平台企业获取差异化优势、留存平台用户与提高收益的突破点。

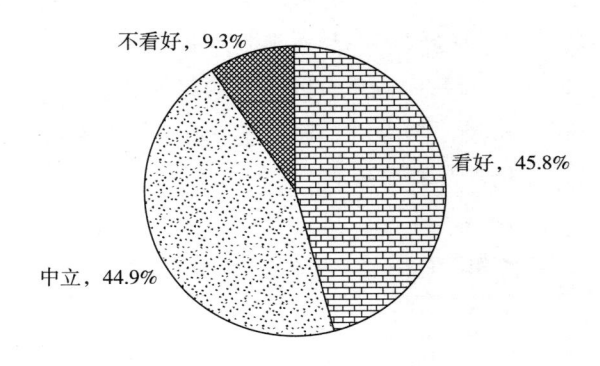

**图6-7 2019年中国网络直播行业用户对新技术融入直播持积极态度**

注：数据截至2020年1月。

资料来源：艾媒咨询。

### 三 网络直播数字平台企业主要的商业模式

本部分将具体介绍网络直播数字平台企业主要的商业模式。网络直播数字平台企业通过"获取流量，变现流量"的方式实现盈利。网络直播数字平台企业主要的商业模式可以分为"直播+虚拟礼物""直播+电商"和"直播+增值服务"三种类型。

"直播+虚拟礼物"模式是泛娱乐直播平台企业的主要商业模式。在该模式中，一方面平台企业将用户在直播过程中的各种打赏抽成作为核心盈利点。例如，在直播过程中，用户为回报主播为自己演唱的歌曲，会赠送主播鲜花等需要用现金充值购买的虚拟礼物。平台企业通过汇总计算主播所收礼物对应的金额，与主播或其所在直播公会按照一定比例进行分成。另一方面，平台企业与广告商形成紧密的合作关系，平台企业为用户展示优质内容的同时，在平台界面、活动冠名商和主播直播过程中植入广告，利用广告营销实现盈利。"直播 + 虚拟礼物"模式的代表平台有映客和斗鱼 TV 等，该模式也是网络直播数字平台企业最传统和主要的商业模式。

表 6-4　　　　　　　网络直播数字平台企业主要商业模式

| 商业模式 | 代表平台企业 | 核心盈利点 ||
| --- | --- | --- | --- |
| | | 下游消费者端 | 上游广告商端 |
| 直播 + 虚拟礼物模式 | 映客、斗鱼 TV | 粉丝礼物打赏抽成 | 广告费 |
| 直播 + 电商模式 | 阿里巴巴、抖音 | 销售额抽成 | |
| 直播 + 增值服务模式 | 欢聚时代 | 付费增值服务 | |

资料来源：笔者根据公开信息整理。

近年来，网络直播行业出现"直播 + 电商"的商业模式，该模式代表平台企业为阿里巴巴。在"直播 + 电商"的商业模式中，主播将自己打造成如化妆技巧、服装搭配等领域的专家，通过创设情境化消费场景，将广告商产品相关信息和专业知识无形地传达给受众，刺激受众消费欲望，从而实现盈利。例如，在新冠肺炎疫情冲击下，旅游行业相关企业都受到重创，携程作为一家在线票务服务公司自然也受到冲击。在此背景下，携程创始人梁建章作为携程的代言主播，通过"总裁"直播带货的方式应对疫情对公司业务的冲击。在直播中梁建章采取以连麦问答为主的形式，通过树立具有专业性、权威性的形象，吸引用户消费，取得不错的成效。如今，每周固定时间的直播带货已成为携程的特色之一，梁建章也从一位低调企业家进阶为一名"可爱"主播。

"直播 + 增值服务"模式是一种丰富平台企业盈利方式的新型商业模式。随着网络直播行业竞争逐年加剧，为更好地适应市场发展，各大网络直播数字平台企业开始加强资源整合，与广告商形成合作关系的同时向消费者提供付费增值服务。这既满足了用户对优质泛娱乐化内容的需求，也丰富了平台企业盈利方式。其中增值服务包括会员充值、付费内容和各类个性化服务等。例如，欢聚时代旗下娱乐类直播平台 YY Live 结合观众追捧网红主播、彰显自我个性和满足虚荣心等诉求，为观众提供多元化的专属身份、付费特权等服务，刺激观众充值会员。

网络直播数字平台企业的成本主要可以分为带宽成本、收入分成与内容成本、推广成本和运营成本四个部分（见图6-8）。在成本的各组成部分中，占比最高的是保证视频清晰度的带宽成本以及包括主播签约费、版权费等在内的收入分成与内容成本，其次是推广成本和运营成本。其中网络直播平台的带宽成本计算与手机流量费用原理类似，与用户数、画面清晰程度、传输速度等方面密切相关。假设某网络直播平台本月有100万最高同时在线人数，每个用户占用资源0.5M，带宽价格为15元/M，月结费用将是750万元。根据网络直播平台不同的需求，带宽的价格也不同。因此，网络直播平台容纳的用户数越大、其对画面清晰程度要求越高，带宽成本也将越高。

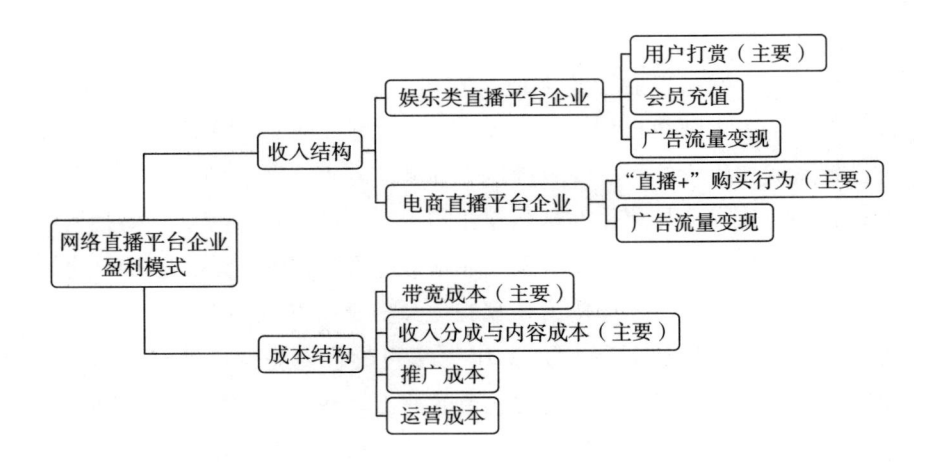

**图6-8 网络直播数字平台企业收入与成本结构**

资料来源：笔者根据公开信息整理。

综上，网络直播数字平台企业通过支出带宽成本、收入分成与内容成本、推广成本和运营成本维持平台企业的正常运作，并依托用户打赏、会员充值、广告流量变现和"直播+"购买行为四种方式获得收入，最终实现盈利。

## 第二节 网络直播行业代表性平台企业案例分析

在概述了网络直播行业发展的基本情况后，本节将在此基础上以欢聚时代和阿里巴巴为案例介绍网络直播数字平台企业的发展历程、发展现状和未来展望，并分析多方之间的竞合关系。本节从各自细分领域、市场占有率和商业模式考虑，选取这两家企业作为代表企业。一方面，欢聚时代是泛娱乐类代表平台企业，旗下拥有 YY Live 和 Bigo Live 两大泛娱乐头部直播平台。其中 YY Live 在 2020 年 3 月中国娱乐直播平台活跃用户规模排名中领先其他同类型平台（见图 6-11）。在商业模式方面，欢聚时代主要采取直播+虚拟礼物模式和直播+增值服务模式，直播收入是其主要收入来源。另一方面，阿里巴巴作为拥有完整生态体系的龙头企业，旗下电商直播平台淘宝直播背靠传统电商平台淘宝，其市场占有率在电商直播购物平台中拥有绝对优势（见图 6-16）。在商业模式方面，阿里巴巴在直播领域采取"直播+电商"模式，依靠商品销售额抽成实现盈利。

### 一 欢聚时代：娱乐类直播龙头企业

欢聚时代（以下简称欢聚）是一家面向全球化的社交媒体平台企业，业务覆盖网络直播、短视频、社交、电子商务、教育、金融等多个领域。其中在网络直播领域，欢聚凭借 YY Live 和 Bigo Live 成为泛娱乐直播龙头企业。

（一）欢聚的发展历程

按照公司发展程度，欢聚的发展历程可划分为初始阶段、发展阶段和成熟阶段。

1. 初始阶段（2005—2008 年）

2005 年，多玩游戏网（欢聚的前身）成立，其作为游戏资讯专业门户网站，积累了大量游戏资源和用户。2008 年，欢聚推出游戏语音工具 YY 语音。成立之初 YY 语音作为队友之间沟通的语音平台，便以它清晰的音质、稳定的网络和大容量的房间优势，迅速成为网络游戏玩家的首选。

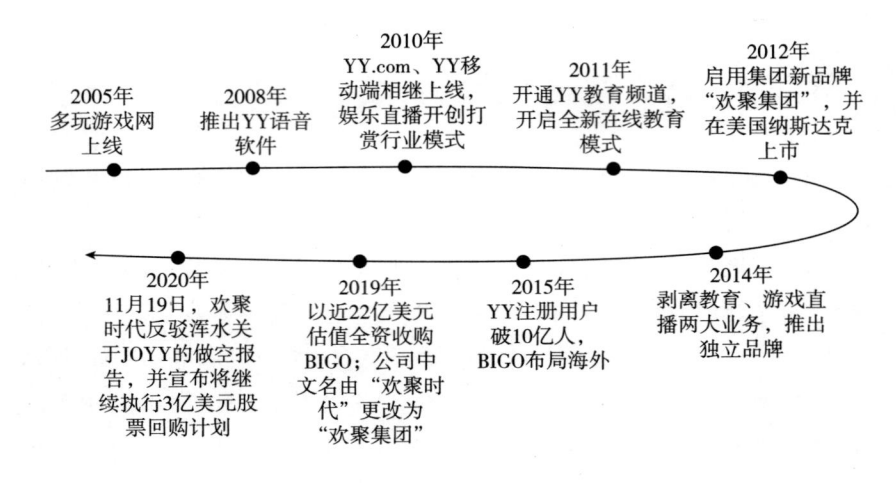

```
2005年          2008年     2010年              2011年        2012年
多玩游戏网      推出YY语音  YY.com、YY移        开通YY教育频道, 启用集团新品牌
上线            软件       动端相继上线,       开启全新在线教育 "欢聚集团",并
                           娱乐直播开创打      模式            在美国纳斯达克
                           赏行业模式                          上市

2020年          2019年      2015年              2014年
11月19日,欢聚  以近22亿美元 YY注册用户          剥离教育、游戏直
时代反驳浑水关  估值全资收购 破10亿人,          播两大业务,推出
于JOYY的做空报  BIGO;公司中  BIGO布局海外        独立品牌
告,并宣布将继  文名由"欢聚
续执行3亿美元股 时代"更改为
票回购计划      "欢聚集团"
```

**图 6-9　欢聚大事记**

资料来源：笔者根据公开信息整理。

2. 发展阶段（2009—2014 年）

2010 年，欢聚开始发展秀场直播，一方面培养职业化主播，为秀场直播提供大量人才支持，另一方面开创娱乐打赏行业模式，实现商业化。2012 年，欢聚在纳斯达克上市。2014 年，欢聚将游戏、教育业务分离，成立了新的直播平台企业，构建秀场、游戏、教育和语音等多维直播生态。

3. 成熟阶段（2015 年至今）

2015 年后，欢聚向娱乐化、全球化和生态化三方面发展。第一，2015 年欢聚成立互动娱乐事业部，并将资源进行整合，在直播和游戏业务上加大投资，通过直播业务带来的巨额收入维持企业的高速增长。第二，在国内市场红利衰退的背景下，欢聚通过收购海外直播平台 Bigo Live 重点发力海外业务。第三，欢聚不断扩大公司规模，完善产品结构，形成了"直播＋通信＋短视频＋小游戏社交"的视频生态系统。

（二）欢聚的发展现状

本部分将从欢聚的市场定位、市场地位、商业模式和企业特点四方面介绍欢聚的发展现状。

第一，欢聚的市场定位为面向全球化的社交媒体平台，其用户以海外用户为主。从产品矩阵角度看，欢聚拥有以视频为核心的社交媒体平台产品矩阵，形成了"直播＋通信＋短视频＋小游戏社交"的多元生态系统。其中，欢聚以"通信＋小游戏社交"来吸引流量，以"短视频＋直播"来实现商业变现。从用户角度看，欢聚在2020年第三季度财报中披露，受新冠肺炎疫情影响，欢聚全球平均移动端月活跃用户达3.90亿人，同比减少4%。其中在直播业务方面，欢聚全球直播服务的移动端月活跃用户达9200万人，超过55%的用户来自中国以外的市场。此外，根据Mob研究所数据，以欢聚旗下YY Live为代表的泛娱乐直播平台企业用户集中于25—34岁的男性（见图6-10）。①

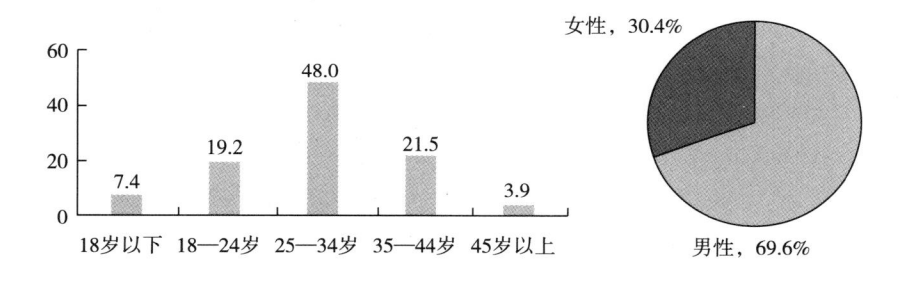

**图6-10 娱乐类直播平台企业用户画像**

注：数据截至2020年3月。

资料来源：MobTech。

第二，在市场地位方面，欢聚旗下网络直播平台均为行业头部平台。欢聚旗下有YY Live和Bigo Live两大直播平台。一方面，国内泛娱乐直播平台YY Live用户活跃度一直领先于其他娱乐直播平台。见图6-11，与其他平台相比，YY Live的活跃用户规模为其他平台的7倍。作为国内娱乐直播平台的头部平台，YY Live暂时没有其他与之匹敌的竞争对手。另一方面，海外综合内容直播平台Bigo Live在全球拥有较高的人气。根据Sensor Tower发布的数据，Bigo Live成为2020年上半年中国出海短视频/直播应用软件中海外收入最高的直播应用，在泛娱乐赛道中仅次于YouTube、Netflix和Disney＋。②

---

① 资料来源：搜狐，https：//www.sohu.com/a/432341729_485557。
② Sensor Tower：《2020上半年中国出海短视频/直播TOP20》，https：//www.chinaz.com/2020/0702/1153133.shtml。

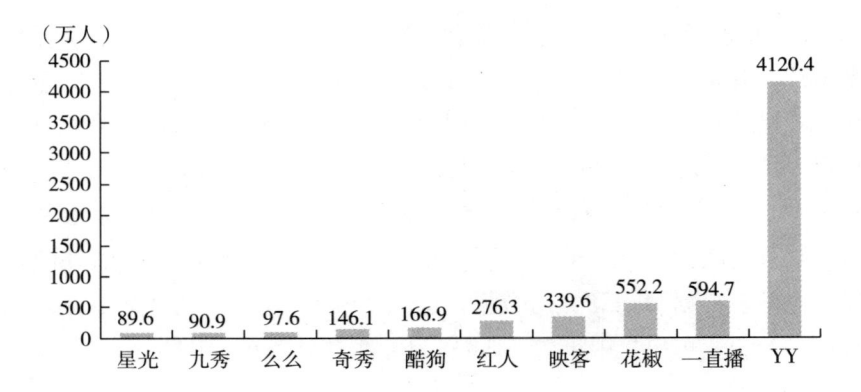

```
(万人)
4500
4000
3500
3000
2500
2000
1500
1000  89.6   90.9   97.6   146.1  166.9  276.3  339.6  552.2  594.7  4120.4
 500
   0
      星光   九秀   么么   奇秀   酷狗   红人   映客   花椒   一直播   YY
```

**图 6-11　YY Live 活跃用户规模远超其他平台**

注：数据截至 2020 年 3 月。
资料来源：中国产业信息网。

第三，在商业模式方面，直播收入是欢聚的主要收入来源。2017年至今，欢聚营业收入呈现上升趋势，其中直播收入为欢聚主要收入来源，占比超过 90%（见图 6-12）。2019 年，欢聚全资收购海外直播平台 Bigo Live，使其直播收入大幅度上升。

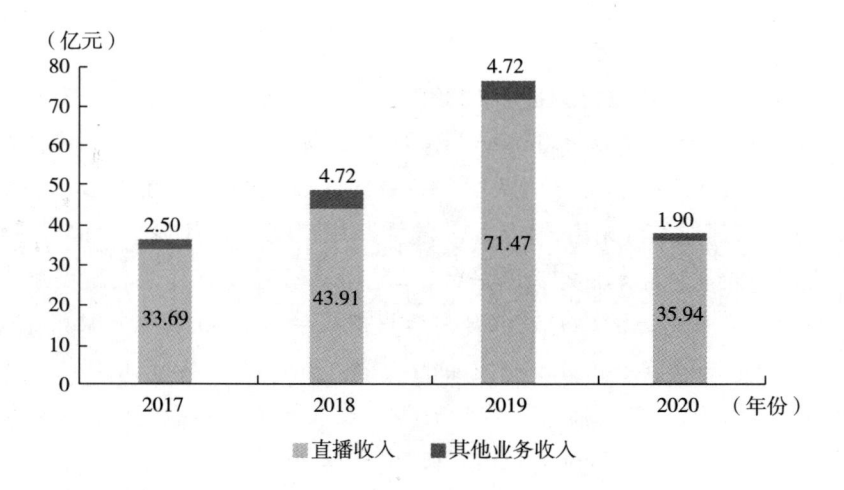

```
(亿元)
80                          4.72
70
60                                         
50          4.72           71.47
40   2.50                                  1.90
30  
20  33.69   43.91                         35.94
10
 0
    2017    2018     2019          2020   (年份)
         ■直播收入    ■其他业务收入
```

**图 6-12　2017—2020 年欢聚收入结构**

注：因虎牙和 YY 直播已被集团列为非持续经营项中，2020 年欢聚直播收入大幅度下降。
资料来源：笔者根据公开信息整理。

## 第六章 网络直播数字平台企业：开展场景营销的新渠道

收入分成与内容成本为欢聚主要成本。在成本结构中，欢聚的收入成本和内容成本占总成本比例超过70%，且呈现逐年上升趋势。这与欢聚以直播业务为核心业务，且不断创新直播内容、吸引新流量的战略有密切关系。

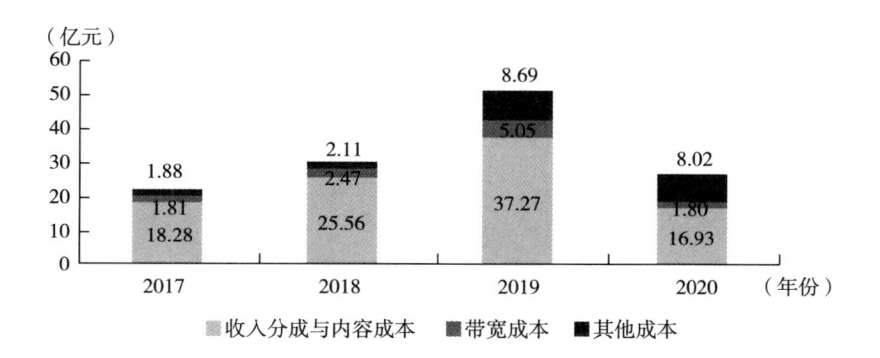

**图 6-13 2017—2020 年欢聚成本结构**

注：因虎牙和YY直播已被集团列为非持续经营项中，2020年欢聚相应成本大幅度下降。
资料来源：笔者根据公开信息整理。

第四，从企业特点来看，欢聚注重打造生态闭环，重视用户需求。一方面，欢聚注重构建生态闭环，实现全方面发展。在公司生态角度，欢聚打造"直播+通信+短视频+小游戏社交"的视频生态系统（见图6-14）。在直播领域，欢聚拥有国内直播头部平台 YY Live 和海外直播平台 Bigo Live；在通信领域，欢聚拥有海外通信类工具 imo；在短视频行业，欢聚拥有海外短视频平台 Likee；在小游戏社交领域，欢聚拥有海外小游戏社交平台 HAGO。这五大平台形成了以视频为核心的社交媒体平台产品矩阵，构建坚实的用户闭环。在平台内部生态角度，欢聚打造平台、直播公会和主播的共生体系（见图6-14），通过三者相互资源交换，形成优质的内容生产机制，有利于欢聚长期良好发展。

另一方面，欢聚注重开发契合用户需求的内容，以驱动用户规模增长。欢聚坚持内容多元化的价值主张，通过打造欢聚生态闭环，满足用户对于各类娱乐内容的需求。在内容制作模式角度，欢聚旗下平台 YY Live 逐渐成为 PGC+PUGC+UGC 的综合网络直播平台。从核心资源角

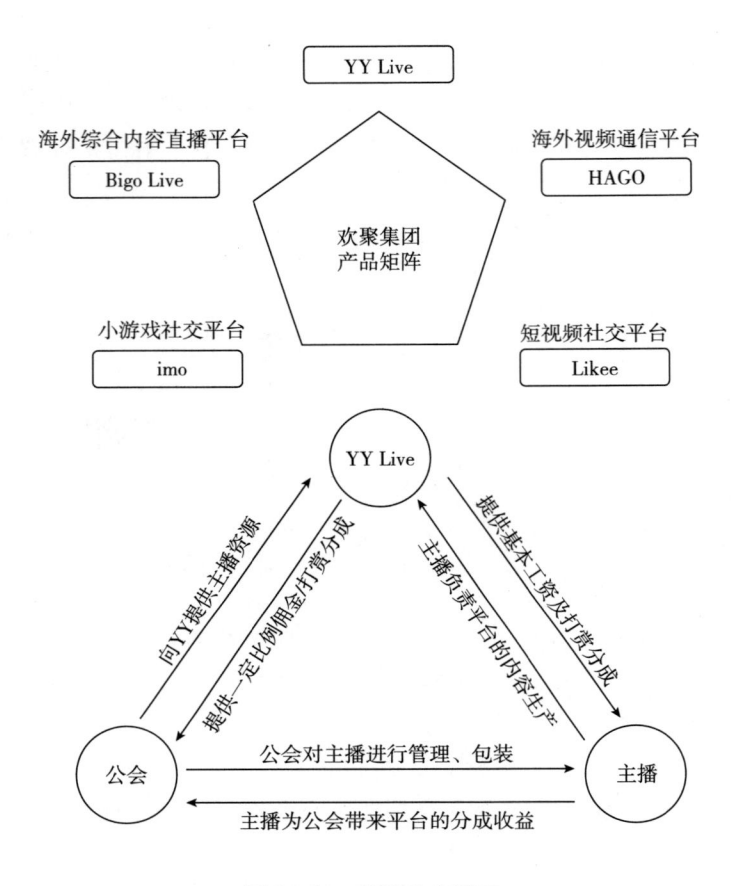

```
                            YY Live

海外综合内容直播平台                    海外视频通信平台
   Bigo Live                              HAGO

                    欢聚集团
                    产品矩阵

  小游戏社交平台                      短视频社交平台
     imo                                Likee
```

```
                      YY Live

                  ↗         ↘
        向YY提供主播资源      主播负责平台的内容生产
     提供一定比例佣金打赏分成   提供基本工资及打赏分成

       公会 ——公会对主播进行管理、包装→ 主播
            ←主播为公会带来平台的分成收益—
```

图 6-14 欢聚生态闭环

资料来源：Mob 研究院。

度，欢聚打造以主播和知识产权为主的核心资源，不断开发改善用户体验的技术，满足年轻一代对社交和参与的需求。

（三）欢聚的未来展望

由于国际环境的不确定性加大了欢聚海外业务的风险，欢聚将对旗下海外平台采取本土化运营模式。2020 年新冠肺炎疫情暴发给全球带来了宏观经济和地缘政治的不确定性，中国互联网公司的海外布局面临困境。在美国威胁封禁 TikTok 等中国软件之后，6 月印度政府公布了 59 款中国软件应用禁止令，其中就包括欢聚的 Likee 和 BIGO Live 两款应用。由于欢聚业务重点完全在海外市场，大部分用户来自海外，因而海外宏观环境的变动将对欢聚海外业务带来巨大影响。因此，欢聚将加强旗下海外平台的本土化运营模式，推出更符合各国法律法规、民族风俗的产品模式。

欢聚旗下直播平台未来将从娱乐化走向实用化。为应对各大娱乐类直播平台企业之间的同质化竞争，欢聚旗下平台 YY Live 将"内外兼修"。一方面，欢聚不断向外拓展新的"直播+"模式，有效整合娱乐、电子商务、旅游、教育、医疗等与人们生活息息相关的各个领域，增强网络直播产业的活力；另一方面，欢聚积极承担平台企业的社会责任，实现对当今社会的价值和意义。2020 年，YY Live 为非物质文化遗产建立专门栏目，以促进民众对传统文化的了解。通过现场直播，YY Live 向网民展示高质量的传统民间艺术，让更多公众发现、了解、热爱和传承这些古老的文化。

**二 阿里巴巴：电商直播领军企业**

阿里巴巴作为全球知名的电子商务企业，拥有由信息流、资金流和物流组成的完整生态体系，其业务涉及电商、物流、金融和新零售等领域。其中在网络直播领域，淘宝直播作为依靠阿里生态发展的电商直播平台，推出仅四年就成为直播电商行业的头部平台，并与其他电商直播平台拉开差距，是极具代表性的电商直播平台。本部分将重点介绍阿里巴巴在网络直播领域（淘宝直播）的发展历程、发展现状和未来展望。

*（一）淘宝直播的发展历程*

阿里巴巴作为最早布局电商直播领域的企业之一，凭借其完整的生态在直播电商行业迅速占据较大市场份额。2016 年，阿里巴巴推出淘宝直播产品试运营，尝试通过淘宝直播提高品牌商在平台的转化率。此后由于直播电商带来了良好的转化效果，2019 年阿里巴巴推出淘宝直播独立 APP，淘宝直播成为一个独立电商直播平台。在 2019 年，淘宝直播迎来第一轮发展爆发期。2019 年天猫"双 11"，淘宝直播单日带动成交接近 200 亿元，这被称为新消费时代的标志性事件。

突如其来的疫情直接将淘宝直播推向第二轮爆发期。淘宝直播利用其低门槛、高流量的优势，赋能中小型企业，助力扶贫工作。截至 2020 年，淘宝直播仅成立 4 年，但它已经成长为直播电商行业头部平台。2021 年 1 月，淘宝直播 APP 改名点淘，打造"直播+短视频"模式，并通过"点一点"按钮实现短视频中商品与产品销售界面互通，进一步完善直播生态。

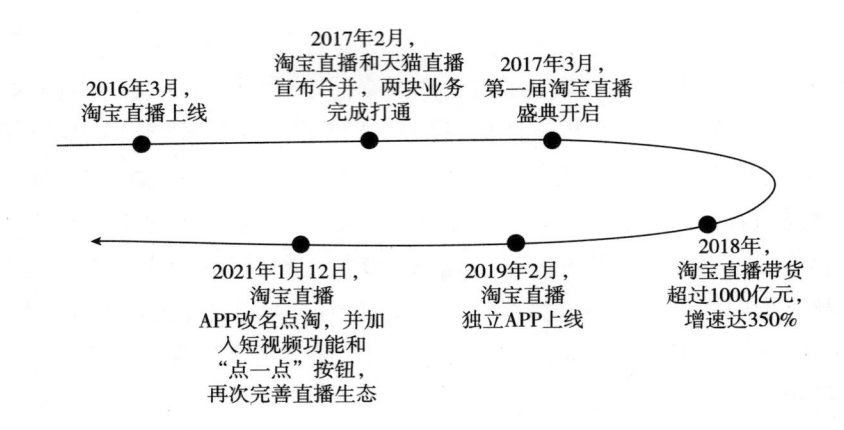

```
2016年3月，          2017年2月，            2017年3月，
淘宝直播上线        淘宝直播和天猫直播       第一届淘宝直播
                    宣布合并，两块业务       盛典开启
                    完成打通

2021年1月12日，      2019年2月，            2018年，
淘宝直播             淘宝直播              淘宝直播带货
APP改名点淘，        独立APP上线            超过1000亿元，
并加入短视频功能和                          增速达350%
"点一点"按钮，
再次完善直播生态
```

图 6-15　淘宝直播大事记

资料来源：笔者根据公开信息整理。

### （二）淘宝直播的发展现状

本部分将从市场地位、市场定位、商业模式和企业特点介绍阿里巴巴在直播电商领域的发展现状。

第一，在市场地位方面，依托阿里巴巴完整的生态，淘宝直播迅速占领直播电商市场，成为市场占有率第一的电商直播平台。虽然仅成立 4 年，淘宝直播的使用用户比率已经达到 68.5%（见图 6-16），远超同行业其他电商直播平台。这主要是因为阿里自身生态构成非常完善且稳固。淘宝直播的基础设施是淘宝，在大量交易保障、消费者权益保障方面存在治理优势。同时消费者对阿里系软件已经形成信赖，因此在短短 4 年内淘宝直播便成长为市场规模第一的电商直播平台。

第二，在市场定位方面，阿里巴巴旗下淘宝直播的定位是"消费类直播"，致力于让用户边看边消费。根据淘宝直播和 Mob 研究院发布的用户画像，淘宝直播用户结构中，女性居多，男性比例呈现上升趋势。2018—2019 年，男性比例上升 6%。此外，直播电商行业用户年龄结构呈现相似分布，用户均集中于 18—44 岁年龄层，其中淘宝直播用户更集中于 18—24 岁、35—44 岁年龄层（见图 6-17）。这说明以淘宝直播为代表的电商直播平台的用户具有较强的消费能力和经济能力,为平台带来的持续性营收也相对较多。

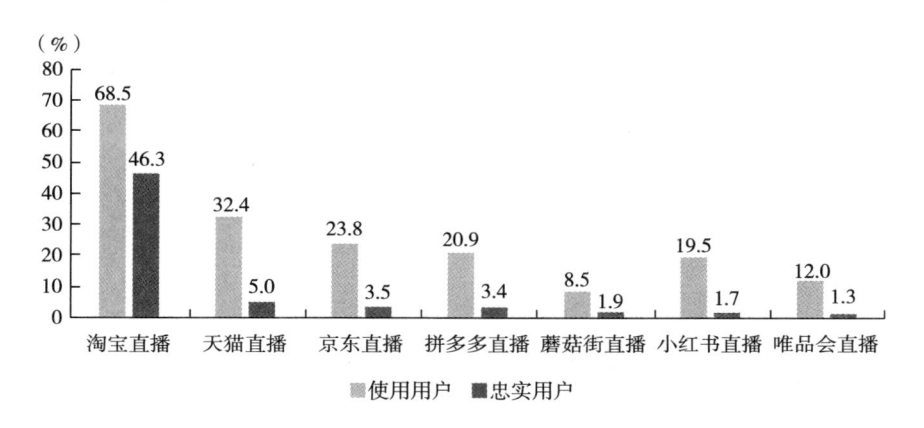

图 6-16　淘宝直播市场占有率远超其他平台

注：数据截至 2020 年 3 月 31 日。

资料来源：中国消费者协会。

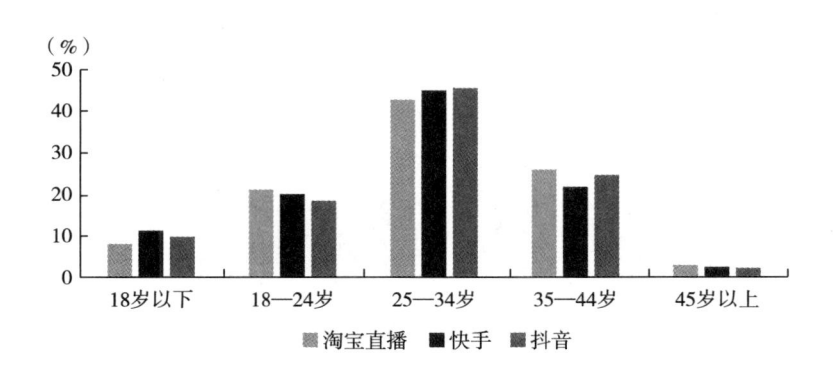

图 6-17　淘宝直播、快手和抖音用户年龄结构分布

注：数据截至 2020 年 2 月 29 日。

资料来源：阿里研究院。

第三,在商业模式方面,阿里巴巴在电商直播领域的主要收入来源于一定比例的佣金,带宽成本是其占比最大的成本。根据 Mob 研究院发布的数据,淘宝直播分成体系如下：扣除阿里巴巴收取 10% 的技术服务费后，剩余的销售利润中70%归MCN[①]机构所有，淘宝直播占比30%。若主播不归属任意一家MCN机构，则采用独立主播占60%销售利润，淘宝直播占40%销售利润的分成体系。通过数据可以看出，淘宝直播的分成体系中独立主播可以获得更高的收入，因此更多的个体主播而不是机构签约的主播将进入淘宝直播。

阿里巴巴将"人、货、场"紧密连接，通过直播的形式刺激消费者购买商品，从而帮助商家实现盈利。阿里巴巴旗下电商平台淘宝与电商直播平台淘宝直播形成优势互补，淘宝提供"货"，淘宝直播提供"场"，主播作为两者的连接点（见图6-18）。带货主播通过与品牌商或生产厂家达成协议，利用淘宝直播将相关商品推荐给消费者，从而达到销售商品、提高销售量的目的。在此过程中，消费者由主动搜索产品转变为接受主播推荐选品，消费体验得到提升。另外，直播电商涵盖商品种类繁多，从传统的快消品、美妆到房产、汽车等领域，通过打造高性价比、限量等主要卖点，吸引粉丝冲动购物，从而帮助商家实现盈利。

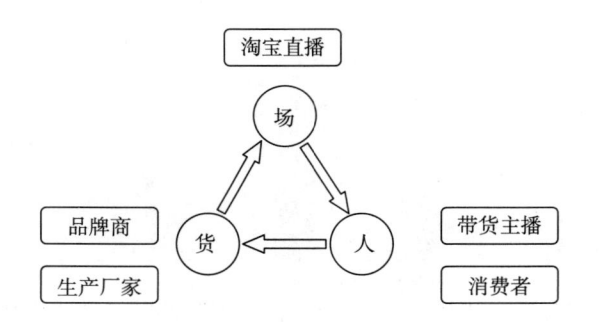

图6-18 淘宝直播"人货场"特点

资料来源：国元证券。

---

① MCN（Multi-Channel Network）是一种新的网红经济运作模式。MCN公司一方面帮助内容生产者专注于内容创作，另一方面对接平台、粉丝，对内容生产者进行培训、包装、推广变现等一整套服务，并从中获取一定的经济利益分成。资料来源：三声，https：//baike.baidu.com/tashuo/browse/content?id=0d89feb3dd64f9fb564ef8a9&lemmaId=3551331&fromLemmaModule=pcBottom。

第四，从企业特点看，阿里巴巴在网络直播领域呈现两大特点。一方面，阿里巴巴并非在打造独立的电商直播平台，而是实现电商"直播化"。淘宝直播总经理玄德曾表示，直播电商的本质是电商，而不是直播[1]。淘宝直播作为消费者运营的补充工具，服务于淘宝电商平台。与娱乐类网络直播平台相比，淘宝直播注重加强商家、主播与消费者之间的连接，弥补淘宝电商平台在消费者运营方面的不足。马云曾在公开场合表示，"每天晚上有1700万人逛淘宝，但是没有任何消费行为"[2]。这反映出人们的部分消费欲望是临时产生的。因此，主播可以通过选品、试用和讲解等流程将商品推荐给消费者，将临时产生的消费欲望转化为消费者的消费行为。目前一部分平台企业的盈利模式是广告模式，比如快手、抖音；另一部分平台企业则依靠粉丝打赏的虚拟礼物模式，比如虎牙直播、欢聚等。但是淘宝直播较为特殊，其没有打赏收益，所有收益都是基于商品销售，是通过服务商家、服务消费者和创造商业价值的方式所获得的。

另一方面，阿里巴巴主播阵营形成了"两超多强"的局面，"马太效应"[3] 明显。作为阿里巴巴的两大当家主播，薇娅和李佳琦在2020年"双11"期间展现出超强的带货销售能力，两者引导成交额总和达35.74亿元，占淘宝TOP30主播总成交额比例超30%[4]。按照主播所属性质划分，淘宝直播的所有主播中，70%由商家主播构成，只有30%是像薇娅和李佳琦这样的专业达人主播。专业达人主播与商家主播的区别在于，专业达人主播直播销售商品不受店铺、品牌和品类的限制，但商家主播在这些方面有所受限。而按照粉丝数划分，目前淘宝直播的主播层次呈现金字塔结构，位于金字塔底层的底部主播[5]和新人主播[6]数

---

[1] 资料来源：阿里研究院，https：//mp.weixin.qq.com/s/6SaaFOOqt0XbvtZbPBDEaQ。
[2] 资料来源：IT之家，https：//baijiahao.baidu.com/s？id=1650349712688282978&wfr=spider&for=pc。
[3] "马太效应"（Matthew Effect）指强者越强、弱者越弱的现象，反映两极分化的社会现象。资料来源：智库，https：//wiki.mbalib.com/wiki/%E9%A9%AC%E5%A4%AA%E6%95%88%E5%BA%94。
[4] 资料来源：前瞻产业研究院，https：//www.sohu.com/a/432864078_120868906。
[5] 底部主播：此处定义为粉丝数小于10万人，场均观看人数小于1万人次的主播。
[6] 新人主播：此处定义为开通淘宝直播时间小于3个月的主播。

量最多，其次是具有较强销售能力的腰部主播①，以及具有头部效应的头部主播②。

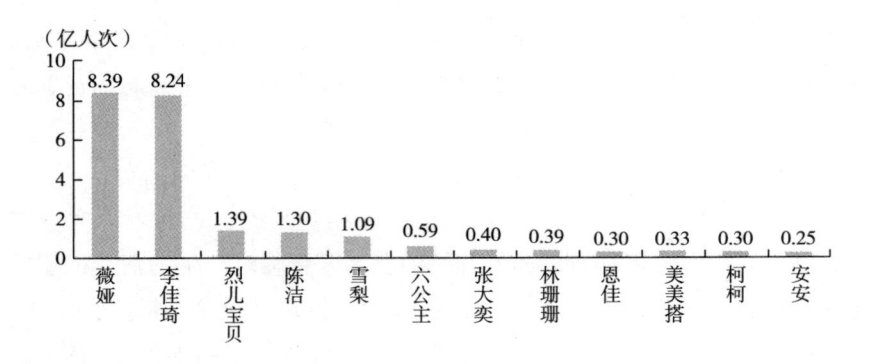

```
(亿人次)
10
 8  8.39  8.24
 6
 4
 2          1.39  1.30  1.09
                            0.59  0.40  0.39  0.30  0.33  0.30  0.25
 0  薇娅  李佳琦 烈儿宝贝 陈洁 雪梨 六公主 张大奕 林珊珊 恩佳 美美搭 柯柯 安安
```

**图 6-19　淘宝直播主播近一个月内容观看量差距巨大**

注：采用 2020 年 3 月 28 日至 4 月 28 日数据。

资料来源：淘榜单。

### （三）淘宝直播的未来展望

阿里巴巴带货主播头部效应过于明显，主播生态略显畸形，应更加注重对腰部主播和底部主播的培养。阿里巴巴有部分主播流失到像快手这样的中小型平台，一方面他们在淘宝直播并不能得到很好的培训、管理，另一方面这部分主播获得客户流量少、获客成本很高。因此这部分尾部主播会更倾向于选择快手这样门槛低、获客成本也较低的平台。在淘宝直播未来规划成交额分布格局中，头部主播的成交额只占总额的30%，另外 70% 由店铺直播以及明星和个人主播所贡献（见图 6-20）。因此，阿里巴巴未来将加大对下沉市场的重视程度，通过培养有特色的"草根主播"吸引新用户进入平台，扩大用户规模。

---

① 腰部主播：此处定义为粉丝数 10 万—50 万人，场均观看人数 1 万—10 万人次的主播。

② 头部主播：此处定义为粉丝数超过 50 万人，场均观看人数超过 10 万人次的主播。

明星及中小主播，30%

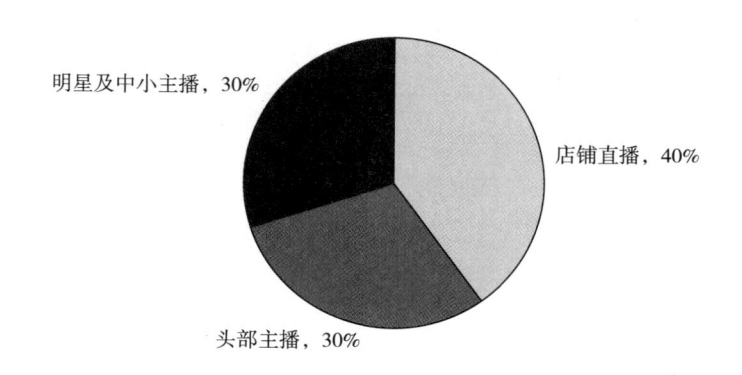

店铺直播，40%

头部主播，30%

**图 6-20　淘宝直播未来规划成交额分布格局**

注：数据截至 2020 年 5 月 18 日。

资料来源：产业调研，国元证券研究中心。

淘宝直播未来还有很大潜力和增长空间。截至 2020 年 7 月，淘宝直播在阿里 GMV 的占比不足 4%①。在未来，淘宝直播应该借助政策和自身赋能，利用自己的优势，赋能惠及传统企业和农村地区。2020 年，政府发布了许多文件重点发展直播电商，淘宝直播可以借政策红利推动平台企业发展。

### 三　竞合分析

Luo（2005，2008）从竞争强度和合作强度两个维度将竞合关系划分为对抗型、伙伴型、孤立型和适应型四种类型。本部分将在此基础上主要分析网络直播数字平台企业之间的竞合关系，以及网络直播数字平台企业和其他企业之间的竞合关系。

**（一）网络直播数字平台企业之间的竞合分析**

网络直播数字平台企业的用户具有"排他性"②，该特点具体表现为平台企业用户重合度低，平台企业间呈现对抗型竞合关系。相较于视频平台企业较高的用户重合度③，网络直播数字平台企业之间的用户重

---

① 资料来源：猎云网，https：//www.sohu.com/a/409776355_118792?_f=index_pagefocus_7&_trans_=000014_bdss_dkmwzacjP3p；CP=。

② 排他性：是指一种物品具有可以阻止其他人使用该物品的特性。

③ 51.7%的腾讯视频用户同时使用爱奇艺，30.4%的腾讯视频用户会使用优酷。资料来源：东方证券，https：//max.book118.com/html/2018/1224/5332211123001342.shtm。

合度仅在 5%—20%[①]。网络直播数字平台企业中的用户通常仅使用一个直播平台，而非同时使用多个平台，这在一定程度上加剧直播平台之间的竞争。

平台企业用户间的"排他性"主要是主播和直播内容差异决定的。一方面，在以 PGC 内容为主的网络直播平台中，用户会因为主播、明星和口碑等因素选择不同的平台。然而，平台往往与直播公会存在紧密绑定关系。虽然直播公会与多个网络直播平台会建立合作关系，但直播公会所拥有的主播主要集中在某一特定直播平台上工作。因此主播的"排他性"决定了用户的"排他性"。另一方面，以 UGC 内容为主的直播平台核心优势是优质的直播内容，平台企业通过从用户品位多样性的角度出发打造符合用户品位的内容从而提高用户留存率。因此作为 UGC 内容平台上的用户并没有更换平台的动机。最终这两方面原因造成了网络直播数字平台企业用户重合度小，平台企业在用户方面的竞争明显大于合作，平台企业间呈现对抗型竞合关系。

（二）网络直播数字平台企业与其他企业之间的竞合分析

本部分将介绍网络直播数字平台企业与实体企业、传统电视媒体和传统电商平台企业之间的竞合关系。

第一，对网络直播数字平台企业与实体企业而言，大型实体企业、品牌方与直播平台企业通过"直播营销"[②] 合作，双方呈现伙伴型竞合关系。网络直播平台凭借准入门槛低、实时互动性强等特点成为实体企业为自身产品进行营销的新型媒介。大型企业通过向网络直播数字平台企业支付推广费达成合作，一方面宣传企业的商品、企业文化等内容，另一方面增加了用户对产品、企业的信赖度。对于大型实体企业，网络直播平台更多的是作为一种品牌营销手段而存在。大型实体企业通过寻找直播平台上的知名主播宣传商品，实现线上线下双渠道销售，双方合作关系显著大于竞争关系。

中小型实体企业借助直播平台拓宽销售渠道，其与直播平台企业呈

---

① 资料来源：东方证券，https://max.book118.com/html/2018/1224/5332211123001342.shtm。

② 直播营销：以直播平台为传播媒介，达到企业获得品牌的提升或是销量的增加目的的营销活动。

现适应型竞合关系。相对于大型实体企业凭借资金充足的优势寻找知名主播宣传商品，中小型实体企业更倾向于商家自播销售。电商平台将部分中小型实体企业的用户吸引至线上平台，造成部分中小型实体企业出现获客难、利润低等困境。而电商直播平台则为中小型企业提供了一个低门槛、高流量的通道。中小型企业的店主能够通过自己在电商直播平台上讲解与销售实现盈利。与大型实体企业相比，中小型实体企业更多的是充当中介营销商或售卖自家原创商品，在分成后的利润以及品牌名气方面不具有优势。因此在网络直播平台的帮助下，中小型实体企业在获得客流量的同时，应重点思考如何留住顾客、实现盈利等问题。

第二，传统电视媒体与网络直播数字平台企业实现优势互补，双方呈现适应型竞合关系。随着互联网发展，人们更青睐在移动手机或网络平台上获取所需信息。人们虽然同样可以在传统媒体上获得这些信息，但其受到时间和空间的限制，需要花费更多的时间和精力，因此传统电视媒体的观众逐渐流失到网络直播平台。然而，传统电视媒体相对于网络平台也有不可替代的优势。传统电视媒体用户的分布地区、年龄等方面分布相比网络直播数字平台企业更广，且传统电视媒体在多年发展中积累了更优秀的人才团队和更丰富的广告客户资源。

网络直播数字平台企业和传统电视台（以下简称网台）合作实现了网台联动。一方面，各大传统电视媒体入驻电商直播平台开展直播带货活动。2020年6月，北京市人民政府为促进北京消费，与中央广播电视总台共同启动"新消费·爱生活——北京消费季"系列活动。央视主持人康辉等人和北京市电视台主持人春妮联手直播带货，首场销售额达到13.9亿元[①]。另一方面，电视媒体与网络直播数字平台企业合作打造联动晚会。2020年9月，江苏卫视与短视频直播平台快手正式达成战略合作，共同打造"一千零一夜"跨界庆典，并在快手和江苏卫视同步播出。在此次晚会中，通过快手达人、用户与明星嘉宾同台合作的模式，快手不仅创新内容合作形式，实现网台联动，还为快手用户提供了展示才艺的舞台。

---

① 资料来源：艾媒网，https：//baijiahao.baidu.com/s? id=1668922490569886527&wfr =spider&for=pc。

第三，直播电商平台企业与传统电商平台企业的合作可以实现"1+1>2"的协同效应，两者呈现伙伴型竞合关系。一方面，从双方优势角度看，直播电商具有直观性和交互性的相对优势。消费者在直播间不仅可以通过直播画面、主播讲解和用户评论更好地了解商品，还能够获得良好的互动感和真实感。直播电商这种情景交互的方式更有利于降低获客成本、提高用户黏性。相较而言，传统电商平台在基础设施建设等方面具有明显优势，而这些优势通过影响消费者的购买体验从而影响其在平台中的复购率。在现有的直播电商企业中，一部分是网络直播企业在直播业务的基础上发展电商业务，另一部分是传统电商企业在电商业务的基础上搭建网络直播平台，扩展直播业务。目前，只有阿里巴巴凭借完整的生态，以淘宝传统电商平台为基础发展淘宝直播电商平台。其余企业均是在直播业务的基础上增加电商业务作为补充。这些直播电商企业由于在电商领域耕耘时间较短，其在商品种类、交易支付方式、客服售后和物流等电商基础设施建设情况方面都难以在短时间内超越传统电商企业转型成立的直播电商企业。

另一方面，从双方合作利弊角度看，直播电商平台依托传统电商提供货物、仓储和物流支持，可以在不影响直播推广环节的前提下有效地提升购物的效率。而对传统电商而言，虽然双方业务本质上都是线上商品销售，用户的部分消费力会被直播电商平台瓜分，但传统电商平台借助直播电商高度直观性和交互性的优势将提高用户购买转化率。在双方合作中，直播电商本质上是作为传统电商的一种营销手段，不会对传统电商的市场规模造成根本性动摇。因此，直播电商与传统电商合作利大于弊，双方通过优势互补实现协同效应。

## 第三节 网络直播数字平台企业的社会效应

作为互联网经济的产物，网络直播数字平台企业对社会各参与主体、相关行业以及经济整体均产生了一定影响。本节将自下而上论述网络直播数字平台企业的社会效应，分别阐述网络直播数字平台企业对参与主体、相关行业及整个经济的影响。

第六章　网络直播数字平台企业：开展场景营销的新渠道

**一　网络直播数字平台企业对各参与主体的影响**

内容提供方（主播）和内容消费方是网络直播行业的重要参与主体。本节将简要介绍网络直播数字平台企业对主播和内容消费方的影响。

第一，网络直播数字平台企业为主播提供工作机会，但双方劳资关系并不稳定。一方面，网络直播数字平台企业增加了就业岗位。智联招聘数据显示，受新冠肺炎疫情影响，2020年2月3日至3月3日，企业招聘人数下降28.12%。然而在此期间，与网络直播相关的总招聘人数同比增长132.55%。① 以淘宝直播为例，据最新的《淘宝直播就业测算与新就业形态研究报告》，淘宝直播直接和间接带动就业机会共173.1万个②，其中包括主播经纪人、主播助理和直播灯光师等就业新业态。

另一方面，网络直播数字平台企业与主播之间的劳资关系具有不稳定、不平等的特点。一方面，由于网络直播数字平台企业劳动主体众多，且劳动过程易受各种因素影响，劳动主体进出平台自由，主播的就业呈现不稳定性特征。大量的平台经济就业是典型的灵活就业，但这种灵活性是以不确定性和不稳定性为代价的，企业的商业风险被转移到零工者身上（杨滨伊、孟泉，2020）。例如，相较于成熟主播，新主播在直播内容优质程度和粉丝数量方面无法取胜，观看用户也较少，因此新主播的薪资并不稳定。这在一定程度上提高了新主播的流动性。另一方面，由于网络直播数字平台企业拥有信息优势，主播的劳动权益被侵犯成为常态。用户的评论、观看人数和打赏金额等数据是主播绩效考核的重要标准，但这类信息却掌握在平台企业手中，主播受信息不对称影响，即使其权益受到平台企业侵犯也难以维权。

第二，过度娱乐化的内容可能为用户带来"娱乐至死"的后果。我国网络直播行业内容以娱乐内容为主，覆盖饮食、消费、舞蹈等多个领域，丰富了用户的娱乐生活。从市场竞争的角度看，主播制造娱乐化的内容更容易迎合大众的心理，从中获益。因此，网络直播行业中许多

---

① 资料来源：中国产业信息网，http://www.chyxx.com/industry/202005/866453.html。
② 资料来源：阿里研究院，http://www.aliresearch.com/ch/information/informationdetails?articleCode=104477901017190400&type=%E6%96%B0%E9%97%BB&organName=。

主播利用一些花哨的画面、夸张的肢体语言甚至奇葩的表演，吸引公众的目光。娱乐化成为网络直播平台内容生产的关键词。同时，网络直播内容的泛娱乐化不一定使用户受益。碎片化时代下人们产生新的娱乐性需求，然而这些过于娱乐性的直播内容在占领人们碎片时间的同时也扭曲人们的审美。在这个碎片化时间泛滥的时代，人们逐渐走向尼尔·波兹曼所说的娱乐至死，成为娱乐的附庸，丧失独立思考和理性判断的能力，甚至被引导对国家法律和社会规则发起冲击。

> "一切公众话语日渐以娱乐的方式出现，并演变为一种文化精神。我们的政治、宗教、新闻、体育、教育和商业都心甘情愿地成为娱乐的附庸，毫无怨言，甚至无声无息，这样的结果是我们都变成了一个娱乐至死的物种而不自知。"
> ——［美］尼尔·波兹曼《娱乐至死》

## 二 网络直播数字平台企业对各行业的影响

本部分将分析网络直播数字平台企业对电商行业、传统零售行业和其他行业的影响。

第一，网络直播数字平台企业具有无时空限制和实时互动的传播特点、有内容二次传播和掌握用户信息等优势，是电商行业的一种新型优质的营销推广渠道。在网络直播数字平台企业出现之前，电商行业中小商家获客困难、利润难以维持等问题日益严重。但随着网络直播数字平台企业的出现，这些问题得到很好的解决。第一，因为主播开展网络直播活动不受时间空间的限制，用户可以在任何时间、任何地点，利用互联网设备即可观看实时直播，因此网络直播可以在短时间聚拢大量用户，有利于主播的下一步营销推广。第二，网络直播过程具有实时互动性，主播声情并茂的介绍和试用增强了用户"所见即所得"的体验感和信任感，有利于提高用户购买率和复购率。第三，直播内容可以在短视频、视频、资讯平台等媒体推广渠道中实现二次曝光，从而实现更广泛的影响力。第四，网络直播数字平台企业作为产业链中的内容分发方，掌握着用户大量关于个人喜好的信息，因此平台企业可以为商家定位到目标用户,实现精准营销。

未来网络直播行业与电商行业的联系将越来越紧密。网络直播电商平台企业为用户提供两种购买模式,其一是跳转到自家搭建平台完成购买,另一种是跳转到第三方合作平台进行购买。前者加剧了电商行业平台企业之间的竞争,后者则是利用网络直播系统为电商平台引流。中小型直播平台更倾向于与其他电商平台合作完成交易。因此,未来两个行业的联系将会越来越紧密。

第二,对零售行业而言,网络直播电商平台企业能够提高零售行业的销售效率。主播改善了传统零售行业对消费者需求识别不精准的问题,提高其销售效率。在网络直播行业出现之前,传统零售行业存在一系列如库存积压或短缺、商品样式不适应市场需求等供应链问题。但网络直播电商平台企业的出现很大程度地解决了这些问题。一方面,主播在与用户交流的过程中,精准掌握了消费者的需求信息,这在一定程度上甚至能影响粉丝的潜在消费决策。因此,主播可以向商家传递更准确的消费者需求相关信息,改善上下游信息不对称。另一方面,供应链问题得到改善的上游商家运营成本下降,他们会以更物美价廉的商品回馈消费者。由此,整个行业进入良性循环,传统零售行业的销售效率得以提升,消费者也获得更优质的商品。从整个产业链的角度看,直播电商提升了消费者与品牌商之间的零售链接效能(沈国梁,2020)。

第三,对其他行业而言,网络直播行业能够促进不同产业融合,赋能其他行业发展。随着"互联网+"时代的到来,网络直播数字平台企业也在不断探索"直播+"模式,通过与其他行业合作促进产业融合。比如花椒直播平台企业与途牛网积极合作,探索"旅游+直播"的模式;在线学习平台增加直播功能,加深直播行业与教育行业的合作;今牛直播打造财经专业直播平台,探索"财经+直播"的模式。网络直播正逐渐渗透各个行业,未来的网络直播行业将不再是一个单独的行业,而会成为其他各行业的标准配置工具,赋能其发展。

**三 网络直播数字平台企业对经济发展的影响**

网络直播数字平台企业为小微企业提供了一个新型销售途径,线上线下双线打造新销售模式。同时网络直播平台有利于商家将欠发达地区的商品卖向全国,助力脱贫目标。

一方面，网络直播电商平台企业能够加速线上线下消费融合发展。受新冠肺炎疫情影响，超市、商场和餐厅等线下门店遭遇巨大冲击，客流量大幅缩减。因此线下门店纷纷推出线上渠道，与电商直播平台合作为消费者提供无接触服务，探索多元化消费场景。其中董明珠和宗庆后，两位曾经最不看好电商的知名企业家，先后加入直播带货大军。这成为直播电商的标志性事件，也反映出线上线下深度融合是大势所趋。一方面，线下企业需要拥有丰富客户流量、具有优质用户体验的直播电商平台扩展线上销售渠道，另一方面直播电商平台也需要拥有强大线下供应链网络的企业加入，线上线下融合发展才能突破流量、供应链等瓶颈。因此，在网络直播电商平台企业的协助下，企业将加快线上线下深度融合，以适应新冠肺炎疫情常态化的社会背景。

另一方面，网络直播数字平台企业有利于脱贫扶贫，发挥规模效应创造公益价值。网络直播数字平台企业为贫困地区商户、扶贫干部提供销售平台，助力扶贫工作。疫情期间，贫困地区乃至整个农村不仅面临农业生产困难，而且特色农产品滞销和难销的问题日益突出。因此全国100多位县长、市长出现在直播间带货，充分发挥直播优势，促进当地优质产品销售和特色产业发展。通过这种形式，扶贫干部不仅帮助贫困地区的特色产品打开了销售通道，还宣传当地的特色文化和优美风景，扩大了贫困地区的知名度和影响力。在疫情期间，各大网络直播数字平台企业也相应地开通了疫情专栏。根据艾媒咨询的调查，六成用户表示参加过直播平台公益活动，助力经济恢复（见图6–21）。例如，疫情期间央视新闻发起"谢谢你为湖北拼单"公益直播活动。在活动中淘宝直播主播李佳琦搭档央视主播朱广权，向观众推荐湖北滞销农副产品。最终，该场公益活动受到网友热烈的响应，共售出超4000万元湖北商品，以网络直播的形式帮助湖北复工复产。①

---

① 资料来源：新浪财经，https://baijiahao.baidu.com/s?id=1663318235100239247&wfr=spider&for=pc。

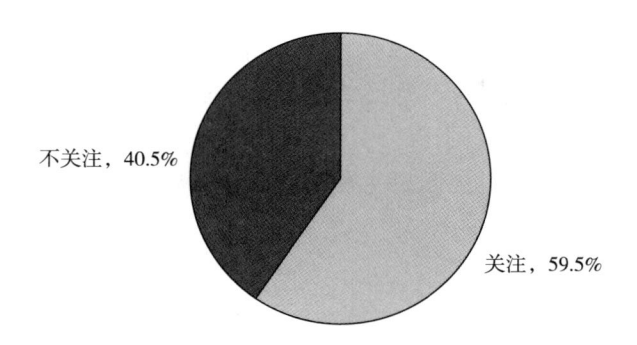

第六章　网络直播数字平台企业：开展场景营销的新渠道

不关注，40.5%

关注，59.5%

图 6-21　关注平台公益活动的在线直播用户占比

注：数据截至 2020 年 4 月。
资料来源：艾媒咨询。

## 第四节　网络直播数字平台企业发展面临的主要困境

本节将从宏观、中观和微观三个层面分析网络直播数字平台企业面临的困境。宏观层面从法律法规和社会角度分析网络直播数字平台企业面临的困境，中观层面从行业内、外部环境的角度分析网络直播数字平台企业面临的困境，微观层面从主播、用户和资金支持方的角度分析网络直播数字平台企业存在的问题。

### 一　宏观层面

宏观层面主要从监管政策和社会化困境两个方面阐述网络直播数字平台企业发展面临的主要困境。

一方面，监管政策收紧增加小型网络直播数字平台企业生存难度。2015 年以来，伴随网络直播行业迅速扩张，直播内容不和谐、不文明的现象多次出现，对社会造成不良影响。因此近年来，与网络直播行业相关的政策出台力度加大，监管部门加强了对网络直播行业的监管，通过多种方式建立了行业自查制度。国家政策的收紧，提高了网络直播行业进入壁垒，小规模直播平台企业生存越来越困难。2018 年 4 月 4 日，因在未持有《信息网络传播视听节目许可证》①的情况下继续从事视听节目服务，某头部短视频及直播平台企业被国家广播电视总局约谈。在实际申请过程中，该资质证件的获取门槛较高，不仅对申请主体的注册资本提出要求，还对其控股单位有所限制，这无疑增加了小型平台企业的生存难度。

表6-5　　　　　　2016—2020年网络直播行业监管法规

| 时间 | 政策 | 内容 |
| --- | --- | --- |
| 2016年11月 | 《互联网直播服务管理规定》 | 互联网直播服务提供者应当建立直播内容审核平台，对互联网新闻信息直播及其互动内容实施先审后发管理 |
| 2018年3月 | 《关于进一步规范网络视听节目传播秩序》 | 相关企业不得与未取得《信息网络传播视听节目许可证》的机构进行任何形式的合作，包括冠名、广告和赞助 |
| 2018年8月 | 《关于加强网络直播服务管理工作的通知》 | 通知从网络直播服务提供者、网络接入服务提供者、应用商店等方面明确各自责任，建立健全长效监管机制 |
| 2019年1月 | 《网络直播平台规范》《网络直播主播管理规范》 | 武汉市软件行业协会和斗鱼联合发布了网络上溯规范，包含直播平台的主播监控平台巡查等多方面的内容，并对主播的准入标准等进行了规范 |
| 2020年7月 | 《视频直播购物运营和服务基本规范》 | 《视频直播购物运营和服务基本规范》是由中国商业联合会媒体购物专业委员会牵头起草制定的网络直播带货行业内首部全国性社团标准 |

资料来源：笔者根据公开信息整理。

另一方面，青少年直播打赏事件层出不穷，网络直播数字平台企业陷入社会化困境。在技术快速发展的过程中，技术"社会化"值得重点关注，即科学技术能否与现有社会道德标准相互适应。在网络直播行

---

① 《信息网络传播视听节目许可证》由广电总局核发，所有从事信息网络传播视听节目业务的企业都需要持有该证件。

业中,技术"社会化"的典型表现是青少年在直播中的打赏问题。一方面,家庭教育、父母陪伴缺失致使青少年未养成正确的金钱观并沉溺于网络直播中。另一方面,网络直播数字平台企业监管缺失。由于网络直播数字平台企业未对打赏金额设置上限、注册环节缺少身份辨别等有效措施,其设置的"青少年模式"也无法完全避免青少年使用父母的账号打赏。在这些巨额打赏事件中,各方站在不同的利益诉求角度展开博弈。家长希望网络直播平台全额退回打赏金额,而平台企业方则担心全额退款会影响企业的营收收入。因此,双方的博弈陷入僵局。2020年5月,最高法出台了相关法规①,规定以未成年人为主体进行的打赏行为无效。但在现实中,一方面家长往往无法直接证明消费主体是未成年人,另一方面平台企业难以防范成年人冒充未成年人要求平台企业退回自己支付的打赏事件的发生。因此,要想彻底解决青少年打赏的困境,还需要家长、网络直播数字平台企业和政府三方共同努力。

### 二 中观层面

本部分将从网络直播行业的内、外部环境角度分析网络直播数字平台企业发展面临的主要困境和问题。

第一,娱乐类网络直播数字平台企业同质化竞争严重,具体表现为直播内容、盈利模式和运营模式同质化。在直播内容方面,娱乐类网络直播平台主打内容多以才艺表演、展示游戏操作或陪用户聊天等形式展开。这些内容高度相似,不仅无法为用户带来差异性体验,还增加了用户寻找优质直播内容的成本,故而降低了用户观看意愿。根据艾媒咨询调研数据,超过一半的用户认为娱乐类网络直播平台内容同质化问题严重(见图6-22)。在盈利模式方面,用户打赏和商品销售抽成是网络直播数字平台企业的主要收入来源。这两项收入均依赖主播对用户进行商业化变现,因此主播的业务能力很大程度上影响着网络直播数字平台企业的盈利能力。在运营模式方面,目前各大网络直播数字平台企业相似的直播间版面设计、粉丝管理模式和礼物价格分类等都使网络直播数

---

① 2020年5月最高法出台《关于依法妥善审理涉新冠肺炎疫情民事案件若干问题的指导意见(二)》,明确规定未经其监护人同意参与网络直播平台"打赏",监护人请求网络服务提供者返还款项的,法院应支持。资料来源:最高人民法院,http://cicc.court.gov.cn/html/1/218/62/84/1582.html。

字平台企业陷入同质化困境，无法提供差异性服务，这造成用户打赏意愿降低。

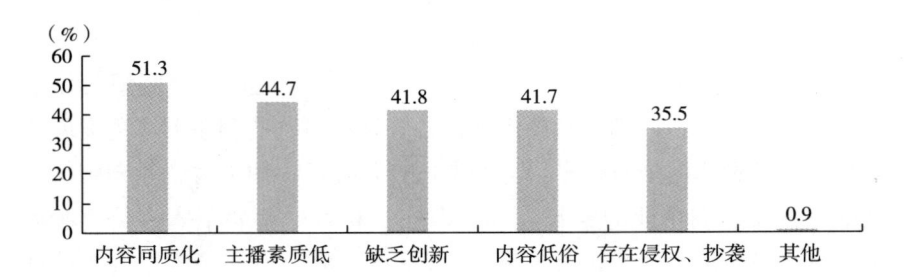

```
(%)
60  51.3
50        44.7
40              41.8   41.7
30                           35.5
20
10                                   0.9
 0
   内容同质化 主播素质低 缺乏创新 内容低俗 存在侵权、抄袭 其他
```

**图 6-22　娱乐类网络直播平台"内容同质化"痛点显著**

注：数据截至 2020 年 7 月。
资料来源：艾媒咨询。

第二，上升的运营成本和固化的盈利模式导致网络直播数字平台企业盈利困难。一方面，近年来，网络直播数字平台企业的运营成本逐年上升。网络直播数字平台企业运营成本可分为收入分成与内容成本、带宽成本、审核成本和其他成本。近几年监管部门加大对网络直播行业的监管力度，导致平台企业的审核成本逐年上涨，但目前收入分成与内容成本和带宽成本依然是平台企业的主要运营成本。在收入分成和内容成本上，网络直播数字平台企业一方面需要招募新主播支付签约费，在主播跳槽时帮助其支付巨额违约金。另一方面，网络直播数字平台企业还需要不断创新内容，购买赛事版权、制作平台自制综艺等，从主播和直播内容两方面为用户提供更好的服务。以虎牙直播为例，2017—2020年虎牙直播的收入分成和内容成本分别为 4.9 亿元、10.42 亿元、15.72 亿元和 18.27 亿元，占总成本比例达到 80%[①]。在带宽成本方面，为了保障直播过程的流畅性和直播画面的清晰度，各大网络直播数字平台企业每年都要投入上亿元资金用于支付带宽费用。并且网络直播数字平台企业的用户规模越大，观看人数越多，平台企业所需要支付的带宽成本也就越高。例如，2017—2019 年虎牙直播带宽成本分别为 1.14 亿

---

① 资料来源：虎牙直播相应数据源自其公司年度财务报表。

元、1.62亿元和2.26亿元。随着虎牙直播用户规模不断扩大，其带宽成本也在逐年增加，在成本结构中占据越来越大的比重。

另一方面，网络直播数字平台企业盈利模式创新不足，致使平台企业的营收不足以支撑其巨额的运营成本。上文提到，网络直播数字平台企业的收入主要来源于直播收入和广告等业务收入，其中直播收入一直是其主要收入来源，占营收超过80%。在网络直播行业用户增速放缓的背景下，网络直播数字平台企业依然以用户打赏充值等带来的直播收入作为主要盈利模式，这使平台企业盈利变得十分困难。虎牙直播2016年、2017年和2018年前三季度毛利润分别为-2.97亿元、-6.26亿元和-20.37亿元，亏损十分严重，直到2018年第四季度，虎牙直播才开始实现盈利。

第三，网络直播行业在外部资本推动短时间内爆发式成长，但由于行业门槛较低、平台监管机制不到位，行业内直播内容低俗化现象严重。第一，低俗的直播内容毒害用户身心健康，造成不良影响。在高收益的吸引下，部分主播会以暴露的衣着、低俗的言语或出格的行为来夺人眼球，换取更多用户观看和更高的用户打赏。自网络直播行业爆发后，各大网络直播平台上都出现过类似的低俗内容。近几年，政策的出台在一定程度上减少低俗化内容的出现，但依旧存在主播使用隐晦的言语挑逗用户等行为，造成不良社会价值导向，渲染了社会不良风气。第二，部分主播散布谣言、传播迷信思想，甚至贬低民族文化，恶意篡改国歌，宣传历史虚无主义和拜金主义思想，违背社会公共道德。某主播因迟到未成功登记，与机场工作人员发生冲突。该主播现实中对工作人员拳打脚踢，直播过程中却向用户哭诉遭到工作人员的不公平对待，利用网络直播的舆情效应误导舆论走向，抹黑公共服务部门，对社会发展造成危害。类似事件依然不时在网络直播行业中发生，不仅给行业本身造成消极的公共形象，还给用户、社会甚至国家带来不良影响。

第四，新兴平台企业对老牌网络直播数字平台企业造成竞争压力。近年来，不少新兴平台企业上线直播业务，丰富自身业务结构并为用户提供更好的服务体验。例如，短视频平台企业快手、抖音等均先后开通直播功能，作为主业务短视频的补充功能，吸引更多用户进入短视频行业。这对网络直播数字平台企业造成了极大的竞争压力。第一，从内容分类看，短视频平台和网络直播平台均为用户提供接近用户生活的娱乐化内容，满足用户消费、社交和娱乐等需求。第二，从商业模式看，具有直播功能的短视频平台企业和网络直播数字平台企业均以用户打赏和广告营销作为主要盈利方式。第三，从用户规模和渗透率看，相较网络直播数字平台企业，短视频平台企业更具优势。截至2020年，短视频行业用户规模达8.73亿人，网络直播行业用户规模仅达6.17亿人[①]。短视频具有视频时间短、播放时间零散化和更易吸引用户注意力等优势，相较而言，网络直播虽然更具互动性，但主播直播时间较固定、总直播时间较长，不便于用户在零散时间观看。因此，短视频等新兴平台企业入场直播领域，对网络直播数字平台企业造成极大的竞争压力。

### 三　微观层面

微观层面将从参与主体的角度展开，从主播、用户和资金支持方分析网络直播数字平台企业存在的问题。

第一，在网络直播行业中，主播是各平台企业实现商业化的重要资源，但网络直播数字平台企业盈利过于依赖主播。流量是互联网行业判断企业价值的重要手段。互联网公司通过竞争增加流量，然后通过流量实现变现。作为产业链中的内容分发方，网络直播数字平台企业主要通过为主播和用户提供信息交流平台，促使用户在平台中打赏、充值或购买商品，最终与主播或机构按一定比例分成从而获取利润。因此，网络直播数字平台企业想要实现商业化获取利润，必须依靠主播。一方面，网络直播用户的消费原因与主播非常密切。在影响用户购买意愿的因素中，个性化、产品类型因素具有显著影响，但价格的影响微不足道（Moon et al.，2008）。根据艾媒咨询对我国网络直播行业用户调查，在对直播内容满意的前提下，37.1%的用户表示一定会去主播推荐的景点游玩，有55.0%的用户表示可能会考虑去主播推荐的地方旅游（见图6-23）。这说明主播在旅游消费方面有明显的驱动作用。另一方面，主播作为直播电商营销的核心"人货场"中的重要一环，连接了品牌商家（货）和平台企业（场），主播通过主动讲解并推荐商品，提高用

---

① 资料来源：中国互联网络信息中心：《第47次中国互联网络发展状况统计报告》，http://www.cac.gov.cn/2021-02/03/c_1613923423079314.htm。

户的购买率。因此，平台企业如果失去优质主播这个核心竞争力，会对其用户流量和盈利能力造成极大的冲击。此外，目前各大网络直播数字平台企业对主播的争夺十分激烈，头部主播溢价的签约费和收入分成加大了网络直播数字平台企业的运营难度。

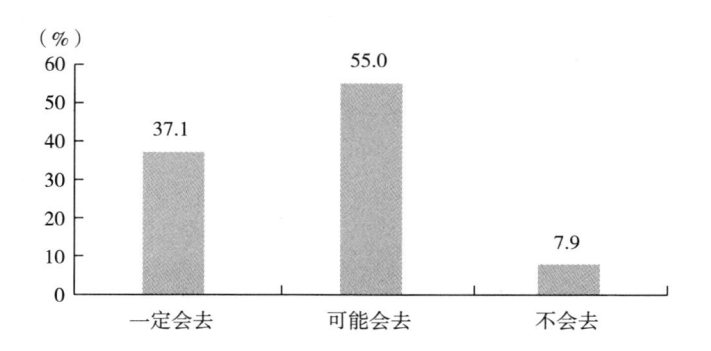

**图 6-23　2020 年第三季度中国旅游直播用户对主播推荐地游玩意愿**

注：数据截至 2020 年 10 月。

资料来源：艾媒咨询。

第二，部分网络直播电商平台企业服务质量有待改善。一方面，部分网络直播电商平台企业服务水平低下，在售后环节中平台企业、主播和商家权责不清。例如，消费者在某主播直播间购买卫生纸等生活用品，但在收货后发现商品与直播间展示样品相差甚远。当这位消费者联系商家客服和网络直播数字平台企业时，商家与平台企业相互推脱责任，均不提供售后服务。由此可见，部分网络直播电商平台企业缺少完善的售后服务。另一方面，部分网络直播电商平台企业对商家资质审核不过关，商品质量差、售假现象严重。2020 年 5 月，警方破获一例涉案金额高达 2000 余万元的"每日坚果"造假案。造假商家通过一系列加工包装宣传，将假冒伪劣商品通过主播直播带货的形式销往全国各地[①]。由此可见，部分平台企业和主播对商家商品质量的审核存在漏洞。

---

① 资料来源：贤集网，https://www.xianjichina.com/news/details_232979.html。

第三，网络直播行业侵害版权方和用户权益事件时常发生。一方面，为增加主播与平台的人气，部分网络直播数字平台企业存在违法侵权行为。一方面，部分网络直播数字平台企业在未获得版权方授权的前提下对发布会、音乐会等活动现场开展直播，直接侵犯版权方权益。另一方面，网络直播数字平台企业缺少相关预防措施，这间接助长了主播的侵权行为。比如网络直播数字平台企业缺少便捷醒目的侵权接收渠道，或未采用关键词屏蔽等技术措施。2018年，网络直播平台西瓜直播发布了一则关于招募《王者荣耀》游戏主播的公告，并为用户提供充值和打赏的渠道。这一系列行为引起了腾讯的不满。《王者荣耀》作为腾讯旗下的一款手机类游戏，其推出之后受到玩家的一致好评。但是西瓜视频在没有与腾讯达成版权协议的前提下，私自招募主播在平台上直播《王者荣耀》这款游戏并盈利。因此，2018年11月，腾讯以西瓜视频侵犯著作权以及不正当竞争的诉讼理由将西瓜视频诉至法院。2019年1月，法院裁定要求西瓜视频立即停止直播关于《王者荣耀》游戏内容。

另一方面，部分网络直播主播违法侵权。在直播内容方面，主播违法主要涉及其生产低俗、暴力性质内容，向用户传递消极、不健康思想，不利于用户身心健康发展。在直播手段方面，主播违法主要表现为未经许可在公共或私人场所直播，侵犯他人隐私权。例如，2019年年底三亚景区出现"十步一主播"的乱象，在通过美丽的风景吸引用户之外，主播随意对游客的身材、样貌等予以评价，故意搭讪游客换取高观看量[①]。主播的搭讪、私自拍摄等行为使游客的隐私权受到侵犯。

## 第五节　网络直播数字平台企业发展的主要影响因素

本节将从外部因素和内部因素两个方面分析网络直播数字平台企业发展的主要影响因素。主要外部因素包括政策因素和技术因素，主要内

---

① 资料来源：北晚新视觉网，https://baijiahao.baidu.com/s?id=1655141055337488464&wfr=spider&for=pc。

部因素包括平台自身的市场竞争行为、盈利模式和监管行为。

### 一 主要外部影响因素

本部分将从政策监管因素和技术局限因素来分析影响网络直播数字平台企业发展的外部因素。

就政策监管而言，一方面，在网络直播行业发展的十余年间，法规不完善和"多头管理"问题导致政策监管效果不佳，网络直播行业乱象未得到有效整治。第一，网络直播行业相关法规层次和效力较低，法律制度缺乏系统性。我国已出台多部法律法规以加强对网络直播行业的监管，但这些法规、通知的立法位阶较低，并不涉及行政法规和法律等层面。并且这些法规并未形成一个完整的法律体系，缺少对网络直播数字平台企业系统性、全面性的监管。第二，由于网络直播内容跨行业涉及面广，多个部门合作监管协调困难，网络直播行业存在"多头管理"问题。网络直播行业业务范围涉及娱乐表演、互联网视听、网络购物和旅游等多个领域，因此文化和旅游部、国家网信办和国家互联网信息办公室等都是网络直播平台企业的监管主体，容易出现管理职能交叉、监管权力分散或多重处罚行为等问题。这不仅不利于整治网络直播行业内容低俗化、内容侵权和青少年打赏等乱象，还可能导致监管部门对网络直播行业过度监管，从而抑制其创新能力（许向东，2018）。

另一方面，监管部门和地方政府相关政策的出台，不仅规范了泛娱乐直播平台企业化的发展，也促进了直播电商平台企业的快速发展。在泛娱乐直播平台监管方面，2016 年，文化部出台《关于加强网络表演管理工作的通知》，从政策层面督促网络直播数字平台企业提高自律监管能力，依法惩治违法违规网络演出活动。在直播电商行业方面，广州市出台的《广州市直播电商发展行动方案（2020—2022 年）》从直播电商产业集聚区、头部直播机构、MCN 机构、网红品牌、带货达人五个方面提出"个十百千万"工程，计划于 2022 年将广州打造成为全国著名的直播电商之都。综上，网络直播电商平台企业将在政策的扶持下快速成长，赋能传统企业，带动地方经济。

就技术因素而言，一方面，技术迭代推动网络直播行业的发展，技术革新为网络直播数字平台企业带来新的用户增长点。4G 移动互联网发展为网络直播数字平台企业扩展移动端业务提供了条件，为"全民直播"爆发期的到来奠定基础。网络直播数字平台企业不仅结合5G、VR等技术为直播用户提供更清晰的直播画面、更少的画面延迟秒数和更丰富的直播体验方式，还与技术提供方合作，为主播提供更多技术解决方案。例如，虎牙直播与英特尔展开技术合作，一方面利用AI智能识别技术，虎牙直播将在主播结束直播后自动生成精彩片段和视频集锦，既方便用户回看直播，又丰富了平台的内容素材。另一方面，英特尔为虎牙直播主播提供从硬件设备到软件的整套内容生产工具，帮助主播更优质地完成内容生产过程。

另一方面，技术不完善限制了网络直播数字平台企业的运营、监管行为。第一，网络直播数字平台企业的服务质量、产品质量受到技术发展水平的限制。第二，网络直播数字平台企业的监管行为也受到技术的限制。由于网络直播的实时性，传播速度快等特点，网络直播数字平台企业监管呈现事前难预测、事中难发现和事后难消除的特点，监管难度大幅度提升。目前的技术难以协助网络直播数字平台企业通过敏感词检索来拦截违规内容，平台企业需要继续投入大量的技术研发提高技术水平，从而有效监测管理直播内容。

## 二　主要内部影响因素

本部分将从平台自身的市场竞争行为、平台盈利模式和平台自身监管三方面分析网络直播数字平台企业发展的主要内部影响因素。

就平台企业自身的不正当竞争行为而言，一方面，网络直播数字平台企业制造虚假直播数据对消费者和市场进行潜在操控，影响了平台企业的商业信用。在信息化背景下，由于互联网领域存在严重"信息爆炸"现象，用户注意力成为"稀缺资源"，可以直接代表一定的经济价值（朱战威，2016）。因此，网络直播数字平台企业间的竞争本质上是对用户注意力的竞争。此外，在平台经济背景下，平台与平台之间的开放程度提高，平台主体间的社会责任缺失、伪社会责任行为、责任寻租拥有新的载体与形式（阳镇、许英杰，2018）。因此为了获取更多的注意力，部分网络直播数字平台企业会通过刷数据、虚造直播间人气等手段，伪造虚假繁荣的景象。一方面，这种不正当竞争行为破坏了网络直播行业的竞争秩序。因为用户数量、打赏金额和商品销量等指标影响着消费者和投资方对网络直播数字平台企业的评价和估值，但行业内造假

## 第六章 网络直播数字平台企业：开展场景营销的新渠道

风气盛行，部分网络直播数字平台企业不得不进行数据造假，最终整个网络直播行业陷入恶性循环。另一方面，消费者和投资方经济利益也受到损失，从而影响了平台企业的商业信用。消费者更倾向于购买销售量更高的商品和选择人气更高的主播，投资方更倾向于投资用户量更多、盈利能力更强的平台企业。但由于行业内存在信息不对称情况，消费者和投资方无法得到真实的商品信息、平台企业信息，他们被虚假数据所欺骗，经济利益受到损失，最终影响了网络直播数字平台企业的商业信用。

另一方面，网络直播数字平台企业恶意争夺主播、驱使主播跳槽的竞争行为提高了平台企业运营成本，扰乱了行业正常秩序。主播是各平台企业吸引观众观看直播的重要资源，因此许多平台企业通过高薪资、帮付巨额违约金等福利引诱其他平台的头部主播跳槽，网络直播数字平台企业陷入"抢人大战"中，破坏了行业秩序。对于参与主播竞争中的平台企业而言，抢夺方需要付出巨额签约费，被抢夺方则面临支付更高签约费或放弃大量用户流量的两难境地。在此过程中，不仅主播薪资结构混乱、溢价严重，网络直播数字平台企业的运营成本也在大幅度上涨，平台企业盈利更加困难。在这场争夺战中，头部主播拥有影响用户选择平台的能力，而网络直播数字平台企业恶意争夺主播的行为促使平台企业围绕这种能力陷入恶性竞争。最终，网络直播数字平台企业付出巨大运营成本、忽视内容创新而更依赖主播吸引流量的同时，网络直播行业秩序也被打乱。

就打赏机制而言，其通过降低用户门槛、引发主播幻想，为网络直播数字平台企业"低俗化"问题埋下隐患。在娱乐类网络直播数字平台企业中，打赏行为降低了用户获取身份的门槛，使主播处于情感劳动的逻辑下，为平台中出现大量低俗内容埋下隐患。在网络直播的弹幕、留言及互动中隐藏着大量低俗内容，其主要是针对网络主播从身材到性格等方面的羞辱性等不雅内容。这些低俗内容的源头是网络直播平台的打赏机制。第一，在用户方面，打赏机制降低用户获取身份的门槛，提高了用户在直播过程中的地位，用户在评论、弹幕和互动中制造大量低俗化内容，以发泄现实生活中的苦闷。在礼物金钱的影响下，用户对主播的羞辱变得"合理化"。第二，在主播方面，打赏机制背后巨大的利益价值使主播容易产生不切实际的幻想，而这些幻想在一定程度上消除了低俗内容带来的侮辱感。作为泛娱乐网络直播数字平台企业主要盈利方式之一，打赏行为让主播易产生"打赏一夜暴富"等幻想。在这些幻想的支撑下，主播对低俗化内容的接纳程度大幅度提高，沉浸于满足用户需求以换取利益的深度表演中。最终，由于以上因素加之平台企业监管不到位，低俗化内容充斥于泛娱乐网络直播平台。

就平台自身的监管行为而言，网络直播数字平台企业缺少自身监管机制加剧平台内容低俗化、平台主播权责不清等问题。在相关部门监管的基础下，平台自律监管也是监管环节中的重要一环，而网络直播行业乱象丛生的现状与网络直播平台监管行为的缺位有密切关系。在用户方面，网络直播平台实名认证机制不完善，导致实名认证人员与打赏人员不一致，从而引发青少年打赏事件。在主播方面，网络直播平台对主播的资历认证不完善，导致低俗内容源头未被切断。在版权提供方方面，网络直播数字平台企业在未获得版权方授权的前提下开展直播，侵犯版权方权益。在广告商方面，网络直播平台对直播带货的售后问题权责划分并未明确，平台缺少对带货商家资质进行审核的措施，消费者在商家、网络直播数字平台企业、电商平台企业和主播之间维权困难。最终，由于缺少平台监管机制，网络直播数字平台企业面临的困境进一步恶化，不利于网络直播行业长期发展。

## 第六节　促进网络直播数字平台企业发展的对策建议

基于上文对网络直播数字平台企业发展影响因素的分析，本节针对企业的发展困境，从宏观、中观和微观三个层面提出了促进网络直播数字平台企业发展的对策。宏观层面主要从政府对于网络直播数字平台企业的监督治理和法规完善方面提出建议，中观层面则从网络直播行业的共同治理方面提出建议，微观层面主要从网络直播数字平台企业的创新和平台核心机制建设方面提出建议。

### 一　宏观层面

针对网络直播数字平台企业面临"多头管理"和行业相关治理法

规缺位等困境和问题,本部分从以下两个方面提出面向政府部门的解决对策。

1. 相关监管部门应加强政策监管,明确各方责任

针对中小型平台生存困难、监管缺位和"多头管理"问题,政府应从规制对象、规制内容和规制方式上着手加强监管。

首先,监管部门应当明确网络直播数字平台企业是其最关键的监管对象。一方面监管部门应该完善市场准入机制,不只以平台企业注册资本作为企业能否拿到营业资质的标准,而是应从资产设备情况、注册资金金额、企业社会责任感履行情况和创始人信用等级等方面出发,全方位、多维度对网络直播数字平台企业进行资质评判,给予中小型网络直播数字平台企业生存空间和创新空间。另一方面,监管部门应该设立退出机制,不定期对行业内的网络直播数字平台企业予以抽查,剥夺不达标的平台企业的营业资质,以此保障网络直播行业良好的秩序。

其次,政府应当出台相关政策明确各方责任。政府一方面要明确各相关部门对网络直播数字平台企业、行业公会、主播等参与主体的监管责任,防止监管缺位。另一方面政府应明确行业内各方参与主体的权责划分。网络直播数字平台企业应加强对商家资质、主播职业素质、直播内容版权方面的监管,并建立客服部门。主播也应规范自身言行,提高对商品质量、商家售后服务的重视程度,以免出现售后责任无人认领问题。

最后,参与主体应共同构建协同监管体系。第一,政府应当创建网络直播公共管理平台,各监管部门将公共管理平台作为工作平台,一方面向其他监管部门实时共享监管信息,另一方面设置直播平台入口、用户举报入口,实现"监管—平台—用户"三者协同联动,发挥综合监管的优势。第二,新闻媒体、社会组织和行业协会等作为第三方监管方,应共同参与网络直播行业的外部监管。第三,用户作为内容消费方也应该参与网络直播数字平台企业的监管过程,发现不良内容及时向监管部门、平台企业举报,并督促其改正。

2. 相关立法部门应建立系统性的法律体系

中央政府和地方立法部门应出台自上而下的网络直播行业相关行政法规和规章制度,建立系统性的法律体系。一方面,中央政府应当出台

法律位阶较高的网络直播行业行政法规，为地方立法部门制定规章制度或规范性文件提供依据的同时，也有效地预防不同规定相互冲突的情况出现。另一方面，各级监管部门应当出台一部专门性的监管法规，从监管对象确定、监管范围界定、监管权力划分和监管力度明确等方面进行统一规定，并对目前已有法律法规进行补充细化，促进形成完善的网络直播数字平台企业法律规范体系。

## 二　中观层面

中观层面的对策致力于解决网络直播数字平台企业发展过程中面临的行业层面问题。下文的对策主要针对行业低俗风气、网络直播数字平台企业恶性竞争和服务质量低下等问题。

### 1. 网络直播数字平台企业应联合成立行业自律协会

网络直播数字平台企业应当联合成立行业协会，建立行业自律机制，通过行业内部自律和外部监管，共同推动网络直播行业发展。

首先，网络直播行业协会应当将正能量树立为行业发展的共识。第一，行业协会应当定期公布网络直播数字平台企业社会责任报告，督促平台企业开展正能量公益活动，使行业间形成良好循环。第二，网络直播数字平台企业应当开设正能量内容栏目，或定期开展公益活动，如助农扶贫直播、党建工作宣传和政策解读等内容板块，向大众传递正能量的价值观。第三，网络直播数字平台企业应当加强与传统媒体合作，将传统媒体更具社会价值、更主流的内容通过网络直播的方式传播出去，让更多用户形成正能量导向价值观。

其次，网络直播行业协会应当构建行业多元绩效评估体系。一方面，网络直播行业协会可以针对不同参与主体构建针对性、多元性评价体系。例如，针对网络直播数字平台企业，网络直播行业协会可以从社会责任承担情况、不正当竞争情况和经营状况等方面对其作出评价；针对主播，网络直播行业协会可以从言行规范情况、信用状况和内容创新程度等方面对其进行评价。另一方面，网络直播行业协会应定期公开评价结果，形成行业内信息共享机制，不仅有利于打击部分网络直播数字平台企业的不正当竞争行为，实现行业良性循环，还为用户、投资者提供一份可靠的信息来源，防止其因为数据造假等不正当行为而蒙受经济损失。

最后，网络直播行业协会应与其他行业平台企业、监管部门联合构建商家、主播、用户信用体系。第一，网络直播行业协会应与其他行业平台企业如电商行业平台企业合作，完成不良商家信息互联互通，并构建商家"黑名单"信用名单，打击伪劣产品、缺少售后服务等问题。第二，行业协会应建立主播"黑名单"信息名单，针对缺乏言行规范、多次违规和缺少信用意识多次跳槽扰乱行业秩序的主播予以相应惩罚。第三，监管部门可与行业协会合作。监管部门负责从业资格监管，网络直播数字平台企业负责直播过程监管，行业协会负责事后惩罚。三方不仅对网络直播全过程形成监管，彼此之间也相互监督，避免出现行业协会腐败、不作为等情况出现。

2. 网络直播数字平台企业应联合其他平台企业拦截不良内容的传播

网络直播数字平台企业可以联合微博、微信等社交资讯平台拦截不良内容的传播。如前所述，部分主播会以暴露的衣着、低俗的言语或出格的行为来夺人眼球，换取更多用户观看和更高的用户打赏。这样的行为不仅会破坏网络直播行业内的秩序，还向用户、青少年传递扭曲的价值观，形成不良社会风气。并且，由于网络直播对不良内容的监管呈现事前难预测、事中难发现和事后难消除的特点，监管部门对不良内容的监管难度很大，稍有不慎这些不良内容就会在各大社交平台广泛传播，造成大范围的消极影响。因此，网络直播数字平台企业应该与微博、微信等社交资讯平台企业达成合作关系，网络直播数字平台企业在为其提供产品营销服务的同时，社交资讯平台企业斩断不良内容的传播路径，以免造成更大范围的影响。

### 三 微观层面

针对网络直播数字平台企业的同质化竞争、盈利困难和竞争压力巨大等问题，本部分从创新能力和平台核心机制两个方面对网络直播数字平台企业提出建议。

1. 网络直播数字平台企业应注重提高创新能力

首先，在内容创新方面，网络直播数字平台企业应基于"直播+"模式发展多样化、优质化的传播内容。一方面，网络直播数字平台企业应拓宽内容宽度，加强与其他行业如旅游、短视频和体育等行业的合作，提高传播内容覆盖范围。另一方面，网络直播数字平台企业应挖掘内容深度，加强与传统行业如教育、传统媒体和公益等行业的合作，提升传播内容价值。

其次，在技术创新方面，网络直播数字平台企业应加大对技术研发的投入，通过优质的平台使用体验吸引用户。例如，在"直播+旅游"合作模式中，网络直播数字平台企业可以利用VR技术，立体化展示全球美景，给予用户沉浸式体验。此外，网络直播数字平台企业可以利用技术创新打破单一主播直播模式，尝试多主播直播模式，创新直播方式，给予用户新鲜感体验。

最后，在盈利模式创新方面，网络直播数字平台企业应探索新变现业务，开拓新领域，实现自我增值。例如，在"直播+医疗"模式中，网络直播数字平台企业可以发展知识付费服务、私人定制医生等盈利模式；在游戏类网络直播数字平台企业中，游戏联运、游戏陪玩等多元化服务可以成为新的盈利增长点。在"直播+"模式赋能下，网络直播数字平台企业将盈利点转向教育直播和政务直播等新领域，实现自我增值。

2. 网络直播数字平台企业应完善平台核心机制建设

一方面，网络直播数字平台企业应健全监管制度，从事前审核、事中监测、事后惩罚三个方面净化网络直播行业环境。首先，网络直播数字平台企业应对上游商家资质、中游主播资质和下游用户实名制进行严格的事前审查，配备监管审查人员，建立机器审核与人工审核的多重审核制度，从源头治理直播乱象。其次，在事中监测中网络直播数字平台企业应建立专门监测团队，利用自动截屏等技术监督主播表演行为，监测互动内容，完善用户举报、评议渠道，做到平台用户双监管。最后，在事后惩罚方面，网络直播数字平台企业应落实事后应急处置及惩罚制度，建立应急处理部门，及时阻断不良信息的传播，尽可能地降低不良直播内容带来的负面效应。

另一方面，网络直播数字平台企业应建立完善的主播管理、监督机制。首先，网络直播数字平台企业应建立定期培训、抽查考核的日常管理机制，制定主播言行规范，通过提升主播自身素质，提高主播业务能力，从源头净化网络直播行业环境的同时为平台企业带来更多内容创新。其次，网络直播数字平台企业应全程监督主播直播过程，并建立事后分级严惩机制，对于多次违规或严重违规的主播予以扣除数月工资、停播整顿并将其录入行业协会黑名单的惩罚。最后，网络直播数字平台企业应注重培养底层主播。网络直播数字平台企业应举办更多新人主播选拔赛等活动，投入更多资源和资金培养"草根"主播、新人主播，从而加大对主播的掌控权，避免出现过于依赖头部主播的困境。

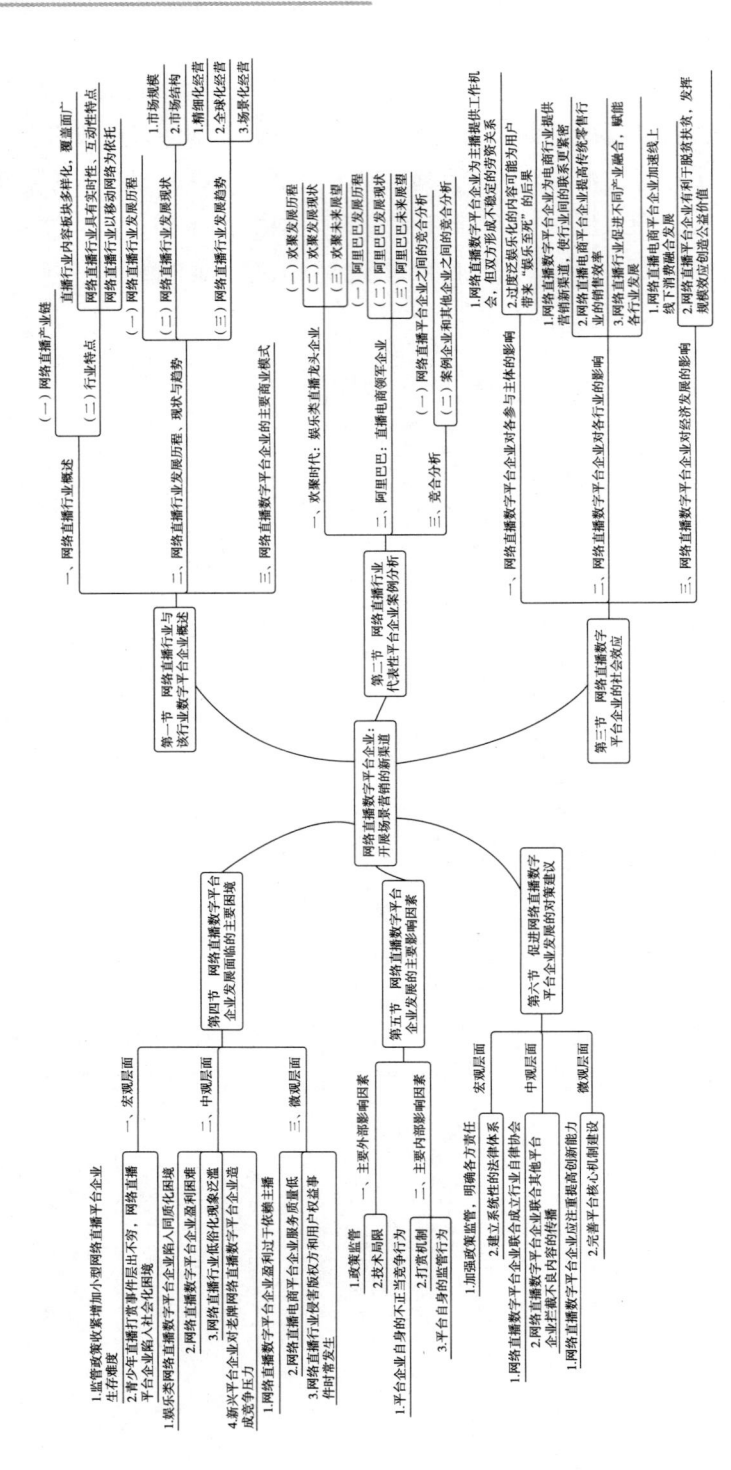

图 6-24 本章写作框架

# 第七章 跨境电商数字平台企业：加快国内国际"双循环"

## 第一节 跨境电商行业及其数字平台企业概述

"互联网+进出口贸易"催生了跨境电商[①]，推动着我国对外贸易业态的转变。在经济新常态[②]下，跨境电商已成为我国加快国内国际"双循环"的重要推动力。本节将首先对跨境电商行业进行概述，接着梳理跨境电商行业发展历程、发展现状与发展趋势。最后，本节将阐述跨境电商行业数字平台企业的商业模式。

### 一 跨境电商行业概述

在跨境电商行业中，跨境电子商务平台（Cross‑border E‑commerce Platform，以下简称"跨境电商平台"）是指属于不同海关的交易主体交换信息、达成交易的虚拟场所。跨境电子商务数字平台企业

---

[①] 跨境电商（Cross‑border Electronic Commerce），又称跨境电子商务，是指一种属于不同海关的交易主体通过互联网平台进行信息交换并达成交易的国际商业活动。需要说明的是，广义的跨境电子商务包括货物贸易与服务贸易，由于服务贸易的数据难以获得，本章主要讨论货物贸易。

[②] "中国经济新常态"的主要特点：一是经济从高速增长转为中高速增长；二是经济结构不断优化升级，第三产业消费需求逐步成为主体；三是城乡区域差距逐步缩小，居民收入占GDP比例上升，发展成果惠及更广大民众；四是经济从要素驱动、投资驱动转向创新驱动。资料来源：人民网，http://politics.people.com.cn/n/2014/1109/c1001‑25999340.html。

(Cross – border E – commerce Digital Platform Enterprise，以下简称"跨境电商数字平台企业")是指创建跨境电商平台，在跨境电商交易中发挥中介作用的主体。跨境贸易涉及的交易主体众多，产业链较长，各国法律政策不统一。通过跨境电商数字平台企业进行交易，相关交易主体在物流运输、通关检验、退税结汇等环节能够获得更完善的服务。

跨境电商数字平台企业有多种分类维度。按照进出口模式划分，跨境电商数字平台企业可分为出口平台企业和进口平台企业。按照商业模式划分，跨境电商数字平台企业可分为第三方服务型平台企业（提供平台，不涉足采购）、自营+第三方服务型平台企业（自营赚取差价，平台收取佣金）和自营型平台企业（赚取价差且涉足采购）。[①] 按照平台双方交易者身份划分，跨境电商数字平台企业可分为企业对企业（Business – to – Business，B2B）平台企业和企业对消费者（Business – to – Customer，B2C）平台企业。按照商品品类的丰富度划分，跨境电商数字平台企业可分为综合平台企业（用户流量及商家商品数量巨大，业务多元化）和垂直平台企业（专注核心品类，业务专业化）。各分类维度下代表性数字平台企业如图7-1所示。不同的分类维度可以反映特定跨境电商数字平台企业不同层面的特性，并由此产生跨境电商行业中不同的细分领域。

（一）跨境电商产业链

跨境电商产业链是指围绕跨境电商数字平台企业协作运营的相关主体之间形成的较为固定的关系形态。出口跨境电商产业链运作流程一般如下：跨境电商卖家在跨境电商平台上展示生产制造商的商品；在消费者选购完毕并完成支付后，商品通过境内物流企业进行运输；商品经过海关通关检验后由境外物流进行运输，最终送达企业或个人消费者所在地。此外，跨境电商卖家也可以选择第三方代运营企业来代理运营支付、物流、通关等环节的工作。进口跨境电商产业链在地理方向上与出口跨境电商相反，除此之外其他环节基本相同（见图7-2）。

---

① 本章称入驻到第三方服务型数字平台企业售卖商品和服务的企业为"跨境电商卖家"。"卖家企业"同指"跨境电商卖家"。

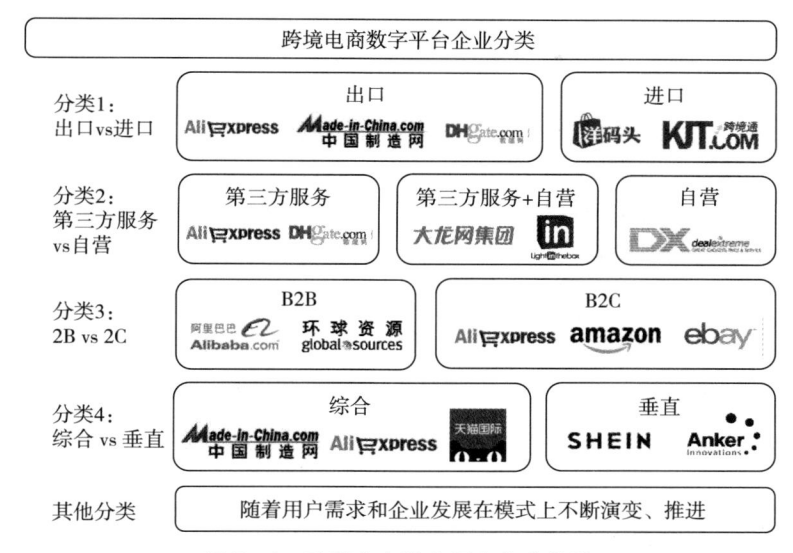

**图 7-1 跨境电商数字平台企业分类**

资料来源：笔者根据公开信息整理。

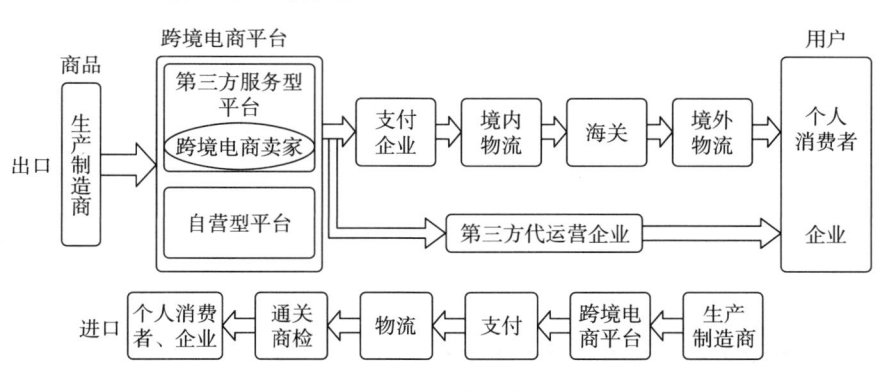

**图 7-2 跨境电商产业链**

资料来源：笔者根据公开信息整理。

跨境电商产业链的参与者包括供给方、需求方、跨境电商政府服务平台、关联环节企业与跨境电商数字平台企业。① 第一，供给方主要指

---

① 本章中的跨境电商市场的供给方（Supplier）是跨境电商卖家，需求方（Consumer）是批发商、零售商或个人消费者。对于自营型跨境电商数字平台企业而言，供给方即为跨境电商数字平台企业本身（见图 7-2）。跨境电商数字平台企业的产业链上游（Upstream）是生产制造商，产业链下游（Downstream）是关联环节企业，如物流企业、第三方支付企业、金融服务企业及第三方代运营企业等。

293

跨境电商卖家，即为整个跨境电商产业链提供商品来源的主体，其背后是商品的生产制造商。第二，需求方主要指商品的消费者，一般为批发商、零售商或个人。第三，跨境电商政府服务平台是负责提供跨境电商相关政府服务的主体，包括主要负责检验检疫、纳税退税、支付结汇、企业备案等的跨境电商公共服务平台和主要负责海关通关的跨境电商通关服务平台两个平台（见图7－3）[①]。第四，关联环节企业指位于跨境电商数字平台企业产业链下游的其他服务于跨境电商产业链的企业，如物流企业、金融企业等。跨境电商产业链以跨境电商数字平台企业为核心，以跨越国界为特征，集信息流、货物流和资金流为一体，为跨境电商活动的开展提供了全方位的资源支持。

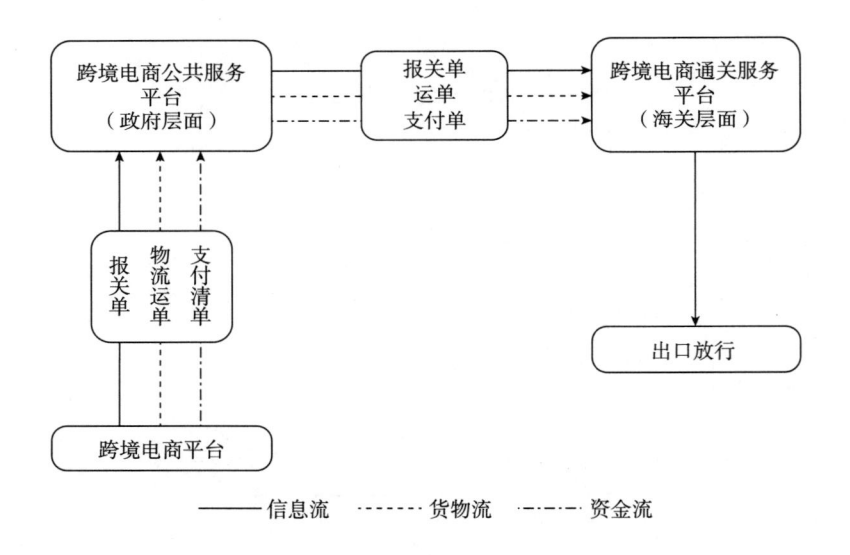

图7－3 跨境电商政府服务平台运作流程

资料来源：笔者根据公开信息整理。

按照出口跨境电商、进口跨境电商与关联环节企业的划分方式，跨境电商产业链图谱如图7－4所示。该图展示了跨境电商不同领域的主要经营主体，试图总体概括中国跨境电商产业链。由于进口B2B交易通

---

① 关于图7－3中跨境电商公共服务平台与跨境电商通关服务平台的详细职能介绍参见雨果网，https://www.cifnews.com/article/10485。

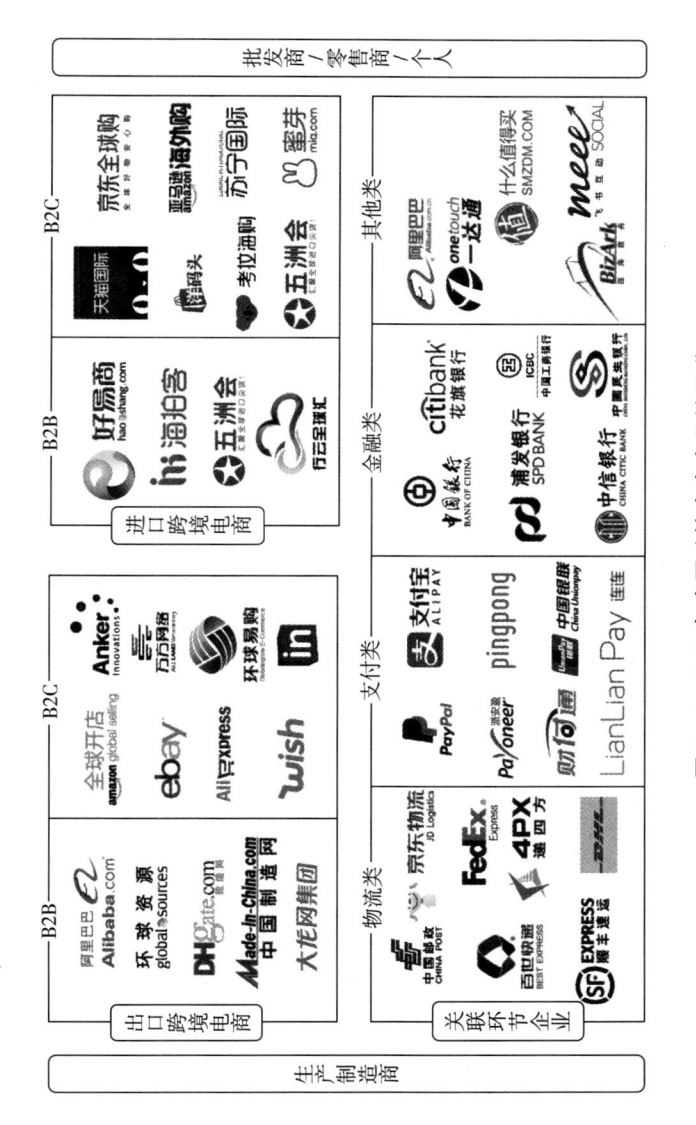

# 第七章 跨境电商数字平台企业：加快国内国际"双循环"

图 7-4 2021 年中国跨境电商产业链图谱

注：该图将跨境电商数字平台企业与跨境电商卖家统称为"出口跨境电商"或"进口跨境电商"。

资料来源：笔者根据公开信息整理。

常作为进口 B2C 交易供应链的一部分存在，故本章中有关进口跨境电商的分析主要集中于进口 B2C 交易。

相较传统产业链，跨境电商数字平台企业简化了原有产业链，降低了交易成本。在传统国际贸易业务①中，重重分销环节使进口商的进货价在原本出口国生产商交货价的基础上翻倍。而跨境电商数字平台企业通过跨境电商数字平台直接整合了生产企业和消费者的供求信息。由于大量中间环节的减少（见图7-5），买卖双方可以直接通过网络在跨境电商数字平台上进行沟通和交易，交易成本明显下降，卖家的利润率也得到提升。

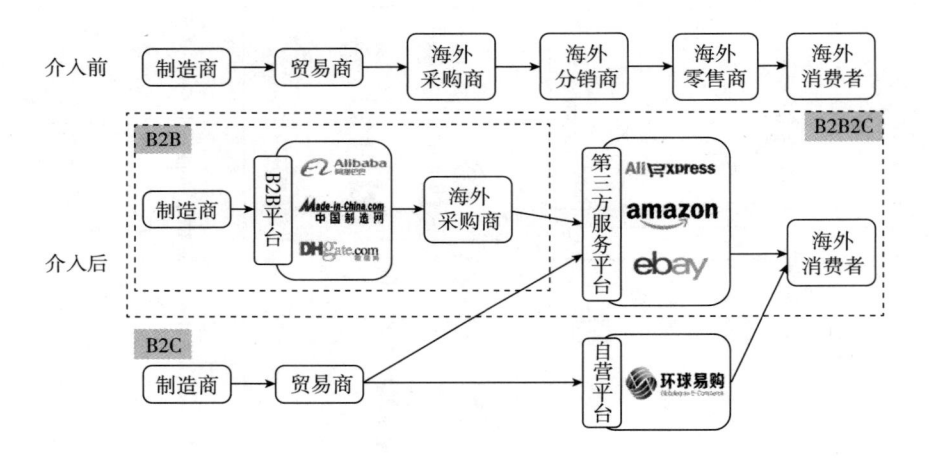

**图 7-5 跨境电商数字平台企业介入前后的国际贸易产业链**

资料来源：笔者根据公开信息整理。

相较传统产业链，跨境电商数字平台企业使卖家企业能够尽可能掌控完整的产业链信息，降低信息不对称程度。传统国际贸易中的信息流、资金流和物流是分离的，而在跨境电商中，信息流、资金流和物流可以在一个平台上同时运行。这有利于卖家企业掌握相关的物流、支付与消费者信息。另外，传统国际贸易一般发生在企业与企业之间，买卖

---

① 本章中的"传统国际贸易""传统外贸"是指不涉及在跨境电商数字平台企业进行跨境信息交易的线下商品交换活动。

需求封闭、订单周期长、通信困难等问题长期存在。而在跨境电商平台上，卖家企业能够尽可能掌控完整产业链条信息，获得消费者的消费习惯甚至竞争对手情况等相关信息，从而为产品研发和市场营销提供支撑。

（二）跨境电商行业特点

跨境电商行业不仅具有电子商务行业的相关特点如虚拟性，也具有对外贸易行业的相关特点如跨境。两者融合形成了新的特质，为跨境电商行业带来新的机遇和挑战。总体来说，跨境电商行业具有营商环境复杂、市场开拓艰难以及企业形态多样三大特点。

第一，跨境电商行业营商环境复杂。一方面，跨关境交易的特点使跨境电商行业涉及不同国家，而国家之间的商业环境与法律体系完善程度不同，这增加了企业在法律、税收、文化和语言等方面的经营风险。Kawa（2017）指出语言交流、付款方式、货币、法律和税收条件以及产品交付的差异仍然是商品自由跨境流动的障碍。另一方面，较国内电商而言，跨境电商涉及更多产业链环节，如海关、跨境物流、跨境支付等。这两个因素导致了跨境电商经营环境的复杂性。这种复杂性体现在卖家企业与跨境电商数字平台企业可能会面临不同的国际贸易规制、进出口管制、关税政策的变化，乃至政治危机、通货膨胀、宗教信仰差异等（徐凡，2016）。

第二，跨境电商行业市场开拓艰难。跨境电商市场的开拓受到国外技术支撑体系不完善与国际经济形势不稳定的限制。平台经济的发展深刻依托于网络效应的价值效果，[1] 而网络效应只有在统一的政策环境[2]下才能够被不断地放大。国际经济体系中的国界分野阻碍了统一政策环境的形成，跨文化、跨国家、跨市场和跨海关的性质严重限制了跨境电商的效率，进一步提高了跨境电商的交易成本。换言之，全球经济市场的融通程度极大影响了跨境电商的发展水平。而全球经济市场的融通程度由各国技术支撑体系建设水平和各国贸易政策两方面因素决定。当今

---

[1] 清华大学教授江小涓认为"网络（经济）是非常讲究市场规模的"，在某种程度上可以印证我们在此处的观点。资料来源：中国社会科学院，http://cass.cssn.cn/xueshuchengguo/jingjixuebu/201808/t20180827_4549068.html。

[2] 即拥有统一的市场监管政策、税收政策及物流标准等。

各国技术支撑体系建设水平参差不齐和各国间存在的贸易壁垒无疑阻碍了跨境电商市场的拓展，为跨境电商市场开拓带来艰难性。

第三，跨境电商行业企业形态多样。如前文所述，跨境电商数字平台企业有多种分类维度，如出口/进口、B2B/B2C、自营/第三方服务和垂直业务/综合业务，这促进了跨境电商行业中不同细分领域的产生。并且在不同的细分领域中企业的发展形态又是不同的。例如，从物流角度来看，进口2C零售领域存在"海外商品闪购+直购保税"模式（如唯品会全球特卖）、"保税进口+海外直邮"模式（如天猫国际）与"直营+保税区"模式（如聚美极速免税店）等。但由于跨境电商行业营商环境复杂、市场开拓艰难，不同领域的发展都需要长期的资源积累与经验沉淀。因此不同领域之间存在一定行业壁垒，不易打通业务上的关联。①

（三）跨境电商市场供需双方状况

由于出口跨境电商市场与进口跨境电商市场供需对象不同，本部分将分别阐述出口跨境电商市场与进口跨境电商市场的供需状况。

1. 出口跨境电商市场供需双方状况

出口跨境电商市场的供给方为跨境电商卖家企业。下文从主要上市企业、卖家地域分布与主要销售产品品类三方面对出口跨境电商供给方进行简要阐述。

首先，目前我国出口跨境电商主要上市企业共有8家，安克创新市值远超其他企业。截至2021年5月11日，8家上市企业市值分布如图7-6所示。其中，跨境电商企业安克创新市值排名第一。安克创新是一家从事自有品牌移动设备与智能硬件产品研发和销售的出口卖家企业，其主要通过亚马逊平台进行产品销售，在亚马逊上占据领先的行业市场份额。其次，就卖家分布地域而言，长三角和珠三角是中国出口跨境电商卖家最为集中的地区，尤其是广东、浙江和江苏地区（见图7-7）。这些地区得益于传统外贸优势，即良好的制造业基础、成熟的产

---

① 然而当数字平台企业面向同一消费群体时，情况有所不同。为符合帕累托分布中的主流需求，数字平台企业会倾向借鉴其他竞争对手模式的优点，这导致数字平台企业之间的发展模式趋向一致，如阿里巴巴收购考拉海购前的考拉海购和天猫国际。

业链与丰富的外贸人才，拥有良好的跨境电商营商基础。最后，就主要销售产品品类而言，3C电子产品①、服装服饰配件以及家具园艺产品占据跨境电商销售品类排名前三位（见图7-8）。这些产品具备生产成本较国外更低廉、便于国际物流运输与海外消费者接受度广的优势，符合跨境电商市场主流销售产品的主要特点，因此广受海外消费者欢迎。

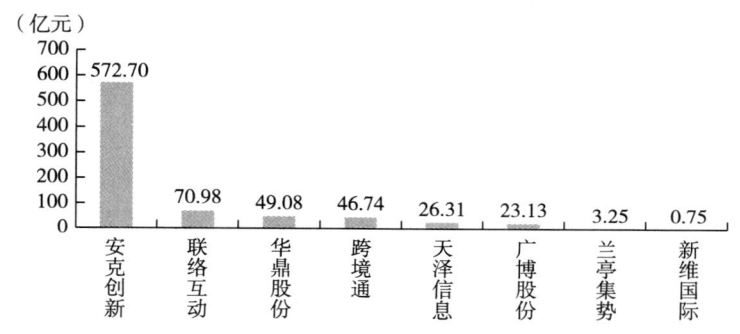

**图7-6　2021年5月11日出口跨境电商上市公司市值分布**

资料来源：笔者根据东方财富网数据整理。

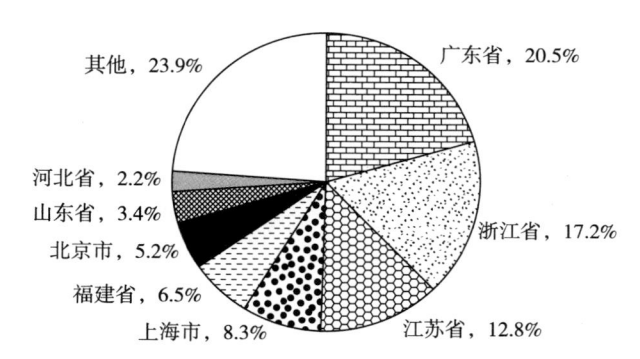

**图7-7　2019年出口跨境电商卖家主要地域分布**

资料来源：笔者根据前瞻产业研究院数据整理。

出口跨境电商市场的需求方为海外消费者。目前来看，欧美国家是我国跨境电商出口的主要市场，同时新兴国家市场需求快速增长。一方面，欧美国家是我国跨境电商主要出口地区。根据中国电子商务研究中心数据，我国出口跨境电商第一大目的国为美国，2018年出口美国的

---

① 3C电子产品即计算机（Computer）、通信（Communication）和消费电子产品（Consumer Electronic）三类电子产品的简称，如电脑、平板电脑、手机及数字音频播放器等。

| 3C电子产品, 18.5% | 服装服饰, 12.4% | 家具园艺, 8.5% | |
|---|---|---|---|
| | 户外用品, 6.5% | | |
| 健康美容, 5.2% | 鞋帽箱包, 4.7% | 母婴玩具, 3.5% | 其他, 40.7% |

**图 7-8　2019 年出口跨境电商产品品类分布**

资料来源：笔者根据前瞻产业研究院数据整理。

产品销售额占跨境电商出口总销售额的 17.5%；其次为法国，占比 13.2%（见图 7-9）。另一方面，在"一带一路"政策支持下，我国跨境电商出口企业在新兴国家与电商渗透率较低的发达国家中的渗透率不断增长。Statista 数据显示，阿里巴巴控股的速卖通俄罗斯站是目前俄罗斯市场的第一大电商平台。[①] 2020 年"618 大促"时期，速卖通俄罗斯站上消费额同比增长 60% 左右。[②] 可见，"一带一路"沿线国家和地区市场需求基数庞大，人口红利显著，包括跨境电商在内的互联网产业将拥有巨大的发展潜力（马述忠等，2017）。

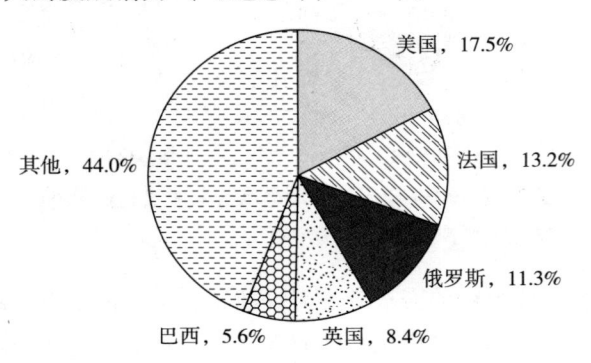

**图 7-9　2018 年中国出口跨境电商国家及地区销售额占比**

资料来源：中国电子商务研究中心。

---

[①] 资料来源：德斯跨境电商，http://www.51-foods.com/shang/56.html。
[②] 资料来源：华创证券，http://www.100ec.cn/index/detail--6567686.html。

## 2. 进口跨境电商市场供需双方状况

进口跨境电商市场的供给方主要指入驻进口跨境电商平台的海外卖家。这些海外卖家通常为一些知名的跨国公司，如国际知名母婴、洗护、彩妆品牌。这些海外品牌通过入驻进口跨境电商平台构筑品牌影响力，持续扩大其在中国的市场。具体来说，海外卖家通过进口跨境平台能够深入了解中国市场和消费者，通过研判消费者的产品需求来更好地安排生产。同时为提高市场渗透率，这些海外企业一般会选择多个分销渠道和进口电商平台进行销售。

进口跨境电商市场的需求方为国内的海淘群体。首先，海淘群体人数众多且增长趋势良好。根据艾媒咨询的数据，截至2020年中国海淘用户人数达到1.58亿人（见图7-10）。受益于政府利好政策出台、进口电商平台服务水平提升以及跨境物流运输质量提高，海淘用户数量呈稳步增长趋势。其次，海淘群体以对进口美妆和护肤用品需求较高的女性为主。艾媒咨询数据显示海淘用户购买频率最多的产品为美容彩妆和洗护用品，[①] 而在中国消费市场，这些产品的消费者以女性居多。随着

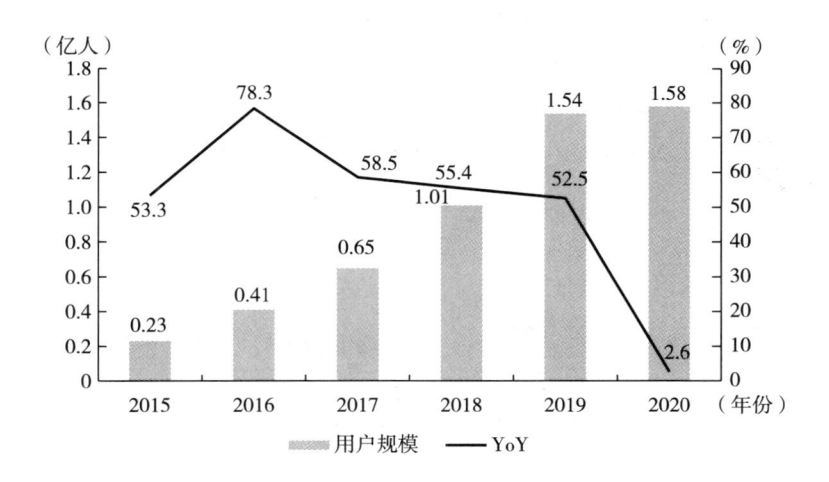

图 7-10  2015—2020 年中国海淘用户规模及增长率

资料来源：笔者根据艾媒咨询数据整理。

---

① 参见艾媒咨询，https://www.iimedia.cn/c400/63893.html，https://www.iimedia.cn/c400/67397.html。

跨境购物方式的普及，进口电器、进口家具、进口电子 3C 产品等商品的销量也将逐步提高。最后，消费者尤为注重海淘商品的产品品质。艾媒咨询的调查数据显示，绝大多数海淘用户认为"正品保障"是他们选择平台时所考虑的主要因素。①

## 二　跨境电商行业发展概况

本部分将介绍跨境电商行业的发展历程、发展现状与发展趋势。作为一种新兴购物方式，跨境电商经过近二十年的发展才逐渐在我国普及。在传统外贸发展疲软的背景下，我国跨境电商行业持续推进业态和模式创新，为中国经济乃至全球经济增添活力。

### （一）跨境电商行业的发展历程

从 1999 年阿里巴巴成立到 2020 年 8 月安克创新在深圳交易所上市，中国跨境电商行业经历了由单一业务拓展成多样化业务的发展历程。其行业大事记如图 7-11 所示。

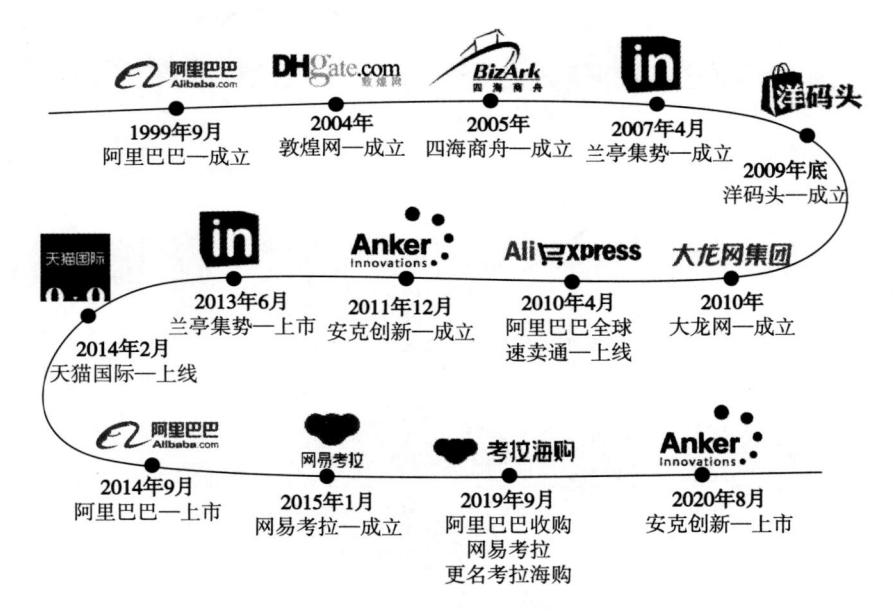

图 7-11　中国跨境电商行业大事记

资料来源：笔者根据公开信息整理。

---

① 参见艾媒咨询，https：//www.iimedia.cn/c400/71487.html，https：//www.iimedia.cn/c400/67397.html。

就发展历程而言，中国跨境电商行业主要经历了外贸信息展示、实现在线交易与向全产业链信息化服务方向发展三个发展阶段。出口跨境电商行业和进口跨境电商行业的发展历程有所不同，前者多是从传统外贸企业发展而来，后者多是从海外代购发展起来。下文将分别介绍出口跨境电商行业和进口跨境电商行业的发展历程。

1. 出口跨境电商行业的发展历程

纵观我国出口跨境电商行业发展历程，1999年出口跨境电商行业还处于网页信息展示时期。2004年之后信息化业务平台基本形成。经过多年的沉淀，出口跨境电商行业于2013年后呈现爆发式增长、全方位发展的态势。

（1）网页信息展示时期（1999—2003年）。在该时期，出口跨境电商行业以平台网页信息展示和线下贸易相结合的方式为主。其基本交易流程为：①卖家在eBay等数字平台企业上发布中国制造商品的有关信息，通过中国商品的价格优势吸引消费者、获取订单；②用户下单后通过PayPal等国际第三方支付工具支付费用；③卖家从国内批发市场采购相关商品并通过快递、国际航空小包等形式将商品邮寄给消费者或国外零售商。这也是中国出口跨境电商的初始流程。平台企业在此阶段的主要功能是为企业和产品信息提供展示的渠道，平台企业在网络上不涉及任何实质性的连接沟通或支付行为。在此阶段，交易以B2B模式为主。线上产业链的运行仅涉及信息流方面，此时交易依旧无法在线完成。

（2）在线交易平台形成时期（2004—2012年）。该时期出口跨境电商行业逐步形成以互联网为主要场所的线上交易生态。此时企业由初期的关注网络技术保障逐步转向关注市场拓展。数字平台企业不断整合资源，向产业链上下游进行信息化拓展。与初期相比，该时期出口跨境电商数字平台企业脱离了信息黄页展示渠道的角色定位，其逐步完善线上支付、物流等业务流程，搭建在线交易平台。因此，该时期出口跨境电商行业逐渐体现出电子商务的本质，即电商数字平台企业通过整合服务资源有效打通产业链上下游，其主要交易模式仍是B2B模式。此时数字平台企业通过线上沟通、电子化卖家企业的订单信息和物流等环节实现了产业链的进一步简化，扩充了卖家企业的利润空间。

(3) 全方位发展时期（2013年至今）。2013年是出口跨境电商行业由平稳增长转向快速增长的转折点，兰亭集势[①]于该年在纽约证券交易所上市，并且上海自由贸易区也在这一年成立。2013年至今，出口跨境电商逐渐发展成为我国对外贸易的中坚力量。如今新常态下我国出口跨境电商行业逐步崛起并迎来全方位发展时期。全方位发展时期出口跨境电商行业呈现出三个特征：第一，移动用户量爆发，数字平台企业的网络承载能力更强；第二，大工厂对接跨境电商订单的生产，B2B模式成为主导交易模式；第三，大型服务商加入，产业链关联环节服务水平大幅提升，全产业链服务实现在线化。在该阶段，行业主要业务逐步由传统外贸业务转向跨境电商业务。这体现在：一方面，跨境电商行业延续传统外贸行业业务，主要承接批发商买家的中大额交易订单；另一方面，小额交易订单数量激增，行业生产模式由标准化大生产线向多品种、小批量的柔性制造转变。

今后，出口电商数字平台企业的竞争将会在各个领域全方面展开。数字平台企业不仅会加快开拓地区市场、丰富交易品类，而且会在产业链条搭建方面不断发掘新的价值。

2. 进口跨境电商行业的发展历程

我国进口跨境电商行业起步于2004年，彼时还处于个人代购阶段。2008年进口跨境电商行业步入海淘阶段。经过多年发展，进口跨境电商行业于2014年迎来转折点，海外买家企业急剧增加。未来进口跨境电商行业发展潜力巨大。

(1) 代购阶段（2004—2007年）。中国的进口跨境电商行业于2004年步入代购阶段。当时比较有名的海外代购网站美国购物网于2004年成立。在该阶段，主流商业模式是以留学生为主体的代购模式，即留学生为亲朋好友代购国外产品。该阶段局限于海外留学生与其亲朋好友之间的代购关系，影响力较为有限，这催生了之后进口跨境电商的淘宝全球购（消费者对消费者，C2C）模式。在该阶段，商品种类不断扩充，海内外供求信息交易渠道也越来越畅通。

---

① 兰亭集势（Light in the Box）是成立于2007年的出口B2C跨境电商数字平台企业，主营核心品类囊括婚纱礼服、男女服饰、家居生活、户外运动、鞋靴箱包等产品品类。

（2）海淘阶段（2008—2013 年）。2008 年曝光的"三鹿奶粉事件"将国内大量家庭的目光从国内转向海外原产奶粉，国内兴起代购奶粉的热潮。海淘网站如淘宝全球购开始代理原产地奶粉代购业务。随后，进口母婴用品、箱包、服装等海外进口商品也越来越受到国内消费者欢迎。上述过程催生了海淘模式。由代购模式演变为海淘模式的关键点在于生产厂商建立了外文网站。在代购过程中，首先，买家通过浏览外文网页的产品信息进行选购，接着使用双币信用卡①或 PayPal 等进行支付。其次，生产厂商将商品投递给转运快递公司。最后，商品通过海外与国内的快递公司运输最终送至消费者手中。

（3）电商平台形成与发展阶段（2014 年至今）。海淘烦琐的流程给予进口跨境电商数字平台企业发展契机。在 2013 年年底"新常态"被首次提出后，我国进口跨境电商行业于 2014 年步入快速发展阶段。政策等利好因素催生了如今大家熟知的进口电商数字平台企业，如考拉海购、天猫国际、唯品会、蜜芽等。行业由海淘模式转为进口跨境电商模式，其关键点在于进口跨境电商数字平台企业吸引海外生产厂商与品牌入驻国内进口电商数字平台。在消费者浏览平台并下单商品后，海外厂商通过跨境物流将商品送抵国内消费者手中。

如今技术支撑体系不断完善，政策红利不断增加，进口跨境电商数字平台企业和卖家不断涌现。进口跨境电商行业步入了全面发展轨道。

（二）跨境电商行业发展现状

本部分将从市场规模和市场结构两方面对跨境电商行业发展现状进行阐述。下文将首先分析跨境电商市场规模相关情况。

1. 跨境电商市场规模

近年来，我国跨境电商市场保持蓬勃发展态势。2015—2019 年，我国跨境电商总交易规模（Gross Merchandise Volume，GMV）由 5.2 万亿元持续增长到 10.8 万亿元，跨境电商占进出口贸易总额比重也由 21.14% 增长到 34.18%（见图 7-12）。2020 年在全球新冠肺炎疫情影

---

① 双币信用卡是指同时具有人民币账户和外币账户的银行卡。一般情况下，卡正面右上方贴有"银联"标识、右下方贴有 VISA 或万事达标识。资料来源：厦门信用卡，http://www.xmxyk.net/html/xinyongka zhishi/2010/0723/3146.html。

响下，跨境电商成为稳外贸的重要力量。根据中国海关总署数据，2020年我国跨境电商进出口商品交易总值达1.69万亿元，同比增长31.1%，其中出口为1.12万亿元，同比增长40.1%，进口为0.57万亿元，同比增长16.5%。① 2021年3月18日至3月20日首届中国跨境电商交易会于福州市举办，意向成交金额超35亿美元，为我国外贸经济带来了重要活力。② 此外，受新常态下我国经济转为中低速增长的影响，我国跨境电商交易规模增长率呈稳中略降趋势。

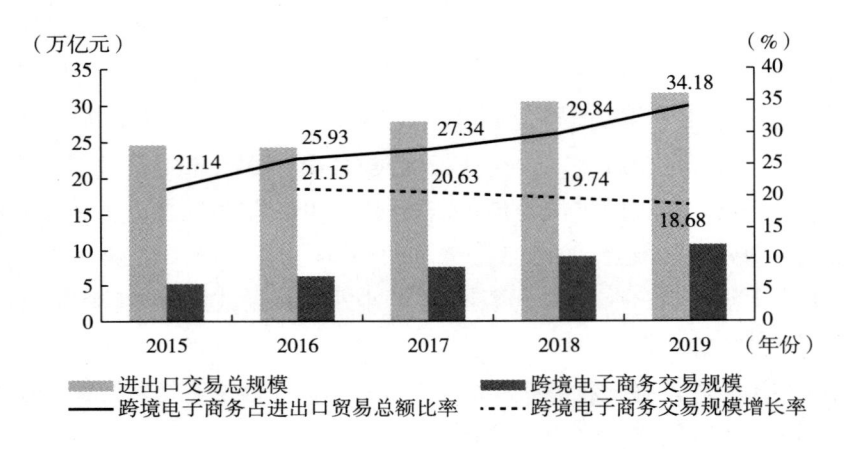

图7-12 2015—2019年中国跨境电子商务市场规模

资料来源：笔者根据国家统计局数据整理。

我国跨境电商市场以出口市场为主，进口市场具有巨大增量空间。中国电子商务研究中心数据显示，2015—2019年我国出口跨境电商市场GMV占跨境电商市场总GMV的平均比重达80%以上，出口跨境电商市场是跨境电商市场中的主要组成部分。③ 与此同时我国进口跨境电商市场增长迅速，GMV占比由2015年的16.7%增长到2019年的23.5%（见图7-13），进口跨境电商业务将成为跨境电商市场规模的重要增长点。

---

① 资料来源：海关总署，http://fangtan.customs.gov.cn/tabid/1106/Default.aspx。
② 资料来源：商务部，http://www.mofcom.gov.cn/article/zt_dsgjhz/fbdt/202103/20210303046494.shtml。
③ 资料来源：中国电子商务研究中心，http://www.100ec.cn/zt/2019kjscbg/。

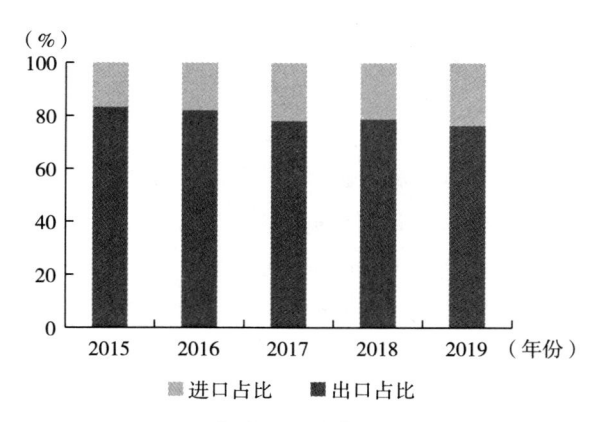

第七章 跨境电商数字平台企业：加快国内国际"双循环"

**图 7－13　2015—2019 年我国跨境电商交易规模的进出口结构**

资料来源：笔者根据中国电子商务研究中心数据整理。

另外，在出口跨境电商市场中，B2B 模式占比高，B2C 模式基数小但增长快。2019 年我国跨境电商出口总额约为 8 万亿元，其中 B2B 模式占比 80.5%，B2C 和 B2B2C[①] 网络零售模式合计占比 19.5%（见图 7－14）。因此，B2B 批发模式是出口跨境电商市场的主要模式。另外，B2C 和 B2B2C 网络零售模式出口总额基数小，但增速远高于 B2B 模式，发展态势良好。

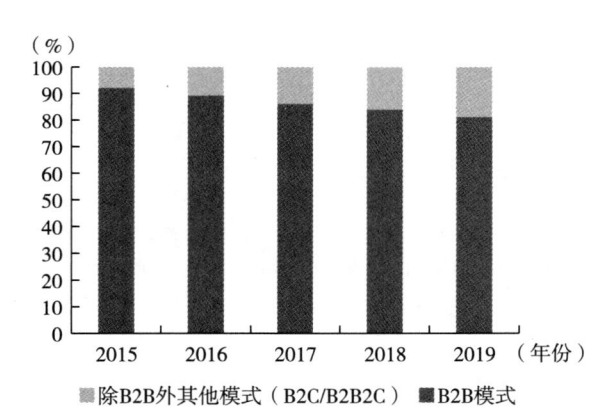

**图 7－14　2015—2019 年出口跨境电商中 B2B 模式及其他模式结构**

资料来源：笔者根据中国电子商务研究中心数据整理。

---

① "B2B2C"是供应商对企业，企业对消费者的简称，其模式介绍见图 7－5。

## 2. 跨境电商市场结构

在跨境电商市场中，一方面寡头数字平台企业垄断某一部分市场，另一方面技术和商业模式革新会使新的数字平台企业迅速占据特定市场。由于出口跨境电商市场和进口跨境电商市场的竞争主体不同，本部分对市场结构的分析也将由此分为两部分。

出口跨境电商数字平台企业市场梯队分明。亚马逊、eBay、全球速卖通与阿里巴巴国际站处于该市场第一梯队，优势明显。一方面，中国B2C跨境电商卖家使用最多的数字平台企业为亚马逊。[①] 亚马逊在中国出口零售数字平台企业市场中占有绝对优势。另外，eBay和阿里巴巴旗下的全球速卖通也是中国卖家进行出口贸易时使用较多的数字平台企业。相对这些第三方数字平台企业，自营型数字平台企业规模较小，主要聚焦于3C电子类、服饰等产品品类，此类代表性企业有联络互动、环球易购、兰亭集势（见图7-15）。另一方面，对于中国B2B跨境电商卖家而言，阿里巴巴国际站、慧聪集团和敦煌网是其优先考虑入驻的数字平台企业。但2019年汇通达、国联股份呈"后来居上"态势。[②] 此外，出口跨境电商平台市场头部效应[③]明显。2018年敦煌网、阿里巴巴（阿里巴巴国际站、全球速卖通）与亚马逊在"双11"出口成交量占比超过了90%。[④]

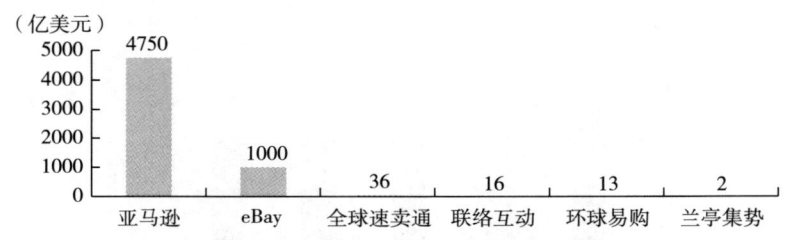

**图7-15 中国卖家入驻主要B2C出口跨境电商数字平台企业GMV**

注：亚马逊和eBay为2020年营业数据，其他数字平台企业均为2019年营业数据。此外，全球速卖通数据为阿里巴巴年度国际零售收入，即全球速卖通与东南亚电商数字平台企业Lazada的合并收入数据。

资料来源：笔者根据各公司年报整理。

---

[①] 资料来源：Alexa, http://www.alexa.cn/。排名数据更新于2020年12月。
[②] 资料来源：易观，https://www.analysys.cn/article/detail/20019458。
[③] "头部效应"是指在一个领域中，第一名往往会获得更多的优势，拥有更多的资源（古典，2017）。
[④] 资料来源：易观，https://www.analysys.cn/article/detail/20019136。

进口跨境电商数字平台企业在激烈的行业洗牌下同样梯队明显。根据易观数据,[①] 进口跨境电商数字平台企业市场份额占比大致可以划分为"三个梯队":第一梯队为天猫国际、考拉海购和京东国际,占整个市场79%的份额;第二梯队为唯品国际、亚马逊海外购、苏宁国际和小红书;第三梯队为聚美极速免税店、有品海购等平台,梯队之间市场份额差异较大(见图7-16)。位于头部的进口电商数字平台企业通常具有供应链稳定、商品品类丰富、商品质量高与用户流量大的特征,在市场竞争中优势明显。

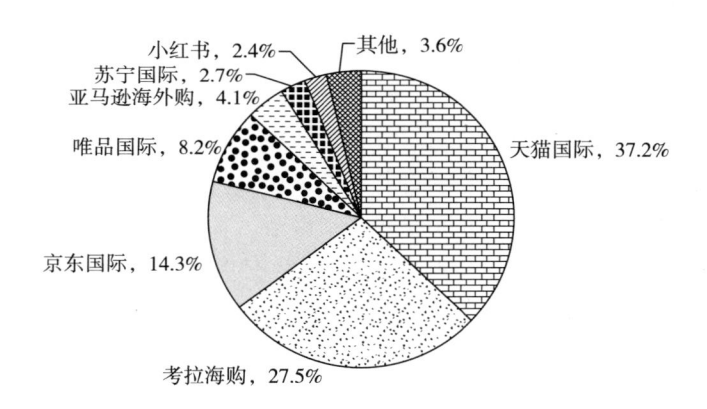

**图7-16 2020年第四季度进口跨境电商数字平台企业市场份额**
资料来源:易观。

(三)跨境电商行业发展趋势

2020年年初新冠肺炎疫情(以下简称"疫情")暴发打乱了跨境电商行业以往的发展节奏,国际物流停运等因素在一定程度上影响了跨境电商行业的正常运行。但中国复工复产的速度快,新动能较快增长的态势没有改变。[②] 跨境电商行业更突出地体现了这种以新产业和新商业模式为代表的增长态势。

---

[①] 资料来源:易观,https://www.analysys.cn/article/detail/20019899。
[②] 资料来源:国家统计局,http://www.stats.gov.cn/tjsj/sjjd/202004/t20200417_1739461.html。

1. 需求端与供给端共振，疫情期间跨境电商受益明显

2020年年初疫情暴发使线下零售行业受到严重打击。相对于传统线下外贸行业来说，跨境电商行业则实现了逆势增长。疫情从需求端和供给端两个方面使我国跨境电商行业在短期内受益明显。

从需求端来看，受疫情影响，实体零售商关门潮影响持续，消费需求转至线上。国内外实体店铺大量关门为线上需求的爆发创造了契机。普华永道调研数据显示，疫情期间有半数中国消费者家庭的支出增加。① 海外需求也不例外。阿里巴巴国际站数据显示："三月新贸节"②期间的平台订单数同比增长114%。其中，来自美国、英国和德国的订单在交易总额中占据前三名。③ 同样，日本乐天广告（Rakuten Advertising）报告显示，2020年选择在国际上购物的亚太消费者中有超过一半将中国零售商作为他们的首选。④ 因此，对2C端卖家来说，需求在疫情影响下转移到线上反而为他们带来了"历史性的机遇"。

从供给端来看，由于中国疫情控制得当，率先实现复工复产，跨境电商方面也相应地体现出先发优势⑤。根据中国海关总署统计数据，2020年上半年跨境电商进出口同比增长26.2%，情况远好于同期货物贸易。⑥ 疫情使各国生产先后停滞。海外国家生产未恢复，无法满足消费者增加的消费需求，尤其是像健身器材、工艺品等宅家类产品。但中国方面受益于疫情防控及时有效，复产复工较早，海外消费需求部分由中国生产端供给满足。

然而，由于国外疫情的持续，国外供应链和国际物流尚未完全恢复，进口电商行业将持续受到影响。中国电子商务研究中心张周平表

---

① 资料来源：199IT 互联网数据中心，https：//mp.weixin.qq.com/s/De0FWxYexAy-eafTMe9YIg。

② "三月新贸节"是阿里巴巴国际站于每年3月第一周周一举办的面向全球中小企业的交易服务活动。资料资源：跨境知道，https：//www.ikjzd.com/w/1261。

③ 资料来源：199IT 互联网数据中心，http：//www.199it.com/archives/1060441.html。

④ 资料来源：199IT 互联网数据中心，https：//mp.weixin.qq.com/s/pe7M7UBFSei2fzgQckn90w。

⑤ 此处的"先发优势"是指中国企业更快地满足了疫情期间国外消费者的线上消费需求。

⑥ 资料来源：海关总署，http：//www.customs.gov.cn//customs/xwfb34/mtjj35/3190561/index.html。

示,进口跨境电商数字平台企业短期业绩受疫情影响,供应链压力较大,尤其体现在国际物流方面。① 因此国外疫情持续对进口电商行业产生了一定影响。

2. 新的商业模式涌现,长期跨境电商发展潜力巨大

疫情加速了消费线上化趋势,增强了经济韧性。随着国家支持政策不断出台,内需外需市场持续扩大,跨境电商行业新的商业模式会持续涌现,长期来看跨境电商行业具有很大的发展潜力。

一方面,跨境电商行业将从交易数字化阶段迈入产业链数字化阶段。其中的突出表现之一是跨境电商数字平台企业将在未来发展为支持报关通关、海外仓储、结汇退税、代运营等服务的一站式综合服务数字平台企业。目前正在实施的跨境电子商务综合试验区政策正是这种趋势下的有益尝试。截至2020年4月,国务院在全国范围内共设立了105个跨境电子商务综合试验区,覆盖了30个省区市。在跨境电子商务综合试验区内,跨境电商企业可享受四项优惠政策,分别是无票免税、所得税核定征收、通关便利化和放宽进口监管。这些政策极大地提高了通关的数字化水平,有效地降低了跨境电商的制度成本。未来跨境电商产业链的运作程序会得到进一步简化。

另一方面,跨境电商数字平台企业的创建难度将大大降低,并更加重视细分领域的经营。商务部发布的《中国电子商务报告(2019)》认为未来主流平台红利减弱,独立站将成为产品出海的新通道。② 独立站,顾名思义就是具有独立域名的网站,可以简单理解为自营网站。以SaaS模式③Shopify为代表的独立建站工具能够帮助中小企业实现快速建站。在此基础上,跨境电商数字平台企业可以通过垂直精细化运营,迅速建立自己的品牌优势。只要拥有相关核心技术和产品优势,企业就可能开拓出自己的细分市场。电商发展路径在未来将会变得更加多

---

① 资料来源:中国电子商务研究中心,http://news.hsw.cn/system/2020/0207/1153625.shtml。
② 资料来源:商务部,http://dzsws.mofcom.gov.cn/article/ztxx/ndbg/202007/20200702979478.shtml。
③ SaaS是Software as a Service(软件即服务)。SaaS提供商为企业搭建信息化所需要的网络基础设施及软件、硬件运作平台及相关服务,相当于为企业设计服务,让企业在这些服务的基础上生产经营(宋丽娜、齐润州,2015)。

元化。

### 三 跨境电商数字平台企业的主要商业模式

由于跨境电商数字平台企业第三方服务模式和自营模式在商业模式上差别较大，以下将分别介绍跨境电商数字平台企业的第三方服务模式和自营模式。

第三方服务型跨境电商数字平台企业作为连接双边市场[①]的中介，一边是作为卖家的国内外企业，另一边是作为买家的消费者。这类外贸交易平台包括全球速卖通（Aliexpress）、敦煌网（DHgate）、天猫国际、京东国际等。就商业模式来说，作为第三方交易媒介，它们为国内外企业开展贸易提供广告营销、线上支付与物流发货等服务。这种商业模式的优势一方面在于平台体系比较稳定，能够提供完善的物流和支付服务，实力较为雄厚，自带流量；另一方面在于平台通常拥有丰富的供货来源，易于将电商平台打造成产业链的集聚中心，规模效应优势明显。就盈利模式来说，其成本主要在于网络建设和功能维护费用及相关人工服务费用。其盈利方式是在买卖双方交易的基础上收取一定比例的佣金。

自营型跨境电商数字平台企业直接联系国内外生产制造商，即数字平台企业直接从生产制造商处采购商品，然后通过自身平台将产品销往目的国。兰亭集势（Light in the box）、米兰网（Milanoo）、大龙网（Dino direct）、考拉海购（允许其他卖家入驻之前）均属于这类企业。就商业模式来说，自营型数字平台企业一端连接生产制造商，另一端连接消费者。此类电商模式的平台制定统一的标准对其经营的产品进行生产采购，具有品牌力显著、产品质量可控与交易流程管理体系完备等特征。相对于第三方服务模式，这种商业模式的优势在于平台设计自由可控以及利润率较高。但其劣势也非常明显，即企业流量获取困难且自营投入成本高。就盈利模式而言，其成本主要在于采购费用与物流费用，盈利方式是赚取商品进销差价。

---

① 罗切特和蒂罗尔（Rochet and Tirole）把双边市场定义为："当平台向需求双方索取的价格总水平 P = PB + PS 不变时（PB 为用户 B 的价格，PS 为用户 S 的价格），任何用户方价格的变化都会对平台的总需求和交易量产生直接的影响，那么这个平台市场就被称为双边市场。"（程贵孙等，2006）

如今跨境电商数字平台企业的发展形态更为多元化，可以划分为出口/进口数字平台企业、B2B/B2C 数字平台企业以及第三方服务型/自营型数字平台企业等模式。但就其商业模式而言，数字平台企业最后都会归为以下两种，第一种即第三方服务型，收取佣金与增值服务费用；第二种即自营型，赚取商品价差。表 7-1 展示了对第三方服务模式和自营模式两种商业模式的对比。

表 7-1　两种跨境电商数字平台企业商业模式的对比

|  | 第三方服务模式 | 自营模式 |
| --- | --- | --- |
| 性质 | 独立的第三方销售数字平台企业 | 自主建立并经营的数字平台企业 |
| 核心业务 | 为买卖双方交易提供信息和交易服务 | 商品售卖 |
| 盈利模式 | 交易佣金、会员费及广告费等增值费用 | 商品差价 |
| 代表企业 | 亚马逊、全球速卖通、敦煌网、天猫国际*、京东国际* | 环球易购、兰亭集势、考拉海购* |

注：带 * 号为进口跨境电商数字平台企业。
资料来源：笔者根据公开信息整理。

## 第二节　跨境电商行业代表性数字平台企业案例分析

本节将选取全球速卖通、焦点科技和考拉海购三个典型案例对跨境电商行业代表性数字企业的案例进行分析。本节选取这三个数字平台企业原因如下。按照不同的分类维度，第三方服务型企业和自营型企业在商业模式上存在较大差别，而进口企业和出口企业面向的消费群体有很大差别，B2B 企业和 B2C 企业在产业链上差别较大（见图 7-5）。另外以往跨境电商相关研究也往往按这三个维度来考察跨境电商平台企业。因此，我们认为选取的案例需要在以上三个维度中有所区别（见表7-2）。此外，本节选取的三家数字平台企业均为各自细分领域内的巨头，商业模式已经较为成熟，案例具备典型性。

表7-2　　　　　　　　案例企业按三种维度进行划分

| | 第三方服务型 | 自营型 | 出口型 | 进口型 | B2C | B2B |
|---|---|---|---|---|---|---|
| 全球速卖通 | √ | | √ | | √ | |
| 焦点科技 | √ | | | | | √ |
| 考拉海购 | | √ | | √ | √ | |

资料来源：笔者根据公开信息整理。

本节将对以上三个跨境电商行业不同细分领域内代表性企业的发展历程、发展现状与未来展望进行分析，并阐述跨境电商数字平台企业与其他企业之间的竞合关系。全球速卖通是跨境零售领军数字平台企业，焦点科技是多产业联动布局的B2B数字平台企业，而考拉海购是进口自营代表性企业。

## 一　全球速卖通（AliExpress）：跨境零售领军数字平台企业

全球速卖通（以下简称"速卖通"）是阿里巴巴于2010年4月创立的出口零售数字平台企业，是目前中国最大的出口零售数字平台企业，同时也在世界跨境电商平台企业中排名前列。速卖通主要销售产品品类包括服装服饰、3C及家居等。

（一）发展历程

从2010年成立至今，速卖通的发展经历了三个阶段。第一阶段为2010年4月至2013年3月。脱胎于阿里巴巴传统B2B业务，该阶段的速卖通主营面向国外中小企业的小批量2B业务。第二阶段为2013年3月至2017年。该阶段速卖通全面转向2C平台，投入了大量的资源招募中国品牌，并在俄罗斯、西班牙等重点国家进行本地化经营，帮助其完善本土物流、支付等技术支撑体系。第三阶段为2017年至今。随着境外物流专线的逐渐完善和数字平台企业运营能力的积累，速卖通转向了业务多元化发展阶段。速卖通尝试利用阿里巴巴的技术能力满足不同国家用户的差异化消费需求，业务布局也更加完整和多元。其业务发展大事件可用以下时间轴来表示。

（二）发展现状

速卖通聚焦于新兴发展中国家，与亚马逊在世界电商版图上"分庭抗礼"。与中国国内的高电商渗透率不同，全球电商渗透率仍存在较大的提升空间（见图7-18），且大部分国家拥有本土电商平台，市场

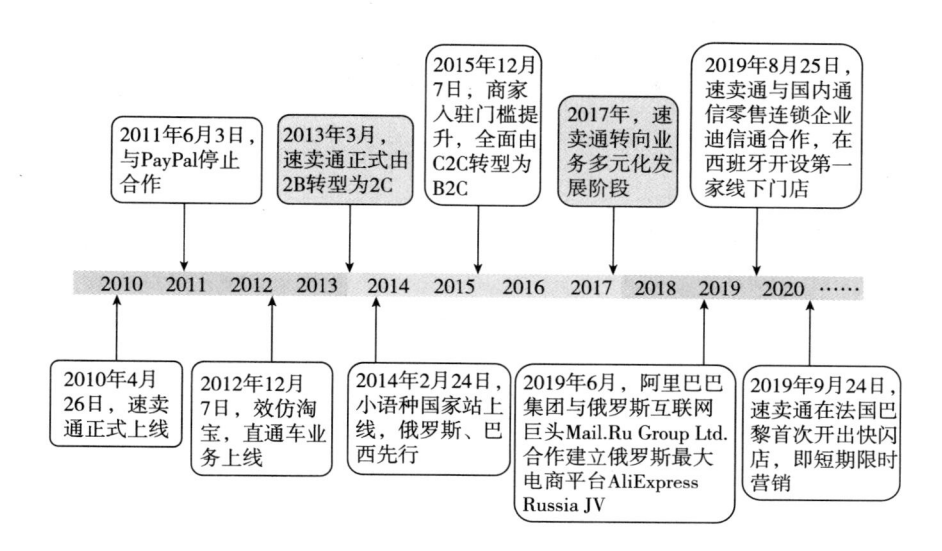

第七章 跨境电商数字平台企业：加快国内国际"双循环"

```
                                                              2019年8月25日,
                                            2015年12月                速卖通与国内通
                                            7日,商家     2017年,速      信零售连锁企业
                 2011年6月3日,  2013年3月,   入驻门槛提    卖通转向业      迪信通合作,在
                 与PayPal停止   速卖通正式由  升,全面由     务多元化发      西班牙开设第一
                 合作           2B转型为2C   C2C转型为    展阶段         家线下门店
                                            B2C
  ────┬──────┬──────┬──────┬──────┬──────┬──────┬──────┬──────┬──────┬──────
    2010   2011   2012   2013   2014   2015   2016   2017   2018   2019   2020 ……

  2010年4月                 2014年2月24日,  2019年6月,阿里巴巴           2019年9月24日,
  26日,速卖    2012年12月    小语种国家站上    集团与俄罗斯互联网              速卖通在法国巴
  通正式上线    7日,效仿淘   线,俄罗斯、巴     巨头Mail.Ru Group Ltd.       黎首次开出快闪
               宝,直通车业   西先行           合作建立俄罗斯最大              店,即短期限时
               务上线                        电商平台AliExpress            营销
                                            Russia JV
```

**图7-17　速卖通业务拓展历程**

资料来源：笔者根据公开信息整理。

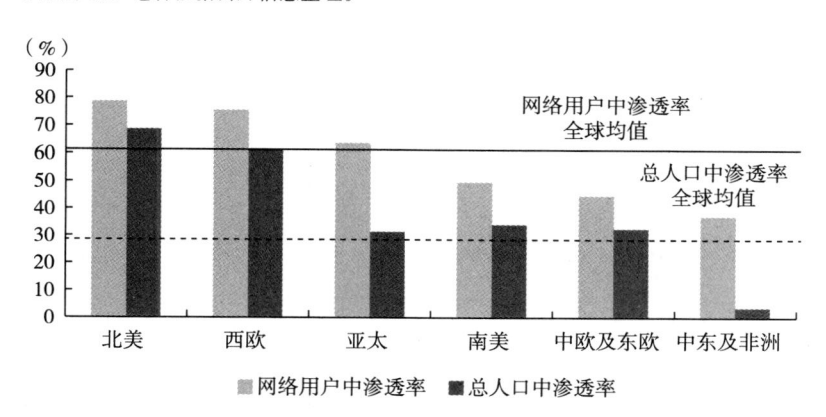

**图7-18　2018年全球各地区电商渗透率**

资料来源：eMarketer。

较为分散。Statista2018年的调查显示，全球电商平台市场中最大的两家企业为阿里巴巴和亚马逊。① 阿里巴巴在亚太和东欧拥有更高的市场份额，依靠"一带一路"优势开发沿线国家市场，目前主要关注俄罗斯和东南亚市场。而亚马逊的业务主要集中在北美和西欧的发达国家，

---

① 资料来源：艾媒咨询，https：//www.iimedia.cn/c400/64031.html。

315

但近年来也在大力开发中东和印度市场。

　　速卖通的商业模式与淘宝相似。从卖家入驻模式来看，速卖通的卖家入驻模式模仿淘宝，设立了官方店铺、专卖店铺及专营店铺等几种店铺开设类型。为提升卖家企业的运营能力，速卖通提供直通车服务、速卖通联盟服务等多种服务形式，以便卖家企业更有针对性地服务客户。另外，出于对国际营商环境复杂性的考虑，速卖通对卖家上线的产品品类要求把控会比国内电商更高。从盈利模式看，速卖通对平台入驻卖家实行保证金缴纳制度，但年度交易额超过一定要求时支付宝可向卖家释放一定比例冻结的保证金。① 速卖通具体收入构成见图7-19。速卖通的成本主要是平台维护费以及服务费用。

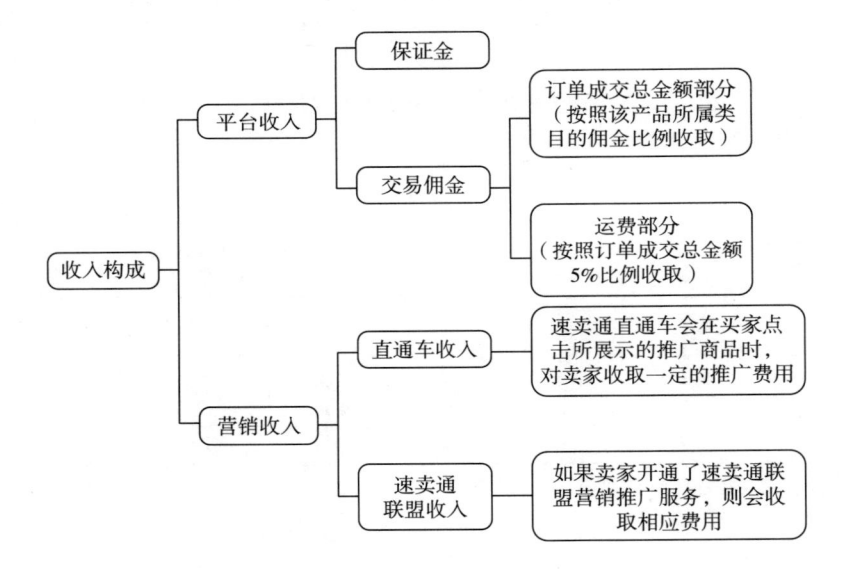

```
收入构成
├── 平台收入
│   ├── 保证金
│   └── 交易佣金
│       ├── 订单成交总金额部分（按照该产品所属类目的佣金比例收取）
│       └── 运费部分（按照订单成交总金额5%比例收取）
└── 营销收入
    ├── 直通车收入：速卖通直通车会在买家点击所展示的推广商品时，对卖家收取一定的推广费用
    └── 速卖通联盟收入：如果卖家开通了速卖通联盟营销推广服务，则会收取相应费用
```

**图7-19　速卖通平台收入构成**

注：速卖通直通车指在买家浏览类目时每一页结果列表的下方区域用来展示直通车商品。速卖通联盟指店铺产品会在联盟专属频道进行额外的曝光。此外，图中佣金比例数值为截至2020年10月的数据。

资源来源：笔者根据速卖通官网、雨果网资料整理。

---

① 速卖通2020年招商新政规定针对2019年11月27日14：00功能上线后申请入驻的新卖家，无须向平台缴纳年费，但应按照卖家规则提供保证金。卖家提供一定信用保障后，平台将释放由支付宝冻结的保证金。资料来源：雨果网，https：//www.cifnews.com/article/54843。

作为中国跨境零售领军数字平台企业，速卖通的快速发展得益于其精准的市场选择和灵活的运营策略。一方面，相比于亚马逊、eBay，速卖通失去了在跨境电子商务市场的先发优势。因此它理智避开了欧美国家的高端市场，而是聚焦于尚处于"蓝海"阶段的发展中国家市场以及发达国家的中低端市场。速卖通流量来源详见图7-20。另一方面，由于背靠"阿里系"，速卖通开拓海外市场依托于国内成熟的运营模式以及物流、支付技术等方面的经验，但又并非完全照搬，而是根据各个国家的国情在市场进入、投资等环节上灵活调整运营策略。如速卖通经常选择与当地企业进行合作，以更好地融入当地经济生态。

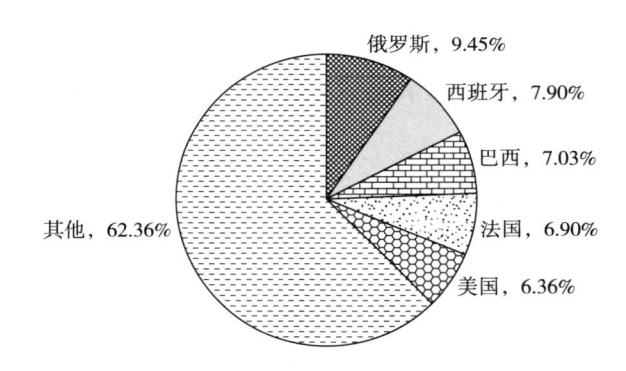

**图7-20 2021年2月至4月速卖通流量国家分布**

资料来源：similarweb。

（三）未来展望：本地化服务与差异化运营

未来速卖通将主要在本地化业务方向推进。以往，速卖通更多在全球层面投放流量，如在Google、YouTube和Facebook等平台投放广告。然而每个国家都有自己独特的电商生态与流量渠道。针对这种现实情况，速卖通将根据不同国家情况开展本地化服务与差异化运营，进一步挖掘特定国家市场红利。这种精细运营主要体现在以下两个方面。一是营销本地化。速卖通将根据每个国家季节变化调整供货，例如，海外节假日期间速卖通各海外站需要根据当地节日需求进行选品和宣传。二是海外仓本地化。速卖通不仅要在本地建立海外仓库，更要在这个仓库的基础上形成本地一站式服务体系，以更好融入本地经济生态。

速卖通将成为阿里巴巴全球战略布局中的重要一环。作为中国唯一覆盖"一带一路"全线国家和地区的跨境电商数字平台企业,[①]速卖通一方面帮助了中国品牌出海,另一方面也引入了更多外国本土的品牌。全球战略布局方面,目前阿里巴巴国际零售的主要收入来源是速卖通和阿里巴巴控股的东南亚电商数字平台企业Lazada。两者在业务布局上与阿里巴巴国际站(出口B2B)、天猫国际(进口B2C)相辅相成;在产业链布局上与菜鸟物流网络、国际版支付宝Alipay紧密合作。未来阿里巴巴会在国内核心业务基础上加速布局国际跨境电商体系,打造更加完整的全球电商产业生态,而速卖通无疑会是这场全球电商市场占有率争夺战中的"先锋"。

**二 焦点科技(Focus Technology):多产业联动布局的B2B数字平台企业**

B2B企业由于多从事中小型工业器械贸易,[②]所以不像B2C企业那样为大众熟知。在中国B2B市场,除阿里巴巴国际站外[③],有许多值得研究的数字平台企业,其中焦点科技就是一个典型企业。焦点科技成立于1996年,是国内领先的跨境B2B数字平台企业,旗下中国制造网(Made‐in‐China. com)是国内最早从事互联网跨境B2B电子商务信息服务的电商平台之一。焦点科技是国内领先的跨境B2B数字平台企业。

**(一)发展历程**

焦点科技以中国制造网为基础核心业务,多年来逐渐发展出三位一体的跨境B2B产业链,并形成国内国外相呼应的产业布局。1998年,中国制造网成立并作为第三方B2B平台为中小供应商提供信息展示服务。2010年,焦点科技成立新一站保险网。2013年,焦点科技在美国成立inQbrands,主营外贸仓储与物流业务;2015年11月,焦点科技收

---

① 资料来源:雨果网,https://www.cifnews.com/article/43720。
② 因此B2B电商又称为"产业电商"。
③ 本章没有选择阿里巴巴国际站主要出于覆盖案例特点多样性的考虑。由于企业体量通常较大,B2B市场中有许多进行多元产业布局的数字平台企业,本部分选择以焦点科技为典型案例作相关介绍。

购美国电子商务平台 Doba，从事货物直发业务；2017 年 6 月，焦点科技成立开锣网（Crov.com）在线交易平台。至此焦点科技以开锣网为核心，以 inQbrands、Doba 为辅的跨境电商产业布局基本形成。2020 年疫情暴发后，中国制造网启动"云计划"进行外贸数字化赋能。2021年 3 月 30 日，焦点科技宣布将与新加坡消费类娱乐平台 Thor Group 联合推出 B2C 跨境电商平台，并计划主攻欧洲跨境电商市场，这将是焦点科技多业态布局的又一全新尝试。

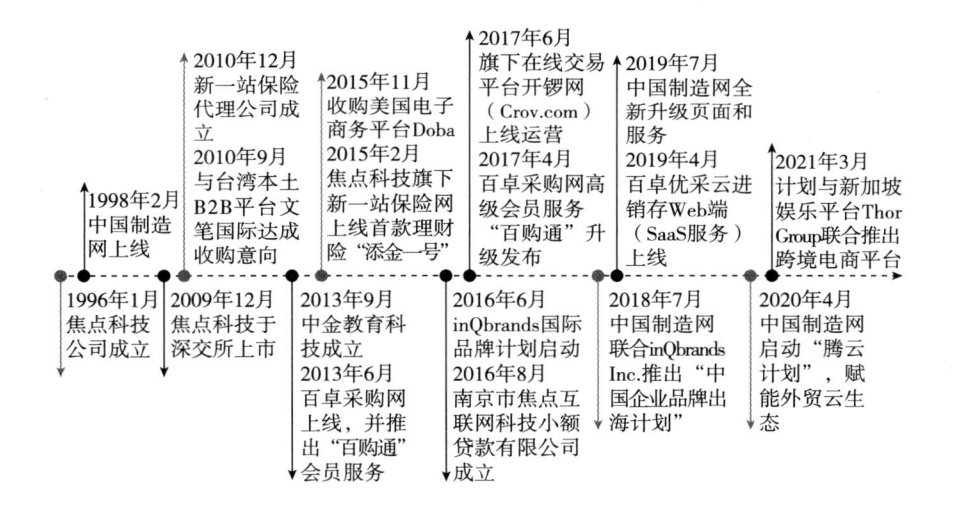

**图 7-21 焦点科技业务拓展历程**

资料来源：东北证券、焦点科技官网。

（二）发展现状

在中国产业电商格局"一超多强"的背景下，焦点科技位居行业领先地位。目前中国产业电商市场形成了以阿里巴巴为行业领军者，慧聪集团、上海钢联、国联股份和焦点科技等多强并存的格局。根据中国电子商务研究中心数据，按照净营收[①]口径，2018 年中国 B2B 电商数字平台企业市场中，焦点科技以 1.4% 的市场份额排名第六（见图 7-22）。在外贸 B2B 领域阿里巴巴排名第一，焦点科技排名第二。

---

① 净营收 = GMV × 佣金率。

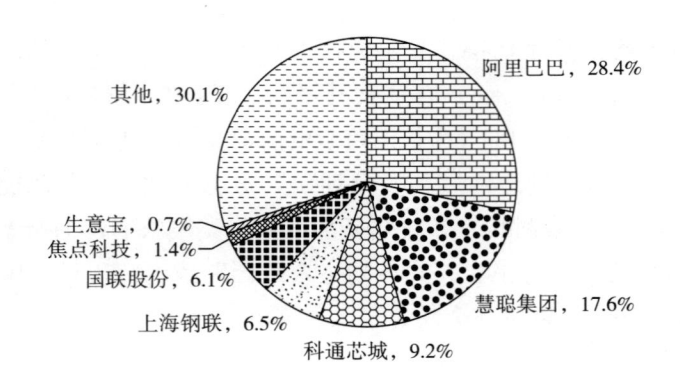

图 7-22　2018 年中国产业电商市场份额（净营收口径）

资料来源：中国电子商务研究中心。

焦点科技目前形成了传统 B2B 业务、跨境电商业务以及国内互联网业务构成的多业态联动生态布局。其中作为主要经营传统 B2B 业务的跨境电商平台，中国制造网是焦点科技目前主要的利润来源；跨境电商业务涵盖 inQbrands、商品直发平台 Doba 和开锣在线交易平台；国内互联网业务包括互联网保险"新一站保险"、供应链管理"百卓网"、在线教育"中企教育科技"等。由于互联网业务面向国内市场不涉及境外业务，以下主要介绍中国制造网和跨境电商业务布局。

焦点科技核心业务中国制造网深耕外贸产业电商领域多年，在行业内建立了一定的资源壁垒。1998 年，焦点科技成立 B2B 电商平台中国制造网，为国内中小型供应商提供信息展示渠道。经过 20 余年，中国制造网已经发展出较为稳定的商业模式。目前中国制造网主要提供业务服务如图 7-23 所示。截至 2019 年年末，中国制造网拥有注册会员约 1820 万家，付费企业会员 18789 家。[①] 2019 年起，中国制造网尝试在交易方向上取得突破，在轻工日用品、五金、3C 产品等品类上线了在线交易功能，发展"在线议价+小单直售"业务模式，开通支付、物流等信息化服务。此举致力于完善产业闭环，增强供需双方对平台的黏性。

---

① 资料来源：东北证券，https：//www.fxbaogao.com/pdf？id＝2206184&query＝%7B%22keywords%22%3A%22%E7%84%A6%E7%82%B9%E7%A7%91%E6%8A%80%22%7D&index＝0&pid＝。

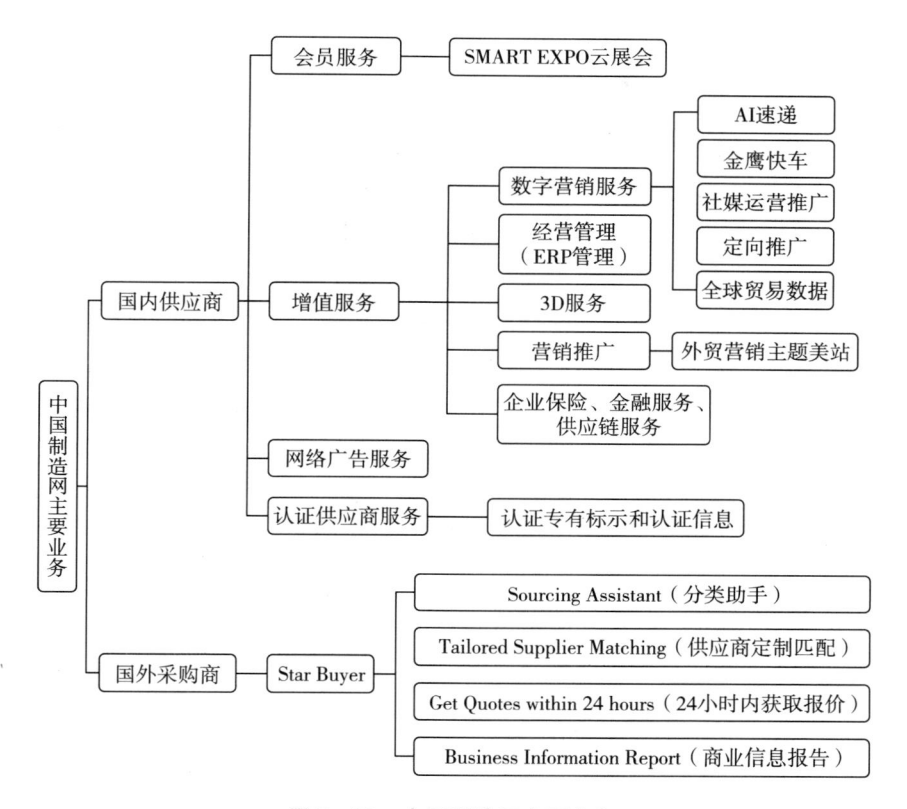

## 第七章 跨境电商数字平台企业：加快国内国际"双循环"

**图 7-23 中国制造网主要业务**

资料来源：笔者根据中国制造网官网、东北证券资料整理。

在跨境电商业务方面，焦点科技打造以开锣（Crov）为核心、特色服务（inQbrands、Doba）为支撑的三位一体跨境交易链。开锣网帮助中国供应商直接对接海外采购市场，提供在线批发业务。inQbrands Inc. 的美国本土地推团队为中国中小企业提供本土落地服务，包括品牌命名、设计包装等。Doba 通过开放平台接口，高效地进行货品直发。开锣网 B2B 跨境电商平台、inQbrands 一站式美国落地服务平台和 Doda 美国商品直发平台三位一体共同构成焦点科技跨境 B2B 服务生态链。

焦点科技 2020 年收入增速提升，其中 B2B 业务占收入比超七成，支出以销售费用为主，各项费用率[①]呈下滑趋势，总体收支状况良好。

---

① 成本费用率＝成本费用总额/营业收入×100%。

受益于疫情推动产业线上化和中国率先复工复产，2019年和2020年的前三季度，焦点科技分别实现营业收入10.1亿元和8.4亿元，同比增长12.7%，呈现稳健增长态势（见图7-24）。分行业来看，B2B业务收入占总收入比超七成。其中"B2B"板块收入主要来自中国制造网收入，"商品贸易"板块主要来自跨境业务中的开锣网收入，"商业服务"板块主要是跨境平台交易佣金、仓储、物流、代运营等业务收入（见图7-25）。毛利率方面，互联网保险业务毛利率最高（90%左右），其次为B2B业务（80%左右），商业贸易和商业服务由于尚处开拓阶段，未体现出明显的收益（见图7-26）。支出方面各项支出费用逐年平稳增长，以销售费用为主，各项费用率呈下滑趋势（见图7-27）。

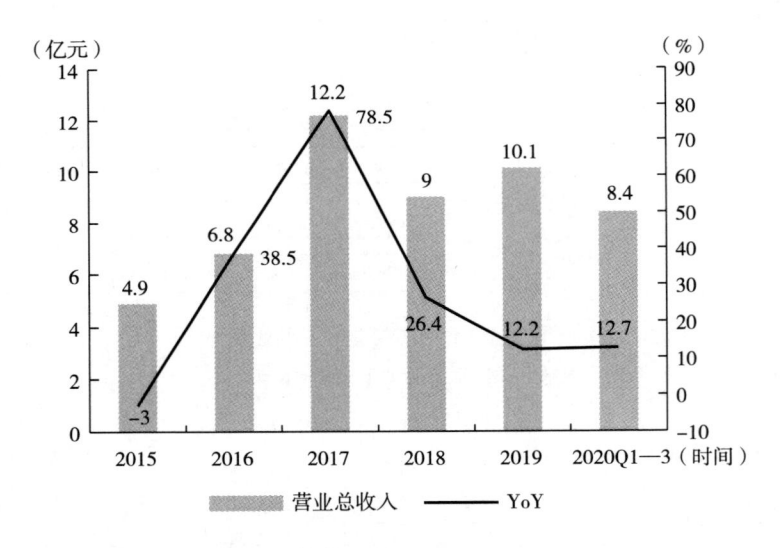

**图7-24 近五年焦点科技营业总收入变化**

注：横坐标中"Q1—3"为"第一季度到第三季度"的简写，下同。
资料来源：Wind、焦点科技年报。

## （三）未来展望：提升数字化赋能水平

作为中国第二大出口跨境B2B电商数字平台企业，焦点科技在产业布局方面仍较为传统，未来需要高技术导向和更具创意的产业布局，加大数字化赋能水平。当前核心产业中国制造网大部分业务仍处于信息展示的"交易+服务"阶段。此外，开锣网、inQbrands和Doba所提供

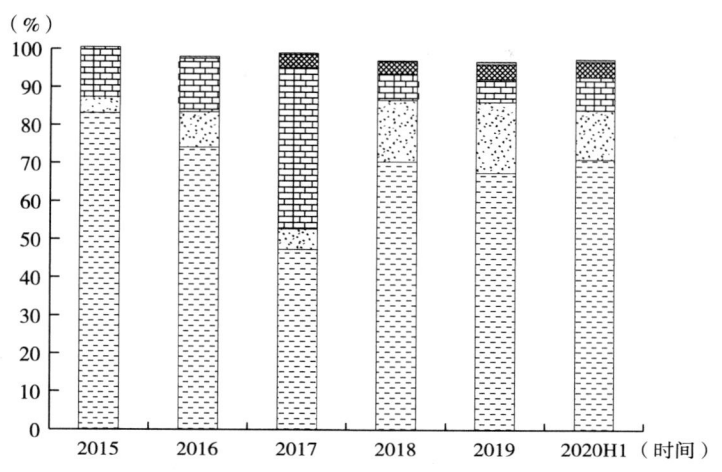

第七章 跨境电商数字平台企业：加快国内国际"双循环"

**图 7-25 近五年焦点科技营业收入结构变化**

注：横坐标中"H1"为"上半年"的简写，下同。

资料来源：Wind、焦点科技年报。

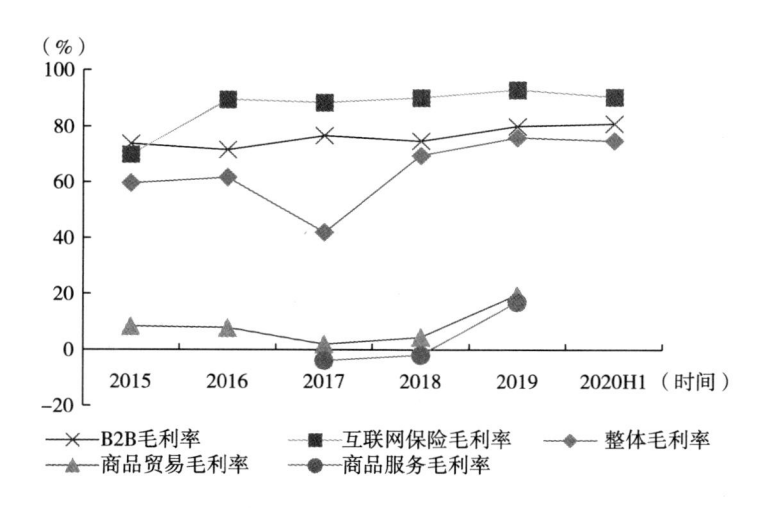

**图 7-26 近五年焦点科技细分业务毛利率**

资料来源：Wind、焦点科技年报。

的跨境电商业务尚未涉及供应链金融等附加值较高的服务。未来焦点科技需要向产业链集成服务平台方向发展，依托物联网、大数据等数字科学技术提供营销、金融、交付/售后等方面的服务。

323

图 7-27 近五年焦点科技主要费用率

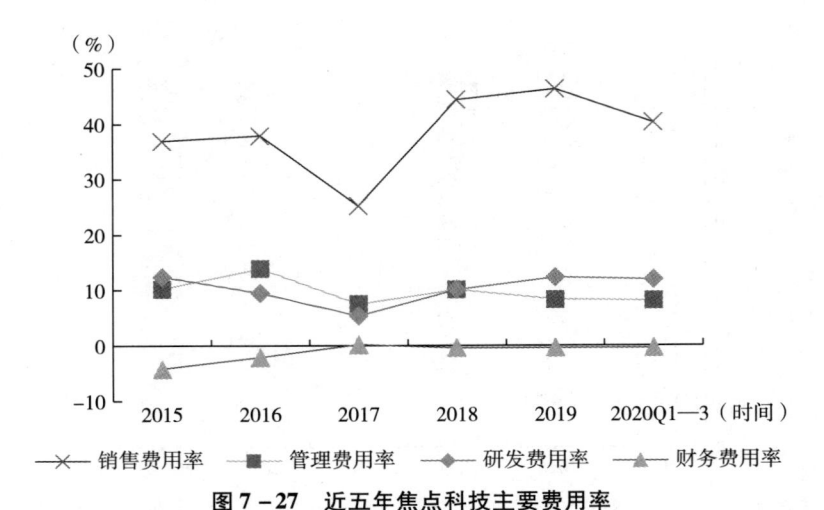

资料来源：Wind、焦点科技年报。

事实上在疫情期间，焦点科技已经着手进行了数字化链路的开拓。如 2020 年 4 月中国制造网推出了"腾云计划 2020"，该计划包括"云展会""云数据"等五个环节，以及上文提到的在线交易功能试点工作。由于供应链数字化是整个产业互联网未来发展的大趋势（见图 7-28），因此焦点科技需要尽快采取行动，在原有产业基础上提升数字化赋能水平。

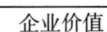

图 7-28 数字科技与生态体系驱动工业品电商发展

资料来源：贝恩公司、阿里巴巴 1688 批发网。

### 三 考拉海购：进口自营代表性企业

考拉海购是网易公司于 2015 年创立的进口型电商平台企业，销售品类主要为母婴、彩妆护肤、家居工艺品等。考拉海购以特色鲜明的自营直采模式一度上升为中国进口电商市场市占率第一的进口跨境电商数字平台企业。然而困于收入增速逐年下滑，网易经营有些力不从心。阿里巴巴于 2019 年 9 月以 20 亿美元全资收购考拉海购，至此考拉海购加入阿里大本营。

#### （一）发展历程

考拉海购的发展历程从 2015 年上线运营以来可以划分为萌芽期、业务扩张期和革新调整期三个阶段。

（1）萌芽期（2015—2016 年）：2015—2016 年萌芽期是考拉海购的供销体系搭建阶段。在这个阶段考拉海购主要致力于打造供应链和积累产品经验。首先，网易专注于供应商合作与供应链打造，如网易丁磊曾多次亲自去原产地与供应商进行洽谈协商。其次，网易注重打磨产品逻辑和营销模式，最终探索出"精选商品＋极致性价比＋用户忠诚度"的考拉模式。得益于网易品牌"网易出品必属精品"，考拉海购很快打开了女性市场，如母婴市场和彩妆市场。

（2）业务扩张期（2017—2018 年）：2017—2018 年业务扩张期考拉海购专注于自身体系的完善升级。在此阶段考拉海购开始构建自身的特色营销品牌，以提高客户留存转化率，如依次上线了会员体系和全球工厂店。2018 年 6 月，考拉海购进一步明确自身定位，由销售进口商品扩大至寻找全球范围内的高品质商品。同时，考拉海购也开始采用补贴、优惠券等方式提高用户增长量。此时考拉海购进行了一系列的改版和运营活动，逐渐完善功能和会员体系，提高广告营销质量，用户量增长得到了爆发。

（3）革新调整期（2019 年至今）：2019 年至今是考拉海购的革新调整期，在该时期考拉海购专注于打造会员零售体系。此阶段，考拉海购已经在进口零售市场积累了一定的用户基础。为在竞争激烈的进口电商市场保持优势，考拉海购需要进一步扩张与创新业务。2019 年网易曾尝试收购亚马逊在中国的业务，无奈因亚马逊要求收购价格太高而谈判失败。此时考拉海购正面临毛利率过低和营收增长率逐年下滑的风险。2019年9月阿里巴巴和网易达成协议，考拉海购被阿里巴巴收购，由"网易考拉"更名为"考拉海购"。结合阿里巴巴的流量优势，考拉海购进一步在阿里体系内进行调整转型。2020年11月阿里巴巴宣布考拉海购将全面布局会员电商体系。

（二）发展现状

考拉海购拥有强大的品牌供应链体系，其"正品保障"特色深受消费者认同。考拉海购在美国、德国等多地设有分公司或办事处，与全球知名品牌达成战略签约，从而形成全球品牌供应链体系。此外，考拉海购直采原产地商品，保障商品品质。根据艾媒咨询数据，2020年第一季度绝大多数海淘用户认为"正品保障"是他们选择平台时所考虑的最主要因素。[①] 而考拉海购正切中海淘消费者痛点，从源头杜绝假货。调研数据显示，2019年中国海淘用户对跨境电商平台综合满意度排名中考拉海购排名第一。[②]

与其他进口数字平台企业相比，考拉海购具有更突出的全球仓储物流优势。考拉海购在跨境物流方面构建了包括海外供给整合、国际货运、保税区仓储及国内派送在内的完整全球仓储物流产业链。例如，在海外仓和保税仓方面考拉海购拥有超过20个海外仓布点（见表7-3），位居中国进口跨境电商数字平台企业首位。强大的跨境物流体系加强了考拉海购在用户物流体验方面的优势。

表7-3　　中国主要进口跨境电商数字平台企业模式对比

|  | 网易考拉海购 | 小红书 | 美图美妆 | 蜜芽 | 天猫国际 | 唯品国际 | 京东全球购 |
| --- | --- | --- | --- | --- | --- | --- | --- |
| 流量优势 | 阿里系 | 小红书社区 | 美图系 | 蜜芽社区 | 阿里系 | 唯品会 | 京东 |
| 核心优势 | 正品保障 | 内容社区 | AI等技术 | 精准母婴用户 | 商品品类丰富 | 售后服务 | 物流优势 |
| 保税仓数量 | 16个 | 5个 | 1个 | — | — | 5个 | 7个 |
| 海外仓数量 | 18个 | 4个 | 1个 | — |  | 8个 | — |

注：表中数据截至2019年9月。
资料来源：艾媒咨询。

---

[①] 资料来源：艾媒咨询，https://www.iimedia.cn/c400/71487.html。
[②] 资料来源：艾媒咨询，https://www.iimedia.cn/c400/67760.html。

考拉海购高市场占有率与低利润之间形成反差，商业模式亟须变革。考拉海购市场占有率一度上升至进口跨境电商市场第一位[①]，具有极其明显的头部优势。然而与此同时，考拉海购营业收入年增速却呈迅速下滑趋势（见图7-29），在网易公司业务中的总收入占比不高（20%左右），毛利率相较于其他业务更是只有不到20%（见图7-30），因此考拉海购一直没有为网易带来真正可观的经济效益。这种困境与其"精选商品+极致性价比+用户忠诚度"的"考拉模式"不无关系。精选商品决定其采购成本较高，极致性价比要求其为消费者带来高性价的商品，同时也意味着较低水平的利润率。作为自营数字平台企业，这种带有抢夺市场占有率色彩的商业模式在资金链上承受着较大风险。在网易旗下时，考拉海购的费用率效果一直备受市场诟病。

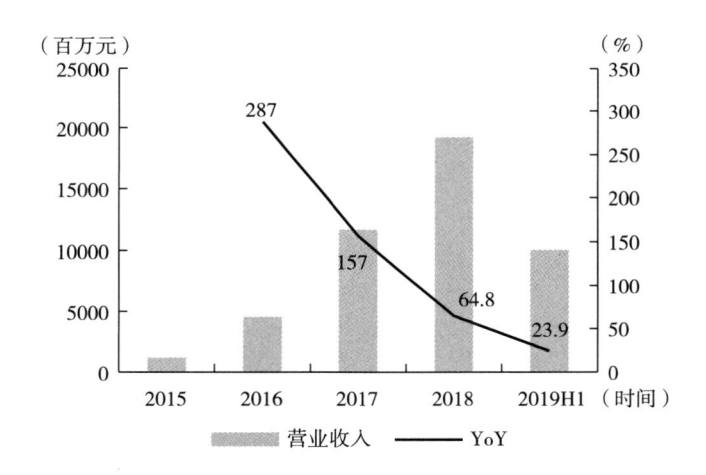

**图7-29　2015年至2019年上半年网易电商业务收入**

注：图中数据为网易考拉与网易严选合并数据。此外，由于收购后阿里巴巴并未公布考拉海购相关营业数据，所以此处展示收购前考拉海购的相关数据。

资料来源：网易公司年报。

**（三）未来展望：会员电商对准高端消费群体**

在被阿里巴巴收购之后，考拉海购被赋予了新的战略定位。考拉海购将瞄准中国高端群体，做中国会员电商"第一人"。

---

[①] 参见艾媒咨询，https://www.iimedia.cn/c400/63893.html。

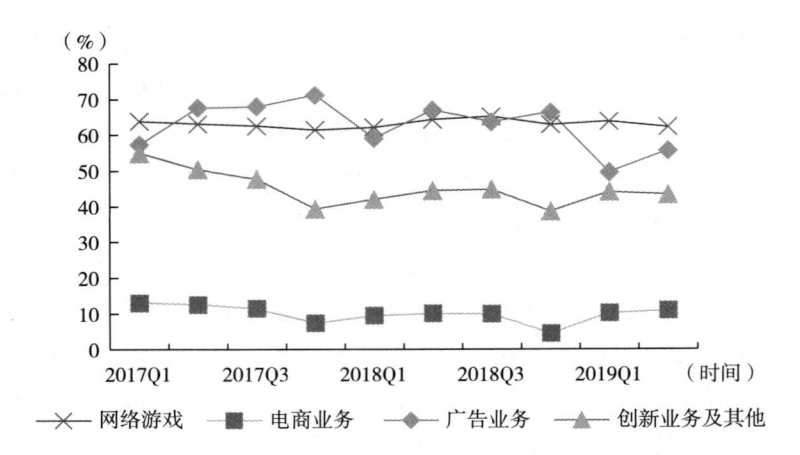

图 7-30 2017 年第一季度至 2019 年第二季度网易分业务毛利率
资料来源：网易公司年报。

首先，考拉海购将继续维持原有特色品牌的经营，如"种草社区""考拉 ONE 物""考拉直播"、考拉全球工厂店以及线下旗舰店。其次，在此基础上，考拉海购将致力于打造会员电商业务体系。会员制度在目前主流电商数字平台企业并不少见，但考拉海购会员制度的独特之处在于由"电商+会员"（先有货，再服务会员）到"会员+电商"（从会员的需求反向推动供应链和商家精选订货）的商业逻辑的转变。2020年"双11"期间，考拉海购将口号由"全球狂欢节"改为"全球躺购节"，由此可以看出会员制消费的精髓：消费者不必费心反复比价和抢购，而是轻松挑选各类优中选优的商品。考拉海购曾推出"黑卡"，在国内较早尝试了推行付费会员制度。在其会员基因和高品牌认知度的基础上，成功打造会员电商体系将进一步数量级放大考拉海购服务中高端群体的特色和优势。

事实上，会员电商在消费水平较高的欧美国家已经经过了几十年的发展。在中国消费者高端化和个性化消费趋势背景下，会员电商或许就是中国零售电商行业的下一个风口，而考拉海购或许就是这个风口的"第一人"。

### 四 跨境电商数字平台企业与产业链其他主体的竞合分析

本节竞合分析将分为跨境电商数字平台企业与产业链上游的关系，

与同行业企业的关系以及与产业链下游的关系三个部分。简言之，跨境电商数字平台企业与上游的生产制造商呈伙伴型竞合关系，与同行业传统外贸企业呈对抗型竞合关系，与下游的关联环节企业呈伙伴型竞合关系，同时二者在特定业务领域又存在一定竞争。

（一）与生产制造商的关系

就跨境电商数字平台企业与上游生产制造商的关系而言，两者之间呈伙伴型竞合关系。具体而言，通过与跨境电商数字平台企业的合作，生产制造商的销售渠道得到拓展，组织生产方式得到革新。

一方面，跨境电商数字平台企业拓展了传统生产制造商的销售渠道。马述忠和陈奥杰（2017）指出，当厂商生产能力较弱而相关贸易中介具有较强业务能力时，厂商往往会选择在网络渠道进行销售。可见跨境电商数字平台企业打破了生产制造商以往销售渠道闭塞的困境，使生产厂商了解到更多潜在市场的相关信息，从而有助于生产厂商开辟新市场，拓展销售路径。

另一方面，跨境电商数字平台企业推动了生产制造商生产方式的革新。在消费者追求高质量、高性价比与个性化定制产品的背景下，跨境电商数字平台企业通过紧密联系制造方和需求方使生产制造商能够更好地了解消费者的需求。小单个性化的消费需求倒逼传统厂商改变生产结构，更新生产技术，进行组织方式的革新升级，运用数字化技术提高供应链效率。

（二）与传统外贸企业的关系

就跨境电商数字平台企业与同行业企业的关系而言，二者之间呈对抗型竞合关系。由于本节所提到的三家跨境电商数字平台企业面向跨境电商不同的主要细分领域，这些细分领域市场体量已经足够庞大，这些数字平台企业之间不存在直接的竞争或合作关系。因此本节将主要围绕其与传统外贸企业的关系展开，二者之间表现为对抗型竞合关系。一方面跨境电商数字平台企业的崛起对传统外贸企业造成严峻挑战；另一方面，一定时期内跨境电商数字平台企业仍相对存在竞争劣势。

一方面，跨境电商数字平台企业与传统外贸企业存在激烈的竞争与挑战。由前文可知，跨境电商贸易在我国进出口交易总额中的比重在不断上升，因此传统外贸部分在进出口交易总额中的比重不断下滑。相比传统外贸企业，跨境电商模式提高了交易效率，满足当代消费者升级的消费需求。因此跨境电商数字平台企业对传统外贸企业市场产生一定冲击。

另一方面，受制于产业链发展相对于传统外贸仍不够成熟的现状，一定时期内跨境电商数字平台企业仍相对存在竞争劣势。由于产业链不够健全，跨境电商数字平台企业不可避免地在支付、物流与通关等方面存在问题。如物流、支付需借助第三方企业，不确定性增大；争端处理效率低；通关缓慢或有一定限制等。相比之下经过多年发展，传统外贸的营商环境已经发展得较为完善。故而上述不足成为跨境电商数字平台企业的竞争短板。

(三) 与关联环节企业的关系

一般情况下跨境电商数字平台企业与下游关联环节企业之间为伙伴型竞合关系，但前者的衍生业务会与后者在特定领域产生重合与竞争，二者由此表现为适应型竞合关系。以下选择具有代表性的关联环节企业类型进行分析，即第三方支付企业、物流企业、跨境电商代理运营企业与搜索引擎及社交平台。

第一，跨境电商数字平台企业与各大第三方支付企业呈一定阵营划分关系。虽然 PayPal 在某些程度上已经在跨境电商支付市场中"独占鳌头",[①] 但为了争夺跨境支付市场份额，各大第三方支付企业往往与不同的跨境电商数字平台企业形成一定程度更为密切的合作关系。就第三方支付企业与跨境电商数字平台企业之间的关系而言，"PayPal"在亚马逊和 eBay 使用频率最高，且覆盖面最广。"支付宝"属于阿里矩阵，更依赖阿里巴巴国际站和全球速卖通的力量支持。此外支付宝也积极布局海外支付企业，在欧洲、东亚、南亚和东南亚投资当地支付企业。而在腾讯旗下，截至 2019 年第一季度，"财付通"的微信支付接入的国家和地区已增至 40 个，并支持 13 种外币直接结算，财付通目前在全球范围具有大约 10 亿的注册用户。不同于支付宝和腾讯在跨境支付业务上主要发力 C 端市场，"连连跨境支付"主要发力 B 端市场，通

---

[①] 艾媒咨询数据显示 2018 年 PayPal 占全球移动支付市场 41% 的市场份额。资料来源：艾媒咨询，https://data.iimedia.cn/page-category.jsp?nodeid=13149373。

过与知名国际金融机构及电商数字平台企业合作来提高国际影响力。"联动优势"则是 Wish 等知名电商数字平台企业的重要合作伙伴。因此，第三方跨境支付企业往往与特定跨境电商数字平台企业进行业务合作。

第二，由于跨境物流环节繁多，[①] 跨境电商数字平台企业与物流企业的关系较为复杂。总体来说，跨境电商数字平台企业与物流企业呈现竞争与合作并存的适应型竞合关系。由于各大跨境电商平台巨头均布局一定的自建专线，因此自建部分会对相应的专业物流公司业务造成冲击。与此同时平台企业又在自身未涉及的物流业务部分与物流公司形成合作关系。比如多数跨境电商数字平台企业建有自己的海外仓，但会倾向于在海外仓未触及的地域使用第三方物流企业。不同类型的数字平台企业在建立自主专线和使用第三方物流的偏好也有所不同。以垂直数字平台企业和综合数字平台企业为例，垂直企业更倾向于选择"第三方物流企业＋海外仓"模式，将仓储、分拣与终端物流环节交给第三方物流企业等更专业的团队负责，在第三方物流企业未覆盖的地区则通过海外仓运输。相比之下，综合企业更倾向选择自建海外仓，因为商品品类繁多需要企业对仓库货品实现更快速的调度，形成更高效的价格反馈机制。如果将物流业务外包给第三方物流企业，货物的滞销风险较高。例如，为备战 2020 年"618"购物节，考拉海购在 2020 年 5 月宣布将全球海外仓包邮区由上海扩大至全国，海外仓内一天就可上线近 2000 款小众新品，实现了更快的货物调度。

第三，跨境电商数字平台企业与跨境电商代理运营企业之间呈现明显的适应型关系。合作关系体现在：一方面跨境电商代理运营企业本身隶属于跨境电商产业链的衍生环节，依赖跨境电商数字平台企业所提供的营商环境；另一方面跨境电商代理运营企业帮助传统外贸企业实现营销和电商转型，为跨境电商数字平台企业增加了优质商家来源。竞争关系体现在随着跨境电商数字平台企业陆续推出附加服务形成商业闭环，跨境电商代理运营企业与跨境电商数字平台企业之间形成业务的重合与

---

① 跨境物流分为输出国物流、国际货运和输入国物流三大板块（张夏恒，2016），流程繁杂。

竞争。此类竞争中的关键因素在于业务的性价比。一般来说，由于操作便捷、费用较低，从"0"起步且无规模的跨境电商卖家倾向于使用跨境电商数字平台企业提供的新手入门、营销运营等服务。而已经具备核心产品、一定客户规模与盈利收入的传统外贸企业倾向于通过跨境电商代理运营企业获得更专业、个性化的指导以实现成功转型。目前，较为知名的跨境电商代理运营企业有递四方科技、奥道中国、四海商舟等。

第四，跨境电商数字平台企业与各大搜索引擎及社交平台形成了良好的优势互补关系，且跨境电商数字平台企业在引流方面越来越依赖这些渠道。搜索引擎及社交平台在跨境电商数字平台企业流量获取中扮演着举足轻重的角色，而跨境电商数字平台企业也是这些内容平台生态布局中的关键一环。搜索引擎如 Google 和百度，社交平台如 Facebook、Twitter、微信、知乎和小红书[1]，还有近年来兴起的短视频社交平台如 TikTok。在这些平台上，各类 KOL[2] 通过好物文章分享、种草社区、直播带货等新型场景化营销手段在电商数字平台企业引流上发挥着重要作用。符翔翔（2020）认为直播带货作为一种新媒体营销手段，具有拉动流量、多平台跨界营销、互动性强增强消费者黏性、及时反馈口碑管理便利的优势。消费者越来越依赖 KOL 引导的趋势决定了这些新型引流渠道在跨境电商数字平台企业的获客过程中越来越重要。

## 第三节　跨境电商数字平台企业的社会效应

本节将从微观到宏观分析跨境电商数字平台企业的社会效应，依次阐释跨境电商数字平台企业对参与主体、各行业和宏观经济的影响。

### 一　跨境电商数字平台企业对各参与主体的影响

以下主要从跨境电商市场供需两端（跨境电商卖家企业和消费者）分析跨境电商数字平台企业对参与主体的影响。

---

[1] 由于小红书上个人可开设"小红书店铺""薯店"等第三方卖家店铺，所以也可将其视为电商数字平台企业。

[2] KOL（Key Opinion Leader）即关键意见领袖，是营销学上的概念，通常被定义为：拥有更多、更准确的产品信息，且为相关群体所接受或信任，并对该群体的购买行为有较大影响力的人。

## （一）对卖家企业的影响

跨境电商数字平台企业对卖家企业的影响主要表现为提高成交量、革新传统生产营销方式和推动企业打造自身品牌。

第一，跨境电商数字平台企业提高了卖家企业的成交量。施炳展（2016）经过实证模型检验指出，互联网能够提升中国出口企业的价值量，增加企业出口的可能，促进企业持续进行出口贸易。岳云嵩（2017）的研究从进口电商的角度指出，互联网显著增加了企业进口可能，促进了进口额的提升。跨境电商数字平台企业使卖家企业能够在宣传营销、交易磋商与货物运输等多个方面减少交易成本，提升运营效率，从而提高成交量。

第二，跨境电商数字平台企业推动了卖家企业生产营销方式的变化。电子商务平台的深度渗透使卖家企业与消费者之间建立更加顺畅的信息交流平台。为了满足消费者个性多元的消费需求，卖家企业以消费者为中心，一方面更加注重改善产品制造工艺，提高产品质量，加强研发与柔性制造能力；另一方面卖家企业更加注重利用数字技术创新营销方式，运用直播、社群运营等方式来增加消费者黏性。

第三，跨境电商数字平台企业助力卖家企业打造国际品牌。对于出口跨境电商而言，跨境电商数字平台企业建立了更加便捷的消费渠道，使小额、个性化定制的消费需求成为可能。这种消费趋势有利于企业进行垂直化、精细化生产，树立自身品牌特色。对于进口跨境电商而言，跨境电商数字平台企业拓展了海外品牌企业的销售渠道，使它们能够通过更便捷的途径触达中国消费者，增强在中国消费者中的品牌效应。更高的消费要求与更便捷的交易环境助推企业提高品牌影响力。

## （二）对消费者的影响

跨境电商数字平台企业对消费者的正面影响体现为满足消费者多样化的消费需求和减少信息不对称程度两方面。其负面影响体现在增加消费者信息财产安全风险。

第一，跨境电商数字平台企业满足了多样化的消费需求。随着收入水平的提升，消费者对于跨境电商行业的期待不仅仅是获得国际价格的差价，还包括较高的产品品质和知名的品牌，这说明跨境消费需求变得更加多样化。通过跨境电商平台，消费者能够便捷地找到心仪产品，并且随着大数据、AI 等技术的加持,平台能够更好地挖掘消费者需求,直接向消费者推荐产品,从而满足消费者各种各样的消费需求。

第二,跨境电商数字平台企业改善了信息透明度,在一定程度保障了消费者权益。跨境电商数字平台企业改变了原来买家与卖家信息严重不对称的局面。消费者在前期进行信息搜索时,可以通过对比平台上商品自由决定购买最具性价比的商品。在后期商品的海关物流信息方面,消费者可以通过平台企业提供的 GPS 定位系统实现实时监测,了解到更多有关商品的位置信息。因此,消费者权益得到一定的保障。

第三,跨境电商数字平台上消费者的信息财产安全存在一定风险。银行账户信息诈骗、假货等问题长久以来一直困扰着跨境电商消费者,凸显出跨境电商数字平台企业在支付安全、产品质量监控上的不足。例如,跨境电商平台上常出现非法分子以极低的价格诱惑消费者,通过微信支付等非平台支付手段获得消费者汇款后卷钱走人。[①] 在信息严重不对称的情况下,消费者的财产安全存在巨大的隐患。

### 二 跨境电商数字平台企业对各行业的影响

跨境电商数字平台企业对传统外贸行业与跨境电商行业有影响。跨境电商数字平台企业对传统对外贸易行业的影响体现在对传统外贸行业造成冲击和促使其转型两个方面;跨境电商数字平台企业对跨境电商行业的影响则体现在发挥联结枢纽作用与导致行业垄断。

对传统对外贸易行业而言,跨境电商数字平台企业一方面对其市场份额造成冲击,另一方面也促进其转型。一方面跨境电商数字平台企业对传统对外贸易行业的影响体现在替代效应上[②]。如前文所述,由近年来跨境电商贸易在我国进出口交易总额中的比重不断上升可知,跨境电商数字平台企业对传统外贸行业形成冲击和挑战,不断侵蚀传统外贸行业的市场份额。但另一方面,跨境电商数字平台企业促进了传统外贸行业的转型升级。互联网能够降低企业推荐新产品与开拓新市场的成本,从而增加总利润和价值(李兵、李柔,2017)。面对传统贸易发展的诸

---

① 资料来源:雨果网,https://www.cifnews.com/article/81424。
② 替代效应是指对同一品种商品而言,对以传统外贸形式购入的需求量会被以跨境电子商务形式购入的需求量所替代。

第七章　跨境电商数字平台企业：加快国内国际"双循环"

多不利条件，外贸行业越来越倾向于采取跨境电商的方式。中国商务部（2020）的报告显示，在疫情冲击、国内国际双循环大背景下，我国出现新一轮商家入驻我国电商数字平台企业的现象，其中大部分入驻商家为传统中小型外贸企业。[1] 可以预见未来随着疫情形势的好转，传统外贸企业会继续利用电子商务方式开展国际贸易。在跨境电商数字平台企业的赋能下，传统外贸企业转型步伐会越走越大，从而推动传统外贸行业的信息化转型。

对跨境电商行业而言，跨境电商数字平台企业发挥了不可或缺的联结枢纽作用，但大型跨境电商平台企业在跨境电商行业中具有垄断地位，抑制了市场公平竞争。一方面，跨境电商数字平台企业是跨境电商产业链中的联结枢纽。作为各交易主体之间的联结中介，跨境电商数字平台企业的作用体现在企业和消费者以此为入口，通过体验平台企业所提供的信息发布、在线支付和跨境物流等集成化服务，实现跨境网络交易。跨境电商数字平台企业的建设水平与服务质量直接决定了企业和消费者参与跨境电商交易的效率和意愿，也在很大程度上决定了跨境电商行业的未来发展情况。另一方面，大型跨境电商平台企业天然的行业垄断效应抑制了跨境电商市场的公平竞争。规模效应、网络效应与数据潜在的生产力使数字平台组织具有天然的垄断效应（谢富胜等，2019）。随着跨境电商大平台的崛起，数字平台企业要求卖家企业"二选一"、对消费者进行大数据"杀熟"[2] 等现象并不少见。欧盟曾多次因亚马逊存在垄断行为对其进行处罚。如2020年12月，欧盟委员会竞争和反垄断事务专员表示亚马逊公司存在盗取第三方卖家数据提供给自营卖家参考的行为，违反欧盟反垄断规则，将被处以高额罚金。[3] 事实上，大部分国家和地区尚未发展出健全的平台反垄断规定。在这些国家和地区，大型数字平台企业垄断行为依旧打压着中小竞争者，抑制公平竞争。

---

[1] 资料来源：商务部研究院课题组，http://www.caitec.org.cn/n6/sy_ xsyj_ yjbg/json/5510.html。

[2] 大数据"杀熟"是指同样的商品或服务，老客户看到的价格反而比新客户要贵出许多的现象。

[3] 资料来源：人民网，http://paper.people.com.cn/rmrbwap/html/2020 - 12/02/nw.D110000renmrb_ 20201202_ 8 - 16.htm。

335

### 三 跨境电商数字平台企业对经济发展的影响

跨境电商数字平台企业对宏观经济发展的影响体现在推动产业转型升级和助力中国对外贸易步入新阶段两方面。

一方面，跨境电商数字平台企业推动我国产业结构合理调整。Ma等（2018）指出，跨境电子商务的发展加速了产业转型和经济结构调整。互联网能够加深国内国外两个市场的企业融合与相互协作的程度，从而优化内部与外部资源配置（李兵、李柔，2017）。一方面，出口跨境电商平台企业更高效地消解了我国在手工业等低端制造业方面的过剩产能，同时，卖家企业为开拓更多发达国家市场努力研发生产更高质量的产品，从而提高行业制造工艺水平。另一方面，进口跨境电商对国产品牌造成冲击，这也将激励国产品牌进行改造升级。在这样的国内国际"双循环"格局中，跨境电商产业附加值不断提升，实现产业结构的优化升级。

另一方面，跨境电商数字平台企业为我国对外贸易发展带来新动能。依前文所述，跨境电商占我国进出口贸易总额比率由2015年的21.16%增长到2019年的34.18%，[①] 可见跨境电商在我国外贸中的地位日益重要。根据温珺等（2015）对中国进出口贸易的实证研究发现：电子商务可以削弱物理空间距离对外贸往来产生的负面影响；同时电子商务能够从总体上促进我国进出口额的增长，其中对我国与发达经济体之间经济联系所起的正面作用更显著。由此在经济新常态下，跨境电商数字平台企业为我国对外贸易带来了新的发展动能。

## 第四节 跨境电商数字平台企业发展面临的主要问题

总体而言，我国跨境电商行业处于快速上升期。随着跨境电商市场的拓展与应用领域的延伸，跨境电商数字平台企业发展面临诸多挑战。本节将分别从宏观政策环境缺陷、中观技术支撑体系和跨境电商数字平台企业的不足与微观跨境电商卖家在交易中存在的乱象三个层面予以

---

[①] 数据来源：国家统计局。

分析。

## 一 宏观层面：政策环境存在缺陷

在宏观层面，跨境电商数字平台企业发展面临的问题主要为政策环境存在缺陷。从顶层设计和操作情况两个层面来看，目前的政策出台情况仍远不能满足我国跨境电商发展的现实需求，这也是导致跨境电商数字平台企业乱象频生的重要原因之一。

一方面，目前相关部门尚未就跨境电商行业出台专门的法律法规进行监督管理。对于跨境电商行业，目前我国只有《电子商务法》《网络交易监督管理办法》等几部相关法律法规就电子商务和国内电商市场监管机制等方面提出整体规范标准，但在跨境电商平台运营、通关税收及其他产业链环节方面我国尚未制定相对系统的政策法规。如前文所述跨境电商行业具有特殊性，现行法规难以界定监管部门的行政管辖权并帮助监管部门依法有效地惩治跨境电商平台企业的违法行为。以《电子商务法》为例，实践中跨境电子商务存在的最为突出的问题之一就是海关、税务、外汇等部门的监督管理问题。然而《电子商务法》对此几乎没有涉及，只有一些原则性的、宏观的、宣言性的规定，难以规避跨境电商平台企业在通关税收等方面的违法违规行为。

另一方面，跨境电商行政管理制度体系有待完善。在部门协作方面，现行的行政管理制度未能对跨境电商各个监管环节进行有效的统筹协调，与跨境电商发展存在脱节。这体现在"业务分离"和"业务交叉"两个极端：业务分离协同程度差降低了跨境电商的运行效率；业务交叉为跨境电商监管带来了执行上的困难。在信息共享方面，目前政府部门没有统一的跨境电商信息管理系统，无法实现海关、税务、市场监管部门之间的信息交互和共享。数据流通因此受到阻碍，难以发挥更大的效能。此外，国际与国内的商标体系、监管政策不一致，物流、关税政策不同步等问题亦日益凸显，为跨境电商数字平台企业的发展带来了制度上的阻碍。

## 二 中观层面：技术支撑体系不健全与跨境电商数字平台企业运营管理能力不足

中观层面的问题主要为一方面跨境电商技术支撑体系仍不健全，另一方面跨境电商数字平台企业本身在跨境电商行业中运营管理能力不足，无法满足买卖双方的需求。

（一）技术支撑体系不健全

跨境电商交易涉及的地域广阔，主体众多，环节复杂。目前各个环节的支撑体系仍然不够健全，这致使跨境电商数字平台企业生命力脆弱，运营风险较高。本部分将从物流及供应链、支付方式和通关及税收管理三个方面阐述跨境电商数字平台企业在技术支撑体系方面面临的问题。

在物流与供应链方面，一方面，我国跨境电商行业物流服务水平低，存在配送时间长、价格高、退货困难且运输损坏率高的问题。例如，从我国至欧美国家的邮政配送一般需要10—30天，配送时间较长。而且跨境电商物流价格不菲。重量为2千克的包裹通过商业快递从中国送达美国的最低价格在200—260元（时间一般在10天内），通过邮政小包运送也需要160元左右（时间一般需要1个月以上）。[①] 此外，跨境电商商品退货极为困难、运输环节多导致货物损坏率高等问题也困扰着消费者。另一方面，国内物流、国际货运与输入国物流缺乏协同机制。虽然该三大模块内部协同性高，但模块之间的合作水平较低，使跨境物流链整体运行效率较低（张夏恒，2016）。这一方面是由于国家之间物流基础设施与物流管理体系存在差异；另一方面是由于国际物流常为陆运海运空运共同参与的多式联运机制，流程复杂。这三大模块间物流合作衔接不畅导致国家间在物流的信息化和跟踪溯源方面同样缺乏协同。这使在一般情况下消费者只能对国内物流动态进行查询，但难以查询境外物流的相关动态，降低了消费者在物流方面的感官体验。

在支付方式方面，目前我国跨境支付方式较为单一，并且第三方跨境支付方面存在运营风险。一方面，我国跨境电商支付结算的方式大多数是使用 PayPal 进行第三方跨境支付。随着我国与其他国家跨境电商贸易往来越来越密切，各国支付水平与支付方式偏好差异大的问题日益突出。如欧洲客户更习惯使用 Master Card、Visa Card 和 Moneybookers 付款；俄罗斯客户更青睐于使用 Webmoney 付款，且许多人习惯货到付款；美国客户也更青睐信用卡支付。由此看来拥有 PayPal 账号的消费

---

① 跨境物流主要模式介绍见图 7-34。

者并非大多数群体（李燕，2016）。因此，我国跨境电商数字平台企业需采用更加本地化的跨境电子支付方式，以满足不同的国家消费者需求偏好。另一方面，聚焦于第三方跨境支付市场，第三方跨境支付企业作为新兴支付交易主体面临的信用风险、信息真实性风险和洗钱风险值得关注，这为消费者的支付安全和跨境电商数字平台企业的信用带来了挑战。

在通关及税收管理方面，我国海关目前通关效率与结汇退税便利水平仍有很大提升空间。从消费者的角度来看，我国海关通关效率低导致消费者可能无法按时收到商品。一方面，跨境电商商品形态种类复杂导致税收征管对象属性难以确定。海关对商品种类的判定经常与卖家申报信息出现不匹配的现象，这使因申报不合格而使商品滞留在海关的现象时有发生。另一方面，由于跨境电商交易的商品种类繁多、频率快、单次交易体量普遍偏小，堵塞现象在企业或个人的通关、结汇、退税等环节十分普遍，通关效率较低。从跨境电商卖家的角度来看，对于中小额跨境交易而言，由于跨境电商现行免税限量指标过低，卖家经常面临退税难的问题。这增加了卖家的交易成本与经济负担，减少了跨境电商卖家使用跨境电商交易方式的意愿。

（二）跨境电商数字平台企业运营管理能力不足

跨境电商数字平台企业本身在跨境电商行业中发展质量尚不高，主要存在市场定位模糊，服务能力较薄弱以及数据保护不足的问题。

第一，大多数跨境电商数字平台企业并未形成清晰的市场定位，同质化竞争现象严重。我国跨境电商数字平台企业的发展轨迹与资源禀赋各不相同，但却忙于在跨境电商的"蓝海"中占取市场份额，疏于明确市场定位，出现混战格局。以进口零售电商数字平台企业为例，近年来不仅国内几大传统电商数字平台企业纷纷入局跨境电商市场，顺丰、网易等其他行业巨头也相继加入（吕雪晴等，2016）。跨境电商数字平台企业数量呈爆发式增长，但这些企业市场定位并不清晰，平台在产品、服务和商业模式上大同小异。在这种情况下，消费者更倾向于选择自己熟悉的大平台进行购物，新兴平台企业难以获得市场发展空间，最终导致价格战等恶性竞争，跨境电商数字平台企业生存能力下降。

第二，跨境电商数字平台企业综合服务能力较为薄弱，不能完全满足复杂的服务需求。跨境电商数字平台企业需要直接面向位于不同国家和地区的买卖双方，提供各个环节的综合服务。这对跨境电商数字平台企业在资源整合、综合服务能力方面提出了极高的要求。但由于部分数字平台企业战略上的短视或资源欠缺，没有能够持续投入资金、人力、技术等，以致跨境电商数字平台企业在语言本土化、质量保障、售后服务等方面的服务水平欠缺。例如，老牌出口电商平台兰亭集势因其运营模式和产品未能及时更新完善，无法满足客户在新形势下的新需求，近年来市场份额不断萎缩（张志勤，2016）。

第三，跨境电商数字平台数据安全问题突出，降低了消费者对跨境电商平台的信任。相比国内电商，跨境电商的营商环境更为复杂，因此数据安全问题对跨境电商尤为重要。然而，数据安全问题时不时困扰着我国跨境电商数字平台企业的发展情况，主要体现为网上交易信息、客户信息和物流运输信息等由于平台保护不当被非法分子入侵盗取，损害买卖双方的利益和消费者隐私权。平台数据保护力度不足所带来的信用问题俨然成为阻碍我国跨境电商数字平台企业健康发展的重要因素之一。

### 三 微观层面：跨境电商卖家企业在交易中存在乱象

在微观层面，跨境电商数字平台企业的问题主要聚焦于跨境电商卖家在交易过程中存在的售卖假货、偷税漏税、侵犯知识产权等乱象，这阻碍了跨境电商平台企业的发展。

首先，跨境电商卖家售卖假货问题较为普遍，跨境电商数字平台企业面临信用危机。由于跨境电子商务交易双方的地理距离相隔较远，买家和卖家信息严重不对称，一些卖家会借此浑水摸鱼，贩卖假货。在该过程中，消费者很难在虚拟环境下识别商品质量。加之各国相关法律法规不健全，政府难以有效管理打击商家售假行为，市场假货之风盛行。如东南亚电商平台企业 Shopee 的菲律宾站点在 2020 年 3 月查获了大量高价值的品牌"假货"。假货问题严重影响了跨境电商数字平台企业在消费者中的信用和相关品牌入驻平台的信心，需要跨境电商数字平台企业给予足够重视并加大整治力度。

其次，跨境电商卖家偷税漏税现象频频发生，阻碍跨境电商数字平台企业良性发展。我国海关通关中存在个人物品和货物的区别。个人物品的进口税可免除且通关程序更便捷,所以卖家企业更倾向于按个人物品报关。一些跨境电商卖家利用跨境贸易电子商务政策在甄别通关物品上的不足,通过小批量"切割"货物的方式以个人物品报关(李海莲、陈荣红,2015),逃避进口关税征收。这不仅为海关监管工作带来不利影响,同时也扰乱了跨境电商市场正常竞争秩序,阻碍了跨境电商数字平台企业的有序发展。

最后,跨境电商卖家知识产权意识薄弱,导致跨境电商数字平台企业消费者的流失。中国跨境电商卖家"抄袭""侵权"事件频发,并为此付出了沉重代价。例如,在2018年"小猪佩奇"著作权纠纷案中,侵权人聚凡公司非法使用著作权人娱乐壹英国有限公司的卡通形象,并销售印有"小猪佩奇"形象的玩具,被杭州互联网法院认定为侵犯作品发行权、传播权与复制权,最终判赔15万元。企业在售卖仿冒产品时被发现侵权后,往往立马更换平台账号或销售主体再次售卖。这无疑为消费者带来"被欺骗"的负面观感,影响了跨境电商数字平台企业的信誉,导致平台企业上消费者的流失。

## 第五节 跨境电商数字平台企业发展的主要影响因素

赵晓(1999)从三个维度对企业成长的环境和影响因素进行考察:第一个维度是外部规制结构;第二个维度是"市场—技术"结构;第三个维度是企业内部治理水平。本节对以上三个维度稍作调整,在第一个维度中加入对全球外贸环境和市场供需双方情况的分析,在此基础上分析跨境电商数字平台企业发展的主要影响因素。

### 一 外部环境

本部分将从政策环境、全球外贸环境与跨境电商市场供需双方情况三方面分析影响跨境电商数字平台企业发展的外部环境。

(一)政策环境

作为促进外贸增长的重要动力,近年来跨境电商行业越来越受到国家的重视,在产业链支持与国际合作层面均享受到了政府的政策红利。

在产业链支持层面,国家政策红利不断,引导跨境电商数字平台企业取得长足发展。各部门联动配合,相继出台覆盖税收、通关、支付、海外仓储等各环节的政策措施。① 目前,我国跨境电商政策体系处于不断完善的过程中。相关政策文件基本由国务院办公厅、商务部与发改委指导协调,外汇局、海关总署、质检总局与财政部具体制定相关领域政策。以跨境电商试点体系为例,截至2021年2月,中国已经形成了多层次、覆盖地域极为广泛的跨境电商试点体系。② 改革试点体系覆盖了我国大部分主要城市,政府利好政策的适用范围越来越广。利好政策使这些地区的通关更加便捷、税收门槛更低、物流设施更完善。利好政策带来的技术支撑体系的改进将为跨境电商数字平台企业的发展提供技术支持。

在国际合作层面,跨境电商被纳入"一带一路"倡议框架中,中国努力推进"丝路电商"布局,为平台企业发展提供了有力的政策保障。相关政策文件③中有关跨境电商的内容主要是以"一带一路"倡议为指引,推进"丝路电商"建设。自2016年,中国不断完善与沿线相关国家的双边电子商务合作机制,与多个国家签署了电子商务合作备忘录④。国家发展改革委员会于2021年3月25日印发《加快培育新型消费实施方案》,其中指出将在商品供应链、综合服务平台及物流运输等方面开展国际协同合作,推进"丝路电商"建设。"一带一路"倡议一方面促进了相关国家通关便利和税收优惠政策的出台;另一方面推进了沿线国家移动互联网相关基础设施的完善(韦斐琼,2017)。这为跨境电商数字平台企业开辟新市场提供了有力的政策保障。

(二)全球外贸环境

全球外贸环境深刻塑造了跨境电商数字平台企业的营商环境。一方

---

① 如《关于促进跨境电子商务健康快速发展的指导意见》(2015)、《中华人民共和国电子商务法》(2018)、《关于扩大跨境电子商务企业对企业出口监管试点范围的公告》(2020)等政策文件。

② 截至2021年2月,中国已经设立了15个跨境电商试点城市、59个跨境电商综合试验区、87个跨境电商零售进口试点城市和22个跨境电商企业对企业出口监管试点城市。

③ 如《推动共建丝绸之路经济带和21世纪海上丝绸之路的愿景与行动》(2015)、《共建"一带一路"倡议:进展、贡献与展望》(2019)等政策文件。

④ 资料来源:商务部,http://www.mofcom.gov.cn/article/zt_dsgjhz/。

面，外贸环境全球化的深入发展为跨境电商数字平台企业快速成长提供了良好的市场环境。另一方面，国际经济形势不稳定加大了跨境电商数字平台企业的经营风险。

一方面，外贸环境全球化的深入发展使跨境电商数字平台企业得以快速成长。信息通信技术和全球化的深入发展使跨境电商行业中物流、信息流和资金流以空前的速度进行交互和传播。例如得益于跨境支付技术的飞速发展，菲律宾在港务工者跨境汇款交易时间从之前用银联汇款的3天多缩短到了不到30秒，交易效率得到了极大提高。要素流通速度的跨越式提升为跨境电商数字平台企业的创立与发展带来了良好的环境基础。

另一方面，国际经济形势不稳定增加了跨境电商数字平台企业的经营风险。例如，从他国对外贸易政策看，由于中美经贸摩擦、欧洲经济疲软、新兴国家重商主义势力抬头，以及近期国外疫情形势仍不容乐观等因素，其他国家的外贸政策仍有很大的不确定性。其中一个典型例子就是近年来持续的中美经贸摩擦使我国跨境电商企业负税成本增加，知识产权面临更严格的审查（陈芳娌，2020）。这无疑增加了跨境电商数字平台企业运行的风险。

（三）供给方与需求方

跨境电商数字平台企业是联结海内外供需双方的中介。供给方状况影响了跨境电商数字平台企业的竞争力和盈利水平；需求方状况影响了跨境电商数字平台企业的市场发展潜力。

就供给方而言，一方面，发掘内陆地区跨境电商业务对提高我国跨境电商数字平台企业的特色和国际竞争力有一定的影响。由于沿海地区良好的外贸基础，跨境电商卖家主要聚集在沿海地区。但内陆地区一些"中国特产"也可能赢得国外消费者的喜爱。如贵州地区的特产老干妈①在亚马逊上位居中国商品销量前三名。再者，疫情期间宁夏地区的枸杞成为国外网红争相晒出的保健品。② 内陆地区的特产经过适当的宣传有望获得国际主流消费者的青睐，从而更好地为跨境电商数字平

---

① 资料来源：零壹财经，http://www.01caijing.com/article/268473.htm。
② 资料来源：搜狐网，https://www.sohu.com/a/122982693_464393。

台企业树立特色，提高国际竞争力。另一方面，我国出口跨境电商销售品类主要为服饰、3C 等附加值较低的产品，平台企业盈利水平较低。陈芳娌（2020）指出目前我国跨境电商企业出口商品大多数仍然是附加值较低的最终消费品和对制造业依赖性较强的简单商品。这使商品的价值溢出减少，跨境电商数字平台整体盈利水平较低，发展受到限制。

就需求方而言，对于出口跨境电商，电商消费在全球逐步普及，消费者日渐熟悉跨境电商购物方式，这为中国出口跨境数字平台企业带来巨大的发展空间。一方面，尽管欧美国家电商行业发展相对落后于中国，但近年来英国、美国、俄罗斯、法国等欧美主要国家的电商渗透率均在逐步提升（见图 7-31），其电商行业处于红利期。另一方面，新兴发展中国家和地区对跨境电商接受程度正不断提高，未来线上交易发展潜力巨大。根据 PayPal《跨境消费者报告（2018）》，中东地区跨境电商接受度最高（见图 7-32）。此外，东南亚、南亚和南美地区电商渗透率增速也处于较高水平。这将为出口跨境电商数字平台企业带来了更广阔的销售市场。对于进口跨境电商，随着我国居民人均收入提升与消费人群结构变化，进口跨境电商数字平台企业拥有广阔的市场空间。据国家统计局数据，2013 年以来，我国城镇与农村居民人均可支配收入的复合增长率分别为 7.64% 与 9.45%。[①] 居民收入稳定增长，这带来中产阶级规模的扩大。与原来相比，中国居民更加追求高水平的生活品质，更有意愿为优质跨境产品支付溢价。此外，"80 后""90 后"逐渐成为新一代消费主力。与老一辈相比，他们有更强的消费意愿，更注重产品品质和品牌，网购比例高，消费的全球化意识强，这为进口跨境电商数字平台企业的发展提供了良好的机遇。

## 二　技术支撑体系

完善的技术支撑体系有助于提升跨境电商的运行效率，从而提高跨境电商渗透率，扩大跨境电商市场。对于跨境电商数字平台企业来说，技术支撑体系越完善才越能吸引卖家企业和消费者使用平台进行交易，

---

① 资料来源：国家统计局，http：//www.stats.gov.cn/tjsj/zxfb/202001/t20200117_1723383.html。

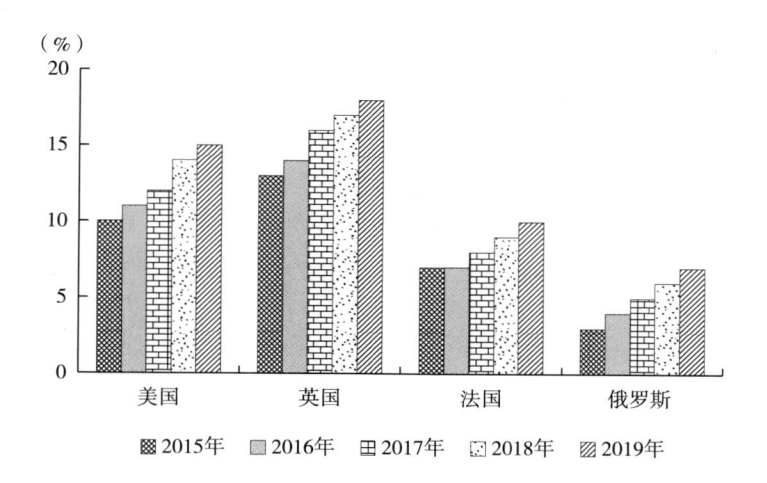

图 7-31 世界主要国家电商渗透率变化

资料来源：Euromonitor。

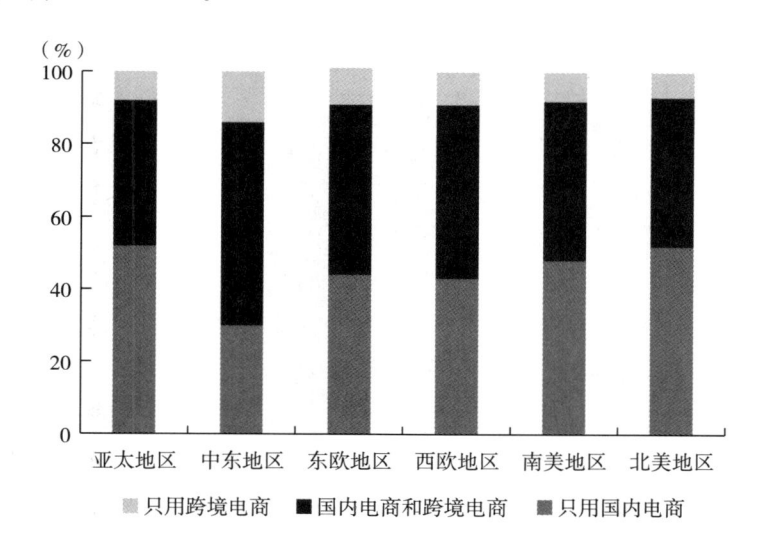

图 7-32 2018 年全球消费者一年内使用电商平台类别

资料来源：PayPal。

提升平台企业的竞争力。本部分将从跨境物流体系、跨境支付体系和通关体系三方面阐释技术支撑体系对我国跨境电商数字平台企业发展的影响。

首先，跨境电商商品运输效率低已成为跨境电商数字平台企业发展过程中最主要的痛点之一。由于跨境物流操作与分拨环节多（见图7-33），货物运输过程中存在诸多风险，如包裹遗失和破损概率高；商品运输距离长、中转环节繁杂，运输时效慢；跨境电商退货困难等。根据国际邮政公司（IPC）2019年最新报告，大多数跨境电商包裹运输流程需要10—29天时间，且退货成功率只有6%左右。[①] 为满足跨境电商物流需求的多样性，多种跨境电商物流模式同时存在，从而有利于平台企业提供更完善的服务。不同的物流服务在配送时效和成本方面差异较大，适用于不同的配送情景，虽然尚能满足不同的跨境电商物流需求，但在运输质量和效率上仍有很大提升空间。不过未来随着大数据在跨境物流运输中的深入应用，跨境物流的风险有望大幅降低，从而使跨境电商数字平台企业为消费者带来更高效的物流体验。目前，跨境电商物流模式主要包括图7-34中的几种类型。[②]

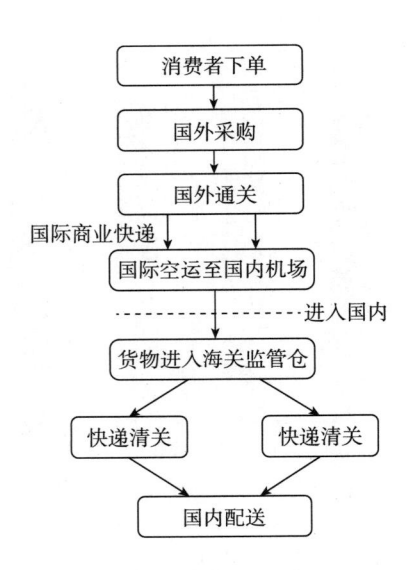

**图7-33 直邮模式跨境物流操作流程**

资料来源：笔者根据公开信息整理。

---

① 资料来源：国际邮政公司，https://www.ipc.be/sector-data/e-commerce/cross-border-e-commerce-shopper-survey。

② 这里需要注意的是保税仓和海外仓同为提前将商品运输至海关附近的仓库之中，区别在于一个建在本国，一个建在海外目的国。

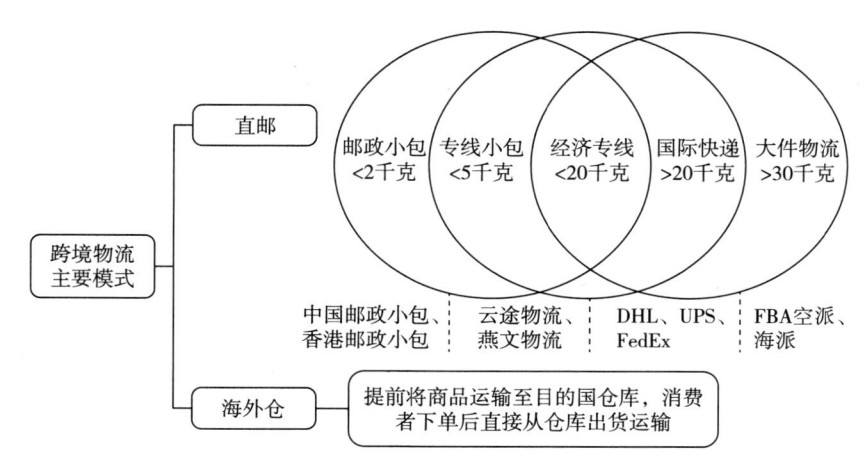

## 第七章　跨境电商数字平台企业：加快国内国际"双循环"

**图 7-34　跨境物流主要模式**

资料来源：笔者根据中信证券资料整理。

其次，跨境支付体系影响着跨境电商数字平台企业资金流运行的安全性与运行效率。目前来看，B2B 交易主要采用传统线下支付方式；而 B2C 交易主要使用第三方线上支付方式。[①] B2B 的支付方式包括银行转账如西联汇款、T/T 电汇及信用卡等。B2C 交易中第三方线上支付方式得到了广泛使用。其中，在跨境出口零售电商领域，收款环节一般由国内第三方跨境支付企业参与完成。收单业务一般由国际第三方支付企业如 PayPal 完成，结售汇环节由传统银行负责。而在跨境进口零售电商领域中，国内第三方跨境支付企业负责收单业务、收款环节和结售汇环节的大部分环节。如前文所述，第三方跨境支付企业的信用风险、信息真实性风险和洗钱风险值得关注，这影响了跨境电商数字平台企业资金流运行的安全性。此外，信息技术的突破提高了资金流的运行效率。未来线上第三方支付方式仍将不断提高服务能力，扩大普及范围，从而使跨境电商数字平台企业为消费者带来更快捷的支付体验。例如，区块链等金融科技的发展有望极大提高跨境支付速度，为跨境支付的结算效率带来跨越式发展。

---

[①]　信用卡、银行转账与电汇支付方式均为传统支付方式，第三方跨境支付为近年来兴起的新型方式，比银行收费低、资金划转更加快速便捷、安全性也较高，适合小额频繁的跨境支付需求（张爱军，2017）。

347

最后，海关通关政策与程序的简化提高了跨境电商数字平台企业的服务水平。我国海关对跨境贸易电子商务商品的进出境管理分为物品和货物两类，针对不同的进出境方式采取不同的申报方式。例如，B2B 交易通常为货物进出境方式，B2C 交易的货物和物品在进出境时根据不同的情况以邮递或快件方式向海关申报。近年来一系列简化通关程序政策的实施提高了跨境电商货物通关效率，有利于跨境电商数字平台企业为消费者提供更完善的服务。例如，我国在不同城市设立了跨境贸易电子商务服务试点平台。不同的试点平台根据本地实际情况通关手续有所不同，通关便利政策的实施在不同程度上提高了跨境电商的通关效率。然而这些通关试点平台大多处于"半信息化"的探索过程中，发展模式尚不成熟。此外，近年来为提高通关效率，海关总署针对跨境电商不同货物类型专门设置不同的监管方式代码，如 2014 年 1 月设立的"9610"监管方式代码、2014 年 7 月设立的"1210"监管方式代码及 2020 年 6 月设立的"9710""9810"。① 未来随着跨境电商发展越来越受到重视，我国将会有更多符合跨境电商实际发展情况的简化通关政策出台，提升中小额货物电子化通关水平，方便跨境电商平台企业更好服务供需双方。

### 三 数字平台企业的产品与治理水平

跨境电商数字平台企业的产品与治理水平决定了平台对消费者的吸引力与留存能力。本部分将从产品性价比和特色、营销能力与服务水平三个方面阐述对跨境电商数字平台企业发展的影响。

第一，产品性价比和产品特色极大影响了跨境电商数字平台企业对消费者的吸引力及留存能力。在境内外消费水平不断升级的大背景下，在产品性价比方面，拥有高质量和优惠价格的商品在全球范围内拥有更广泛的消费市场。据麦肯锡咨询公司 2020 年数据，中国品牌商品一直稳居亚马逊畅销电子产品榜单之首。② 这是因为中国手机一类的电子产品在性价比上有较突出的优势。在产品特色方面，"小而精"的垂直数字平台企业专注于某一领域，往往能够迅速树立产品特色占领消费市

---

① 各监管方式代码在通关方式上有所不同，参见海关总署《总署公告 2014 年第 12 号》《总署公告 2014 年第 57 号》《关于开展跨境电子商务企业对企业出口监管试点的公告》。
② 资料来源：零壹财经，http：//www.01caijing.com/article/268473.htm。

场。与综合数字平台企业相比，垂直数字平台企业抓住了消费者的生活或心理的某方面需求，进入门槛相对较低，利润率较高。近年来，独立站兴起的热潮就是一个典型的例子。

第二，宣传营销能力极大影响了跨境电商数字平台企业的流量获取情况与知名度。从整个宣传流程来看，宣传营销能力主要包括投放精准度、投放规模及营销手段等方面。一是运用大数据对消费者特色分析有助于跨境电商数字平台企业根据各国不同的政治文化特色、风俗习惯、消费偏好等因素有针对性地制定营销策略，提高投放精准度，从而提升对当地用户的吸引力。二是大规模投放能力有利于强化宣传效果，提高跨境电商数字平台企业的知名度。三是恰当的营销手段有助于平台企业充分调动起消费者的购买意愿，主要包括在搜索引擎投放广告，邀请KOL进行测评等。例如，近年来小红书通过邀请KOL测评和社交电商的方式吸引了大量国内年轻消费者在平台聚集。

第三，较低的售后服务水平极大影响了跨境电商数字平台企业的顾客黏性。一些跨境电商数字平台企业的售后服务水平较差，时常面临产品质量风险。例如，在亚马逊上常常有购买新西兰奶粉的中国买家在"用户评价"一栏抱怨奶粉出现"爆罐"等质量问题，且退换货效率低，客服反馈态度较为消极。这无疑为消费者带来负面的消费体验，降低了顾客在该平台购买进口商品的意愿。

## 第六节　促进跨境电商数字平台企业发展的对策建议

针对企业发展面临问题中所提到的因素，本节将从政策环境、技术支撑体系与数字平台企业自身三方面提出促进跨境电商数字平台企业发展的对策建议。

### 一　政府应完善法律法规与行政监管体系

政府需要继续完善相关法律法规与行政监管体系。法律制度等上层建筑需与下层实践形成一种良性互动，做到"在实践中完善、在完善中实践"。

一方面，政府应从规制层面入手，就跨境电商产业链各个环节专门出台一部具有权威性的跨境电商法律。该法律需就跨境电商交易业务范围、企业资格登记备案管理制度、平台运营及消费者权益保障等各个方面做出明确规定，以规范市场秩序，完善跨境电子商务监管和服务的法制体系，保障跨境电子商务主体的权益，引领跨境电子商务的发展方向。与此同时，政府需要注意边试点、边实施、边完善，适时出台相关的补充法律法规，以形成动态完备的跨境电商法律体系，引导跨境电商各市场主体的良性发展。另外，政府尤其要注意对小额货物管理制度的制定，助力中小跨境电商企业的成长（刘娟，2012）。

另一方面，政府进行行政监管时应发挥协同性，提高监管效能。在政府部门协同方面，政府需在中央与地方之间以及各行政主管部门之间建立权责明晰的政策协调体系，实现信息共享与管理对接，提高部门间协同管理和监管水平。在政企协同方面，政府也可以尝试与社会资本进行合作监管，实现数据的对接与共享，建立利益共同体，提升治理效能。在国内外协同方面，政府应在立法上注意与国际间法律标准接轨，完善和具体化与相关国家的自由贸易谈判协定，并在此过程中提升中国的跨境电商国际规则制定话语权。

简言之，各部门、各层级政府部门应合力完善跨境电商政策环境，通过创新政策体系、优化监管模式和提升国际合作营造良好环境，培育外贸新业态。

## 二　相关主体应进一步优化技术支撑体系

技术支撑体系的发展受到各国技术水平和合作程度的限制。各主体应继续完善跨境电商发展的技术支撑体系，推动跨境物流、电子支付及海关通关等支撑服务环节模式创新，优化跨境电商服务产业链。

1. 跨境物流企业要创新跨境电商物流发展模式

第一，跨境物流企业需要提高跨境物流与跨境电商的协同水平。跨境物流企业要注意利用跨境电商的信息技术优势，提高供应链整合效率与运输时效。第二，各跨境物流企业需优化跨境物流网络合作方式。多国间、物流节点的多企业间需要加强协同意识，在不断的实践与磨合中，推动商品分类、运输方式、运输路线、信息系统上的协同与合作（徐凡，2016）。第三，跨境物流企业应注重物流本地化，加强与海外本土物流公司的合作，强化与本土物流公司的合作效应，实现发展效应最大化。

2. 政府和第三方跨境支付企业要共同推动跨境支付市场的有序发展

一方面，政府需要规范第三方跨境支付市场征信体系，如建立标准化第三方支付企业流程操作规范，对企业资质进行严格透明的审查，提高第三方准入门槛和健全风险防控机制。另一方面，第三方跨境支付企业要注意运用更符合当地消费习惯的支付工具来服务消费者。例如，企业要在欧洲地区注重 Visa Card、Master Card 和 Money booker 的使用；在俄罗斯重视 Moneybookers 的使用；在美国更多地使用信用卡支付。

3. 海关部门应促进通关商品管理制度合理化并提升信息化通关水平

一方面海关部门应该因地制宜，根据进出境商品价值重新确立相应的通关和管理模式，以减少偷税漏税现象。针对跨境电商中常见的小额贸易商品，海关部门可以规定可享受免税和简便通关模式的进出境商品限值来便利通关。另一方面，政府应进一步提高在跨境电商试点及以外地区的海关跨境贸易电商综合服务平台建设水平，实现各环节全方位信息化，提高通关效率。例如，2021 年 4 月 27 日，苏州海关与上海浦东国际机场海关跨境电商协作监管机制正式运行，实现货品在苏州海关完成申报、查验、放行后，即可转关运输至上海浦东国际机场海关办理离境手续。[①] 两地"无缝衔接"式海关转关通道是全国首例，这将极大地提高苏州跨境电商通关效率，助力苏州中小跨境电商企业的发展。

### 三 数字平台企业应提升内部治理能力和水平

由于跨境电商数字平台企业是连接买家和卖家（或生产制造商）的中间环节，治理数字平台企业就相当于治理一个小生态系统，数字平台企业良好的治理能力能够使这个生态系统充满活力并创造更大的价值。因此，本部分针对上述平台治理目前存在的不足提出如下建议。

第一，在业务领域方面，跨境电商数字平台企业需要聚焦平台核心业务，树立自身品牌优势。跨境电商数字平台企业的业务应聚焦于专业领域。各类跨境电商企业正是基于平台不同的专业领域而进行差异化选择。因此，每个跨境电商数字平台企业在进行品牌定位时有必要将其专业发展领域作为品牌定位的核心，在特定领域集中优势资源，生产高质

---

① 资料来源：新华网，http://sz.xinhuanet.com/2021-04/30/c_1127395332.htm。

量的产品或吸引优质卖家,扩大自身品牌优势。

第二,在客户服务方面,跨境电商数字平台企业应做到地域差异化服务。为了实现真正地融入当地消费者的生活圈中,数字平台企业需要运用在宣传营销中获得的潜在消费群体相关数据,在交易各个环节实现对不同人文风俗和消费者偏好的理解与运用,如设计上符合当地消费者审美习惯的网页,注重对当地节假日活动的把握,与本地企业联合开展合作,做到国际化与本地化的有机结合。

第三,在服务能力方面,跨境电商数字平台企业应增强综合服务能力,为跨境电商企业和消费者创造更多便利。跨境电商数字平台企业需要从卖家和消费者需求出发,针对平台建设中存在的不足完善并创新服务板块。如针对从传统小额外贸转型而来并缺乏基本互联网知识技能的跨境电商卖家,敦煌网跨境电商数字平台企业开设了"敦煌大学"业务帮助跨境电商卖家学习互联网运营知识。跨境电商数字平台企业应把握卖家和消费者在交易过程中未被满足的需求,提高服务效能。如对亚马逊而言,其应完善售后服务以增强消费者的留存率。

第四,在监管治理方面,跨境电商数字平台企业需承担部分公共管理功能,加强治理监管能力。例如,天猫国际与跨境电子商务商品质量安全风险国家监测中心合作推出了婴幼儿配方奶粉平台标准,并将该标准运用到天猫国际的食品安全风控体系中。针对平台卖家买卖假货、虚假刷单、侵犯知识产权等行为,跨境电商数字平台企业需明确规定监管惩罚机制,建立产品抽查机制和商家资质审查评定机制,维护平台市场秩序与消费者权益。例如,东南亚电商数字平台企业 Shopee 在菲律宾站点查获了大量高价值的品牌"假货"后,平台企业立即制定了更严格的平台禁售规则[①],把假货扼杀在"摇篮里"。此外,跨境电商数字平台企业需要加强网络技术保障,防止不法分子入侵盗取交易信息,维护平台信用。

---

① 具体而言,若平台卖家所销售的商品中包含平台禁售的特定国际知名品牌名称,该商品将被删除并计入"违反上架规则—禁止刊登商品"产生惩罚积分。

图 7-35 本章写作框架

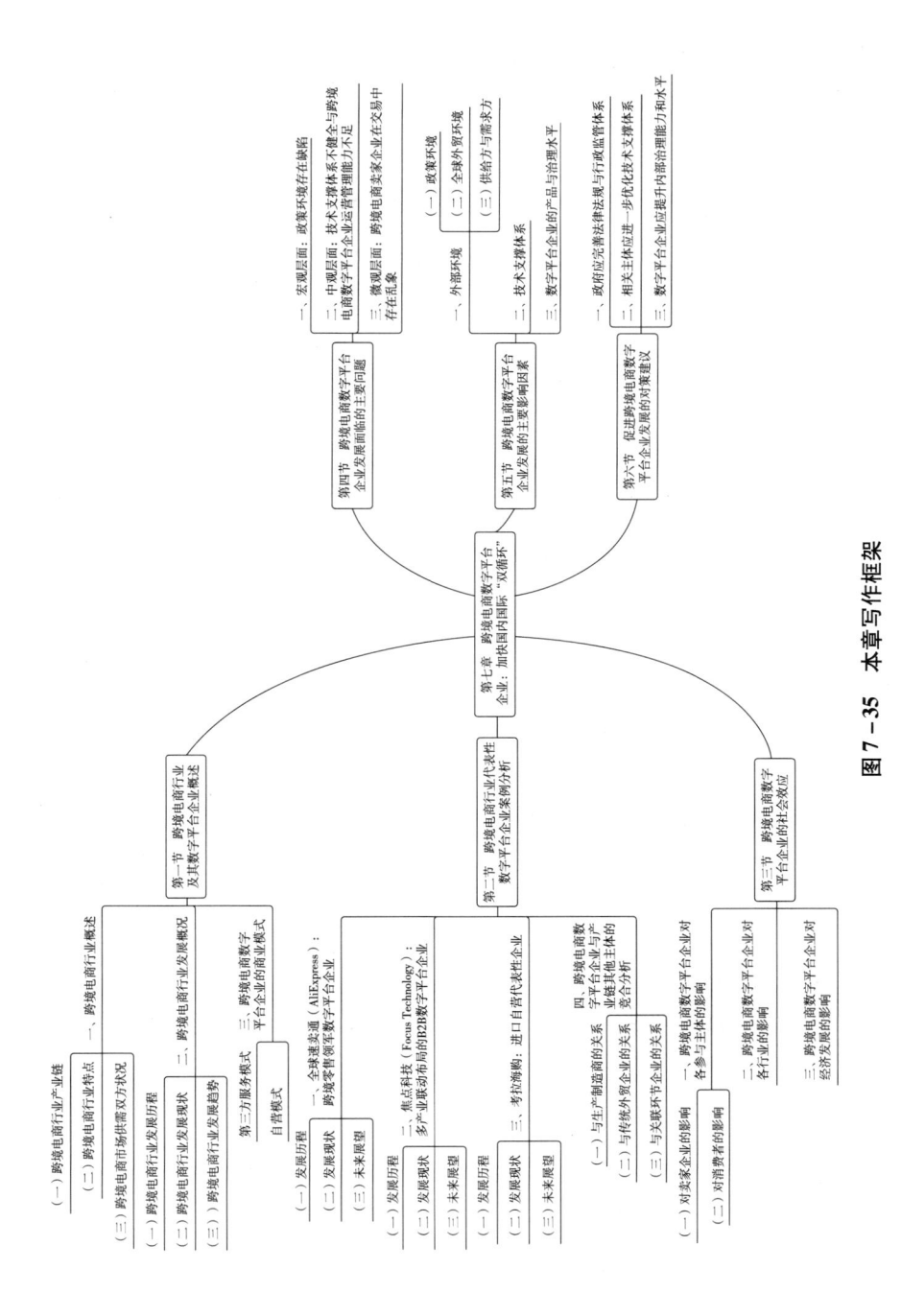

# 第八章 互联网保险数字平台企业：拓展保险需求的新场景

## 第一节 互联网保险行业与该行业数字平台企业发展概述

本节首先介绍互联网保险行业的基本情况，然后介绍该行业的发展历程、发展现状与发展趋势，最后简要阐述该行业数字平台企业的商业模式。

### 一 互联网保险行业概述

互联网保险行业是从事互联网保险业务的专门行业，由互联网保险数字平台企业（以下简称"互联网保险平台企业"）与保险消费者组成。互联网保险平台企业是以互联网为媒介，数字化经营保险业务的保险机构，包括保险公司（含互联网保险公司）和保险中介机构[①]。互联网保险业务指保险机构依托互联网和电子商务技术，通过互联网保险平

---

[①] 保险中介机构包括保险代理人（不含个人代理人，下同）、保险经纪人、保险公估人。其中，保险代理人包括保险专业代理机构、银行类保险兼业代理机构和依法获得保险代理业务许可的互联网企业。保险专业中介机构包括保险专业代理机构、保险经纪人和保险公估人。在中国保险行业协会的定义中，第三方平台企业包括第三方网络平台和保险专业中介机构，与本章定义不冲突。资料来源：中国保险行业协会，中国银保监会《监管办法》，http://www.cbirc.gov.cn/。

## 第八章 互联网保险数字平台企业：拓展保险需求的新场景

台订立保险合同与提供保险服务的保险经营活动。① 互联网保险平台则是互联网保险平台企业为了经营互联网保险业务，依法设立的自主运营、享有完整数据权限的网络平台。相比于线下传统渠道，互联网保险平台企业使互联网保险业务的销售形式更加公开透明，能够降低消费者的信息搜寻成本（王静，2017）。

多样的互联网保险业务推动了互联网保险平台企业多元化发展。我国互联网保险平台企业按照经营主体可以划分为自营保险数字平台企业（以下简称"自营平台企业"）和第三方数字平台企业（以下简称"第三方平台企业"）两大类。其中自营平台企业是指依法设立官方网络平台的专业互联网保险公司②和传统保险公司；第三方平台企业是指建立互联网平台、为保险公司和保险消费者提供网络技术支持辅助服务的保险中介机构，属于双边平台企业③。第三方平台企业是互联网保险行业最具代表性、最主流的平台企业，也是本章的主要研究对象。

（一）互联网保险产业链

互联网保险产业链由互联网保险平台企业（第三方平台企业为主）与其他互联网保险行业市场主体④构成。互联网保险产业链的参与主体包括保险中介机构、保险公司、保险科技服务公司与互联网保险用户（见图8-1）。第一，在第三方渠道上，保险中介机构经营第三方平台，向用户展示并代销保险公司的产品，同时将用户信息反馈给保险公司以改进保险产品。第二，保险公司作为保险产品的主要提供方，分为传统保险公司和专业互联网保险公司。在官方自营渠道上，保险公司自主经营保险平台向用户展示并直销产品。第三，保险科技服务公司利用保险

---

① 资料来源：中国银保监会《互联网保险业务监管办法》（以下简称《监管办法》），http://www.cbirc.gov.cn/。

② 专业互联网保险公司是经保险监督管理机构批准设立并依法登记注册的，不设分支机构，可在全国范围内开展互联网保险业务的保险公司。资料来源：《监管办法》，http://www.cbirc.gov.cn/。

③ 双边平台指连接双边市场的连接中介，是两组参与者进行交易的中间层或平台，其中一组参与者加入平台所获的收益取决于加入该平台另一组参与者的数量（纪汉霖，2006）。因此，双边市场具有网络外部性。双边平台企业是指经营双边平台的企业。

④ 互联网保险行业市场主体，即经营互联网保险业务的主体，指从事互联网保险业务的企业或平台。资料来源：中国商务部，http://tradeinservices.mofcom.gov.cn/article/zhishi/jichuzs/201901/77233.html。

科技[①]赋能保险机构，具体表现为运用大数据技术为保险机构提供线上承保、保全和理赔服务，并参与互联网保险平台的开发、运营和维护。

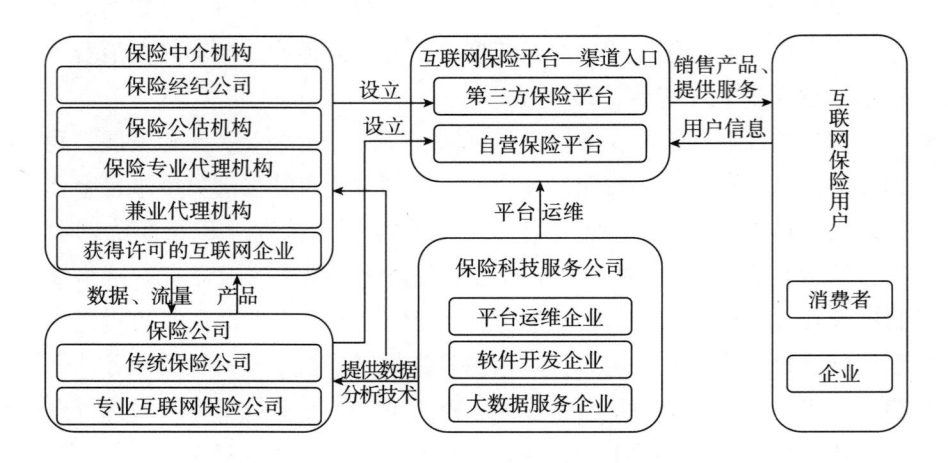

**图 8-1 互联网保险产业链**

资料来源：方正证券、亿欧智库。

互联网保险行业借助互联网保险平台的渠道拓展作用，正逐渐从单一的产业链向多方联合共赢的产业生态圈拓展。保险公司经由线上渠道向消费者出售保单或提供服务，往往需要多方共同搭建桥梁，促使供给端与需求端沟通与交易。而互联网保险平台承担了桥梁的作用，引进了平台运维企业、软件开发企业、大数据服务企业等多个参与主体，并衍生出了互联网保险平台企业多样的商业模式。多元的参与主体和商业模式增强了保险公司与客户间的交互式信息交流（李红坤等，2014），充分利用了行业资源，有助于打破保险行业的垄断型市场结构（洪结银、许瑾，2019），提高保障效率。

---

① 类似金融科技（FinTech），保险科技（InsurTech）指保险科技服务公司、保险公司和保险中介机构综合运用大数据、人工智能等技术手段，克服行业痛点、推动保险创新，形成对保险市场、机构及保障服务产生重大影响的商业模式、技术应用、业务流程和创新产品。宏观上，保险科技行业的范畴包含互联网保险行业。保险科技服务公司运用保险科技，为保险机构提供解决方案，支持互联网保险业务，改善保险机构的运营流程及运营效率。资料来源：金融稳定理事会（FSB）、UBS。

## （二）互联网保险行业特点

保单的线上销售是互联网保险行业的表象特征，流量变现是互联网保险行业的底层逻辑。互联网保险行业促进了保险公司与客户的高频互动，其具有营销渠道场景化、产品设计发挥长尾效应、注重用户体验等特点。

第一，互联网保险行业依托特定的互联网生态场景扩充自身渠道，深度挖掘消费者的保险需求。互联网保险行业开发的线上销售渠道是线下销售渠道的提效工具和补充媒介。一方面，上下游的社交场景能够增加平台触达用户的频次，提升保险机构所售产品的用户黏性[1]（谢平等，2012）；另一方面，随着消费场景[2]的互联网化，潜在的新风险激发了用户的新保障需求，平台企业提供的产品与服务能在新场景中精准切中用户需求（见图8-2）。营销渠道场景化使保险产品更高频次、更精准地触达消费者。例如，机票预订场景下的航空意外险和网络购物场景下的退货运费险，其条款简单、交易便捷、投保费用低，频繁地曝光于消费者的日常生活，因此用户的消费意愿和频次较高。

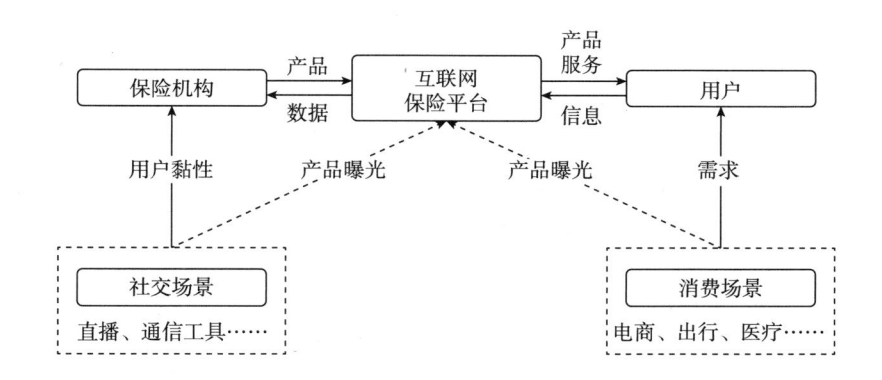

**图8-2 互联网保险行业营销渠道的主要场景**

资料来源：笔者根据公开信息整理。

---

[1] 用户黏性又称用户黏度，衡量了用户对保险机构产品和服务的忠诚、信任与良性体验等结合起来形成的对保险机构的依赖程度和再消费期望程度。

[2] 例如，在公益众筹场景下，用户对身体健康保障具有更为直观的认识，在一定程度上能够增强用户黏性，从而提升健康险的转化率。在航旅出行场景下，用户意外险的购买意愿会增强。

第二,互联网保险行业中的数字平台企业积极探索保险产品创新,设计多元化产品以发挥其长尾效应。互联网保险平台企业的核心特质之一是依托云计算、大数据等数字技术进行创新性产品设计与开发(朱健齐、欧誉菡,2018)。线下渠道的传统保险公司往往根据大数定律[①]进行保险设计,无法满足少数群体的个性化保障需求。而互联网保险行业将互联网的工具属性与保险业务的保障本质进行融合,依托用户数据对保险产品的定价和承保风控模式进行细分,使保险产品更加多元化并发挥其长尾效应(王鹏鹏,2020)。

第三,互联网保险行业内的数字平台企业降低了保险公司与消费者间的信息不对称程度,注重提升消费者体验。互联网保险行业完成了销售渠道由线下到线上的转变,也创新了保险行业的经营方式和服务形态(周源,2021)。保险机构基于互联网平台开展保险业务,降低了保险公司与消费者之间的信息不对称程度,使消费者能够在平台上自主了解保险产品功能、选购保险产品(黄英君,2017)。此外,互联网保险行业致力于实现保险业务的全流程网络化[②]。借助保险科技和数据赋能,互联网保险平台企业能够实现更广泛的客户群体连接,增强承保、核保、保全和理赔服务的时效性,提升消费者的服务体验。

## 二 互联网保险行业发展概况

本部分介绍互联网保险行业的发展历程、发展现状和发展趋势。互联网保险行业经历了近20年的发展,在云计算、大数据等数字技术的应用与赋能下,未来仍具有较大的发展空间。

(一) 互联网保险行业的发展历程

根据历史大事记(见图8-3),本部分将互联网保险行业的发展历程划分为萌芽阶段、探索阶段、多元积累阶段、快速发展阶段与技术创新阶段。

---

① 大数定律指在随机试验中,每次出现的结果不同,但是大量重复试验出现的结果的平均值却总接近于某个确定的值。大数定律是保险人计算保险费率的基础。风险单位数量越多,保险机构越可以较为精确地预测危险,合理地厘定保险费率。资料来源:深蓝保。

② 互联网保险平台的全流程业务包括产品售前的保险咨询、保险顾问,售中的投保核保、保单管理,以及售后的便捷理赔及业务延伸。资料来源:亿欧智库。

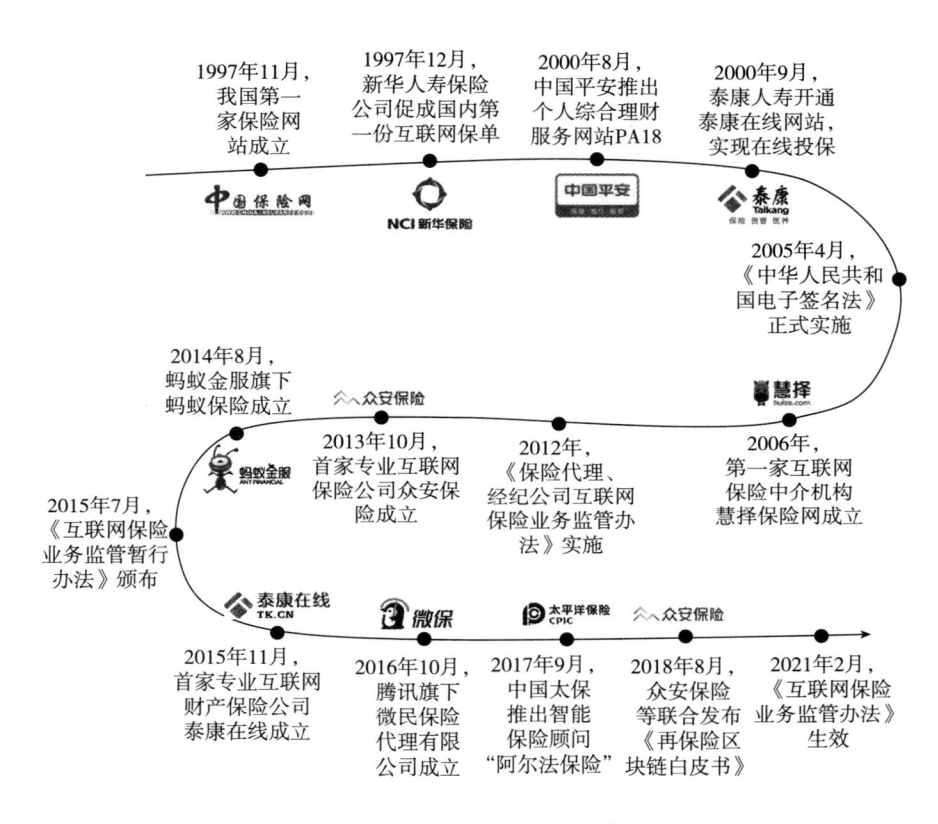

图 8－3 互联网保险行业大事记

资料来源：笔者根据公开信息整理。

1997—2004 年，互联网保险行业进入萌芽阶段，多家保险公司设立官方网站。1997 年 11 月 28 日，我国第一家第三方保险门户网站——中国保险信息网（现"中国保险网"）成立。同年，新华人寿保险公司在线上售出国内第一份保单。2000 年 8 月 1 日，平安公司正式推出个人综合理财服务网站 PA18。互联网的普及和发展促使很多保险公司建立官方网站，在线上渠道发布保险产品的相关信息。

2005—2007 年，互联网保险行业进入探索阶段，外部法律逐步完善，保险公司官网升级改造，消费者逐渐形成线上消费习惯。随着 2005 年 4 月《中华人民共和国电子签名法》正式实施，互联网保险行业进入探索阶段。保险公司的官网升级也有效地改善了保单在线销售的呈现方式。同时，第三方支付的发展促使消费者通过线上渠道获取保产品和服务。

2008—2012年，互联网保险行业进入多元积累阶段，线上保险渠道开始出现不同的经营主体。阿里巴巴等电子商务平台的出现和发展为互联网保险行业带来网络购物和线上支付等新场景，互联网保险行业的市场细分由此开始。在此阶段，保险公司依托电商平台或自设官方网站，以多种方式开展互联网业务；同时，向日葵网和优保网等第三方平台企业也相继出现，向消费者销售保险产品或提供保险咨询服务。

2013—2016年，互联网保险行业进入快速发展阶段，在相关政策的指引下，行业主体的多样性不断提升。得益于互联网用户数逐年积累，以及近年来互联网技术、电子商务、第三方支付趋于成熟，该阶段我国互联网保险行业发展势头迅猛。2013—2015年，众安保险、安心保险、易安保险和泰康在线四家专业互联网保险公司相继成立。互联网巨头腾讯和阿里巴巴也先后入局互联网保险行业，例如，腾讯成立了微民保险代理有限公司（以下简称"微保"），阿里旗下的蚂蚁金服（现蚂蚁集团）设立了保险科技平台（以下简称"蚂蚁保险"）[①]。随着行业主体的丰富，政策也对线上渠道做出了进一步指引。2014年8月13日，保险行业"新国十条"[②]出台，鼓励平台企业运用数字技术进行保险创新。

2017年至今，互联网保险行业进入数字技术赋能阶段，互联网保险平台企业在数字技术加持下不断创新业务模式、提升服务属性。在此阶段，互联网保险行业主体开始应用人工智能、区块链、大数据等技术为互联网保险业务赋能。2017年，中国太保推出业内首款AI保险顾问"阿尔法保险"。2018年，保险行业得到区块链的技术赋能，众安保险联合中再集团等公司发布《再保险区块链白皮书》。2019年，中国平安将"金融+科技"定义为核心主营业务，中国人寿发布"科技国寿建

---

[①] 为了入局互联网保险领域，2015年4月，蚂蚁集团成立蚂蚁胜信（上海）信息技术有限公司，主要提供保险相关技术服务；2015年9月、2016年7月，蚂蚁集团两次投资国泰财产保险有限责任公司，成为其控股股东。这两家公司也成为当前蚂蚁集团保险科技平台的重要支撑。资料来源：全天候科技，https://awtmt.com/。

[②] "新国十条"指国务院于2014年8月13日印发的《关于加快发展现代保险服务业的若干意见》。资料来源：中国政府网，http：//www.gov.cn/xinwen/2014-08/13/content_2734444.htm。

设三年行动方案"。未来，物联网、5G等前沿数字技术将会推动互联网保险行业的进一步发展，使互联网保险业务更好地打破时空的限制、实现全方位移动服务。

（二）互联网保险行业的发展现状

互联网保险行业以其渠道成本低和营销场景化的独特优势，对保险行业原有格局产生了冲击。然而，互联网保险行业仍存在产品同质化、售后服务不够完善等短板，需要寻找可持续的发展方式。

1. 市场规模

互联网保险行业经历了快速增长阶段和短期阵痛阶段，目前增长速度和渗透率趋于稳定（见图8-4）。互联网保险行业在经历了2012—2015年的快速增长后，其相关政策收紧，互联网保险保费规模从2016年起连年下滑，互联网保险渗透率①同步下降。2018年起，互联网保险行业缓慢复苏，自此互联网保险保费收入进入有序增长时期。2020年，中国互联网保费规模达到2909亿元，渗透率为6.43%。

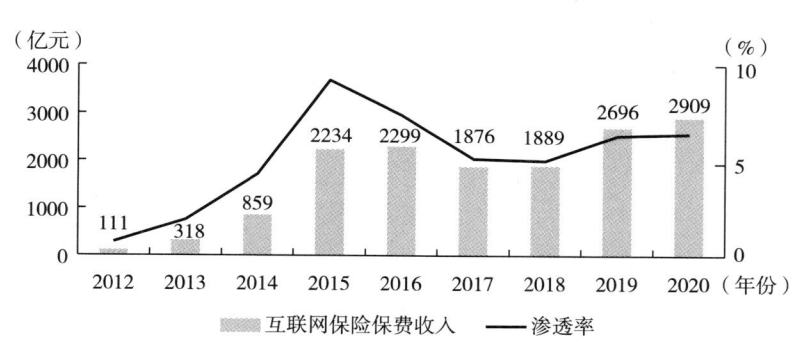

**图8-4 2012—2020年中国互联网保险保费规模及渗透率**

资料来源：中国银行保险监督管理委员会（以下简称"银保监会"）、Wind。

2. 险种结构

互联网保险产品的险种结构由人身保险（以下简称"人身险"）②

---

① 互联网保险渗透率＝互联网保险行业保费收入/保险行业总保费收入，下以简称渗透率。
② 人身险包含寿险、年金险、健康险和意外险，其中寿险包括万能险、投连险、两全险、分红险和其他寿险。

主导，目前人身险在互联网保险产品中的保费占比约七成。互联网保险产品可以大致分为人身险和财产保险（以下简称"财产险"，包括互联网车险和互联网非车险）。2013 年起，人身险在互联网保险产品中的比重不断上升。2015 年后，互联网险种结构从由财产险主导转变为由人身险主导（见图 8-5）。2020 年，互联网人身险保费收入为 2111 亿元，较 2019 年同比增长 13.6%；互联网财产险保费收入为 798 亿元，同比下降 4.85%。

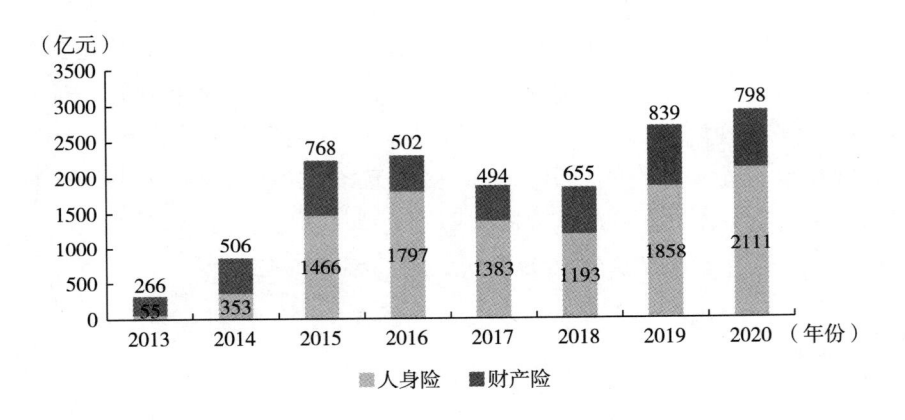

图 8-5 2013—2020 年互联网险种结构

资料来源：银保监会、Wind。

人身险方面，人身险保费在互联网保险总保费中占据主导地位，但政策风向的变化使互联网人身险发展受到冲击，拖累了互联网保险整体市场规模的增长。[1] 在互联网人身险的发展初期，万能险、投连险等理财型保险占人身险的比例过高，而理财型保险更易受到宏观政策风险的影响（汪秋湘，2008）。2016—2017 年原保监会收紧了对万能险和投连险的监管力度，引起了人身险险种组成的变化，也导致了此段时间人身

---

[1] 2016 年，原保监会规范中短存续期人身保险产品，将理财型保险产品纳入中短存续期产品的规范范围，网销万能险一度遭遇下架。因此，2016 年两全险保费同比下降 83%，年金险下降 27%。2017 年，在万能、投连险监管持续收紧的同时，原保监会规范了年金、两全险的保险设计要求。因此，2017 年万能险保费同比下降 85%，投连险下降 44%。资料来源：银保监会、艾瑞咨询。

## 第八章 互联网保险数字平台企业：拓展保险需求的新场景

险保费的负增长（见图8-6）。2019年以来，互联网人身保险保费的增长速度和互联网人身险渗透率趋于稳定。

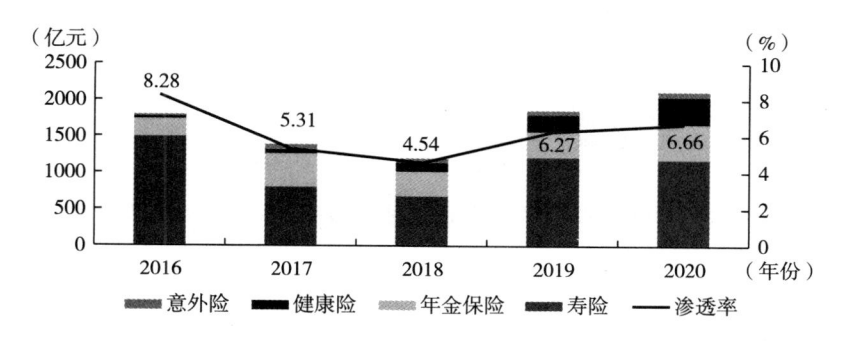

图8-6 2016—2020年中国互联网人身险保费结构

资料来源：银保监会、Wind、前瞻产业研究院。

财产险方面，受商业车险费改政策影响，互联网车险业务自2015年以来基本处于负增长阶段。2015年随着商业车险费率改革政策的推进，线上车险的价格不再具有优势，互联网车险业务向传统渠道回流。2017年原保监会印发《关于整治机动车辆保险市场乱象的通知》，加强对第三方平台企业经营车险业务的合规性管控[①]，互联网车险进入业务调整期。

互联网非车险业务保持快速增长的态势，在财产险中的比例增加。得益于互联网财产险向更多场景渗透，以及数字技术发展加速推动传统保险产品的互联网化，互联网非车险保费规模实现高速增长。2019年互联网非车险业务规模超过互联网车险业务规模，非车险业务占互联网财产险保费的比例高达67.26%（见图8-7）。2020年，互联网非车险业务规模维持正增长，但同比增速有所回落。

3. 市场结构

从供给端（经营互联网保险业务的保险公司）的市场结构来看（见表8-1），互联网保险行业整体市场集中度较高，但存在下降趋势。截至2020年，有61家保险公司开展互联网人身险业务，73家保险公

---

① 资料来源：中国政府网，http://www.gov.cn/。

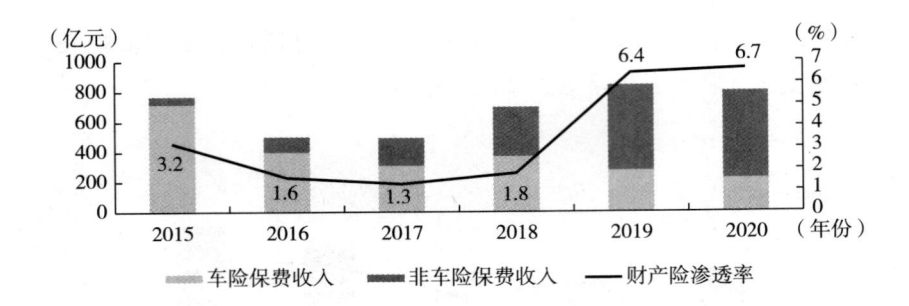

**图 8-7　2015—2020 年中国互联网财产险保费规模、分类及渗透率**
资料来源：中国银保监会、Wind。

司开展互联网财产保险业务。[1] 在互联网人身险领域，银行系保险公司表现突出[2]，其中中邮人寿以累计 380.2 亿元的规模保费位列首位。国华人寿、弘康人寿等中小保险公司也深耕互联网人身险业务，在线上渠道或能打破大型保险公司的垄断。在互联网财产险领域，财产保险公司的产品竞争趋于充分，市场集中度逐步下降。2020 年互联网财产险的 CR5[3] 为 54.9%，较 2019 年下降 14.5 个百分点。众安保险、安心保险、易安保险和泰康在线四家专业互联网保险公司增长迅速，2020 年实现保费收入 280.6 亿元，同比增长 19.27%。[4]

**表 8-1　我国互联网人身险及财产险市场集中度**

单位：%

|  | 互联网人身险市场集中度 | 互联网财产险市场集中度 |
| --- | --- | --- |
| CR5[3] | 57.2 | 54.9 |
| CR10 | 79.6 | 78.0 |

注：数据截至 2020 年 12 月 31 日。
资料来源：中国保险行业协会。

---

[1] 资料来源：中国保险行业协会。
[2] 包括中邮人寿、工银安盛人寿、建信人寿、平安人寿等互联网人身保险保费收入领先企业。资料来源：中国保险业协会《2020 年互联网人身保险市场运行情况分析报告》。
[3] CR5 指 5 个最大的企业占有该市场的份额。CR10 同理。
[4] 资料来源：中国保险行业协会《2020 年互联网财产保险市场分析报告》。

第八章　互联网保险数字平台企业：拓展保险需求的新场景

从渠道侧的市场结构来看，第三方平台企业的保费收入规模显著高于自营平台企业（见图8-8）。相较于运营自营平台的保险公司，第三方平台企业依托于特定的互联网场景，在一定程度上能够更好地激发用户的消费需求。在互联网财产险领域，尽管整体上互联网财产险保费增长乏力，但第三方平台产生的财产险保费依然保持快速增长态势。2018年起，互联网财产险的第三方渠道保费规模超越官方自营的保费规模。目前，第三方平台企业销售的互联网财产险占据主导地位。在互联网人身险领域，第三方渠道保费收入保持主导地位。

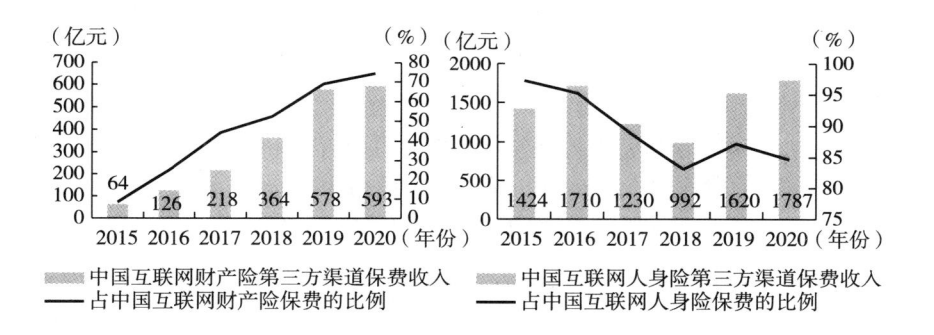

**图8-8　2015—2020年第三方渠道收入及占比（分财产险和人身险）**
资料来源：艾瑞咨询、Wind。

### （三）互联网保险行业的发展趋势

2020年年初的新冠肺炎疫情使保险行业线下渠道受到较大冲击，而线上渠道业务逐渐复苏。长期来看，保险科技逐渐成为保险行业的热点，未来保险和互联网将实现更深层次的融合。

1. 短期发展趋势

短期来看，新冠肺炎疫情的冲击间接导致线上渠道的单位获客成本[①]升高；但疫情加速了民众和保险机构的意识转变，也给互联网保险行业带来了发展机会。

第一，新冠肺炎疫情对互联网保险业务造成了冲击，这主要体现在

---

① 单位获客成本是指企业开发一个顾客所付出的成本。由为吸引客户、服务客户、保留客户而花费的各类销售费用之和，除以获取的客户数量而得。

365

增量业务[1]上。互联网保险平台企业的相关场景受到了需求冲击[2]，这推高了单位客户的营销成本，摊薄了线上渠道的成本优势。受新冠肺炎疫情影响，互联网保险存量业务出现投保人不再续保、承保保费减少的现象，但总体影响有限；而其增量业务则下滑明显，面临较大挑战。

第二，新冠肺炎疫情期间民众的风险保障意识增强，为线上健康险的发展提供动能。新冠肺炎疫情提升了民众的健康管理与风险保障意识，为保险机构普及保险知识提供了契机。在社会公众转移健康风险的需求推动下，线上健康险迎来了较大发展机遇（杨舒霏等，2020）。同时，面对消费者激增的保险需求，互联网保险平台企业开通问诊服务、设立疫情信息页面，在疫情透明化与抗疫知识普及等方面承担社会责任。

第三，自营平台企业发展趋势良好。互联网保险行业满足了新冠肺炎疫情期间消费者对线上投保的需求，刺激了传统保险公司进一步线上化运营。2020年上半年，自营渠道保费占互联网保险总保费的比例提升至18%，同比提升7%，保费同比增速达44.47%。[3] 新冠肺炎疫情初期保险公司普遍加大自营平台的营销宣传力度和对线上服务的投入，保险公司自营平台业务快速发展。

2. 长期发展趋势

新冠肺炎疫情后，互联网保险行业将保持较快的增长速度。尽管互联网保险行业的结构性问题仍有待解决，但行业在运营渠道、产品服务创新与场景应用方面存在一定的发展空间。

第一，在运营渠道方面，新冠肺炎疫情提高了用户对线上保险产品的接受程度，加速传统保险行业布局线上渠道。新冠肺炎疫情提升了保险普及度，推动了传统保险公司线上线下业务的结构改进。越来越多的保险公司加大科技创新投入，加入互联网保险平台企业的行列。互联网

---

[1] 就保险业而言，存量业务是指客户现有保单的续期业务，只要管理好用户资产就有收入；增量业务指需要新招揽的保单业务，要靠新增的顾客或交易量才能形成收入。

[2] 例如，车险受到新车销量、展业经营方面的限制，短期内遭受较大冲击；航意险、交通意外险等消费因出行或旅游计划的大幅下滑也将会出现下降。资料来源：36氪，https://36kr.com/。

[3] 资料来源：中国保险业协会、中国人民财产保险股份有限公司电子商务中心。

保险行业的数字化应用和平台企业的一体化解决方案助力中国保险市场长远发展。

第二,在产品和服务创新方面,数据对互联网保险行业的战略意义不断提升。作为支持新一代信息技术应用的关键要素,数字化转型是保险业未来发展的重中之重(周延礼,2019)。例如,新冠肺炎疫情期间老年人群的感染率、死亡率比其他年龄段更高[1],然而保险产品对老年人投保年龄限制较为严格,使老年人专属保险产品的有效供给不足。[2] 未来,互联网保险平台企业将针对特定人群的保险需求痛点进行数据采集与分析,以此设计结合群体情况的专业保障产品。

第三,在场景应用方面,互联网保险行业将与场景进一步融合,提升保障能力。互联网保险行业的科技应用与消费场景之间仍存在进一步融合的空间。随着5G、物联网等技术的不断发展和成熟,互联网保险行业的风险管控从事后补偿转向事前干预。互联网保险行业将向非保险业务市场如非保险金融服务(银行、证券等)、健康医疗、养老地产、汽车服务等市场延伸,挖掘多元化的服务需求,拓展保险产品的附加价值。

### 三 互联网保险数字平台企业的商业模式

不同的互联网保险平台企业有不同的商业模式。根据互联网保险平台企业在行业生态体系中的市场定位和相关关系,本章将第三方平台企业的商业模式分为以下三类:保险代理人模式、第三方流量模式和自有流量模式(见表8-2)。

表8-2 第三方平台企业商业模式及优劣势汇总

| 商业模式 | 优势 | 劣势 | 代表平台企业 |
| --- | --- | --- | --- |
| 保险代理人模式 | 营销成本 | 产品覆盖面 | 小雨伞 |
| 第三方流量模式 | 场景化 | 外部流量依赖程度 | 慧择 |
| 自有流量模式 | 客户流量 | 营销转化率 | 水滴保,微保 |

资料来源:中国政府网,http://www.gov.cn/。

---

[1] 2020年10月12日,世卫组织卫生紧急项目技术主管玛丽亚·范·科霍夫表示,以新冠肺炎疫情死亡病例数量和预计已感染新冠病毒的人数计算,感染新冠病毒后的死亡率大概为0.6%,而且会随着年龄增长而急剧上升。资料来源:光明网,https://www.sohu.com/na/424214098_162758。

[2] 资料来源:中国新闻网,https://baijiahao.baidu.com/s?id=1654608483192067063&wfr=spider&for=pc。

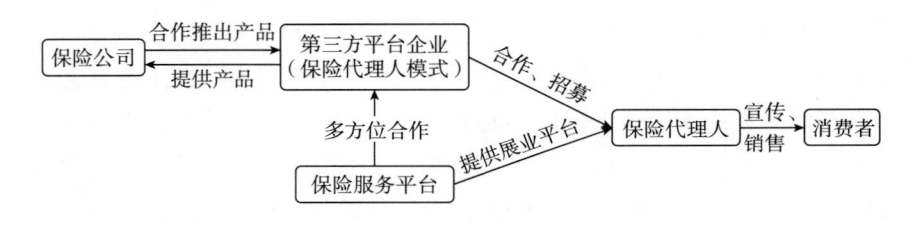

### 1. 保险代理人模式

保险代理人模式是指第三方平台企业通过其招募的保险代理人对接保险消费者，从而达成保险宣传与销售的模式。保险代理人模式中的第三方平台企业通过与保险服务平台[①]合作，为保险代理人提供展业的平台，同时通过代理人的线上或线下销售获取客源（见图8-9）。总的来说，保险代理人模式是传统保险公司代理人制度的线上化形式，降低了保险产品的营销成本。然而该模式下的第三方平台企业是保险公司的代理机构，保险代理人只能代理和推荐合作保险公司的产品，销售的产品覆盖面有限。

**图8-9 保险代理人模式**

资料来源：华创证券。

### 2. 第三方流量模式

第三方流量模式是第三方平台企业通过场景与流量平台向消费者进行宣传，利用外部流量获取客户（以下简称引流）与销售保险的模式。第三方平台企业一方面与保险公司合作，向其反馈用户数据、与其合作开发新产品；另一方面与面向消费者的场景或流量提供方合作，将其作为分销渠道推广产品（见图8-10）。场景或流量提供方多为社交平台中的保险内容运营博主、大V等流量红人，或旅行网站、健康网站等场景平台，其通过场景化运营的影响力为平台企业引流。为第三方平台

---

[①] 保险服务平台大多由保险科技服务公司设立，是赋能保险代理人、使保险代理人能够在线上渠道进行展业的平台。以微易保险师为例，其是一款致力于为全国300万保险人日常展业、增员、客户新增工作提供全方位服务的免费APP。作为一款代理人的展业宝典，保险师提供了丰富的助销工具，打造了一个可以进行跨公司产品展业的保险工具平台。资料来源：保险师官网，https://www.winbaoxian.com/。

## 第八章 互联网保险数字平台企业：拓展保险需求的新场景

企业提供技术服务的保险科技平台企业多为运营 SaaS 平台①的互联网科技公司，其负责向第三方平台企业、流量红人、场景平台等提供技术和服务的一体化解决方案。第三方流量模式下的平台企业拓展了保险场景，通过场景化运营激发用户的保险需求。但这类平台企业缺乏自身流量，导致其对上下游的议价能力不足，获利空间有限。

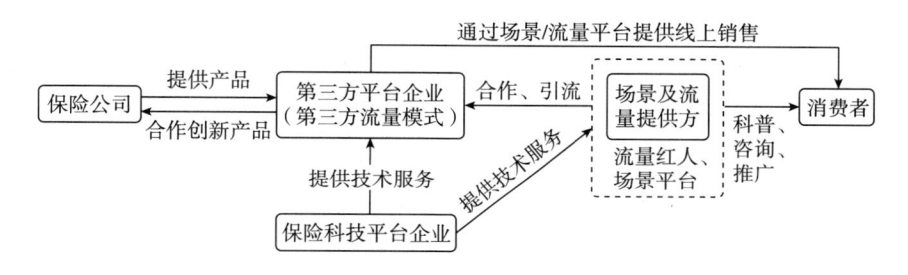

**图 8-10　第三方流量模式**

资料来源：华创证券。

3. 自有流量模式

自有流量模式是第三方平台企业在上游对接保险公司、在下游直接对接消费者的短链销售模式。采用自有流量模式的第三方平台企业分为垂直型销售企业和综合型销售企业两种。作为垂直型企业的代表，水滴保险经纪有限公司建立了水滴保险商城，依靠水滴集团内部的众筹、互助等与保险生态强相关的场景吸引用户，与保险公司合作，为用户提供保险销售和理赔服务（见图 8-11）。作为综合型企业的代表，蚂蚁保险和微保分别借助支付宝和微信的巨大流量，直接向消费者提供其代销的产品和服务。自有流量模式下的平台企业能够利用用户数据与保险公司合作改进产品，但因其缺乏主动营销的手段，用户转化率②较低。

---

① SaaS，是 Software-as-a-Service 的缩写，意为软件即服务，即通过网络提供软件服务。SaaS 平台是运营 SaaS 软件的平台。

② 互联网平台提升销售额的底层逻辑之一为销量 = 流量 × 转化率 × 客单价，转化率的定义为一段时间内最终交易保险的付费用户和这段时间内点进平台 APP 或官网浏览的人数之比。下文的转化率定义相同。资料来源：人人都是产品经理，https://blog.csdn.net/k7jz78gejj/article/details/79227669。

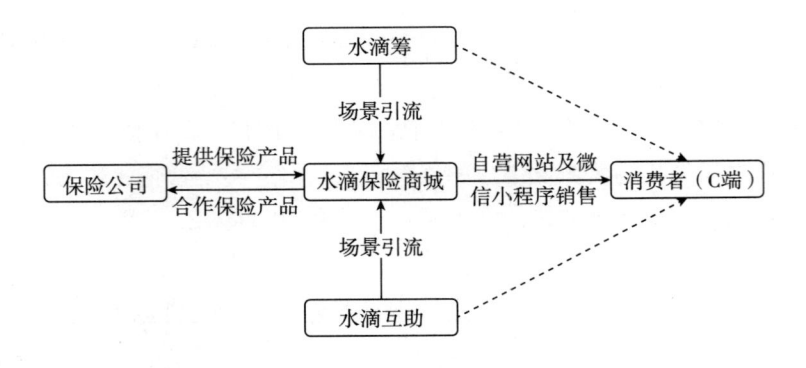

图 8-11　水滴保的商业模式

注：水滴公司于 2021 年 4 月 17 日向美国证券交易委员会递交上市招股说明书。为了进一步规避合规风险，水滴公司于 2021 年 3 月关停其水滴互助平台。

资料来源：水滴保险商城官网，https://www.sdbao.com/。

## 第二节　互联网保险行业代表性数字平台企业案例分析

本章选取微民保险代理有限公司（以下简称"微保"）和慧择保险经纪有限公司（以下简称"慧择"）两家互联网保险平台企业进行案例分析。微保和慧择分别是自有流量模式和第三方流量模式下的平台企业龙头。微保于 2018 年 1—6 月连续位居保险类小程序排名第一位[①]；慧择于 2012 年成为国内第一个投保用户达百万人的第三方平台企业，是目前中国最大的独立在线长期险经纪公司。此外，慧择和微保作为第三方平台企业，与产业链上其他主体的竞合关系相似。因此本章选择这两家企业作为案例分析对象。

### 一　微保：腾讯流量与技术赋能下的自有流量平台企业

作为背靠腾讯巨大流量的第三方平台企业，微保注重产品质量与供应商质量，借助腾讯在保险科技领域深厚的技术基础，逐步布局保险生态。微保凭借"严选+精品"策略，力图凭借精选产品与创新服务实

---

① 资料来源：微保官网，https://www.wesure.cn/index.html?wtagid=bcb4fbd2d5。

第八章　互联网保险数字平台企业：拓展保险需求的新场景

现行业领先。

（一）微保的发展历程

根据微保的发展大事记（见图 8-12），本部分将微保的发展历程划分为三个阶段：起步期（2017 年）、积累期（2018—2019 年）与发展期（2020 年至今）。

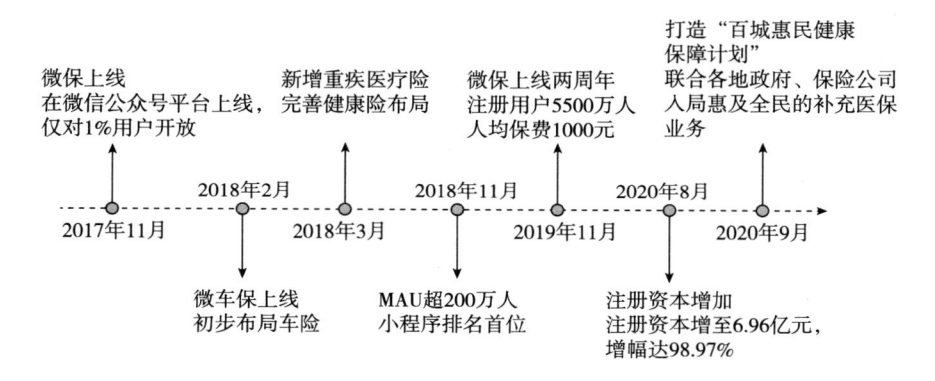

微保上线
在微信公众号平台上线
仅对1%用户开放
　　　　　　　2017年11月

　　　　　2018年2月
新增重疾医疗险
完善健康险布局
　　　　　2018年3月
微车保上线
初步布局车险

　　　　　2018年11月
MAU超200万人
小程序排名首位

微保上线两周年
注册用户5500万人
人均保费1000元
　　　　　2019年11月

　　　　　2020年8月
注册资本增加
注册资本增至6.96亿元，
增幅达98.97%

打造"百城惠民健康保障计划"
联合各地政府、保险公司入局惠及全民的补充医保业务
　　　　　2020年9月

**图 8-12　微保发展大事记**①

资料来源：微保官网，https://www.wesure.cn/index.html?wtagid=bcb4fbd2d5。

（1）微保的起步期——打磨产品以降低投保门槛。

在起步阶段，微保通过打磨产品条款、创新缴费方式以降低用户的投保门槛。2016 年 10 月 19 日，微保成立。2017 年 10 月 11 日，由腾讯持股 57.8% 的微保获得原保监会批准从事互联网保险业务。2017 年 11 月，微保上线微信九宫格②，借助小程序普及的契机为用户严选保险产品，并推出首款产品"微医保"③。在此期间，微保致力于打磨出简

---

① 图中的 MAU，即 Monthly Active User，指平台的月活跃用户数量。
② 微信九宫格，指微信在"支付"页面下的 9 个腾讯服务，微保的进入窗口在九宫格的右下方。
③ "微医保"是微保联合保险公司泰康在线推出的一款百万元额度的医疗险，是为意外和疾病打造的医疗险，报销社保外住院医疗费。资料来源：微保官网，https://www.wesure.cn/。

371

洁易懂的健康告知①，耗时2个月更改30余版微医保的健康告知，扩大对用户的保障范围。微保也在行业内率先推出押金垫付和保费月缴的服务，降低用户的投保门槛。

（2）微保的积累期——针对用户痛点提供增值服务。

在用户的积累阶段，微保积极整合供应链、提供增值服务，直击用户痛点。2019年3月，针对线上保单理赔环节上的服务空缺，微保推出免费的"微管家"服务②，全程协助用户理赔。同年5月，针对一般消费性商业健康险无法保障的院外购药需求，微保推出"药神保"，将商业医疗险、肿瘤医疗服务与特药服务进行优化组合，首次打通药品供应链。微保坚持"慢火炖精品"，截至2019年年末只上线了20多种保险产品，却建立起了完善的产品和服务渠道。

（3）微保的发展期——回归保障本质，实现长远发展。

在新冠肺炎疫情防控期间，微保切实提供高质量的保险保障与增值服务，谋求长远发展。面对新冠肺炎疫情中暴增的保险需求，微保及时提供风险补偿，积极缓冲突发事件对企业财产和居民健康带来的不利影响。2020年1月19日，微保携手安盛保险、丁香医生推出"医护保"。2020年2月5日，微保与泰康在线联合推出"微医保免费新冠肺炎保障金"。2020年8月，微保推出"百城惠民健康保障计划"，在多地与政府合作推出地方定制化普惠医疗险。可见微保秉持着"保险姓保"的宗旨，发挥"稳定器"作用（甄新伟，2020）。这不仅有利于实现其自身的长期发展，也能维护互联网保险行业稳定。

（二）微保的发展现状

微保以微信为入口开展保险业务，在获客方面有得天独厚的优势，并打造了细分领域的多个畅销产品。

从市场地位来看，微保处于互联网保险行业领先地位。截至2020年6月30日，微保拥有注册用户超过5500万人，并为其中超过2500

---

① 健康告知，即健康告知书。各保险机构在接受客户的投保申请时，要求其填写健康告知书，以说明客户的健康情况。保险机构一旦承保，健康告知书将成为保险合同的一个组成部分。

② 在微保购买健康险的用户均可免费开通该服务。资料来源：微保官网，https：//www.wesure.cn/。

万的消费者提供了保险服务①。微保抓住中国保险深度②较低的契机，坚持自身"普世""普惠""善良"的保险理念（见图8-13）。第一，微保作为入口级导流平台企业，利用自身数据能力设计针对特定人群的产品，扩大保障范围，提升服务能力。第二，微保严选合作保险公司、打磨产品条款，提升人们的投保意愿，其推出的押金垫付和保费"月缴"服务降低了用户投保门槛。第三，微保针对用户看不懂条款、甄别能力低的痛点，打通全流程服务，用"服务+信任"持续打造优质产品体验。

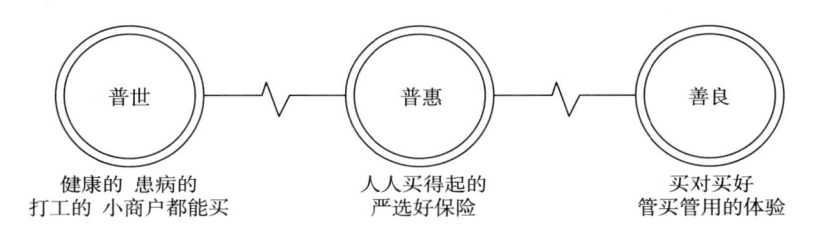

```
     普世              普惠              善良
  健康的 患病的    人人买得起的      买对买好
  打工的 小商户都能买  严选好保险     管买管用的体验
```

**图8-13　微保的保险理念**

资料来源：腾讯式保险构建信任资本，https://new.qq.com/rain/a/20200921A0D84E00。

微保针对用户痛点，打造了细分领域的多个畅销产品。微保作为国内特药商保的开拓者，借助海量用户数据，针对癌症治疗费用普遍高昂、存在较大保障缺口的痛点进行了保险产品创新。另外，微保较低的投保门槛和依托于微信生态的广阔流量促成了用户对微保产品的高复购率。例如，用户对"药神保"的平均购买单数为1.37单。③

1. 商业模式

微保凭借微信的自有流量，严选保险公司产品，赚取销售佣金。微保属于自有流量模式的第三方平台企业，其坐拥微信的巨大流量，也承载腾讯系平台的数据能力。微保凭借准确的客户画像与保险公司合作设计定制化产品，通过获取保费分成与销售佣金实现盈利。同时，微保向

---

① 资料来源：微保官网，https://www.wesure.cn/index.html?wtagid=bcb4fbd2d5。
② 保险深度衡量的是某一地区保费收入与该地GDP的比例，能够反映该地区的消费者参与保险的程度。
③ 资料来源：腾讯网，https://new.qq.com/omn/20190509/20190509A0NIP2.html?pc。

微信用户传输专业的保险知识，培育潜在保险用户。微保目前的购买渠道只有微信小程序，用户能通过微信享受保险购买、查询以及理赔等一站式的保险服务。

微保基于"普惠"原则开展产品定制，致力于做小而精的日常保障。微保对场景化的日常保险进行定制，为增值服务和保障范围做"加法"，给传统保险产品中的复杂条款做"减法"。微保从用户决策简单化和需求定制化入手践行产品创新，其产品价格亲民[①]，满足了用户低保费、高保额的普惠需求（见图 8-14）。

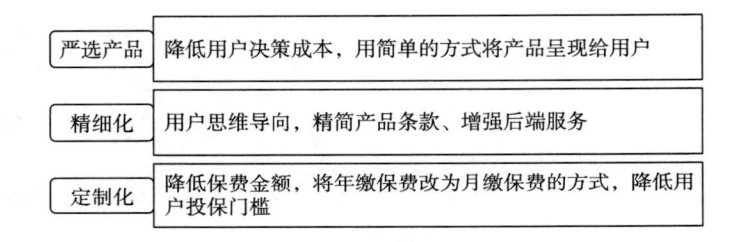

| 严选产品 | 降低用户决策成本，用简单的方式将产品呈现给用户 |
| --- | --- |
| 精细化 | 用户思维导向，精简产品条款、增强后端服务 |
| 定制化 | 降低保费金额，将年缴保费改为月缴保费的方式，降低用户投保门槛 |

图 8-14　微保的产品端的特色

资料来源：笔者根据公开信息整理。

腾讯系的微保依靠微信的社交流量以获取保险用户。一方面，微保接入微信小程序入口，具有获客优势，微信于 2020 年上半年达到 8.29 亿人[②]的 MAU[③]，基于此，截至 2020 年上半年微保也实现了 3000 万人[④] MAU。另一方面，微信社交场景中的规模效应为低频性的保险业务带来了较高的用户黏性（见图 8-15）。依托腾讯社交体系，微保的互联网保险产品可以通过用户朋友圈、群聊、视频号等推荐广泛传播，提高微保在微信用户中的渗透率。

---

①　药神保产品最低仅需 1 元，连较为中端的百万医疗险，首月也仅需 3 元起，重疾险则 3.2 元/月起、长期医疗险 13.5 元/月起、守护家人寿险（返保费）仅 8.0 元/月。资料来源：微保微信小程序。

②　资料来源：腾讯控股 2020 年半年报。

③　此处季度的 MAU 为六个月 MAU 的平均值。

④　资料来源：微保官网，https://www.wesure.cn/index.html?wtagid=bcb4fbd2d5。数据截至 2019 年末。

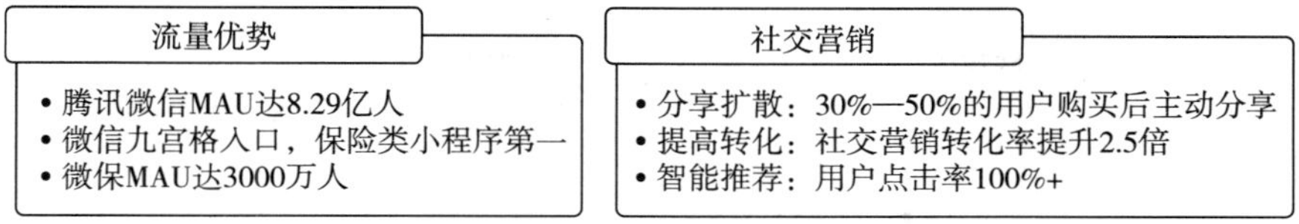

第八章　互联网保险数字平台企业：拓展保险需求的新场景

| 流量优势 | 社交营销 |
|---|---|
| • 腾讯微信MAU达8.29亿人<br>• 微信九宫格入口，保险类小程序第一<br>• 微保MAU达3000万人 | • 分享扩散：30%—50%的用户购买后主动分享<br>• 提高转化：社交营销转化率提升2.5倍<br>• 智能推荐：用户点击率100%+ |

**图 8-15　微保的用户端的优势**

注：数据截至 2020 年 6 月 30 日。

资料来源：笔者根据公开信息整理。

2. 企业特点

一方面，微保以用户的信任为基石，坚持瞄准用户痛点设计产品、提供增值服务。用户信任是微保最核心的护城河[1]。微保从消费者痛点出发设计公益性的保险产品，并对产品持续打磨，让保险产品回归保障本质。此外，微保重点布局惠民保[2]，基于地方政府的信用背书设立"全民保"板块，打通自身与官方医保的数据资源，在拓展获客途径的同时增强了保险服务综合能力。

另一方面，微保以用户为中心，在产品与服务上进行了深层次创新。产品上，微保做出了住院费用押金垫付、保费月缴等多个创新举措，引领了互联网保险行业的变革。服务上，针对传统渠道上用户信息劣势和话语权缺失的问题，微保推出微保管家提供 1 对 1 人工服务，借助微保的平台话语权帮助用户向保险公司索赔。此外，微保也针对健康管理和文明驾驶场景推出 Wefit 健康奖励计划、WeDrive 好车主计划，为消费者提供增值服务。以上都是微保在行业内的深层次创新举措。

3. 竞合分析

微保作为腾讯流量加持的第三方平台企业，与传统保险公司呈现适应型竞合关系，与其他腾讯系的保险平台和场景平台呈现伙伴型竞合关系。

---

[1]　护城河理论由巴菲特提出，护城河是指企业可持续的竞争优势，可以保护自己能够比较长期地抵抗住竞争对手的进攻，源源不断地获取利润。

[2]　惠民保是医保和商保的有机结合，具有保费低（一般在 30—100 元/年）和门槛低（有社保就能购买，没有年龄要求）的特点。目前该计划已在全国 30 多个城市落地。资料来源：微保官网、中泰证券。

第一，微保与传统保险公司有着高竞争、高合作的适应型竞合关系。从人才竞争上看，例如，微保等互联网巨头进军保险业造成了传统保险公司的人才流失。2020 年 8 月，平安产险原总经理助理周克俊加盟微保，出任总经理兼 CEO 一职。[①] 不只是微保代表的腾讯，阿里巴巴、美团等进军互联网保险行业的互联网巨头也开始储备保险行业人才，传统赛道上的保险公司面临人才流失风险。从产品合作上看，微保能够拓宽合作的传统保险公司的保障范围。2018 年，微保联合平安养老、泰康在线推出"全民保·医疗险"，微保正式推出产品时，将平安养老提供的健康告知中 69 种疾病缩减到 6 种疾病[②]。尽管健康告知的内容缩减间接增加了平安的经营风险，但"极简健康告知＋极低固定保费"的产品降低了消费者的投保门槛，为不能覆盖长尾人群需求的保险公司带来了发展的新机遇。

第二，微保与其他腾讯系的保险平台形成了伙伴型竞合关系，以构建保险全行业共赢链条。腾讯拥有齐全的保险牌照，同时布局了保险代理平台、保险经纪平台、专业互联网保险公司、相互保险平台等主体，成为全场景服务商。腾讯使微保与其他腾讯系平台形成合力（如表 8 - 3 所示），一方面实现资源打通与流量转化，另一方面增强保险生态圈的网络效应。

表 8 - 3　　　　　　　　腾讯系保险业务版图

| 腾讯系保险版图 | 领域 | 持股比例 | 入股时间 |
| --- | --- | --- | --- |
| 众安在线财产股份有限公司 | 互联网财产险 | 10.21% | 2013 年 11 月 |
| 水滴保险经纪有限公司 | 互助＋众筹＋经纪 | — | 2016 年 4 月 |
| 微民保险代理有限公司 | 保险代理 | 57.82% | 2016 年 10 月 |
| 和泰人寿保险股份有限公司 | 寿险 | 15%（第二大股东） | 2017 年 1 月 |

---

① 资料来源：雪球，https：//xueqiu.com/5235621208/156272144。
② "全民保·医疗险"的健康告知只有 1 条，即"被保人目前为患有下列疾病：癌症（含原位癌）、尿毒症、重型再生障碍性贫血、心脏瓣膜病、脑肿瘤、肝硬化"。考虑到用户担心将来保险公司会以自己未如实告知拒赔，微保还为其提供了投保前的智能核保功能。智能核保系统根据被保人告知的异常信息给出相关问题，被保人作答后，系统出具核保结论，如果能承保再完成投保流程。资料来源：微保官网，https：//www.wesure.cn/。

续表

| 腾讯系保险版图 | 领域 | 持股比例 | 入股时间 |
| --- | --- | --- | --- |
| 香港英杰华保险（香港） | 香港保险牌照 | 20% | 2017年3月 |
| 北京腾诺保险经纪有限公司 | 经纪 | 100% | 2019年1月 |
| 三星财产保险有限公司 | 境外保险牌照 | 32% | 2020年12月 |

注：数据截至2020年12月31日。
资料来源：中国保险家，https://baijiahao.baidu.com/。

第三，微保与场景平台合作，为消费者提供更多元化的增值服务。2020年1月，微保与丁香医生、丁香妈妈开展合作，通过"流量入口+优选内容"的方式共同为用户普及保险知识。同月，微保与腾讯健康、腾讯新闻合作，新增"全国发热门诊地图"和"疫情实时辟谣"服务，为患者提供就诊指引。微保与场景提供方合作，为消费者提供增值服务，这不仅实现了对潜在用户的营销，也发挥了平台企业对场景提供方和消费者的连接作用，形成了以微保为中心的生态闭环。

（三）未来展望

微保借助腾讯自身的流量以实现用户规模的迅速增长，但同时，微保未充分履行信息披露义务、流量转化率较低等短板或成其长期发展的掣肘。未来，微保将会从规范化经营、场景化运营、数字化赋能三方面进行尝试与拓展。

第一，微保未来会进一步规范化经营。线上渠道保险营销的边界模糊性是导致虚假宣传和用户投诉的主要原因。由于微保2019年在其投保页面使用不规范用语，未引导客户如实告知健康情况，2020年8月银保监会深圳监管局对微保罚款12万元。[①] 未来在我国进一步防范金融风险的大背景下，微保会顺应强监管的趋势，在做好保险知识普及的同时规范自身营销行为。

第二，微保会借助直播和普惠金融的保险行业风口进行场景化运营。背靠巨大流量的微保未来会丰富场景以稳固自身流量池。一方面，

---

[①] 2020年8月17日，深圳银保监局公示对微保的行政处罚。微保因在移动端"微医保—住院医疗"的网页重以"仅剩……份"进行营销，并在投保页面以"领取"代替"投保"，被处罚款12万元。资料来源：雪球，https://xueqiu.com/9382283224/157174047。

直播、短视频的风口缩短了平台企业与用户的沟通距离，微保会借助腾讯系直播和视频平台进行营销，并构建贯穿用户生命周期的保险教育体系。另一方面，在建立全民保板块的基础上，微保会加强与政府的合作，进一步融入我国保障体系。

第三，微保会利用保险科技赋能行业上下游，实现数据资产的连通和应用落地。微保可以发挥连接作用，与具有创新基因的上下游企业或个人合作以打通数据孤岛①，加速数字技术商业化应用落地。微保还可以顺应保险科技转型的行业趋势，借由腾讯的数字能力对潜在用户进行精准营销，推动科技对保险行业的赋能。

## 二 慧择：专业化渠道能力加持的第三方流量平台企业

作为采用第三方流量模式的第三方平台企业，慧择具有保险经纪公司的传统牌照优势，是行业中的保险通道中介②。但同时，慧择的间接销售收入占比过大，缺乏自身流量。如何保持先发优势，增强行业话语权，防范与化解牌照合规风险，将成为慧择未来发展的关键议题。

### （一）慧择的发展历程

根据慧择业务种类的扩充，本部分将慧择的发展历程划分为三个阶段：初创期（2006—2008年）、成长期（2009—2014年）与快速发展期（2015年至今）。

（1）不断摸索的初创期——提供一站式保险体验。

慧择在不成熟的互联网保险行业中摸索前进，致力于为用户提供一站式数字化保险体验。2006年，杭州保益联科技有限公司（现慧择保险经纪有限公司）创立慧择保险网。2007年，慧择上线"在线比较"功能，建立电话呼叫中心，从仅提供产品拓展到提供增值服务。2008年9月，慧择在合肥设立后援服务中心，并自建网上客服系统，为用户提供一站式数字化保险体验。当时的保险机构普遍将线上渠道作为产品销售的渠道，慧择的全流程一站式保险服务拓展了当时互联网保险业务

---

① 数据孤岛指数据在不同部门或者不同机构中相互独立存储、维护，彼此间相互孤立，没有实现通用和共享。

② 保险通道中介的模式指慧择与一些网络红人、公众号和场景平台达成合作，成为其牌照通道的商业模式。网络红人、公众号和场景平台为慧择引流的同时，从慧择上直接拿保险产品销售。这种合作关系形成了慧择的间接销售渠道。

的概念范畴。

（2）转型中的成长期——重视数据积累。

慧择保险不断积累用户数据、提升风控能力，逐渐专注于经营长期险产品。2010年9月，慧择启用保全交互系统，在系统加持下，慧择根据用户提交的齐全资料，在2个工作日内即可为用户办理完成保全事宜。2012年12月，慧择迎来第一份长期寿险投保保单，并基于其对用户行为线上变迁和行业数字化发展趋势的判断，决定转向深入经营长期险产品。2014年4月，慧择建立保险行业"黑名单"和保险防欺诈联盟库，上线了风控沟通平台"保险之家"[1]。慧择重视积累用户数据与提高自身的数据处理能力，深耕互联网长期险产品，占据行业先机。

（3）依托保险科技的快速发展期——技术赋能业务模式创新。

慧择依托大数据技术，以用户为中心多次进行业务模式创新。2016年，慧择率先公开其保单销售记录[2]，用户可在线查询自身消费记录等信息。2018年，慧择设立技术研发中心和保险科技研究院，开创C2B的保险定制模式[3]。2020年2月，慧择在纳斯达克上市（股票代码为HUIZ. NASDAQ）。随着越来越多的保险机构布局保险科技，慧择运用保险科技的步伐也开始加速。

（二）慧择的发展现状

慧择作为全球保险电商第一股，2020年其总保费收入已达30.2亿元，同比增长50%（见图8-16）。慧择作为中国最大的独立在线长期险经纪公司，具有入局时间早与目标客户年轻化的特点。

从牌照情况来看，慧择持有保险双牌照，奠定了其扎实的业内基础。慧择拥有全国性的保险经纪牌照[4]，也是最早获得银保监会批准保

---

[1] 域名为http：//www.inshome.cn/。
[2] 直至2020年10月1日，银保监会发布的《关于规范互联网保险销售行为可回溯管理的通知》才正式落地实施。资料来源：中国政府网，http：//www.gov.cn/xinwen/2020-06/30/content_ 5523037. htm。
[3] C2B定制模式指慧择采用联合开发的定制险参与保险产品生产。
[4] 保险经纪牌照指全国区域经营保险经纪业务许可证。

险网销资质①的第三方平台企业。慧择入局互联网保险行业的时间较早，持有保险双牌照，为拓展其间接渠道打下基础。

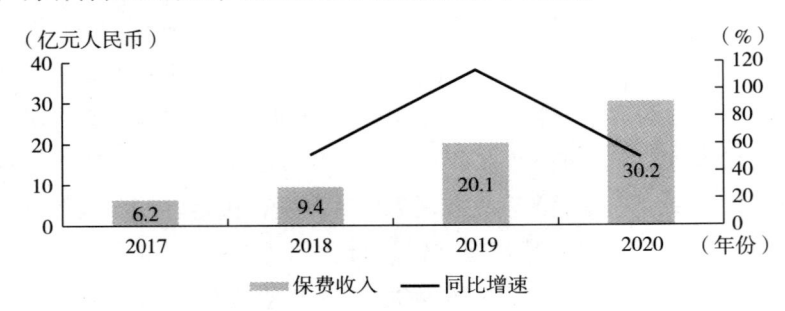

```
(亿元人民币)                                           (%)
40                                                    120
                              ▲                       100
30                                          30.2      80
                                                      60
20                   20.1                             
                                                      40
10       9.4                                          20
   6.2                                                0
    2017   2018      2019         2020     (年份)
        ■ 保费收入    ── 同比增速
```

**图 8-16　慧择的总保费收入及构成**

资料来源：公司公告。

慧择的目标客群为中高收入、习惯线上消费的年轻用户。慧择的累计被保险人在 2020 年年底达到 5760 万人。② 慧择专注于服务年轻客户，2020 年用户的平均年龄为 32 岁。从地域上看，慧择的主要客户群来自北上广深等中国一线城市。截至 2019 年 9 月 30 日，慧择在一线城市的保险客户数量占比高达 55.6%。③

1. 商业模式

慧择作为产销分离、纯线上销售的第三方保险机构，形成了保险一体化闭环④。慧择在产品设计中构建完整的保险"产品+客户+渠道"闭环（见图 8-17）。慧择在线上整合各大保险公司产品，通过平台的直接或间接渠道⑤向客户提供产品。同时，慧择将收集的客户信息整合

---

① 保险网销资质指经营互联网保险业务备案。尽管 2021 年 2 月 1 日起施行的《监管办法》规定，保险机构开展互联网保险业务已经不需要进行业务备案或申请业务许可；但保险网销资质给慧择的早期发展奠定了其扎实的业内基础。资料来源：中国政府网，http://www.gov.cn/zhengce/zhengceku/2020-12/14/content_5569402.htm。

② 资料来源：Oliver Wyman、公司公告。

③ 数据截至 2019 年 9 月 30 日。资料来源：慧择保险网招股说明书。

④ 保险一体化闭环，是指在多条直接和间接渠道销售的基础上，慧择为用户提供从保险产品的购买、理赔到保全一条龙闭环式产品与服务。资料来源：金融时报，http://bank.hexun.com/。

⑤ 直接渠道对应慧择的直接销售模式。直接销售模式指慧择通过线上广告、搜索引擎等方式直接获取客户的盈利模式。间接渠道对应慧择的间接销售模式。间接销售模式指慧择借助第三方的场景平台或网络红人进行营销，从而间接获取客户的盈利模式。

第八章　互联网保险数字平台企业：拓展保险需求的新场景

后提供给保险公司，为合作的保险公司提供定制化产品开发、智能承保和风险管理解决方案。

图 8-17　慧择的商业模式

资料来源：普华永道、水滴保险研究院。

收入结构上，慧择的经纪业务占据主导地位。慧择经纪业务的收入主要来自保险公司保费的佣金分成。2017—2020 年，慧择经纪业务带来的总佣金收入占总收入比例较高，分别为 95.5%、99.0%、99.1% 和 99.6%（见图 8-18）。佣金收入占比过高意味着慧择过于依赖保险公司，其收入对保险行业的波动较为敏感。

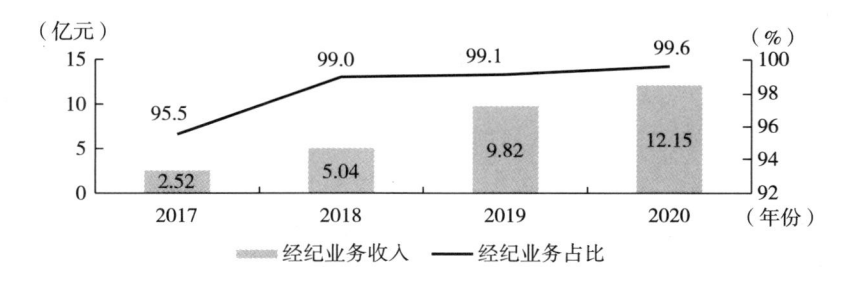

图 8-18　2017—2020 年慧择的经纪业务收入及占比

资料来源：公司公告。

盈利模式上，慧择属于"保险通道中介"，其经纪业务有直接销售和间接销售两种盈利模式。2019 年上半年慧择保险的收入结构中，间接销售占总营业收入的比例高达 74.5%，而直接销售的占比只有 24.7%。① 间接销售的实质是"引流+流量运营"，其核心逻辑是将保险的线下经纪人销售模式线上化，可见慧择具有保险通道中介的特点。

成本管理上，慧择的间接销售拓宽了获客渠道，但对第三方渠道的依赖也给慧择带来了巨大的成本压力。2017—2020 年，与慧择合作的营销号数量不断增长②，同时慧择的营销成本也逐步增长。过去三年慧择的渠道成本占间接销售的佣金收入达到 70% 以上，其中绝大部分是渠道营销费用，其中 2019 年前九个月慧择的渠道成本高达 4.23 亿元（如表 8-4 所示）。

表 8-4　　　　　　　　　慧择渠道成本占比较大

|  | 2018 年 1—9 月 | 2019 年 1—9 月 |
| --- | --- | --- |
| 渠道成本（亿元） | 1.84 | 4.23 |
| 间接营销的佣金收入（亿元） | 2.47 | 5.58 |
| 成本占比（%） | 74.4 | 75.9 |

注：数据截至 2019 年 9 月 30 日。
资料来源：慧择保险网招股说明书。

2. 企业特点

作为最早入局的第三方平台企业之一，慧择具有产品开发定制化与险种结构以长期险为主的特点。

在产品开发层面，慧择将产业链向前扩张，引导各保险公司合作共同设计定制化产品。一方面，截至 2020 年上半年，慧择已经与 70 家保险公司建立了签约的合作伙伴关系③。另一方面，慧择凭借其积累的行业与用户数据，构造了双数据池（用户需求数据池和保险产品数据池），进行产品设计优选、定制和组合，针对市场不同阶段的保障空白

---

① 资料来源：慧择保险网招股说明书。
② 营销号总量从 2017 年至 2020 年分别为 14564 个、16502 个、17050 个和 17584 个。资料来源：慧择保险网招股说明书。
③ 资料来源：慧择 2020 年第二季度报告。

## 第八章　互联网保险数字平台企业：拓展保险需求的新场景

形成定制产品体系①。2020年，定制化产品佣金收入在慧择整体佣金收入中占比超过40%。② 在C2B定制模式下，慧择的精算团队与保险公司合作制定保险费率，使保单定价更加合理。总之，慧择不只作为销售渠道，还重点参与了产品设计，这是慧择的比较优势，也是未来互联网保险平台企业的发展方向之一。

在险种结构层面，慧择的主营业务向在线长期寿险与健康险转型发力，有助于其长期的可持续发展。针对线上渠道长期险保障缺失的痛点，2018年后慧择的经营重点由短期险转为保障型长期险。慧择专注于长期险产品，2017—2020年其人寿和健康险占销售收入的比例不断提高（见图8-19）。长期险能为慧择带来稳定的经纪收入流，有助于互联网保险平台企业的长期发展。慧择的长期险主要是人寿和健康保险产品，如表8-5所示，其缴费方式大多为定期支付，整个支付期为2—5年，人身险的佣金率③和业务价值较高，同时能给慧择带来稳定的现金流。

表8-5　　　　　　　　　慧择不同类型产品的佣金率

| 产品类型 | | 第一年 | 第二年 | 第三年 | 第四年 | 第五年 |
|---|---|---|---|---|---|---|
| 人寿和健康险 | 定期付款 | 19%—110% | 2%—30% | 1%—20% | 1%—10% | 1%—8.5% |
| | 一次性支付 | 7%—54% | — | — | — | — |
| 财产及意外伤害险 | 一次性支付 | 10%—98% | — | — | — | — |

注：数据截至2020年12月31日。
资料来源：慧择保险网招股说明书。

---

① 慧择的每个定制系列拥有迥然不同的保障侧重点，如"慧馨安"专为少儿打造，"达尔文"重拳出击单次赔付性价比，守卫者则是市场公认的"多次赔付战斗机"，"芯爱"专注奋斗群体心脑血管疾病保障。资料来源：东方财富，https://baijiahao.baidu.com/s?id=1674880311462060226&wfr=spider&for=pc。
② 资料来源：慧择保险网2020年第四季度报告。
③ 佣金率=佣金收入/承销保费规模，测算出2017—2019年慧择的寿险及健康险平均佣金率分别为53.6%、56.6%、49.9%；财产及意外险平均佣金率分别为32.1%、46.5%、39.1%。资料来源：华创证券。

（百万元人民币）

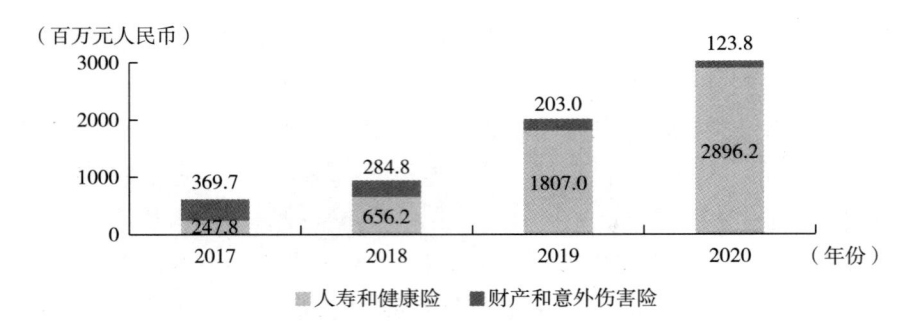

```
3000                                          123.8
                                    203.0
2000                                          2896.2
                          284.8     1807.0
1000     369.7            656.2
         247.8
   0
         2017     2018      2019     2020    （年份）
         ■ 人寿和健康险    ■ 财产和意外伤害险
```

**图 8 – 19　慧择的人寿和健康险产品保费收入占比不断提升**
资料来源：慧择保险网招股说明书。

### 3. 竞合分析

慧择作为第三方流量模式下的第三方平台企业，与其他互联网保险平台企业、场景平台及网络红人积极开展合作，拓展互联网保险业务的规模。

一方面，慧择与其他互联网保险平台企业呈现伙伴型竞合关系，慧择成为其牌照通道。由于慧择最主要的业务是为其保险合作伙伴承销保险产品，其产品池选择也较为丰富①。因此，其他平台企业能够直接从慧择上选取保险产品进行销售②，双方形成了合作关系。

另一方面，慧择与场景平台及网络红人呈现伙伴型竞合关系，多方共同打造自媒体营销矩阵。在营销产业链上，发挥引流作用的场景平台及网络红人拓宽了慧择的销售渠道。而慧择旗下的 2B 平台"齐欣云服"则帮助引流的场景平台及网络红人对接业务（见图 8 – 20）。众多间接获客的"小前端"作为流量入口，经由齐欣云服这一"大平台"聚合用户需求，帮助慧择构建间接销售渠道。③ 例如，营销公众号会展示保险知识普及和产品测评的相关内容，并插入相应产品的链接，为慧

---

① 截至 2019 年年底，慧择已与国内 68 家保险公司合作对接。资料来源：慧择保险网招股说明书。

② 多家保险流量运营团队承认在慧择上拿保险产品，直接销售给用户，"这样就绕过了无牌照销售的问题。"多宝鱼、蜗牛这些平台，都和慧择合作过。资料来源：一本财经。

③ BCG 合伙人兼董事总经理阮芳女士："在全面数字化转型并构建数字化能力的过程中，未来数字化组织将更多地呈现'大平台，小前端'的特征。"资料来源：波士顿咨询公司，https：//www.bcg.com/。

择间接引流；慧择则按照文章的浏览量与营销公众号进行分成结算。

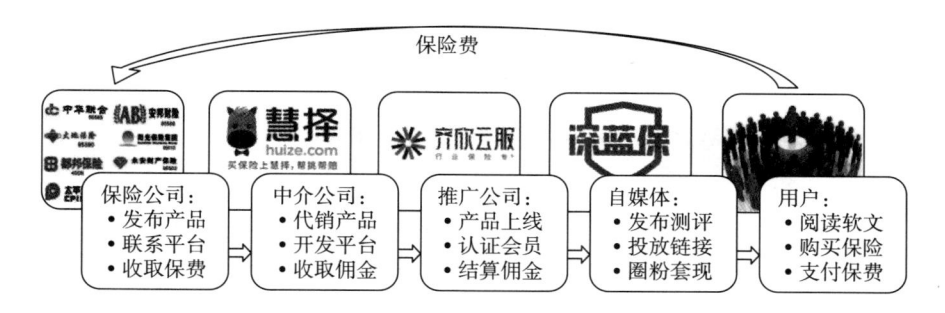

**图 8-20　慧择养号营销产业链**

资料来源：微信公众号、阿尔法工场。

### （三）未来展望

慧择作为第三方流量平台企业，过于依赖间接销售获取收入、缺少自身流量，需要提升直接销售的比例。同时，慧择作为牌照通道，其间接渠道面临的合规风险也在加大，需要对合作平台严格监管。

一方面，慧择会在2C端寻找可持续发展之路。慧择作为第三方流量平台企业，过分依赖互联网第三方内容分发渠道。长期来看，这种依赖势必导致慧择运营成本的增加。随着互联网流量红利逐渐削减，慧择未来需要提升自身品牌度，拓宽2C端的业务量以提升直接销售的比例。

另一方面，慧择会对合作平台和流量渠道严格监管。一些与慧择合作过的流量渠道尚未获得业务许可或完成监管注册。[①] 随着《监管办法》落地，慧择借助这类流量渠道进行保单销售、获取佣金的模式面临着更严格的监管要求。[②] 慧择未来会根据监管政策调整合作伙伴。

### 三　互联网保险数字平台企业的竞合模式分析

如今线下渠道的传统保险行业正在受到冲击，传统保险企业正积极

---

[①] 资料来源：慧择保险网招股说明书。
[②] 2021年2月1日生效的《监管办法》规定，通过微信公众号、微信群、微博等方式参与互联网保险营销宣传的行为，需要取得所属保险机构授权。也就是说，仅持牌机构自营平台可销售保险。资料来源：中国政府网，http://www.gov.cn/zhengce/zhengceku/2020-12/14/content_5569402.htm。

寻求线上化发展，与互联网保险平台企业形成了一定的竞合关系。同时，互联网保险平台企业凭借自身场景化和科技化优势拓宽长尾需求，与上下游企业积极合作，促进保险业在我国不断壮大。本部分重点分析互联网保险平台企业与传统企业以及其他平台企业的竞合关系。

（一）与传统企业的竞合分析

下文将分别介绍以第三方平台企业为代表的互联网保险平台企业与传统保险公司、传统线下保险中介的竞合关系，指出平台企业与传统保险公司之间的伙伴型竞合关系、与传统线下保险中介的对抗型竞合关系。

1. 第三方平台企业与传统保险公司：伙伴型竞合关系

第三方平台企业拓宽了保险产品的分销渠道，与传统保险公司呈伙伴型竞合关系。第一，互联网保险平台企业通过技术能力和数据资产应用促进了产业链上的行业分工，减小了传统保险公司的风险集中度。第二，随着第三方平台企业与保险公司的营销体系向场景化发展，传统保险公司也希望借助互联网场景增加曝光度。第三，部分保险公司分支机构的保险销售区域局限于注册地或少量省份，覆盖范围较窄，需要委托第三方平台企业在更大区域开展营销，双方形成了合作关系。第四，保险代理人模式中的第三方平台企业建立了智能化的展业平台，许多保险公司通过展业平台工具赋能营销员。基于此，部分传统保险公司从营销员模式向独立代理人模式[①]转型。

在第三方平台企业与传统保险公司的伙伴型竞合关系中，传统保险公司占据主导地位。消费者无论从自营渠道还是第三方渠道购买产品，最终都需要跟保险公司签约。第三方平台企业只是承接产品和用户需求的桥梁，在合作中处于被动配合的地位。然而，第三方平台企业能够通过产品定制化在一定程度上撼动保险公司的主导地位。在互联网保险产品定制化的浪潮下，第三方平台企业可以将产业链向前扩张，主动引导

---

[①] 独立个人保险代理人是指"与保险机构签订委托代理合同，不参加营销团队、自主独立开展保险销售的个人保险代理人"。保险公司的独立代理人模式相对以往的团队式营销员模式更加"独立"和"自由"，独立代理人不再受到过去金字塔式营销团队管理的影响。资料来源：《关于发展独立个人保险代理人有关事项的通知》，中国政府网，http://www.gov.cn/xinwen/2020-12/29/content_ 5574660.htm。

保险公司合作设计产品，满足消费者个性化需求。

2. 第三方平台企业与传统保险中介：对抗型竞合关系

第三方平台企业与传统线下保险中介之间呈现对抗型竞合关系。一方面，传统保险中介作为保险产品的线下分销商，与线上经营的第三方平台企业有着直接竞争的关系。另一方面，第三方平台企业在保险产业链中起到用户连接和价值创造的作用，部分替代了传统线下保险中介。

第三方平台企业的经营模式对传统保险中介造成冲击，线下保险中介正寻求转型。第三方平台企业拥有丰富的场景，能够借助期限短、理赔快的碎片化保险业务导入流量，从而改善部分传统保险产品固有的低频属性。这种模式冲击了渠道成本高与触及流量少的线下保险中介。因此一些线下保险中介也在通过收购、自建平台企业或与第三方平台企业合作的方式，积极拥抱互联网寻求转型[1]。

（二）与其他行业平台的竞合分析

本部分进一步关注其他行业的平台企业，分别讨论以第三方平台企业为代表的互联网保险平台企业与社交平台和直播平台、第三方支付平台以及其他平台的竞合关系。

1. 社交平台和直播平台：伙伴型竞合关系

社交平台和直播平台为互联网保险平台企业提供了引流的社交场景。在产品设计上，社交平台和直播平台赋予了互联网小额保险产品社交属性。例如，用户能在社交平台上求助好友，社交平台也能向用户征集产品升级体验，这有利于保险产品的传播。在营销环节上，互联网保险平台企业与社交平台和直播平台合作，借助社交网络上的自媒体、网络红人等主体的私域流量，引导用户成为企业的核心客户。在模式创新上，社交平台的场景还促使互联网保险平台企业进行创新。例如，一些第三方平台企业开创了"众筹＋互助＋保险销售"的商业模式。[2]

---

[1]  例如，泛华保险服务集团收购互联网保险平台——保网，其吹响转型互联网的号角，以"线上平台＋线下实体组织"的商业模式践行中介核心价值。资料来源：中国保险报，http://www.sdbzx.org/。

[2]  以水滴保为例，其商业模式为水滴筹、水滴互助、水滴保三级火箭的引流模式。"水滴筹"通过社交平台转发，助力没钱治病的患者群进行事后救助，同时无形中培育了消费者的保障意识，积累潜在用户并引流至其主营业务板块"水滴保险商城"和"水滴互助"，提供防患于未然的保障。资料来源：水滴保险官网。

互联网保险平台企业同时也是社交平台生态布局的重要组成部分。互联网巨头依靠其平台的渠道优势和社区属性带来的自有流量，争相建立互联网保险平台企业，使社交平台和互联网保险平台之间形成协同效应。互联网企业运用全新的思维模式入局互联网保险行业，各自开辟了最有利于发挥自身优势的渠道和模式（见表8-6）。尽管社交平台、直播平台和保险平台企业呈现"你中有我，我中有你"的伙伴型竞合关系，但不同互联网巨头主导下的保险平台企业、社交平台或直播平台之间大体呈现对抗型的竞合关系。

表8-6　　互联网巨头进入互联网保险行业的模式和原因

| 入局模式＼入局原因 | 流量场景化变现 | 保险业务协同 |
| --- | --- | --- |
| 专业互联网保险公司模式 | 2013年9月，众安保险由腾讯、阿里巴巴（后转为蚂蚁金服）和中国平安联手成立，其取得了国内首张互联网保险牌照。众安紧抓流量入口，利用科技赋能场景化销售 | 2018年11月2日，京东以4.83亿元成为安联财险第二大股东，拿下保险公司牌照。京东金融作为服务金融机构的科技公司，利用农村市场资源，把保险嵌入到整个农村金融产业链 |
| 第三方平台企业的自有流量模式 | 2017年7月，杭州保进保险代理有限公司（蚂蚁金服旗下）获得原保监会经营保险代理业务的许可 2017年10月，腾讯控股持股57.8%的微保获得许可，可经营保险代理业务 | 2011年，网易保险上线，其是网易与国内保险公司合作的一站式购险平台企业（保险超市），主要销售车险、意外险以及车主服务。由于未获得保险经纪等相关保险牌照，2018年10月起网易保险暂停运营 |

资料来源：前瞻经济学人，https://www.qianzhan.com/analyst/detail/220/180315-7533 8e44.html。

2. 第三方支付平台：竞合关系不尽相同

互联网保险平台企业与第三方支付平台为伙伴型竞合关系。一方面，互联网保险平台企业引入第三方支付平台后，互联网保险行业的资金支付和理赔效率得到提高，保险行业的服务水平也随之提升。另一方面，第三方支付场景下的资金安全问题也为互联网保险行业带来了新的保险需求。此外，互联网保险平台企业与第三方支付平台的合作也能够培养用户支付习惯，提高支付平台的用户黏性。

第三方平台企业和自营平台企业与第三方支付平台的关系不尽相同。由于第三方支付行业具有较高的政策壁垒，第三方平台较难在自身平台上建立支付体系，需与支付宝、微信等大型第三方支付平台建立长期的合作关系。而对于自营网络平台企业即保险公司而言，布局第三方支付是其进军互联网领域的重要环节。2014—2017年，中国平安、人保寿险等大型保险公司陆续拿到支付牌照、自设第三方支付平台。自营平台企业引入第三方支付平台能够使自身直销渠道形成闭环，提升其资金流转效率，实现外部优势内部化。因此，部分自营平台企业与第三方支付平台形成了对抗型的竞合关系。

3. 其他平台：对抗型竞合关系

其他平台包括与互联网保险产业链关联或提供互联网保险交易场景的平台，与互联网保险平台企业呈现对抗型竞合关系。例如，代理销售退货运费险的电商平台和销售出行意外险的航空公司和旅游服务类网站会在交易环节设置互联网保险产品的勾选购买选项，互联网保险平台企业仅参与电商、航空或旅游产业链中的风险保障环节。但这类代理渠道具有与险种强相关的场景，消费者的保险消费倾向较高，因此其占据了大量标准化小额保险产品的销售份额，对第三方平台企业产生了直接的业务冲击。

## 第三节 互联网保险数字平台企业的社会效应

当下人们的生产生活逐渐迁移至线上渠道，保险产品和服务通过互联网渠道逐步渗透到各类场景中。本节将由小至大分别阐述互联网保险平台企业对参与主体、保险行业发展和经济发展的影响。

### 一 互联网保险数字平台企业对参与主体的影响

保险消费者和保险公司是互联网保险平台企业的主要参与主体，同时由于保险行业与人民福祉息息相关，政府也在平台企业的发展过程中起到不可或缺的作用。本节将从信息对称、需求挖掘和消费者权益三方面分析互联网保险平台企业对消费者的影响，从价值链和销售渠道两方面分析其对供应商（保险公司）的影响，从监管思路、维持社会稳定和公共服务市场化三方面分析其对政府的影响。

（一）对消费者的影响

互联网保险平台企业通过构建信息透明化与交易场景化的平台，促进消费者和保险公司间的信息交互、激发消费者的深层次需求，但其销售流程也存在不规范行为，可能引发销售纠纷。

第一，互联网渠道使保险产品的价格更加透明，降低了消费者与保险公司之间的信息不对称程度。第三方平台企业提供的比价功能不仅有效降低了保险消费者的信息搜寻成本，还促进了消费者和保险公司之间的信息交互。因此，第三方平台企业提高了保险市场的竞争性，进而降低了保险价格（Brown and Goolsbee，2002），带来了更高的保险密度[①]（王静，2017）。

第二，在保险科技赋能下，互联网保险平台企业进行嵌入场景的创新，激发消费者的深层次保障需求。随着数字技术推动互联网生态的多元化发展，消费者面对的互联网使用场景越来越丰富，消费者行为越发向线上迁移。新的场景带来了新的不确定性，也产生了新的保障需求。平台企业能够根据场景迁移和数据分析进行产品和服务创新，以满足差异化的保险需求。保险科技不仅赋能平台企业进行嵌入场景的产品创新，同时也促进了保险相关应用场景的发展，进而激发消费者深层次的消费需求。

第三，互联网保险产品消费投诉量居高不下，保险销售纠纷影响消费者体验。2019年银保监会接到线上渠道的保险消费投诉1.99万件，同比增长88.59%。[②] 平台企业为了简化产品的销售流程，有时未严格履行信息披露义务，消费者的知情权、自主选择权和公平交易权得不到充分保障。此外，在保单销售过程中，销售误导和变相强制搭售等问题引起了销售纠纷，严重影响消费者的获得感。

（二）对保险公司的影响

互联网保险平台企业通过构建多主体的互联网保险行业生态，重构

---

[①] 保险密度是某一地区的人均保险费额，与保险深度类似，能够反映某一地区的消费者参与保险的程度。

[②] 资料来源：银保监会，《关于2019年保险消费投诉情况的通报》。

## 第八章 互联网保险数字平台企业：拓展保险需求的新场景

了保险公司的价值链，促使传统保险公司拓展销售渠道、拥抱保险科技创新。

第一，互联网保险平台企业拓展了保险产业链，从而重构了保险公司的价值链。在线下渠道，保险行业的价值链基本上就是保险公司的价值链，而传统保险公司价值链的集中可能带来行业风险的集聚。而在线上渠道，平台企业的多主体生态化发展使一些原属于保险公司的业务被分包出来。例如，在定价环节，一些第三方平台企业可以提供大数据定价支持和碎片化的保单设计等业务（王稳、张杨，2017）。一方面，这降低了传统保险公司的风险集中度，使保险公司收缩其业务范畴和运营流程，将其内部资源聚焦在风险控制、客户服务等领域。另一方面，这促进了保险产业链上的行业分工，拓展了保险产业链的广度。

第二，互联网保险平台企业倒逼传统保险公司探索新的业务模式。一方面，平台企业依托数据进行创新，使风险管理场景化，缩短了保险产品与消费者的距离。另一方面，第三方平台企业善于利用社交网络开展营销活动，这可以降低传统保险营销的成本，有利于克服保险公司自营平台用户黏性低的劣势。因此保险营销服务链条可由线下向线上快速拓展。在此背景下，传统保险公司选择O2O线上线下融合模式（Online to Offline 模式，以下简称O2O模式）进行突围。O2O模式将每个销售人员拓展成平台的一个节点，借助平台企业的渠道能力为销售人员的营销和客户维护赋能。相比纯线上模式，在售前和售后等环节，O2O模式能够基于客户需求为非面对面的"冷销售"加温。

第三，面对互联网保险平台企业的挑战，传统保险公司积极运用保险科技，实现业务模式的转型升级。保险公司逐渐以科技赋能其核心业务流程，大型保险公司纷纷建立保险科技平台。此外，一些大型保险公司设立了保险科技子公司或金融科技平台企业，加快保险科技的应用步伐。例如，中国人保于2016年10月成立国内保险系首家金融服务公司——人保金融服务（上海）有限公司，推动了互联网保险业务、互联网金融与保险科技业务的融合。[1] 传统保险公司积极应对互联网保险平台企业的挑战，积极拥抱保险科技以实现转型升级，有助于形成良性

---

[1] 资料来源：腾讯财经，https://finance.qq.com/a/20160426/044938.htm。

的行业竞争氛围，促进保险行业高质量发展。

（三）对政府监管和服务的影响

随着互联网保险行业的快速发展，互联网保险平台企业不仅改变了政府的监管思路，也能够助力政府维持社会稳定、推进公共服务。

第一，互联网保险平台企业蓬勃发展优化并细化了政府的监管思路。一方面，互联网保险平台企业的发展和创新推动了金融开放，是政府监管思路从事前审批逐渐转向事中、事后监管[①]的推动力之一。另一方面，互联网保险行业主体众多、行业创新层出不穷，使政府在政策制定中逐渐细化对第三方平台企业的监管条目，明确各方责任。

第二，互联网保险平台企业为新型消费生态提供保障，助力政府维持社会稳定。对政府而言，保险产品具有一定的公共属性，且保险产品的保障属性也能够发挥社会稳定器的功能。随着居民的社交、医疗、购物等活动逐渐迁移至线上，生产生活领域也出现了新的风险点。互联网保险行业的数字化转型提升了互联网保险平台企业识别风险的时效性，平台企业的各项创新产品能够为居民的各类新型消费提供保障，从而助力政府维持社会稳定。

第三，互联网保险平台企业有助于政府推进公共服务市场化。具有资质的保险机构可以与政府开展合作，推进养老和医疗保险服务[②]。平台企业在覆盖长尾需求和践行普惠金融上具有重要作用，其受托开发社会公共服务型产品、承接小微企业和"三农"主体的保障服务，可以有效支撑政府服务，提升公共服务效率。

二　互联网保险数字平台企业对保险行业的影响

作为技术赋能和金融普惠的着力点之一，互联网保险平台企业颠覆了保险行业传统的经营理念，拓展了保险市场边界，革新了保险运营流程。

第一，互联网保险平台企业引导保险行业从"产品思维"向"用

---

① 2021年2月1日生效的《监管办法》强化了监管机构的事中事后监管，保险机构不需要进行业务备案或申请业务许可，只要满足《监管办法》的规定，即可开展互联网保险业务。

② 资料来源：《国务院关于加快发展现代保险服务业的若干意见》，中国政府网，http://www.gov.cn/。

户思维"进行转变，进一步提升了保险行业的服务属性。"产品思维"模式下，保险产品被保险机构被动推销给消费者（赵占波，2017），用户需求有时会被机构忽略。而在保险平台企业的线上销售过程中，信息不对称被加速打破，消费者不仅能够更清晰地了解保险产品，也拥有更多的自主选择权。买卖双方权利的变化催生了互联网保险行业的"用户思维"模式。"用户思维"促使保险行业对用户行为轨迹、产品偏好等方面进行行为分析，并依据用户数据与需求改进产品。

第二，互联网保险平台企业顺应互联网特性，推动保险行业拓宽保障范围。一方面，平台企业利用大数据技术按风险特征细分并覆盖长尾用户群体，为互联网保险行业提供更广阔的客户源（陈琳，2014），也促使保险行业出现新的增长极（何德旭、董捷，2015）。另一方面，数字技术提升互联网保险行业的产品定价与风险控制能力，扩大可保风险的范围，以保险期限碎片化和保费碎片化降低投保门槛、扩充被保人群。

第三，随着互联网渗透到保险的全产业链中，互联网保险平台企业将对保险行业的运营流程进行革新。一是平台企业通过大数据技术实现了消费者和保险产品的网状连接，在产品定价和创新方面提升了保险业运营的专业化水平。二是平台企业打破了保险行业单纯销售产品的传统思维，其借助保险科技将平台打造成用户导向的风险管理整体解决方案提供方。三是保险机构的固定资产成本、人力资源投入等支出大幅减少，而运营成本的减少使产品费率具有更加充足的下调空间，线上渠道的保险机构能够进一步回馈客户。

### 三 互联网保险数字平台企业对经济发展的影响

互联网保险行业作为保险业在线上渠道的数字化、场景化拓展，对经济发展有着不可或缺的作用。具体而言，互联网保险平台企业具有促进普惠金融发展、服务实体经济和培育社群经济[①]的作用。

第一，互联网保险平台企业促进普惠金融发展，提高了资本配置效率。一方面，传统金融机构无法有效满足小微企业和部分个人客户的长

---

① 社群经济是指互联网时代，一群有共同兴趣、认知、价值观的用户在一起互动、交流、协作，对产品品牌本身产生反哺的价值关系。

尾需求,从而导致金融排斥[①](王修华、邱兆祥,2011)。另一方面,我国互联网保险行业因其具有数字化的风险评估、风险定价和风险管理能力,成为我国普惠金融发展中不可或缺的基础模块。平台企业针对低收入群体和小微企业需求提供保险产品,通过大数据、物联网等技术降低了交易成本和信息不对称程度,提高了资本配置效率和保险保障的普惠程度。

第二,互联网保险平台企业服务实体经济,为小微企业提供风险保障。目前我国实体经济融资难、融资贵问题依旧突出,需要包括保险业在内的金融业同时发力,拓宽民营和小微企业融资渠道(周延礼,2019)。互联网保险平台企业作为互联网金融的一部分,在供给侧着力于服务小微企业,能够提升金融服务实体经济的水平。平台企业为民营企业和小微企业提供企业财产保险、信用保证保险、责任保险,为小微企业面临的财产损失、融资难问题等多类风险提供了保障。

第三,互联网保险平台企业培育社群经济。保险平台企业通过自营社交场景或与社交平台合作,赋予互联网保险产品社交属性,同时借助社群经济搭建私域流量池。这不仅推进了保险知识普及,也增加了保险用户获得感。另外,新冠肺炎疫情的常态化也让消费者对"非接触"的需求越来越大。保险平台自身的社交属性为后疫情时代经济复苏提供了强大支持。

## 第四节 互联网保险数字平台企业发展面临的主要问题

本节将从宏观、中观、微观三个层面梳理互联网保险平台企业面临的主要问题,宏观层面分析法律法规、监管范围等因素导致的主要问题,中观层面主要分析互联网保险平台企业的普遍特性导致互联网保险行业面临的主要问题,微观层面主要分析互联网保险平台企业自身因素

---

[①] 金融排斥是指在金融体系中人们缺少分享金融服务的一种状态,包括社会中的弱势群体缺少足够的途径或方法接近金融机构,以及在利用金融产品或服务时存在诸多困难与障碍。

导致的主要问题。

## 一 宏观层面

互联网保险行业风险具有高度的复杂性，这为政府如何在行业合规发展的基础上保持包容审慎的监管态度提出了难题。一方面，互联网保险行业主体众多，且不同类型的产品线上化与线下化程度不同①。平台企业多样化的商业模式和产品创新考验着监管的时效性。另一方面，随着互联网保险行业更大范围、更大程度地与数字技术融合，可保风险的扩充也增加了风险累积的可能性。因此，宏观层面主要从政策与法律法规不健全以及监管范围模糊两个方面分析互联网保险数字平台企业发展面临的主要问题。

一方面，长期以来，我国互联网保险行业法律法规不够健全，在后端服务缺少相应的监管机制。一是国内互联网保险行业的快速发展与行业监管脱节，互联网保险行业相关法律法规存在监管缺位的问题，这使销售误导、强制搭售甚至代理退保等骗局时有发生，消费者权益缺乏有效保障。二是传统的保险监管主体主要包括银保监会、保险行业自律组织和保险信用评级机构等，唐金成和张淋（2021）认为各主体形成的监管机制实质是针对不同领域进行的市场准入管理，平台企业在保全和理赔的后端服务缺少相应的监管机制。

另一方面，政府对互联网保险平台企业间接销售行为和创新场景的监管范围界定模糊。一是监管对第三方平台企业于间接渠道的销售行为界定模糊。在2020年12月银保监会发布《监管办法》之前，监管并未对与第三方平台企业合作的场景平台和网络红人的销售行为作出明确界定。例如，微信公众号"深蓝保"介绍保险知识和保险产品并挂出跳转到第三方平台企业的销售链接，以此获取分成。② 在这种情况下，消费者权益受到损害时的责任主体难以明确，为消费者带来困扰。此外，用户和网络红人在朋友圈分享推荐产品的行为属于销售行为，目前监管也尚未明确其责任归属。二是众筹、网络互助场景的监管范围模糊

---

① 网销的传统保险产品，如定期寿险和车险等，除营销、销售外的承保、理赔等业务流程基本在线下完成，线上化程度最低、线下化程度最高；互联网安全类保险，如退货运费险和航空意外险等，其保险利益完全依附互联网行为，线上化程度最高、线下化程度最低。

② 资料来源：前瞻产业研究院，https://www.sohu.com/a/277394321_473133。

助长了平台企业无序创新。很多第三方平台企业进行产品创新时，以公益的名义将众筹、互助计划和保险产品混搭销售。① 然而，对于依托众筹、网络互助场景引流的保险销售模式，政策的监管范围较为模糊。尤其是众筹和网络互助不属于保险行业的监管范畴，却与保险产品销售相互杂糅，其销售的保险合规性存疑，也难以被有效监管。

## 二 中观层面

从行业层面来说，互联网保险行业发展面临着三大主要问题。第一，互联网保险行业的乱象困扰着消费者。第二，行业面临着用户信息泄露的隐患。第三，行业存在数据孤岛，业务流程不统一。

（1）互联网保险行业的乱象困扰着消费者。

由于互联网保险行业法律法规的不健全，行业内存在一定的乱象，困扰着消费者。具体而言，本小节列举了行业内的三大主要乱象：虚假宣传行为、未严格履行信息披露义务、强行销售行为。

首先，互联网保险行业存在虚假宣传行为，使部分消费者对互联网保险业务不信任。互联网保险业务中诸如"首月0元"的花式营销乃至虚假宣传的现象长期存在，这类表面创新的互联网保险产品不仅在一定程度上会误导消费者，还使消费者往往对互联网保险业务缺乏信任、对平台企业提供的增值服务多有顾虑。因此，消费者在线上渠道倾向于购买低保额、核保理赔简单的场景类保险，这加剧了平台企业在长期险市场的保障缺失，线上渠道中长期险种增长乏力。

其次，互联网保险行业存在未严格履行信息披露义务的现象，侵犯了消费者的知情权。出于对自身利益的追求，部分第三方平台企业的销售流程中未严格履行信息披露义务，存在弱化保险产品保障性质、风险提示不充分等行为，侵犯了消费者的知情权。例如，在线上投保环节，阅读健康告知后勾选的模式导致消费者与保险机构缺乏深层次的交流沟通，这与传统保险产品严谨审慎、明示风险的销售要求存在较大出入。

---

① 2015—2018年，未来互助、蝌蚪互助、同心互助、八方互助、比邻互助等数十家采用众筹和网络互助引流的保险平台企业倒闭。另外，阿里巴巴和信美人寿于2018年10月合作推出了相互保，该产品运营不到两个月就因涉嫌违规被监管部门责令停止销售，最终在2018年年底更名为相互宝重新上线。资料来源：人人都是产品经理，https://www.sohu.com/a/361900286_114819。

最后，互联网保险行业存在强行销售行为，侵犯了消费者的公平交易权。一方面，高频场景险在线上营销过程中存在强行搭售的现象。例如，一些网络金融平台与互联网保险公司达成合作，在消费者金融信贷中强行搭售小额保险，消费者想要获得网络金融平台的服务，就必须购买小额保险。另一方面，2020年6月前，我国对互联网保险业务的可回溯机制未进行强制性要求[①]，"被保险"[②]事件频频发生（朗波，2020）。消费者即使意识到自身"被保险"，也难以取证，维权难度大。虚拟性和隐蔽性等互联网特性导致互联网保险行业强买强卖行为泛滥，侵犯了消费者的公平交易权。

（2）互联网保险行业面临用户信息泄露的隐患。

保险机构进行创新的前提之一是保证交易过程中的信息安全。用户信息不但涉及用户隐私，也是保险机构的核心资产，一旦泄露会造成较大社会问题。然而，互联网保险行业中的各主体在进行互联网保险业务时，需要收集并集中处理大量信息数据，这导致互联网保险行业的信息泄露风险较线下渠道更大。用户信息的营销价值甚至催生了"用户数据交易"的灰色产业链。例如，2020年11月3日，瑞典最大的保险公司Folksa将近100万客户的个人信息数据泄露给了Facebook和Google等社交媒体，泄露信息包括敏感个人数据如个人社会保险账号和保单交易记录等。[③] Folksa本想通过数据信息的交易和分享达成线上渠道精准营销和定制化报价的目的，却引发了信息安全问题。

（3）第三方平台企业难以有效利用与保险公司合作时获取的行业数据，合作时的业务流程也难以统一。

一方面，行业数据没有统一标准，平台企业易形成数据孤岛。平台企业与保险产品的对接过程涉及很多关键且通用的基础数据，但目前不

---

[①] 2020年6月，银保监会发布《关于规范互联网保险销售行为可回溯管理的通知》，要求通过对保险公司、保险中介机构记录和保存保险销售过程关键环节实行同步录音录像（以下简称"双录"），加强金融类产品的全过程风险管理。资料来源：中国政府网，http://www.gov.cn/。

[②] "被保险"常见于互联网支付服务，消费者往往在支付费用过程中未留心查看页面不明显处默认打钩的自动购买小额保险服务，若未取消勾选，就会"被保险"。

[③] 资料来源：CSDN，https://blog.csdn.net/cc18629609212/article/details/109505723。

同保险公司数据并不互通，平台企业难以实现数据的有效利用。[①] 另一方面，保险公司与第三方平台企业对接过程中一些核心的业务流程不一致。例如，有的保险公司要求在互联网上投保时需要客户手写签字确认本人身份，而有的公司只需要手机验证码，有的公司则不需要验证。业务流程不统一不仅会降低用户对投保体验的获得感，也对平台企业的系统兼容性提出了一定要求。

### 三 微观层面

在微观层面，部分互联网保险平台企业在产品端出现了产品创新力度不足与产品附加值较低的问题，在供给端出现了依赖外部流量、合作的保险公司规模较小的问题，另外还存在保险业务全流程各有不足的问题。

（1）互联网保险产品的创新空间小，附加值较低。一方面，互联网保险产品缺少数据积累，创新力度不足。互联网保险平台企业的产品创新扩大了可保风险的范围，但由于针对新风险的创新型产品缺少历史数据的积累，平台企业在该类产品的设计上仍面临定价风险。另外，一些平台企业为了打造"爆款"产品、提升机构知名度，进行表面化的产品创新，如赏月险、失眠险、雾霾险等博眼球的噱头保险产品。其中个别保险产品甚至违背保险基本原理和"保险姓保"的初衷。另一方面，互联网保险产品附加值较低，同质化严重。第三方平台企业销售的大多数保险产品场景化和标准化的程度较高，这类保险产品形态简单、用户门槛低、用户购买频次高，更适用于线上销售。但标准化产品的溢价较低，产品的模仿壁垒往往也较低，这加剧了互联网保险行业的同质化竞争。例如，2016年众安保险推出互联网医疗险"尊享e生"，该款产品以较低的保费和较高的保额广受消费者欢迎；同年，泰康在线也推出名为"尊享医疗"的医疗险，同样以低保费高保额作为卖点。产品的同质化与低模仿壁垒使平台企业之间的价格战此起彼伏。

（2）第三方平台企业过分依赖外部流量，合作的保险公司规模较

---

① 例如，目前每家保险公司各自统计并拥有的智能核保问卷数据，目的都是实现自动地对用户进行核保。但基础数据的种类和统计方式不尽相同，影响了互联网保险平台企业的数据利用和AI化进程。资料来源：上海诺疆商务咨询有限公司项目总监，https://zhuanlan.zhihu.com/p/142366649。

## 第八章　互联网保险数字平台企业：拓展保险需求的新场景

小。一方面，第三方平台企业过于依赖外部流量，盈利空间不断被压缩。很多第三方平台企业的销售能力来源于间接销售渠道的拓展能力，对外部的社交场景和流量过于依赖。由于保险产品的低频属性，消费者的保险需求缺乏主动性，平台企业仍需在间接销售场景下进行持续的保险营销以引导用户购买保险产品。另外，第二节提到，保险公司与第三方平台企业的伙伴型竞合关系由保险公司主导，而正是这种竞合关系使第三方平台企业的盈利空间有限。因此，第三方平台企业依赖外部流量进行保险销售并非长远之计。另一方面，由于合作的保险公司规模普遍较小，第三方平台企业在定制化产品设计中缺少足够的数据积累。对于第三方平台企业而言，其上游一般只有中小保险公司愿意与其合作。大型保险公司自身拥有流量，往往经营官网直销平台、拥有庞大的代理人团队，无须与第三方渠道合作以分割利润。因此，第三方平台企业难以获取优质上游合作方，其上游保险公司的规模普遍较小。而小保险公司在经营中积累的案例和数据量较少，第三方平台企业难以准确捕捉用户需求从而完成产品定价与需求定制。

（3）互联网保险业务全流程各有不足。互联网保险业务是传统保险业务的线上化创新，具有线上渠道非面对面交易的特点，因此互联网保险平台企业目前在"获客、投保、核保和理赔"全流程业务的各个环节各有不足。

首先，由于增量市场需求被动性及线上渠道技术水平的限制，互联网保险平台企业较难在线上获取高价值用户。这是由于增量市场对线上渠道的专业化要求较高。平台企业要想实现差异化竞争，不能只把眼光放在存量市场，还需挖掘增量市场中的新用户需求。但一方面，增量市场中的需求具有被动性，对于那些保险条款复杂程度高的产品和服务，平台企业需要进行个性化沟通、了解个性化需求，主动提升客户的感知价值和信任度，催化保单销售。另一方面，目前线上渠道的技术水平难以达到线下面对面交流的服务质量。这使平台企业在销售高附加值保单方面遭遇瓶颈。

其次，由于线上交易的虚拟性，互联网保险平台企业在投保和核保环节面临更高的交易风险。目前，线上投保业务流程大多采用用户阅读健康告知后勾选的模式。相较于线下的实际投保流程，平台企业难以直接了解保险标的的风险水平，核保被保险人的难度较大。线上交易的虚拟性和信息不对称性使平台企业更难判断用户的身份信息和信用评级的真实性，导致了互联网保险产品的供应和需求存在逆向选择①的鸿沟。这加大了互联网保险平台企业的交易风险，对平台企业的甄别能力提出了更高要求。

最后，由于线上操作具有复杂性，互联网保险平台企业线上理赔效率、理赔流程完备性及抗风险能力有待提高。一是相较于前端投保的便捷性，用户在线上申请理赔的流程较为烦琐，需要备齐理赔资料；且用户等待理赔审核通过的时长也较长，平台企业的理赔效率有待提高。二是平台企业在线上完成保险事故的真伪辨别和损失衡量存在难度。由于仅凭图片和文字信息较难准确判定保险事故的真伪和损失，线上的理赔环节不仅容易使用户和平台企业产生意见分歧，还影响了用户对平台企业乃至互联网保险行业的信任度。三是对提供全流程服务的平台企业而言，后端服务环节非面对面的劣势也导致了一定的道德风险②。例如，在退货运费险的保障下，消费者在网购时倾向于购买多件不同型号的商品，试用后留下满意的商品，其余的进行退货操作，而此时平台企业的理赔机制自动生效。这对平台企业的风险管理能力和理赔结算能力提出了挑战。

## 第五节　互联网保险数字平台企业发展的主要影响因素

互联网保险平台企业的发展离不开政策的支持与约束，同时平台双边用户的行为、平台的管理举措也是影响平台企业发展的重要因素。本节将从外部因素和内部因素两个方面分析互联网保险平台企业发展的主

---

① 逆向选择，是信息不对称带来的一个问题。逆向选择是指市场中如果某一方掌握的信息比另一方的信息更多，该方倾向于利用这种信息差与另一方进行交易，使对方受损、使自己受益。

② 道德风险，是信息不对称带来的另一个问题。道德风险是指如果经济行为的主体无须承担其行动的全部后果，那么他们会在倾向于做出不利于他人行动的现象以最大化自身的利益。

要影响因素。外部因素包括政策因素与消费者因素两方面,内部因素指互联网保险平台企业自身因素。

## 一 主要外部影响因素

本部分将从政府政策与法律法规以及消费者观念变化和需求趋势来分析互联网保险平台企业发展的主要外部影响因素。

第一,政策与法律法规对互联网保险行业的长期规范发展有重要作用。随着互联网保险行业进入规范发展和技术创新阶段,相关监管部门进一步明确"保险业姓保"理念,坚持保险基本的保障属性。从外部监管来看,政府加强对信息安全的治理力度,细化互联网保险行业各主体的责任,有利于行业实现可持续发展。

一方面,政府政策对信息安全治理的监管是互联网保险平台企业规范发展的基石之一。第四节提到,互联网保险创新的顺利开展需要以网络信息安全为基础。因此,信息安全相关监管政策的出台与互联网保险平台企业的数据资产使用权限和业务风险防控水平紧密关联。[①] 2020年6月,银保监会发布《关于规范互联网保险销售行为可回溯管理的通知》,平台企业需对平台上的交易行为进行记录和保存,使其可供查验。该通知不仅规范了互联网保险销售过程,还特别强调保险机构在收集、使用消费者信息时应遵循合法、正当、必要的原则,并采取有效措施保护用户的自主选择权和信息安全。该通知进一步遏制了过度收集和非法售卖用户信息的行业乱象,能够促进互联网保险平台企业的长远平稳发展。

另一方面,法律法规对各类平台企业的责任和业务类型的细化使平台企业有法可依。2020年12月,银保监会发布的《监管办法》已于2021年2月1日起施行。针对行业的多主体生态化,《监管办法》按经营主体分类监管,分别规定"特别业务规则"。例如,银行类保险兼业代理机构经营互联网保险业务,除了要满足《监管办法》对保险机构

---

[①] 《监管办法》中对保险平台企业收集的信息要求进行分等级实行安全保护,并明确了保险平台企业应获得网络安全等级保护三级或二级认证,相关的技术支持或客户服务机构信息系统至少应获得网络安全等级保护二级认证。资料来源:中国政府网,http://www.gov.cn/。

的一般要求外，还要满足针对银行的专门要求。①《监管办法》的细化规范了互联网保险行业的发展，让互联网保险业务回归到保险的本质。随着《监管办法》的出台和互联网保险行业相关法律法规的完善，行业中不同平台企业的责任和业务类型逐渐细化，这也为互联网保险业务准入、合规和互联网保险行业自律提供了重要依据。

第二，消费者的需求与观念密切关联着互联网保险产品和服务的需求，对互联网保险平台企业的发展有着重要影响。部分消费者对高性价比、低附加值保险产品的消费偏好使互联网保险平台企业一定程度上陷入恶性的价格战，但年轻消费者对互联网保险产品的接纳和其系统化需求的凸显则有利于互联网保险行业实现可持续发展。

一方面，部分消费者对高性价比、低附加值保险产品的消费偏好使互联网保险平台企业在一定程度上陷入恶性竞争。一方面，由于消费者倾向于购买高曝光、高性价比、低附加值的互联网保险产品，导致高频场景险在互联网保险业务中占比过高，平台企业难以在线上渠道打开长期险市场的缺口。另一方面，很多消费者对互联网保险产品价格较为敏感，依赖于平台的比价功能。这容易造成平台企业从致力于长期发展的"比服务"退化为注重短期发展的"比价格"，使平台企业一定程度上陷入恶性竞争。

另一方面，年轻消费者对保险意识的增强和系统化需求的凸显为平台企业的长期发展奠定基础。互联网渠道面向大量年轻、习惯于互联网消费方式且具有高消费潜力的用户。随着"80后""90后"成为互联网保险产品的主力消费群体②，他们相比上一代拥有更强的保险意识，消费观念也更加先进，其需求呈现综合化、精细化和定制化的趋势（见图8-21）。因此对于互联网保险平台企业而言，用户的长期健康、财富管理等系统化需求凸显，其潜在保险需求仍有较大挖掘空间。此外，随着"80后""90后"成为对于互联网保险新产品新模式的接受度和认知度更强，在消费升级的大环境下，未来我国互联网保险行业在

---

① 资料来源：中国政府网，http://www.gov.cn/。
② 2019年，我国互联网保险用户年龄结构为25岁以下的用户占据7.00%，26—35岁的用户占据45.90%，36—45岁的用户占据33.90%，46—55岁的用户占据10.60%。资料来源：华经产业研究院。

第八章　互联网保险数字平台企业：拓展保险需求的新场景

保险行业中的渗透率将持续扩大。

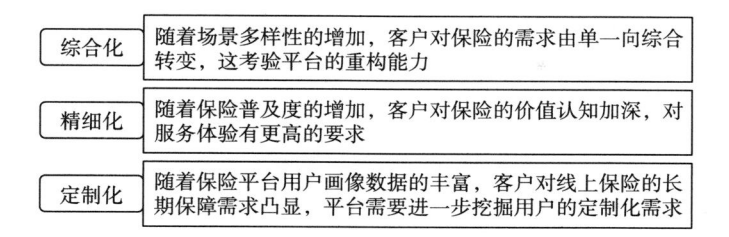

| | |
|---|---|
| 综合化 | 随着场景多样性的增加，客户对保险的需求由单一向综合转变，这考验平台的重构能力 |
| 精细化 | 随着保险普及度的增加，客户对保险的价值认知加深，对服务体验有更高的要求 |
| 定制化 | 随着保险平台用户画像数据的丰富，客户对线上保险的长期保障需求凸显，平台需要进一步挖掘用户的定制化需求 |

图 8－21　互联网保险产品的用户需求趋势

资料来源：笔者根据公开信息整理。

## 二　主要内部影响因素

本部分将从互联网的工具属性与互联网保险平台企业的数字技术，以及平台企业的运营生态两方面来分析互联网保险平台企业发展的主要内部影响因素。

第一，平台企业对互联网工具属性的应用以及平台企业的数据能力是影响互联网保险平台企业发展的关键因素。在平台企业运用保险科技以实现数字资产应用时，底层工具和数据分析技术扮演了不可或缺的角色。

一方面，互联网的工具属性使数字技术更好地为互联网保险平台企业赋能。互联网不仅是互联网保险平台企业的销售渠道，还拥有云技术等数字技术赋予的工具属性。互联网的工具属性不仅是平台企业进行全流程服务的基础之一，还能够维护平台企业的数据安全。例如，安心保险针对保险行业理赔难的痛点，将核心系统布局在云上，并推出云理赔和云架构模式。该模式允许安心保险的用户在线上进行从承保、核保、定损到理赔的全流程业务。[①] 另外，很多自营平台企业除了与第三方平台企业、保险服务平台企业合作之外，也与腾讯云、阿里云等中台云平台开展合作，接入私有化网络以保证自营平台数据的私密性和安全性。

另一方面，互联网平台企业自身的数据能力有助于其开发定制化产

---

① 资料来源：安心保险，https://www.95303.com/。

品、降低营销成本和实现全流程服务。一是数据能力支持平台企业开发碎片化产品，适应细分化场景。依靠数据能力，平台企业能够建立更加精准的用户画像，同时根据用户需求对碎片化的保险产品和条款进行定制和重构（赵艳丰，2019）。二是数据能力能够助力平台企业形成用户需求与产品设计的保险一体化闭环，降低营销成本。在互联网流量红利逐渐消退、单位获客成本面临上行压力的当下，平台企业形成的业务闭环能够使其实现交叉营销[①]，对企业的可持续发展至关重要。三是数据赋能平台企业进行全流程服务。平台企业对用户数据和行业基础数据的分析应用不仅保障了其风险管控的能力，还影响其自动化理赔进程，进而切实影响用户参保的后续体验。

第二，互联网保险平台企业的运营生态也对平台企业自身的发展有着重要影响。互联网保险行业目前尚未出现聚集效应，各龙头的赛道相互重叠较少。因此，互联网保险平台企业降低运营成本、扩充增值服务的类型，能够形成良好的运营生态，从而提高自身在保险生态圈中的地位、建立排他优势。具体而言，流量的转化率及线上和线下生态的融合程度影响着平台企业的运营生态，决定了平台企业的长期发展空间。

一方面，流量的高转化率有利于第三方平台企业建立竞争壁垒，降低获客成本。在传统线下保险中介的业务循环中，保单成交后中介就将用户转移给保险公司管理，中介只负责前端的保单销售。而在第三方平台企业全流程经营的业务模式中，保单成交只是平台企业与用户关系建立的开始，平台企业后续的增值服务和平台企业自身的流量池决定了其长期盈利的空间。例如，GoHealth 专注于健康险的线上销售，其依靠 LeadScore 等数字技术不断训练客户反馈系统，反馈系统又帮助 Marketplace 精确预测用户转化率并精准推荐产品（见图 8-22）。GoHealth 的保单转化率从 2019 年第一季度的 20.7% 上升至 2020 年第一季度的 24.3%[②]。高转化率的良性循环使 GoHealth 在营销渠道端建立了竞争壁垒，其获客成本不断降低。

---

① 这里的交叉营销，指平台企业发掘既有用户的多种需求，并通过推销不同类型的产品满足其多种需求，从而降低营销成本，从横向角度开发产品市场。
② 保单转化率定义为购买保单的用户数除以进行过在线访问或电话互动的客户数量。
资料来源：公司 2019 年及 2020 年年报。

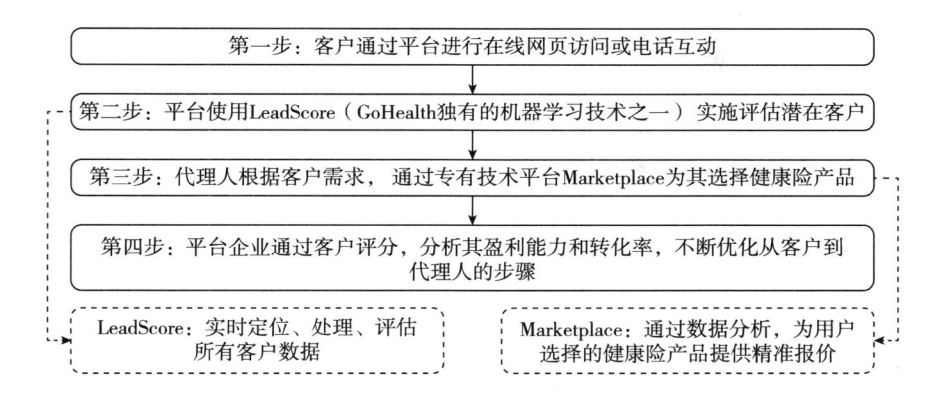

```
┌─────────────────────────────────────────────────────────┐
│     第一步：客户通过平台进行在线网页访问或电话互动       │
└─────────────────────────────────────────────────────────┘
┌─────────────────────────────────────────────────────────┐
│ 第二步：平台使用LeadScore（GoHealth独有的机器学习技术之一）实施评估潜在客户 │
└─────────────────────────────────────────────────────────┘
┌─────────────────────────────────────────────────────────┐
│ 第三步：代理人根据客户需求，通过专有技术平台Marketplace为其选择健康险产品 │
└─────────────────────────────────────────────────────────┘
┌─────────────────────────────────────────────────────────┐
│ 第四步：平台企业通过客户评分，分析其盈利能力和转化率，不断优化从客户到代理人的步骤 │
└─────────────────────────────────────────────────────────┘

┌──────────────────────────┐   ┌──────────────────────────────┐
│ LeadScore：实时定位、处理、│   │ Marketplace：通过数据分析，为用户│
│ 评估所有客户数据           │   │ 选择的健康险产品提供精准报价    │
└──────────────────────────┘   └──────────────────────────────┘
```

图 8-22 GoHealth 的保单销售模式

资料来源：公司公告、华泰证券。

另一方面，随着互联网保险渗透率的不断升高，保险线上和线下生态的融合也对互联网保险平台企业的长期发展有着重要作用。平台企业积极搭建线上与线下的互动机制，提供线下的增值服务，不仅能够逐渐化解同质化竞争的局面，还有利于反哺线下产业，形成流量闭环。例如，第三方手机碎屏险精准定位不愿意负担较高价格的官方碎屏险的人群，其推行能够促进形成相应平台企业与线下手机维修厂商的双赢局面。

## 第六节  互联网保险数字平台企业发展对策

在梳理了互联网保险平台企业面临的问题以及分析了互联网保险平台企业发展影响因素的基础上，本节针对互联网保险平台企业发展存在的困境，提出了相应的发展对策：第一，政府应完善法律法规，督促平台企业合规自律经营；第二，平台企业应重视数据资产管理，打破数据孤岛；第三，平台企业应以用户需求为中心，全方位完善平台运营。

### 一  政府应完善法律法规，督促平台企业合规自律经营

政府应当提高对信息安全的监控强度与治理强度、完善互联网保险行业的法律法规、与其他监管主体形成系统性的监管体系，与平台企业共同维护行业的可持续发展环境。

第一，政府应当提高对信息安全的监控强度与治理强度，保障互联网保险业务的安全开展。一方面，《监管办法》中已经明确平台企业应获得网络安全等级保护三级或二级认证，相关的技术支持或客户服务机构信息系统至少应获得网络安全等级保护二级认证。未来，政府应当进一步要求平台企业对平台企业收集的信息分等级实行安全保护。另一方面，政府应当建立高效的信息安全风险评估和监测体系，健全保险消费者信息安全规范制度，并与平台企业一同完善信息安全的规范机制和预测系统。

第二，政府应当完善互联网保险行业的法律法规，明确各方责任。一方面，政府应对前文提及的"被保险"、强行搭售、未严格履行信息披露义务、虚假宣传、风险提示不充分等各类问题做出明确的、细化的规定，并厘定处罚标准。另一方面，在《监管办法》的基础上，政府应进一步细化互联网保险平台企业履行免责条款和说明义务的主体划分和流程指引，明确界定免责条款的主要类型及范围。

第三，政府与其他监管主体需要形成系统性的监管体系，督促平台企业合规自律经营，与平台企业共同维护行业的可持续发展环境。面对互联网保险行业不同风险的交织，传统监管主体可以联合与互联网相关的信息管理部门，集金融监管部门、地方政府与司法部门之力，形成全方位的互联网保险行业监管体系，推动互联网保险业务的可持续发展。另外，政府应督促平台企业依法自律经营，坚守"保险业姓保"底线和原则，在产品设计时拆分、舍弃保险的投资功能，从客户真实、长远的需求出发，充分履行线上渠道的保险产品说明义务。

**二 企业应重视数据资产管理，打破数据孤岛**

互联网保险平台企业应当重视数据资产管理、加强产业链的数据互通、推动用户的保险申报数据与个人信用数据的共享，打破互联网保险行业内外部的数据孤岛。

第一，互联网保险平台企业应当重视数据资产管理，增强自主开发与数据应用能力。针对平台内部数据资产利用率低的问题，一方面，平台企业可以通过建立数据服务目录、盘点数据资产、评估数据价值等措施实现内部各环节的数据资产共享流通。另一方面，平台企业可以将数据资产匹配全流程应用，从客户的生活方式和消费体验出发精准营销，以精确的用户画像最大程度地发挥长尾效应。

第二，互联网保险平台企业应当加强产业链的数据互通，拓宽数据应用场景。针对平台企业之间乃至产业链上其他主体的数据可得性差问题，平台企业可以加强与保险科技企业和上下游场景平台的合作，将数据分析结果反馈给场景提供方的同时获取场景提供方的数据分享。例如，互联网保险行业和养老、医疗、健康等行业的数据连通能够拓展交易边界，实现从用户到产品的闭环。

第三，互联网保险平台企业应当推动用户的保险申报数据与个人信用数据的共享，健全风控体系。例如，小雨伞保险已经引入芝麻信用，对用户进行差异化定价，希望通过结合第三方机构提供的信用数据与自身积累的大数据，健全风控体系、提高费率精准性。[1] 未来，互联网保险平台企业也可以加强与政府等监管主体的合作，将自身收集的保单申报数据与政府所有的个人信用数据进行共享，从而建立起类似于信用评级的用户分级机制。信用机制的建立可以弥补平台企业非面对面交易的缺陷，减少因为消费者的逆向选择和道德风险行为产生的交易风险。

### 三 企业应以用户需求为中心，全方位完善平台运营

互联网保险平台企业应当进行社群化运营、以用户需求为中心完善投保流程、开发"保险+"增值服务，全方位完善平台运营的各个流程。

第一，互联网保险平台企业应当进行社群化运营，逐步提升用户黏性、消除消费者误解。一方面，平台企业可以依托互联网背景，将自身作为社群入口发展社群经济、留存私域流量。这不仅能扩充平台企业自身的流量池，实现差异化竞争，还能不断增强用户黏性，实现交叉营销。另一方面，平台企业需要做好线下到线上的普及与过渡，逐渐消除部分用户对线上保险产品的误解与成见。平台企业可以利用社交平台和网络直播平台的高传播速率以及高互动属性，以短视频或直播形式普及保险知识、营销保险服务。

第二，互联网保险平台企业应当以用户需求为中心完善投保流程，提高主动服务意识。一方面，对于平台企业后端服务能力不足、专业性

---

[1] 资料来源：亿欧智库，https://www.iyiou.com/briefing/201705196540。

较低的短板，平台企业需要以用户视角优化服务，实现产品差异化、降低用户门槛。另一方面，传统保险的条款设计较多使用专业词汇，客户无法快速理解并与应用场景对应。平台企业应当从"产品视角"转向"用户视角"，关注保险产品痛点、简化健康告知内容。

　　第三，互联网保险平台企业可以进一步拓宽合作场景，开发"保险+"增值服务，实现跨界合作共赢。一方面，平台企业可以整合产业链上下游的资源，践行纵向一体化的能力战略以实现差异化竞争，提升企业在互联网保险行业的话语权。另一方面，平台企业扩大运营流程的服务范围能为消费者匹配增值服务，提升用户对保障的获得感。平台企业可以深耕跨界场景，为客户对接更多的跨界资源，如"意外险+SOS救援""健康险+医疗资源""少儿险+育儿课堂""老年险+家庭医生/养老服务"等组合产品。

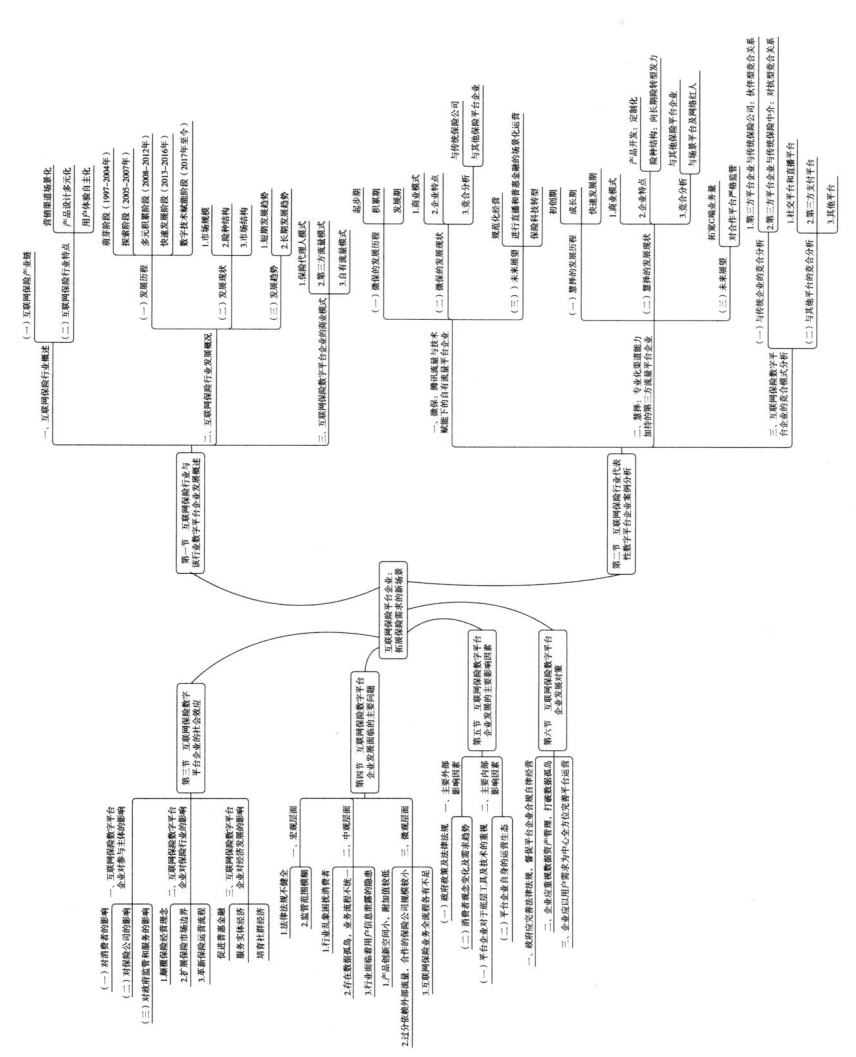

第八章 互联网保险数字平台企业：拓展保险需求的新场景

图 8-23 本章写作框架

# 参考文献

保继刚、楚义芳：《旅游地理学》，高等教育出版社 2012 年版。

蔡双立等：《开放式创新与知识产权保护：悖论情景下的战略决策逻辑与模式匹配》，《现代财经》（天津财经大学学报）2020 年第 3 期。

陈芳娌：《中美贸易摩擦对我国跨境电商企业的影响及对策研究》，《中国商论》2020 年第 4 期。

陈辉：《互联网保险角逐"下沉市场"》，《中国银行保险报》2020 年第 7 期。

陈琳：《互联网保险健康发展与风险管理对策研究》，《甘肃金融》2014 年第 8 期。

陈铭豪：《对互联网公司参与保险中介市场的探讨——以"微保"为例》，《河北金融》2018 年第 6 期。

陈永伟：《平台经济的竞争与治理问题：挑战与思考》，《产业组织评论》2017 年第 3 期。

程贵孙、陈宏民、孙武军：《双边市场视角下的平台企业行为研究》，《经济理论与经济管理》2006 年第 9 期。

崔文彬等：《"互联网+"医疗服务纳入医保支付范围研究》，《中国医院》2020 年第 3 期。

丹尼斯·W. 卡尔顿、杰弗里·M. 佩洛夫：《现代产业组织》，中国人民大学出版社 2009 年版。

# 参考文献

董怡杞：《我国专业互联网保险公司的发展问题研究》，《当代经济》2017年第34期。

范梦余、陈怡宁：《基于规制理论的中国在线旅游行业发展问题研究》，《中国商论》2016年第1期。

冯华、陈亚琦：《平台商业模式创新研究——基于互联网环境下的时空契合分析》，《中国工业经济》2016年第3期。

伏广伟等：《纺织服装业智能化与智慧化发展探究》，《毛纺科技》2019年第8期。

符翔翔：《新媒体环境下的商品营销研究——以李佳琦网络直播带货为例》，《新闻研究导刊》2020年第11期。

傅瑜等：《单寡头竞争性垄断：新型市场结构理论构建——基于互联网平台企业的考察》，《中国工业经济》2014年第1期。

付业勤、罗艳菊、张仙锋：《我国网络直播的内涵特征、类型模式与规范发展》，《重庆邮电大学学报》（社会科学版）2017年第4期。

高嘉吟：《从新媒体艺术角度浅析网络直播的娱乐创新》，《艺术科技》2016年第9期。

苟静怡：《中小型制造企业数字化转型的问题与对策》，《产业创新研究》2020年第9期。

古典：《跃迁：成为高手的技术》，中信出版社2017年版。

韩松、蔡剑：《基于社交网站商业模式服务集成的价值创造研究》，《管理评论》2013年第7期。

韩炜、邓渝：《商业生态系统研究述评与展望》，《南开管理评论》2020年第3期。

何德旭、董捷：《中国的互联网保险：模式、影响、风险与监管》，《上海金融》2015年第11期。

黄英君：《中国互联网保险发展变迁与路径选择研究》，《西南金融》2017年第3期。

黄宗智：《小农经济理论与"内卷化"及"去内卷化"》，《开放时代》2020年第4期。

洪结银、许瑾：《互联网保险发展对保险公司效率的影响研究——基于DEA-Tobit模型两步法分析》，《华东经济管理》2019年第8期。

侯赟慧、卞慧敏、刘军杰：《网络平台型商业生态系统的演化运行机制研究》，《江苏商论》2019年第3期。

贾男、刘国顺：《大数据时代下的企业信用体系建设方案》，《经济纵横》2017年第2期。

江洁：《保险服务小微企业发展：国际经验与中国路径》，《金融理论与实践》2018年第9期。

姜奇平：《论互联网领域反垄断的特殊性——从"新垄断竞争"市场结构与二元产权结构看相关市场二重性》，《中国工商管理研究》2013年第4期。

纪汉霖、王小芳：《平台差异化且用户部分多归属的双边市场竞争》，《系统工程理论与实践》2014年第6期。

金涛：《从信任资本角度分析我国企业年金发展中的问题及对策》，《企业经济》2013年第3期。

孔立佳：《双边平台应对用户流失问题的发展战略研究》，硕士学位论文，浙江师范大学，2016年。

考伦·王尔文：《多边平台的经济学分析及反垄断启示》，《竞争政策研究》2016年第2期。

郎波：《互联网小额保险发展困境与对策》，《人民论坛》2020年第28期。

李爱良、张大治：《互联网时代"长尾理论"影响下的保险公司客户关系管理》，《中国保险学会学术年会入选文集2011》理论卷，中国法制出版社2011年版。

李兵、李柔：《互联网与企业出口：来自中国工业企业的微观经验证据》，《世界经济》2017年第7期。

李东红、乌日汗、陈东：《"竞合"如何影响创新绩效：中国制造业企业选择本土竞合与境外竞合的追踪研究》，《管理世界》2020年第2期。

李广乾、陶涛：《电子商务平台生态化与平台治理政策》，《管理世界》2018年第6期。

李红刚、赖德胜：《互联网与收入分配》，《第六届中国管理科学与工程论坛论文集》，2008年。

李红坤、刘富强、翟大恒：《国内外互联网保险发展比较及其对我国的启示》，《金融发展研究》2014年第10期。

李海莲、陈荣红：《跨境电子商务通关制度的国际比较及其完善路径研究》，《国际商务》（对外经济贸易大学学报）2015年第3期。

李海等：《零售商自有品牌与制造商直销渠道的互动博弈问题研究》，《中国管理科学》2016年第1期。

李良忠：《赢在当当》，安徽文艺出版社2012年版。

李雷等：《网络环境下平台企业的运营策略研究》，《管理科学学报》2016年第3期。

李磊等：《城市群"互联网+医疗健康"的内涵解析与路径构建——基于新区域主义视角的分析》，《北京行政学院学报》2020年第4期。

李鹏：《中国数字内容产业的发展与平台生态自我规制研究》，硕士学位论文，东南大学，2016年。

李琼、刘庆、吴兴刚：《互联网对我国保险营销渠道影响分析》，《保险研究》2015年第3期。

李燕：《新常态下我国跨境电商市场演进趋势及其发展策略》，《商业经济研究》2016年第24期。

李勇坚、夏杰长：《数字经济背景下超级平台双轮垄断的潜在风险与防范策略》，《改革》2020年第8期。

李燕萍、齐伶圆：《"互联网+"时代的员工招聘管理：途径、影响和趋势》，《中国人力资源开发》2016年第18期。

李泽惠：《互联网招聘与传统招聘比较研究》，《电子商务》2019年第1期。

刘家明：《双边平台战略研究综述》，《江苏商论》2016年第1期。

刘松博、Gary Dessler、李婕：《中国网络招聘企业的商业模式解析》，《现代管理科学》2008年第12期。

刘娟：《小额跨境外贸电子商务的兴起与发展问题探讨——后金融危机时代的电子商务及物流服务创新》，《对外经贸实务》2012年第2期。

卢祖洵等：《关于加强基层医疗卫生服务建设的建议——兼论推进

疫情防控关口前移》，《行政管理改革》2020 年第 3 期。

陆一丹、王欣阳：《基于互联网平台的线上保险发展分析》，《中外企业家》2020 年第 15 期。

罗珉、李亮宇：《互联网时代的商业模式创新：价值创造视角》，《中国工业经济》2015 年第 1 期。

罗胜：《互联网保险的突破与监管》，《中国金融》2017 年第 14 期。

罗艳君：《互联网保险的发展与监管》，《中国金融》2013 年第 24 期。

吕雪晴、周梅华：《我国跨境电商平台发展存在的问题与路径》，《经济纵横》2016 年第 3 期。

马光荣等：《中国的企业经营环境：差异、变迁与影响》，《管理世界》2015 年第 12 期。

马莉莉、张亚斌：《网络化时代的公共服务模块化供给机制》，《中国工业经济》2013 年第 9 期。

马建堂：《中国行业集中度与行业效绩》，《管理世界》1993 年第 1 期。

马蔷：《互联网平台企业竞合战略选择的多案例研究——基于数据资源的视角》，博士学位论文，吉林大学，2017 年。

马蔷等：《数据资源对企业竞合战略选择的影响机理研究——基于平台理论的多案例研究》，《经济管理》2018 年第 2 期。

毛光烈：《功能结构视角的产业互联网模型及其应用》，《杭州电子科技大学学报》（社会科学版）2019 年第 5 期。

迈克尔·马肖尼：《通用电气的开放式创新》，《科技创业》2011 年第 4 期。

帕特·多尔西：《巴菲特的护城河》，广东经济出版社 2009 年版。

庞文锵：《互联网平台竞争的动态演化研究》，硕士学位论文，武汉理工大学，2018 年。

彭云：《大数据环境下数据确权问题研究》，《现代电信科技》2016 年第 5 期。

戚聿东、李颖：《新经济与规制改革》，《中国工业经济》2018 年第 3 期。

戚聿东、肖旭：《数字经济时代的企业管理变革》，《管理世界》2020 年第 6 期。

申汝敏、宋立丰：《区块链视角下的网络直播生态系统重构与演化研究》，《新经济》2021 年第 2 期。

盛明科、蔡振华：《公共服务需求管理的历史脉络与现实逻辑——社会主要矛盾的视角》，《北京大学学报》（哲学社会科学版）2018 年第 4 期。

施炳展：《互联网与国际贸易——基于双边双向网址链接数据的经验分析》，《经济研究》2016 年第 5 期。

宋丽娜、齐润州：《中国 SaaS 企业应用平台行业研究——在互联网风潮中稳步增长》，《上海管理科学》2015 年第 4 期。

苏治等：《分层式垄断竞争：互联网行业市场结构特征研究——基于互联网平台类企业的分析》，《管理世界》2018 年第 4 期。

孙喆、刘传明：《互联网保险、网络溢出与居民网络消费——基于非对称空间网络权重的经验证据》，《财经论丛》2020 年第 3 期。

谈超、王冀宁、孙本芝：《P2P 网络借贷平台中的逆向选择和道德风险研究》，《金融经济学研究》2014 年第 5 期。

汤琪：《大数据交易中的产权问题研究》，《图书与情报》2016 年第 4 期。

田永坡：《人力资源服务业四十年：创新与发展》，《中国人力资源开发》2019 年第 1 期。

汪旭晖、张其林：《平台型电商企业的温室管理模式研究——基于阿里巴巴集团旗下平台型网络市场的案例》，《中国工业经济》2016 年第 11 期。

汪鹏、吴昊：《国内外移动互联网医疗应用现状及未来发展趋势探讨》，《中国数字医学》2014 年第 1 期。

汪秋湘：《保险业理财产品发展风险分析》，《金融纵横》2008 年第 10 期。

王静：《我国互联网保险发展现状及存在问题》，《中国流通经济》2017 年第 2 期。

王鹏鹏:《互联网保险的创新与时代超越》,《北京化工大学学报》(社会科学版) 2020 年第 2 期。

王韦雯:《数字普惠金融视域下中国互联网保险发展现状及展望》,《保险职业学院学报》2020 年第 3 期。

王稳、张杨:《互联网保险的创新趋势》,《中国金融》2017 年第 14 期。

王修华、邱兆祥:《农村金融发展对城乡收入差距的影响机理与实证研究》,《经济学动态》2011 年第 2 期。

王海杰、宋姗姗:《互联网背景下制造业平台型企业商业模式创新研究——基于企业价值生态系统构建的视角》,《管理学刊》2019 年第 1 期。

王海军等:《开放式创新模式及伙伴资源动态优化机制研究》,《科学学与科学技术管理》2015 年第 12 期。

王丽敏等:《中国老年人群慢性病患病状况和疾病负担研究》,《中华流行病学杂志》2019 年第 3 期。

魏俊璟:《推动健康医疗大数据产业扬帆远航》,《中国医药报》2020 年 7 月 14 日第 4 版。

魏炜等:《单边平台:定义、交易特征与设计步骤》,《新疆社会科学》2016 年第 4 期。

韦斐琼:《"一带一路"战略红利下跨境电商发展对策》,《中国流通经济》2017 年第 3 期。

温珺、王健、尤宏兵:《电子商务能否促进外贸增长——来自我国的证据》,《国际贸易问题》2015 年第 6 期。

吴凌放:《"互联网+医疗"服务业——发展、挑战与展望》,上海交通大学出版社 2018 年版。

吴谦、邱映贵:《"互联网+医疗"背景下分级诊疗制度的模式及运行机制研究》,《卫生软科学》2020 年第 1 期。

吴友富等:《大数据时代健康信息隐私管理的政府行为研究》,《管理世界》2017 年第 1 期。

忻榕、陈威如、侯正宇:《平台化管理:数字时代企业转型升维之道》,机械工业出版社 2019 年版。

谢邦杰：《互联网如何赋能传统保险解决问题——以微保为例》，《上海保险》2018年第10期。

肖红军、李平：《平台型企业社会责任的生态化治理》，《管理世界》2019年第4期。

谢运博、陈宏民：《基于双边市场理论的互联网平台型企业横向合并研究》，《上海管理科学》2016年第3期。

谢富胜、吴越、王生升：《平台经济全球化的政治经济学分析》，《中国社会科学》2019年第12期。

谢平、邹传伟、刘海二：《互联网金融模式研究》，《新金融评论》2012年第1期。

谢平、邹传伟、刘海二：《互联网金融手册》，中国人民大学出版社2014年版。

徐凡：《跨境电子商务基础》，中国铁道出版社2016年版。

徐徐：《互联网保险的效应、困局与突破》，《中国保险》2015年第3期。

许闲：《保险科技的框架与趋势》，《中国金融》2017年第10期。

许庆瑞等：《全面创新如何驱动组织平台化转型——基于海尔集团三大平台的案例分析》，《浙江大学学报》（人文社会科学版）2019年第6期。

许向东：《我国网络直播的发展现状、治理困境及应对策略》，《暨南学报》（哲学社会科学版）2018年第3期。

杨滨伊、孟泉：《多样选择与灵活的两面性：零工经济研究中的争论与悖论》，《中国人力资源开发》2020年第3期。

杨东：《论反垄断法的重构：应对数字经济的挑战》，《中国法学》2020年第3期。

杨孟著：《探索"保险+政府"科技保险新模式》，《中国保险报》2018年5月31日第008版。

杨舒霏、周洋、秦玄玄：《后疫情时期互联网非车险的变革与发展》，《中国保险》2020年第9期。

杨宇峰：《携程并购"去哪儿"网动因及绩效研究》，硕士学位论文，重庆大学，2017年。

阳镇、许英杰：《平台经济背景下企业社会责任的治理》，《企业经济》2018年第5期。

姚婷：《自媒体缔造口碑营销新纪元》，《新闻世界》2015年第2期。

叶秀敏：《平台经济理论与实践》，中国社会科学出版社2012年版。

易开刚、张琦：《平台经济视域下的商家舞弊治理：博弈模型与政策建议》，《浙江大学学报》（人文社会科学版）2019年第5期。

岳云嵩、李兵、李柔：《互联网对企业进口的影响——来自中国制造业企业的经验分析》，《国际经贸探索》2017年第3期。

詹婧、王艺、孟续铎：《互联网平台使灵活就业者产生了分化吗？——传统与新兴灵活就业者的异质性》，《中国人力资源开发》2018年第1期。

张爱军：《从Ripple看区块链技术对跨境支付模式的变革与创新》，《海南金融》2017年第6期。

张华：《数字经济下企业发展的机遇与挑战》，《商业经济研究》2018年第24期。

张焜琨等：《公立医院开展"互联网+"医疗服务定价研究》，《中国医院》2020年第3期。

张劢杰、吴军：《基于多尺度空间的旅游行为研究》，《旅游纵览（下半月）》2013年第8期。

张夏恒：《跨境电商物流协同模型构建与实现路径研究》，博士学位论文，长安大学，2016年。

张新民、陈德球：《移动互联网时代企业商业模式、价值共创与治理风险——基于瑞幸咖啡财务造假的案例分析》，《管理世界》2020年第5期。

张镒等：《商业生态系统中的平台领导力影响因素——基于扎根理论的探索性研究》，《南开管理评论》2020年第3期。

张志勤：《兰亭集势跨境电商运营模式问题研究》，硕士学位论文，江西财经大学，2016年。

赵艳丰：《互联网保险的瓶颈问题解决之道探析》，《上海保险》

2019年第8期。

赵占波：《互联网保险》，首都经济贸易大学出版社2017年版。

赵晓：《企业成长理论与中国工业发展》，《首都经济贸易大学学报》1999年第5期。

甄新伟：《为新冠疫情防控提供高质量保险服务》，《中国保险》2020年第2期。

郑丹丹：《如何形成信任：互联网企业社会信任生产的动力机制研究》，《社会学研究》2019年第6期。

周延礼：《要鼓励商业银行设立供应链金融专营机构》，《人民政协报》2019年4月23日第005版。

周源：《互联网保险驶入健康发展轨道》，《金融时报》2021年1月27日第010版。

周洲等：《我国"互联网＋医疗"政策体系的初探》，《中国卫生事业管理》2016年第6期。

中国互联网信息中心：《第45次中国互联网络发展状况统计报告》，中国互联网络信息中心。

中国民生银行研究院：《迈向2049的我国医疗卫生体制机制改革战略研究》，道客巴巴。

钟润涛、胥爱欢：《美、英、日三国互联网保险发展比较及对我国的启示》，《南方金融》2016年第9期。

钟志：《推动产业升级，包容审慎监管——国办出台〈关于促进平台经济规范健康发展的指导意见〉》，《中国质量技术监督》2019年第8期。

朱梦楠：《基于UGC模式的在线旅游APP设计研究》，《工业设计》2020年第3期。

朱丹、林涛：《产业服务平台战略下的中国外贸纺织服装业供应链转型之路》，《物流技术》2015年第3期。

朱健齐、欧誉菡：《互联网保险产品的创新与发展》，《金融理论探索》2018年第3版。

朱俊生：《新冠疫情对保险业的影响及建议》，《保险理论与实践》2020年第03版。

朱战威:《互联网平台的动态竞争及其规制新思路》,《安徽大学学报》(哲学社会科学版) 2016 年第 4 期。

Aldrich, H. E, Fiol, C. M., "Fools Rush in? The Institutional Context of Industry Creation", *Academy of Management Review*, 1994, 19 (4): 645 – 670.

Arrow, K. J., "Uncertainty and the Welfare Economics of Medical Care", *The American Economic Review*, 1963, 53 (5): 941 – 973.

Armstrong, M., Wright, J., "Two – sided Markets, Competitive Bottlenecks and Exclusive Contracts", *Economic Theory*, 2007, 32 (2): 353 – 380.

Baldwin, C., Von Hippel, E., "Modeling a Paradigm Shift: From Producer Innovation to User and Open Collaborative Innovation", *Organization Science*, 2011, 22 (6): 1399 – 1417.

Bengtsson, M., Kock, S., "Cooperation and Competition in Relationships between Competitors in Business Networks", *Journal of Business & Industrial Marketing*, 1999, 14 (3): 78 – 193.

Berg, L., Slettemes, D., Kjrstad, I., et al., "Trust and the Don't – Want – to – Complain Bias in Peer – to – Peer Platform Markets", *International Journal of Consumer Studies*, 2020, 44 (3): 1 – 12.

Brown, R. J., Goolsbee, A., "Does the Internet Make Markets More Competitive? Evidence from the Life Insurance Industry", *Journal of Political Economy*, 2002, 110 (3): 481 – 507.

Brynjolfsson, E., Hu, Y., Smith, M. D., "Consumer Surplus in the Digital Economy: Estimating the Value of Increased Product Variety at Online Booksellers", *Management Science*, 2003, 49 (11): 1580 – 1596.

Choudary, S. P., Alstyne, M. W. V., Parker, G. G., *Platform Revolution: How Networked Markets are Transforming the Economy – and How to Make Them Work for You*, New York: W. W. Norton & Company, 2016.

Chapman, D. S., Uggerslev, K. L., Webster, J., "Applicant Reactions to Face – to – face and Technology – mediated Interviews: A Field Investigation", *Journal of Applied Psychology*, 2003, 88 (5): 944 – 953.

De Reuver, M., Sorensen, C., Basole, R. C., "The Digital Platform: A Research Agenda", *Journal of Information Technology*, 2018, 33 (2): 124 – 135.

DiMaggio, P., Bonikowski, B., "Make Money Surfing the Web? The Impact of Internet Use on the Earnings of US Workers", *American Sociological Review*, 2008, 73 (2): 227 – 250.

Gawer, A., *Platform, Markets and Innovation*, Cheltenham: Edward Elgar Publishing Limited, 2009.

Giarratana, M. S., Mariani, M., "The Relationship between Knowledge Sourcing and Fear of Imitation", *Strategic Management Journal*, 2013, 35 (8): 1144 – 1163.

Hiscock, R., "Paradigm Lost? A Historical Review of the Application of Systems Theory to Public Relations since 1975", *Public Relations Inquiry*, 2019, 8 (3): 201 – 223.

Holgersson, M., Granstrand, O., "Patenting Motives, Technology Strategies, and Open Innovation", *Management Decision*, 2017, 55 (6): 1265 – 1284.

Jullien, B., "Price Skewness and Competition in Multi – Sided Markets", *European Economic Review*, 2008, 47 (3): 587 – 617.

Kawa, A., "Supply Chains of Cross – border E – commerce", in D. Król, N. T. Nguyen, K. Shirai, eds., *Advanced Topics in Intelligent Information and Database Systems*, Cham: Springer International Publishing, 2017.

Kotler, P., "Reinventing Marketing to Manage the Environmental Imperative", *Journal of Marketing*, 2011, 75 (4): 132 – 135.

Kuhn, P., Mansour, H., "Is Internet Job Search Still Ineffective?", *The Economic Journal*, 2014, 124 (581): 1213 – 1233.

Luo, Y., "Toward Coopetition within a Multinational Enterprise: A Perspective from Foreign Subsidiaries", *Journal of World Business*, 2005, 40 (1): 71 – 90.

Laursen, K., Salter, A. J., "The Paradox of Openness: Appropriability, External Search and Collaboration", *Research Policy*, 2014, 43

(5): 867 -878.

Mcguire, T. G., "Physician Agency", *Handbook of Health Economics*, 2000, 1: 461 -536.

McIntyre, D. P., Srinivasan, A., "Networks, Platforms, and Strategy: Emerging Views and Next Steps", *Strategic Management Journal*, 2017, 38 (1): 141 -160.

Merges, R. P., *Justifying Intellectual Property*, Cambridge: Harvard University Press, 2011, 195 -195.

Moon, J., Chadee, D., Tikoo, S., "Culture, Product Type and Price Influences on Consumer Purchase Intention to Buy Personalized Products Online", *Journal of Business Research*, 2006, 61 (1): 31 -39.

Orlov, E., "How does the Internet Influence Price Dispersion? Evidence from the Airline Industry", *Journal of Industrial Economics*, 2011, 59 (1): 21 -37.

Rochet, J. C., Tirole, J., "Platform Competition in Two -sided Markets", *Journal of the European Economic Association*, 2003, 4 (1): 990 -1029.

Ruiz -Ballesteros, E., "Social -ecological Resilience and Community -based Tourism", *Tourism Management*, 2011, 32 (3): 655 -666.

Rusko, R., Merenheimo, P., Haanpää, M., "Coopetition, Resource -based View and Legend: Cases of Christmas Tourism and City of Rovaniemi", *International Journal of Marketing Studies*, 2013, 5 (6): 37 -51.

Shuzhong, M., Yuxi, C., Hongsheng, Z., "Rise of Cross -border E -commerce Exports in China", *China & World Economy*, 2018, 26 (3): 63 -87.

Teece, D. J., Pisano, G., Shuen, A., "Dynamic Capabilities and Strategic Management", *Strategic Management Journal*, 1997, 18 (7): 509 -533.

Zuboff, S., *The Age of Surveillance Capitalism: The Fight for a Human Future at the New Frontier of Power*, New York: Public Affairs, 2019.

# 后 记

在本书的撰写过程中，我们深刻体会到数字平台企业对商业及社会生活的深远影响和重大意义。就商业而言，数字平台企业将产业链缩短，将价值链从管道结构变为平台结构，一方面打破了市场边界，实现了范围经济，另一方面使传统的供应规模经济向需求规模经济转变。就社会生活而言，数字平台企业不仅重构了消费与供给的关系，也改变了就业。此外，本书指出了数字平台企业发展存在的问题，并提出了一些相关的政策建议，力求为政府决策、各行业发展提供指导和启迪。

我们研究团队的成员来自不同的专业，怀揣对平台经济领域强烈的兴趣以及学术热情参与本研究。由于团队成员拥有不同的专业背景、知识储备及实践经历，我们在研究问题时能够实现思想的碰撞与融合，从不同角度出发，将各个学科的思维方式有机结合。本书的撰写历经约一年，团队成员每周定时召开研讨会，汇报最新进展，讨论该领域的前沿问题，分享收获与心得，不断完善修改。参与本书的写作人员有（排名按照姓氏首字母顺序）：中山大学岭南（大学）学院学生陈明蔚，中山大学岭南（大学）学院学生陈小芳，中山大学岭南（大学）学院学生贺薇，中山大学岭南（大学）学院学生刘玲，中山大学管理学院学生刘映彤，中山大学岭南（大学）学院学生彭莘昱，中山大学国际关系学院学生周涵，中山大学岭南（大学）学院教授曾燕。本书的第一章、第二章由刘玲和曾燕教授主笔完成，第三章由陈小芳、刘玲和曾燕教授主笔完成，第四章由刘映彤、刘玲和曾燕教授主笔完成，第五章由彭莘昱、刘玲和曾燕教授主笔完成，第六章由贺薇、曾燕教授和刘玲主笔完成，第七章由周涵、刘玲和曾燕教授主笔完成，第八章由陈明蔚、曾燕教授、刘玲和彭莘昱主笔完成。

  本书能够完成得益于许多人的鼎力支持与大力帮助，我们深表感谢。首先，我们要感谢许多学者与专家的指导与帮助，感谢他们抽出时间为本书提供了多方面的宝贵建议，完善并丰富了本书的内容。其次，我们要感谢中国社会科学出版社刘晓红编辑在本书编辑过程中所做出的重要贡献。再次，我们由衷感谢每一位团队成员的辛劳付出，以饱满的研究热情顺利完成本书的撰写。最后，特别感谢国家自然科学基金创新研究群体项目"金融创新、资源配置与风险管理"（编号71771220）、国家社会科学基金重大项目"数字普惠金融的创新、风险与监管研究"（编号18ZDA092）和广东省高等学校珠江学者岗位计划资助项目（2018）资助。

  目前，关于数字平台企业发展的案例研究相对较少，本书仅作抛砖引玉，是在这一具有广泛学术价值的研究领域的初步探索。我们的初衷是为读者提供更加丰富的视角，尽可能给大家带来一些启发。由于时间和水平有限，加之案例所涉猎的领域广泛，本书难免挂一漏万，存在不足乃至谬误，敬请广大专家学者与业界同人提出宝贵意见。

曾 燕

2021年4月3日